多族群视域下
加拿大国家认同建构研究

The Construction of Canadian Identity:
Multi-National and Multi-Ethnic Perspectives

贺建涛 著

中国社会科学出版社

图书在版编目（CIP）数据

多族群视域下加拿大国家认同建构研究／贺建涛著. 北京：中国社会科学出版社，2024.10. -- （中国社会科学博士后文库）. -- ISBN 978-7-5227-4233-5

Ⅰ. D771.162

中国国家版本馆 CIP 数据核字第 2024XQ1202 号

出 版 人	赵剑英	
责任编辑	朱亚琪	
责任校对	王　龙	
责任印制	李寡寡	
出　　版	中国社会科学出版社	
社　　址	北京鼓楼西大街甲 158 号	
邮　　编	100720	
网　　址	http://www.csspw.cn	
发 行 部	010-84083685	
门 市 部	010-84029450	
经　　销	新华书店及其他书店	
印　　刷	北京君升印刷有限公司	
装　　订	廊坊市广阳区广增装订厂	
版　　次	2024 年 10 月第 1 版	
印　　次	2024 年 10 月第 1 次印刷	
开　　本	710×1000　1/16	
印　　张	21.75	
字　　数	370 千字	
定　　价	118.00 元	

凡购买中国社会科学出版社图书，如有质量问题请与本社营销中心联系调换
电话：010-84083683
版权所有　侵权必究

第十一批《中国社会科学博士后文库》编委会及编辑部成员名单

（一）编委会

主　任：赵　芮

副主任：柯文俊　胡　滨　沈水生

秘书长：王　霄

成　员（按姓氏笔画排序）：

卜宪群　丁国旗　王立胜　王利民　王　茵
史　丹　冯仲平　邢广程　刘　健　刘玉宏
孙壮志　李正华　李向阳　李雪松　李新烽
杨世伟　杨伯江　杨艳秋　何德旭　辛向阳
张　翼　张永生　张宇燕　张伯江　张政文
张冠梓　张晓晶　陈光金　陈星灿　金民卿
郑筱筠　赵天晓　赵剑英　胡正荣　都　阳
莫纪宏　柴　瑜　倪　峰　程　巍　樊建新
魏后凯

（二）编辑部

主　任：李洪雷

副主任：赫　更　葛吉艳　王若阳

成　员（按姓氏笔画排序）：

杨　振　宋　娜　陈　莎　胡　奇　侯聪睿
贾　佳　柴　颖　焦永明　黎　元

《中国社会科学博士后文库》
出版说明

为繁荣发展中国哲学社会科学博士后事业，2012年，中国社会科学院和全国博士后管理委员会共同设立《中国社会科学博士后文库》(以下简称《文库》)，旨在集中推出选题立意高、成果质量好、真正反映当前我国哲学社会科学领域博士后研究最高水准的创新成果。

《文库》坚持创新导向，每年面向全国征集和评选代表哲学社会科学领域博士后最高学术水平的学术著作。凡入选《文库》成果，由中国社会科学院和全国博士后管理委员会全额资助出版；入选者同时获得全国博士后管理委员会颁发的"优秀博士后学术成果"证书。

作为高端学术平台，《文库》将坚持发挥优秀博士后科研成果和优秀博士后人才的引领示范作用，鼓励和支持广大博士后推出更多精品力作。

《中国社会科学博士后文库》编委会

摘 要

作为世界上典型的多族群国家，实现共同的国家认同是加拿大国家建构的核心目标。本书以丰富的历史学档案文献为基础，借鉴公民身份与民族学相关理论，主要从多族群视域研究1867年自治领建立后至今加拿大国家认同建构模式的嬗变，重点关注加拿大建构国家认同的思想理念、政策抉择与复杂效应，以及族群认同与加拿大认同之间的并存、博弈与悖论关系。1867年以来，加拿大多族群国家认同的建构经历了种族主义（1867—1945）、自由主义（1945—1971）、多元文化主义（1971—1995）以及跨文化主义（1995—今）四个时期。

从1867年自治领成立到"二战"结束，盎格鲁-撒克逊种族主义主导了加拿大国家认同的建构。在这种模式下，英裔在加拿大社会占据主导地位，为处于种族金字塔顶端的"优等"民族。原住民被看作需要英裔"监护"和文明开化的落后部落，在政治、文化上遭受了英裔的强制同化，土地也被大量吞并。法裔与英裔相比实际上属于"二等公民"，其政治权力被肢解、文化权利被压制、经济在一定程度上被英裔所主导。少数族裔移民依据与英裔在种族样貌上，尤其是文化上的亲近程度差异被分为"优先引进"与"非优先引进"等移民类别，遭受着不同程度的种族歧视。这种模式的目的是通过独尊英国的强制同化和种族歧视来建立加拿大人对英国的认同，但实际上造成了族群国家认同的裂化与对立，加拿大认同也非常虚弱。英裔基本认同不列颠，原住民处于被殖民的地位却对英王抱有一定的认同，大多数法裔仅认同魁北克省而非英国和法国，而少数族裔移民则处在认同与不认同英国的矛盾境地。

两次世界大战，尤其是"二战"孕育了加拿大的独立意识。"二战"后加拿大认同逐渐取代英国认同成为加拿大国家建构的核心目标。从1946年加拿大历史上第一部《加拿大公民身份法》颁布，"加拿大公民"开始在联邦层面取代"英国臣民"，正式成为加拿大人的国籍身份。为建设一个各族群效忠的加拿大，"二战"结束到1971年加拿大政府颁布多元文化主义政策前夕，加拿大政府积极推动自由主义以建构加拿大认同。加拿大在法律上抛弃了种族主义，"公民不分族群，权利一律平等"成为新的原则。族群身份被视为与公民身份无关的私事，在授予原住民与英裔同样公民权利的同时，原住民保留地、免税权等一系列优待政策与被监护地位也一度被要求废止。法裔和其他少数族裔移民的族群身份也被淡化，建立一个美国式的大熔炉社会成为加拿大这一时期的主要愿景。事实证明，尽管自由主义相对于种族主义是历史的巨大进步，加拿大认同也由此开始形成，然而，自由主义一味主张个体公民至上，漠视了族群文化差异及其利益冲突的存在，其本质仍然是英裔文化对其他族群的同化，并未达到"化众为一"的理想目标。20世纪60年代中后期，要求保护非英裔族群认同的诉求在加拿大普遍兴起。

鉴于自由主义的局限，自1971年多元文化主义政策颁布，到1995年魁北克省第二次独立公投，加拿大政府将主张多元文化主义融入自由主义建构国家认同的模式。原住民的自治权、魁北克省的准国家地位以及少数族裔承袭母族文化的权利被普遍承认和保护。多元文化主义增强了加拿大多族群社会的平等、开放与包容，但也在客观上加剧了族群认同的膨胀。原住民作为准主权民族，其自治权与加拿大联邦主义发生严峻摩擦与矛盾。魁北克省民族分裂主义兴起，两次独立公投严重威胁加拿大统一。少数族裔移民文化越发与加拿大主流文化相疏离。在马赛克化的族群结构之下，"某族群人""某族群加拿大人""加拿大人"三重身份认同的分化，使加拿大人共有的国家认同更加孱弱。

20世纪90年代初以后，尤其是1995年魁北克省公投后，加拿大社会出现强烈的"逆多元文化主义"思潮，加拿大政府感受到了国家认同的危机，开始以跨文化主义为导向限制多元文化主义。一方面，在联邦的框架下，在经济、政治和法律诸多领域以"大棒+胡萝卜"的方式对原住民自治权、魁北克省的省权进行再规范，以维护加拿大主权权威；另一方面，加拿大政府更加强化了各族群向加拿大主流文化与共同价值观的融合。事实证明，近三十年来以跨文化主义为导向的改革避免了族群认同对加拿大国家认同的进一步侵蚀和挤压。原住民和联邦政府的紧张关系明显缓和。魁北克省分离主义已经低落，非独立的中间道路成为法裔加拿大人民族主义的主流。少数族裔移民融入加拿大的程度也较以前有所提升。总体而言，20世纪90年代以来加拿大国家认同建构取得了相对良好的成效，各族群对加拿大的归属感与自豪感有了明显好转。不过，作为一个历史上共同认同先天不足的多元文化国家，族群认同对加拿大国家认同的潜在威胁迄今并未根除，如何在尊重多族群认同的同时进一步加强国家认同仍然是加拿大社会长期面临的挑战。

关键词：多族群；加拿大；国家认同

Abstract

As a typically multi-national and multi-ethnic country in the world, to realize the shared identity is the core goal of Canada's nationhood building. Based on the rich archive documents and the relevant theories of citizenship and ethnology, this book focuses on the evolution of the construction models of Canadian identity from the perspective of the multi-national and multi-ethnic groups since the establishment of the Dominion in 1867, especially focusing on the transition of guiding thoughts, policy making and complex effects of Canadian Identity Construction, as well as the coexistence, competition and paradoxical relationship between the Canadian identity and the identities of the multi-national and multi-ethnic groups. Since 1867, the construction of the Canadian identity has gone through the following four periods: Racism (1867 – 1945), Liberalism (1945 – 1971), Multiculturalism (1971 – 1995) and Interculturalism (1995 – Present).

From the establishment of the Dominion in 1867 to the end of World War II, the Anglo-Saxon racism dominated the construction of Canadian identity. In this model, the British Canadians occupied the dominant position in the Canadian society and were the "Superior Nation" at the top of the racial pyramid. The aboriginal peoples were regarded by the British Canadians as the backward tribes in need of their guardianship and education for civilization. They suffered from the forced assimilation in politics and culture by the British Canadians, and their land was also annexed by them in large quantities. The French Canadians in fact were the "second-class citizens" compared with the

British Canadians, and their political power was dismembered, their cultural rights were suppressed and their economy was dominated by the British Canadians to some degree. The ethnic minority immigrants were classified into the "priority immigrants" and "non-priority immigrants" according to their closeness differences in the racial appearance and especially cultural proximity with the British Canadians, and then suffered from varying degrees of the racial discrimination. The purpose of racialism construction model was to establish the loyalty of all Canadians to the Britain through the forced Anglo-centrism assimilation and the racial discrimination, but actually it caused the fragmentation and confrontation of identities among the multi-national and multi-ethnic groups, and the Canadian identity was very fragile. The British Canadians basically kept loyal highly to Britain, while the aboriginal peoples in the colonized status were loyal to the British king to some degree. The majority of French Canadians only identified themselves with Quebec rather than Britain and France, while the immigrants of the ethnic minorities were in a dilemma situation of identifying with Britain or not.

The two World Wars, especially the World War II, nurtured Canada's independent consciousness. After the World War II, the Canadian identity gradually replaced the British identity as the core goal of the Canadian nation-building. Beginning with the first "Canadian Citizenship Act" passed in 1946 in history, "the Canadian Citizens" began to replace "the British subjects" at the federal level and officially became the formal nationality of Canadians. In order to build a new Canada loved by all the national and ethnic groups, the Canadian government actively promoted the construction of Canadian identity by liberalism from the end of World War II to the eve of the Canadian government's policy of multiculturalism in 1971. In Canada, the racism was abandoned in law, and the new principle of equal rights for citizens regardless of racial differences was established. The background of national and ethnic groups was regarded as a private matter that had

Abstract

nothing to do with citizenship. While the aboriginal peoples were granted the same citizen rights as the British Canadians, a series of preferential policies such as reservation, tax exemption and guardianship status were also called to be abolished. Meanwhile, the self-identities of the French Canadians and ethnic minority immigrants were also diluted, and to establish a melting-pot society like America became Canada's nationhood-building goal during this period. As it turned out, the liberalism was a huge historical progress over the racism, and the Canadian identity began to take shape from then. However, the liberalism blindly advocated the supremacy of individual citizenship and ignored the cultural differences and interests conflicts among the various national and ethnic groups. The essence of the liberalism was still to assimilate the other national and ethnic groups with the Anglo-Saxon culture, which failed to achieve the ideal goal of "unifying the many into one". In the mid-to-late 1960s, the demands to protect the non-British culture identities rose widely across Canada.

In view of the limitations of the liberalism, from the promulgation of multiculturalism policy in 1971 to the second independence referendum of Quebec in 1995, the Canadian government integrated multiculturalism into the model of liberalism construction model. The autonomy of the aboriginal peoples, the quasi-independent statehood of Quebec and the right of ethnic minorities to inherit their mother-country culture were universally recognized and protected. The multiculturalism enhanced the equality, openness and tolerance of Canada as a multi-national and multi-ethnic society, but it also objectively aggravated the expansion of self-identities of national and ethnic groups. The quasi-sovereign autonomy of the aboriginal peoples had serious frictions and conflicts with Canadian federalism. The rise of national separatism in Quebec and two independence referendums seriously threatened the unity of Canada. The immigrant cultures of ethnic minorities are increasingly alienated from the Canadian mainstream culture. Under the mosaic culture structure of national and ethnic groups, the differentiation of identities of the "member of certain national or ethnic group" "Canadians of certain national or ethnic group" "Canadians", exacerbated the weakness of Canadians' shared identity.

After the early 1990s, especially after the 1995 Quebec referendum, there was a strong trend of "anti-multiculturalism" in the Canadian society, and the Canadian government felt the crisis of national identity and began to restrict multiculturalism in fact with the interculturalism principle. On the one hand, under the framework of the federation, the aboriginal autonomy and the provincial authority of Quebec were re-regulated by series of "carrots plus sticks" strategies in the economy, politics and laws, so as to safeguard the sovereign authority of Canada. On the other hand, the Canadian government has strengthened the integration of national and ethnic groups into the Canadian mainstream culture and the shared values. As it is showed by the facts, the interculturalism-oriented reforms of past thirty years have prevented the further erosion and compression of identities of national and ethnic groups on the Canadian identity. The tensions between the aboriginal peoples and the federal government have eased significantly. Quebec separatism has declined, and the non-independent middle path has become the mainstream of the French Canadian nationalism. Minority immigrants are also more integrated into Canada than before. In general, the construction of Canadian identity has achieved relatively good results since the 1990s, and the sense of belonging of national and ethnic groups to Canada and their pride of being Canadians have significantly improved than before. However, as a multicultural country with a historical lack of common identity, the potential threat of the national and ethnic groups' identities to the Canadian identity has not yet been eradicated. How to further strengthen the Canadian common identity while respecting the identities of the national and ethnic groups remains a long-term challenge for the Canadian society.

Key Words: National and ethnic Groups; Canada; Canadian Identity

目 录

导 论 …………………………………………………………（1）
  第一节　研究缘起 ……………………………………………（1）
  第二节　概念解析 ……………………………………………（3）
    一　族群、民族与族裔 ……………………………………（4）
    二　加拿大的民族与族裔 …………………………………（5）
    三　族群认同与国家认同 …………………………………（10）
  第三节　研究现状 ……………………………………………（14）
    一　国外学术界的研究 ……………………………………（14）
    二　国内学术界的研究 ……………………………………（21）
  第四节　理论框架 ……………………………………………（23）
    一　种族主义 ………………………………………………（24）
    二　自由主义 ………………………………………………（25）
    三　多元文化主义 …………………………………………（26）
    四　跨文化主义 ……………………………………………（29）

第一章　种族主义模式下加拿大英国认同的构筑
    （1867—1945）………………………………………………（35）
  第一节　英裔优越地位及其对英国的依恋 …………………（36）
    一　加拿大人的英国臣民身份 ……………………………（36）
    二　英裔对英帝国的高度尊崇 ……………………………（38）
  第二节　原住民的被监护地位及其对英国的效忠 …………（45）
    一　原住民被监护的臣民地位 ……………………………（46）
    二　原住民对英国的积极效忠 ……………………………（53）

三　原住民对英国效忠的原因 ……………………………………（56）
　第三节　法裔战败者的地位及其对英法两国的疏远 ……………（65）
　　一　英国对法裔的殖民统治 ………………………………………（65）
　　二　大多数法裔对英法的不认同 …………………………………（71）
　第四节　少数族裔弱势地位及其对英国的矛盾认同 ……………（81）
　　一　少数族裔被英裔歧视的境遇 …………………………………（82）
　　二　少数族裔对英国的矛盾认同 …………………………………（89）
　小　结 ………………………………………………………………（99）

第二章　自由主义模式下加拿大国家认同的奠基
（1945—1971） ……………………………………………（102）

　第一节　"二战"后加拿大种族主义的没落 ……………………（102）
　　一　"二战"对"加拿大公民"意识的促动 ……………………（103）
　　二　"二战"后加拿大种族平等运动的高涨 ……………………（108）
　第二节　加拿大公民权利的去种族化 ……………………………（113）
　　一　种族主义移民政策的终结 …………………………………（114）
　　二　各族群民权待遇的平等化 …………………………………（117）
　　三　各族群平等选举权的授予 …………………………………（121）
　　四　全民福利保障体系的建成 …………………………………（124）
　第三节　加拿大国家认同的初步形成 ……………………………（129）
　　一　加拿大地位的"去自治领化" ………………………………（129）
　　二　加拿大国旗的"去殖民化" …………………………………（132）
　　三　加拿大外交的"去英国化" …………………………………（137）
　第四节　自由主义模式下加拿大国家认同的窘境 ………………（139）
　　一　原住民对公民身份同化的抵制 ……………………………（140）
　　二　魁北克省民族分离主义的出现 ……………………………（148）
　　三　少数族裔民族文化身份的觉醒 ……………………………（156）
　小　结 ………………………………………………………………（159）

第三章　多元文化主义模式下加拿大国家认同的塑造
（1971—1995） ……………………………………………（163）

　第一节　多元文化主义思潮在加拿大的普遍兴起 ………………（163）

一　原住民民族主权运动的高涨 …………………………（164）
　　二　魁北克省民族主义政党的壮大 ………………………（170）
　　三　少数族裔文化权利诉求的提出 ………………………（173）
第二节　**多元文化主义对非英裔族群认同的包容** ……………（176）
　　一　原住民加权公民身份的授予 …………………………（176）
　　二　魁北克省准国家地位的提升 …………………………（183）
　　三　少数族裔文化权利的被认可 …………………………（189）
第三节　**多元文化主义对加拿大国家认同的推动** ……………（193）
　　一　各族群间文化包容度的扩大 …………………………（193）
　　二　少数族群被同化压力的缓解 …………………………（196）
　　三　少数族群政治话语权的增强 …………………………（198）
第四节　**多元文化主义塑造加拿大国家认同的局限** …………（199）
　　一　原住民自治权与联邦主权的矛盾 ……………………（200）
　　二　法裔民族主义与联邦主义的对立 ……………………（207）
　　三　少数族裔认同与加拿大认同的失衡 …………………（218）
小　结 ……………………………………………………………（226）

第四章　跨文化主义模式下加拿大国家认同的重塑（1995—今） ………………………………………………（228）

第一节　**多元文化主义向跨文化主义的转变** …………………（228）
　　一　联邦政府对原住民自治原则的再界定 ………………（230）
　　二　联邦主义对遏制魁北克省独立的呼声 ………………（232）
　　三　加拿大社会对少数族裔融合的共识 …………………（237）
第二节　**跨文化主义导向对多族群认同的整合** ………………（242）
　　一　对原住民加权公民身份的收紧 ………………………（243）
　　二　对魁北克省的安抚与限制 ……………………………（250）
　　三　对少数族裔融入加拿大的强化 ………………………（256）
第三节　**跨文化主义整合加拿大国家认同的成效** ……………（262）
　　一　原住民与联邦政府的关系趋于缓和 …………………（263）
　　二　魁北克省法裔分离主义趋于低落 ……………………（269）
　　三　少数族裔融入主流文化的态度趋于积极 ……………（277）
　　四　多族群国家共同体意识趋于增强 ……………………（284）

五　加拿大国家认同整合的现实挑战 …………………（290）
　小　结 ……………………………………………………（294）
结　语 ………………………………………………………（296）
参考文献 ……………………………………………………（299）
索　引 ………………………………………………………（317）
致　谢 ………………………………………………………（321）

Contents

Preface ··· (1)
I. Research Background ··· (1)
II. Key Concepts ··· (3)
    National and Ethnic Groups; Nations; Ethnic Minorities ············· (4)
    National and Ethnic Groups in Canada ···························· (5)
    National and Ethnic Identity; National/State Identity ················ (10)
III. Research Overview ·· (14)
    Research in the Academic Community Abroad ······················ (14)
    Research in the Domestic Academic Community ···················· (21)
IV. Theoretical Framework ·· (23)
    Racism ··· (24)
    Liberalism ·· (25)
    Multiculturalism ·· (26)
    Interculturalism ·· (29)

Chapter One: The Construction of the British Identity by
              Racism, 1867 – 1945 ···································· (35)
I. Superiority of the British Canadians and Their Attachment
    to Britain ·· (36)
    Status of Canadians as the British Subjects ························ (36)
    High Reverence of the British Immigrants for Britain ················ (38)
II. Aboriginal Peoples under the Guardianship and Their
    Allegiance to Britain ·· (45)
    Status of Aboriginal People as the Warded Subjects of Britain ········· (46)

Active Loyalty of the Aboriginal Peoples to Britain …………… (53)
　　Reasons forthe Aboriginal Peoples' Loyalty to Britain …………… (56)
III. French Canadians as a Defeated Nation and Their
　　Alienation from Britain and France …………………………… (65)
　　British Colonial Rule over the French Canadians ……………… (65)
　　Non-identity of Most French Canadians towards Britain and France …… (71)
IV. Disadvantaged Status of the Ethnic Minorities and
　　Their Contradictory Identities with Britain …………………… (81)
　　Discrimination against the Ethnic Minorities by the British
　　Canadians ……………………………………………………… (82)
　　Contradictory Identities of the Ethnic Minorities with Britain ………… (89)
Summary ……………………………………………………………… (99)

Chapter Two: The Founding of the Canadian Identity by Liberalism, 1945–1971 …………………… (102)

I. Decline of Racism in Canada after World War II ……………… (102)
　　Awareness of the Canadian Citizenship Promoted by WWⅡ ………… (103)
　　Rise ofthe Racial Equality Movement in Canada after WWⅡ ……… (108)
II. De-racialization of the Canadian Citizenship ………………… (113)
　　End of the Racist Immigration Policies ………………………… (114)
　　Realization of the Civil Rights Equality ………………………… (117)
　　Equalization of the Voting Rights ……………………………… (121)
　　Establishment of the Universal Welfare Security System ………… (124)
III. Preliminary Formation of the Canadian Identity ……………… (129)
　　"De-dominionization" of Canada ……………………………… (129)
　　"De-colonization" of the Canadian Flag ……………………… (132)
　　"De-Britishization" of the Canadian Diplomacy ……………… (137)
IV. Dilemma of the Canadian Identity under Liberalism ………… (139)
　　Aboriginal Peoples' Resistance to the Assimilation by Citizenship …… (140)
　　Emergence of the National Separatism in Quebec ……………… (148)
　　Awakening of the Cultural Identities of the Ethnic Minorities ……… (156)
Summary ……………………………………………………………… (159)

Contents

Chapter Three: The Shaping of the Canadian Identity by
　　　　　　　Multiculturalism, 1971 – 1995 ……………… (163)
I. Universal Rise of the Multiculturalism in Canada ……………… (163)
　Upsurge of the Aboriginal Peoples' Sovereignty Movement ………… (164)
　Growth of the Nationalism Parties in Quebec Province ……………… (170)
　Emergence of the Cultural Rights Claims of the Ethnic Minorities … (173)
II. Multiculturalism's Inclusion of the Non-British Canadians ……… (176)
　Universally-granted "Citizenship Plus" of the Aboriginal Peoples … (176)
　Significantly-enhanced Quasi-Sovereign Status of Quebec Province … (183)
　Widely-recognized Cultural Rights of the Ethnic Minorities ………… (189)
III. Contribution of Multiculturalism to the Canadian Identity …… (193)
　Expansion of Cultural Tolerance among the National and
　Ethnic Groups ……………………………………………………… (193)
　Relief of Pressure to be Assimilated on the National and
　Ethnic Minorities ………………………………………………… (196)
　Enhancement of the Political Voice of the National and
　Ethnic Minorities ………………………………………………… (198)
IV. Limitations of Multiculralism on the Canadian Identity
　　Building ……………………………………………………… (199)
　Contradiction between the Aboriginal Autonomy and the
　Federal Authority ………………………………………………… (200)
　Confliction between the French Canadians' Nationalism and
　the Federalism …………………………………………………… (207)
　Imbalance between the Ethnic Minorities' Identity and the
　Canadian Identity ………………………………………………… (218)
Summary ……………………………………………………………… (226)

Chapter Four: The Remaking of the Canadian National
　　　　　　　Identity by Interculturalism, 1995 – Present ……… (228)
I. Transition from the Multiculturalism to the Interculturalism …… (228)
　Federal Government's Redefinition of the Principle of the
　Aboriginal Self-Government ……………………………………… (230)

· 3 ·

Federalism Calls for Containing Quebec's Independence ……………(232)
Consensus on the Integration of the Ethnic Minorities in the
Canadian Society ……………………………………………………(237)
II. Interculturalism Integration of the Multi-National and the
   Multi-Ethnic Identities ……………………………………………(242)
Restrictions onthe Citizenship Plus for the Aboriginal Peoples ………(243)
Strategy of "Carrots and Sticks" for the Independence of Quebec …(250)
Integration Strengthened of the Ethnic Minorities into Canada ………(256)
III. Effectiveness of the Interculturalism in Integrating the
   Canadian Identity ……………………………………………………(262)
Relations of Aboriginal Peoples and the Federal Government in
Détente ……………………………………………………………………(263)
Decline of the French Canadians' Separatism in Quebec Province …(269)
Active Integration of the Ethnic Minorities into the Mainstream
Culture ……………………………………………………………………(277)
Growing Sense of the Belonging to Canada among the National and
Ethnic Groups …………………………………………………………(284)
Existing Challenges to the Integration of the Canadian Identity ……(290)
Summary ……………………………………………………………………(294)

Conclusion …………………………………………………………………(296)

References …………………………………………………………………(299)

Index …………………………………………………………………………(317)

Acknowledgement …………………………………………………………(321)

导　论

第一节　研究缘起

　　加拿大是世界上具有代表性的多族群国家，自殖民时代起，一部加拿大历史可以说就是一部多族群相互关系的历史。概括而言，加拿大主要族群包括三类：第一类为原住民，包括第一民族（First Nations，也称印第安人）、因纽特人与梅蒂人（Métis）；第二类为英裔和法裔，通常被称为加拿大的建国民族（Founding Nations）；第三类为除以上民族外的少数族裔移民，如爱尔兰裔、德裔、华裔、意裔、拉美裔等，通常称之为少数族裔（Ethnic Groups）。如果将以上分类进一步划分，加拿大人所属的族群类别更多。根据2016年加拿大人口普查，加拿大有族群250多个，混血者约占3500万总人口的41.1%。① 在2021年加拿大的人口普查中，一个人最多可以申报6个族群血统，声明有多个族群血统者约占加拿大人口数的36%。② 根据普查结果，2021年加拿大人申报的族群和文化身份达450多个，归属的宗教信仰派别有近100种，所说的语言也达约450种。③ 如何确保各族群拥有共同的国家认同是加拿大在多族群治理中长期面对的难

---

① Statistics Canada, "Ethnic and Cultural Origins of Canadians: Portrait of A Rich Heritage", https://www12.statcan.gc.ca/census-recensement/2016/as-sa/98－200－x/2016016/98－200－x2016016－eng.cfm.
② Doug Norris, "Census 2021: Canada's Cultural Diversity Continues to Increase", https://environicsanalytics.com/en-ca/resources/blogs/ea-blog/2022/10/26/census－2021－canadas-cultural-diversity-continues-to-increase.
③ Statistics Canada, "The Canadian Census: A Rich Portrait of the Country's Religious and Ethnocultural Diversity", https://www12.statcan.gc.ca/census-recensement/index-eng.cfm.

题。对于主要由单一民族组成的国家而言，国民大体上享有共同的种族特征、历史、文化语言及价值观，民族认同和国家认同相辅相成。然而，对于加拿大这样的多族群的国家，由于族群间历史、文化和利益的差异和冲突，国家认同建构要艰难得多。

国内学界在谈及加拿大族群治理时，基本上将其演变概括为"从种族主义到多元文化主义"，即加拿大政府在"二战"以前坚持英裔白人种族主义政策，之后则过渡到了多元文化主义政策。这一观点反映了加拿大族群政策变革的一般特点，但尚不能反映其多族群国家建构模式的深刻变化。更确切地说，自1867年自治领成立，加拿大多族群国家认同建构经历了种族主义、自由主义、多元文化主义与跨文化主义4个阶段。

自治领成立后到"二战"结束前为唯尊盎格鲁－撒克逊的种族主义阶段，塑造加拿大白人与原住民对英国效忠是这一时期国家认同建构的基本目标。英裔自视为"优等"民族，原住民被英裔视为有待白人监护和教化的"他者"，法裔实际上处于"二等公民"的地位，少数族裔移民遭受着英裔不同程度的种族歧视。种族主义模式确保了英裔对英国的效忠，原住民也对英国有相当的效忠程度，但多数法裔和少数族裔移民对英国认同淡漠，各族群并未形成共同的国家认同。从加拿大第一部公民法《1946年加拿大公民身份法》颁布到1971年多元文化主义政策公布，是加拿大国家认同建构的自由主义阶段。将族群身份私域化，在法律上将公民权利平等赋予所有族群、以加拿大认同取代英国认同是加拿大国家认同建构的突出特征。自由主义取代种族主义无疑是历史的巨大进步，加拿大国家认同的基础也就此形成，但其"公民障目，不见族群"的局限也决定了它对族群认同与利益存在的忽视。由此，原住民在普遍公民权利之外要求"加权"公民身份，法裔分离主义出现，少数族裔则要求和法裔一样享有超越公民身份的母族文化权利。

从1971年多元文化主义政策公布到1995年魁北克省独立公投为多元文化主义阶段。将族群与个体公民同等视为组成国家的基本单位，在法律上承认和保护原住民自治权、魁北克省准国家地位及少数族裔母族文化权利是这一阶段国家认同建构的主要内容。多元文化主义模式推动了加拿大社会的开放与包容，但也造成国家认同的孱弱和裂化。原住民自治与联邦权力背离，魁北克省准国家权力与联邦主权对立，少数族裔民族认同与加拿大认同失衡。20世纪90年代初以来，特别是1995年以来，跨文化主义超越多元文化主义，实质上成为加拿大国家认同的新导向。跨文化主义批评多元文化主义导致了各族群在文化认同上"我们"与"他们"的分裂，主张族群间加强对话和交融，形成共同文化，以增加社会凝聚力和国家公民身份的归属感。基于此，加拿大在联邦框架下积极遏制原住民和法裔极端民族认同的膨胀，着力强化各族群与"加拿大文化"相整合，以缓和族群认同对加拿大认同的挤压。从整体上看，在跨文化主义导向下，族群认同对国家认同的进一步侵蚀和分裂被遏制，国家呈现较为安定的一面。原住民自治被严格置于联邦主义和宪政精神之下，反分裂的中间路线成为法裔民族主义政党党纲的主流，少数族裔融入主流文化的程度加深，各族群对加拿大的自豪感与归属感得以加强。

不过，作为国家认同先天不足、后天乏力的社会，文化迥异的多族群结构和曲折的相互关系决定了加拿大的国家族群融合发展之艰巨，加拿大在公民、族群、国家三者身份之间始终存在着难以平衡的认同纠葛及矛盾。时至今日，族群认同对加拿大国家认同的潜在的重大威胁并未完全消逝，原住民加权公民身份、魁北克省分离主义对联邦的威胁依然潜存，而且在英裔文化占据"加拿大文化"主体地位的前提下，无法改变非英裔族群在加拿大社会中的弱势地位与面对主流文化维护自身文化认同的困境，这注定了加拿大国家认同建构的长期性和艰巨性。从现实的角度看，加拿大国家认同的建构在世界多族群国家中具有典型性和复杂性，其塑造国家共同体认同的历史经验与教训具有明显的比较价值，值得深入系统地加以研究。

依据加拿大多族群治理的历史，本书的重心是对加拿大多族群国家认同建构模式的嬗变及特质进行研究，以揭示不同模式的复杂成因、多面影响以及其内在的问题与悖论等。作为从族群角度对加拿大国家认同进行系统研究的专著，期望本书作为"引玉之砖"能为相关研究起到积极的参考作用。

第二节　概念解析

本书主要是从多族群这一视域来观察加拿大在建构国家认同上的曲折

历史，在展开本研究之前需要先对所涉及的概念的内涵和外延有一个清晰的界定。具体而言，本书包含的基本概念如下。

一　族群、民族与族裔

所谓族群，主要包括民族和族裔。根据《在线词源词典》，英语中的民族"Nation"来源于拉丁语"*Natio*"和古法语"*Nacion*"，意为"出生"。① 近代以后，随着欧洲资产阶级革命和民族独立运动的兴起，"Nation"一词被赋予了新的时代含义，由一个或几个民族组成的民族国家逐步取代君主专制国家成为欧洲国家的主要形态。17—18世纪，荷兰、英国、法国等国的资产阶级革命终结了本国君主的专制时代。19世纪后期，德国和意大利先后完成民族统一，主张"民族自决"的民族主义在欧洲流行。与传统帝国或王国不同，民族国家成员效忠的对象不是传统君主，而是所属民族及其共同的历史与文化等。

在具体内涵上，国内外学者的解释不尽相同。按照《现代汉语词典》的解释，民族"特指具有共同语言、共同地域、共同经济生活以及表现为共同文化上的共同心理素质的人的共同体"②。与国内对民族的界定侧重于文化、地域属性不同，西方的界定更强调其"主权属性"或"领土"内涵。康奈尔大学民族学教授本尼迪克特·安德森在其著作《想象的共同体：民族主义的起源与散布》中，将"民族"定义为"一种想象的政治共同体，……同时也享有主权的共同体"③。伦敦政治经济学院社会学教授安东尼·史密斯把民族称为"具有自治意识、统一意识和特殊利益的文化政治共同体"④。相似的，伦敦玛丽女王大学政治学教授蒙特塞拉特·吉伯瑙在其代表作《多样的民族主义：20世纪的民族国家和民族主义》中将民族定义为"有意识组成社群、拥有共同文化、附于清晰划定的领土、拥有

---

① Douglas Harper, "Nation", *Online Etymology Dictionary*, https://www.etymonline.com/word/nation.
② 中国社会科学院语言研究所词典编辑室编：《现代汉词典》，商务印书馆2019年版，第910页。
③ [美]本尼迪克特·安德森：《想象的共同体：民族主义的起源与散布》，吴叡人译，上海人民出版社2016年版，第6页。
④ Anthony D. Smith, *The Ethnic Origins of Nations*, Oxford: Basil Blackwell, 1991, p.17.

共同的过去和共同的未来计划,并声称拥有自我统治权利的人类团体"[1]。加拿大女王大学民族学教授威尔·金里卡也将"民族"看作"在制度上保持着完整性、占有一块既定的区域或家园（Homeland）,共享一种特有语言和历史的共同体"[2]。2014 年,美国最常用的法律词典《布莱克法律词典》对"Nation"做出了如下解释:"1. 有共同的起源、语言和传统的群体,通常构成一个政治实体。当一个民族与一个国家重合时,通常使用民族国家这个词;2. 居住在特定领土上并由独立政府组织的群体或主权政治国家。"[3] 自近代民族国家普遍取代君主国家以来,除朝鲜、韩国、日本、尼泊尔等若干国家大致可称为单一民族国家外,绝大多数国家由于国际移民潮的推动,成为多民族的国家（Multi-Nation State）。不同的民族成为多民族国家中的一员,其途径是多种多样的,有的是随土地割让并入他国,有的是不同民族相互联合或妥协组成新的国家。在多民族国家,各民族对国家主权、民族统治权、自治权往往抱有诉求。

与民族不同,族裔多指从一国迁入另一国的移民群体及其后裔,如人们经常说的华裔、日本裔、拉美裔、乌克兰裔等,都属于这一范畴。族裔群体往往只是希望获得平等的公民权和同等参与社会的资格,期望自身母族的文化得到认可和尊重。当然,民族和族裔之间的区别并非不可跨越。比如,有的族裔长期在他民族属地大规模聚居,形成了自我统治的主权和固定的疆域,或是在某一区域内实行自治继而在当地演变成民族。如英裔和法裔在加拿大原本对于印第安人而言是族裔,但后来创建了加拿大殖民地,并建立了相应的主权式政府,就成了民族。

二 加拿大的民族与族裔

1. 原住民

根据加拿大《1982 年宪法》,加拿大原住民包括三个民族:第一民族、因纽特人和梅蒂人。

---

[1] Montserrat Guibernau, *Nationalisms: The Nation-State and Nationalism in the Twentieth Century*, Cambridge: Polity Press, 1996, p. 47.
[2] Will Kymlicka, "Citizenship and Identity in Canada", Alain-G. Gagnon and James Bickerton, eds., *Canadian Politics*, Peterborough: Broadview Press, 1999, p. 20.
[3] Garner Bryan, ed., "Nation", *Black's Law Dictionary*, Brand: Thomson Reuters, 2014, p. 1183

考古证据表明，北美土著印第安人最早是在约两万年前横跨亚洲和阿拉斯加之间的大陆桥从白令海峡迁徙到北美的蒙古人种的后裔。印第安人（Indians）的称呼源自新航路开辟时美洲新大陆被哥伦布当作了目的地印度。为了避免语义指代混淆，中文将其特翻译为"印第安人"。传统印第安人生产方式落后，多以渔猎为生，信仰原始宗教。按照地理分布，印第安人大致可以分为西北部印第安人、中部平原印第安人和五大湖区印第安人等，每个区域的印第安人又分属不同的部族或部落。为了加强对印第安人的统治，加拿大1876年颁布的《印第安法》将加拿大境内印第安人分为了两大类："身份印第安人（Status Indians）"与"无身份印第安人"（Non-Status Indians）。前者主要是指在英国殖民北美的进程中，曾和自治领政府签署过向英王或自治领出让土地条约的"条约印第安人"（Treaty Indians）以及虽未转让过土地，但经政府确认身份登记过的印第安人（Registered Indians）。无身份印第安人则主要是指未和殖民者签约也未进行身份登记的印第安人，还包括一些因为和非印第安人成婚、参军或者成为公民而自动丧失印第安身份的印第安人。① 按照《印第安法》，身份印第安人享有年金等经济补贴，并可以豁免兵役，免于缴纳个人财产和不动产的联邦和省税②。20世纪70年代后，伴随着原住民民族主义的强化，印第安人开始自称"第一民族"，以此表明他们是北美大陆最早的主人。1982年"第一民族"的称谓正式写入了加拿大宪法。③

因纽特人，曾被贬称为爱斯基摩人（Eskimo，即吃生肉之人④），主要居住在阿拉斯加、加拿大与格陵兰岛北极圈区域。⑤ 因纽特人的民族语言为因纽特语，尊奉萨满教，一部分人信仰基督教。历史上传统的因纽特人的生产方式以渔猎为主，以雪石为筑屋之物，以陆海动物皮毛做衣，以动

---

① James Frideres and René R. Gadacz, *Aboriginal Peoples in Canada: Contemporary Conflicts*, New York: Rutledge, 2001, pp. 24 – 26.
② "Do Registered Indians Have to Pay Taxes?", https://www.first-nations.info/registered-indians-pay-taxes.html.
③ Library and Archives Canada, "Terminology Guide: Research on Aboriginal Heritage", 2015, p. 11, https://www.bac-lac.gc.ca/eng/discover/aboriginal-heritage/Documents/Terminology%20Guide%20%20Aboriginal%20Heritage.pdf.
④ "Origin of the term Eskimo", https://www.aaanativearts.com/alaskan-natives/eskimo.htm.
⑤ "A Brief History of Canada Pre-history to 1599", http://www3.sympatico.ca/goweezer/canada/can0000.htm.

物油脂为照明之烛。因为处于偏远之地，直到 20 世纪初，只有少数白人探险家、捕鲸者以及传教士曾踏入因纽特人区域。"二战"期间，加拿大政府曾在因纽特地区修建了一些通信交通设施。1939 年，加拿大联邦高等法院在一项名为"Re Eskimos"的判决中裁定，因纽特人应被视为印第安人一类，受联邦政府的管理。[1] 20 世纪 40 年代，加拿大政府为辨识和统计境内的因纽特人，为确定身份的因纽特人逐个发放了皮革或纤维材质的圆盘号码，每个号码盘上标有"加拿大因纽特人身份证明"（Eskimo Identification Canada）字样以及代表持盘因纽特人所属区域的字母和人数序列的数字。[2] 1977 年，在阿拉斯加举行的因纽特人环北极会议上，"因纽特人"作为所有环极原住民的统称取代了"爱斯基摩人"旧称。

梅蒂人，本义为"混血之人"，主要是指 17—19 世纪法裔（包括少数英裔）男性殖民者和加拿大当地克里族（Cree）、奥吉布瓦族（Ojibwa）等印第安女性所生的混血后裔。这些人虽属欧印混血儿，但出生后主要由母方抚养，也少有与父方有联系，在身份上通常不被视为欧洲人。传统的梅蒂人大多保留了印第安人的原始信仰，有的也因为受到法裔殖民者或传教士的影响而信仰天主教，其语言多为法语或者法语和克里语杂糅而成的米奇语（Métchif）。

在 17 世纪初欧洲殖民者初登北美大陆时，土著人口数估计在 20 万人[3]到 200 万人[4]，而加拿大皇家原住民人民委员会认可的数字是 50 万人。[5] 根据 2021 年加拿大最新的人口普查结果，加拿大原住民人口约为 180.7 万人，比 2016 年增加了 9.4%，约占加拿大总人口（3699 万人）的 4.89%。在这些原住民中，约 58.0% 为第一民族（104.8 万人），约

---

[1] Augie Fleras and Jean Leonard, *Unequal Relations: An Introduction to Race and Ethnic Dynamics in Canada*, Toronto: Prentice Hall, 2002, p. 174.

[2] Valerie Alia, *Names, Numbers, and Northern Policy*, Halifax: Fernwood Publishing, 1994, pp. 32 – 34.

[3] Donna M. Wilson and Herbert C. Northcott, *Dying and Death in Canada*, Toronto: University of Toronto Press, 2008, pp. 25 – 27.

[4] Russell Thornton, "Population history of Native North Americans", Michael R Haines and Richard Hall Steckel, eds., *A population history of North America*, Cambridge: Cambridge University Press, 2000, pp. 13, 380.

[5] C. Vivian O'Donnell, "Native Populations of Canada", Garrick Alan Bailey, ed., *Indians in Contemporary Society, Handbook of North American Indians*, Ottawa: Government Printing Office, 2008, p. 285.

34.5%为梅蒂人（62.4万人），约3.9%为因纽特人（7万人），另约有1.6%为原住民混血血统（2.9万人），其他为不认同自身原住民身份却又登记为注册或条约印第安人身份、第一民族或印第安部落成员身份的人（3.5万人）。所有原住民中，根据《印第安法》，身为登记或条约印第安人者约占4.6%（83.2万人）。2021年，普查显示，第一民族中最多的分别为：克里人（25万人）、米克玛人（12.2万人）、奥吉布韦人（9.2万人）和阿尔冈昆人（5.6万人）。①

2. 法裔、英裔

法裔加拿大人主要指17世纪以来加拿大的法兰西族移民及其后裔。英裔加拿大人主要是指17世纪以来从英伦三岛到加拿大的殖民者及其后裔。根据加拿大宪法，法裔和英裔被称为建国民族，有时候也被称作"宪章民族"，即确定加拿大宪政体制、其主体民族地位在宪法中被确定的民族。

法国在北美的殖民开始于新航路开辟时期。1535年，雅克·卡地亚作为航海家奉法国国王弗朗西斯一世之命寻找通向印度的新航道，船队顺着圣劳伦斯河而上，最后到了今天魁北克省一带，将所抵达之地称为加拿大。1608年，探险家塞缪尔·尚普兰在法王亨利四世派遣下前往加拿大，在魁北克市建立据点，将开拓的领地称之为新法兰西，其本人被路易十三任命为新法兰西总督。在此后的约100年间，新法兰西殖民地从东部沿海扩大到安大略西部广大地区，并在1663年成为法国的海外行省，人口从1627年时的不足百人增加到2500人。到七年战争结束后的1763年，人口已经达到6万余人。②

法国在北美的殖民从一开始就面临来自英国殖民的竞争。从17世纪在北美大西洋沿岸建立若干据点开始，到1733年时，英国已经在沿海建立了13个殖民地，凭借占据优势的工业革命造就的强大国力和外交策略，1713年《乌德勒支条约》签订后，英国取得了对哈德逊湾地区（即鲁伯特地区③）、纽芬兰地区和新斯科舍等地区的控制权，然后在七年战争中打败了法国，将新法兰西省收入囊中，法国仅保留在纽芬兰、圣皮埃尔岛和密

---

① Statistics Canada, "Census Profile 2021", November 15, 2023, https://www12.statcan.gc.ca/census-recensement/2021/dp-pd/prof/index.cfm? Lang = E.
② 刘军编著：《加拿大》，社会科学文献出版社2010年版，第76页。
③ 1670年，为与法国争夺北美毛皮贸易，英国成立了哈德逊湾公司，首任总督为鲁伯特王子，哈德逊湾公司所拓殖土地被称为"鲁伯特地区"（Rupert's Land）。

克隆岛捕鱼的权利。1763年10月，英国《皇室公告》颁布后，新法兰西被肢解，五大湖以北原新法兰西土地大部分被改设为魁北克省。为进一步削弱法裔力量，英国《1791年宪法》再次肢解魁北克省，将其分为以英裔人口为主的上加拿大（大致相当于今安大略省）和以法裔人口为主的下加拿大（相当于今魁北克省）。1840年，为进一步同化法裔，英国将上下加拿大省合并为加拿大省。1867年，《英属北美法》将加拿大省分为安大略省、魁北克省，与新斯科舍省、新不伦瑞克省（1784年从新斯科舍分出）联合起来，组成了加拿大自治领。此后至1949年，加拿大其他省区陆续加入，加拿大疆域达到了今日之面积。西北领地（1875年加入加拿大）、育空地区（1897年加入加拿大）、努纳武特区（1999年从西北区分出）以原住民为主，魁北克省居民以法裔为主，其余省份英裔人口占相对多数。按母语计算，2016年加拿大人口中说英语人口约占57%，说法语人口约占21%，其他约占22%。① 根据2016年的人口普查，英格兰血统（630万人）、苏格兰血统（480万人）、法裔血统（470万人）和爱尔兰血统（460万人）仍然是加拿大人口报告最常见的血统。2016年，32.5%的加拿大人的血统之一来自不列颠群岛，13.6%的加拿大人至少一部分血统来自法裔。② 2021年的人口普查与此相比，自报具有英格兰血统者约530万人、爱尔兰人血统者约440万人、苏格兰血统者约440万人、法裔血统者约400万人。③

3. 少数族裔

顾名思义，在多族群国家的族裔群体中人口规模相对于主体族群占少数的移民族裔称为少数族裔。加拿大族群众多，整体划分的话，少数族裔主要是指非英法裔、非原住民血统的移民及其后裔，其中非白人移民又被称为有色少数族裔（Visible Minorities，又译为"明显少数族裔"）。1871年，加拿大设立联邦之后的第一次人口普查结果显示，348万加拿大人口

---

① Government of Canada, "Statistics on official languages in Canada", https://www.canada.ca/en/canadian-heritage/services/official-languages-bilingualism/publications/statistics.html.

② Statistics Canada, "Ethnic and cultural origins of Canadians: Portrait of a Rich Heritage", https://www12.statcan.gc.ca/census-recensement/2016/as-sa/98-200-x/2016016/98-200-x2016016-eng.cfm.

③ Statistics Canada, "The Canadian census: A Rich Portrait of the Country's Religious and Ethnocultural Diversity", https://www12.statcan.gc.ca/census-recensement/index-eng.cfm

中大约有 20 个族群。当时，约 98.5% 的加拿大人来自欧洲，其中约 60.6% 来自不列颠群岛，约 31.1% 来自法国，约 5.8% 来自德国，约 0.9% 来自荷兰，约 0.7% 为原住民，约 0.6% 为黑人，约 0.1% 来自瑞士。① "二战"后，加拿大对非欧洲、非白人移民法律歧视逐步被取消，非欧洲、非白人移民显著增多。2016 年人口普查中，约 21.9% 的加拿大人自称是或曾经是移民或永久居民，1981 年以来，有色少数所占比重在历次人口普查中以 2%—3% 的比重增长，2016 年所占比重约为 22.3%（1981 年约为 4.7%），达 770 万人，② 其中较多的少数族裔有：德裔（9.6%）、华裔（5.1%）、意大利裔（4.6%）。③ 2021 年人口普查中，德裔（300 万人）、华裔（170 万人）、意大利裔（150 万人）、印度裔（130 万人）、乌克兰裔（130 万人）移民在 100 万人以上，荷兰裔、波兰裔和菲律宾裔都接近 100 万人，是加拿大人数较多的少数族裔。④

三　族群认同与国家认同

"Identity"，按照剑桥英语大辞典的解释，是指"一个人是谁，或者一个人或群体与他人不同的品质"。⑤ 在心理学意义上，根据心理学家西格蒙德·弗洛伊德的主张，"认同"意为个体在情感上对他人或者群体予以认可并与其趋同的过程。⑥ 弗洛伊德的学生，艾瑞克·埃里克森认为，构成人主观自我意识的经历、关系、信念、价值观和记忆是形成认同的重要因素，在以上因素的作用下，认同具有相当的稳定性。"认同"提供了自我同一性、区分自我与他人的独特性，促进了人社会心理的发展。⑦ 是对

---

① Statistics Canada, "Archived-Historical Statistics, Origins of the Population", https：//www150. statcan. gc. ca/t1/tbl1/en/tv. action? pid = 4310000301.
② Éric Grenier, "21.9% of Canadians are Immigrants, the Highest Share in 85 Years：StatsCan", https：//www. cbc. ca/news/politics/census - 2016 - immigration - 1. 4368970.
③ Aaron O'Neill, "Ethnic groups in Canada as of 2016", April 15, 2021, https：//www. statista. com/statistics/271215/ethnic-groups-in-canada/. N/.
④ Statistics Canada, "The Canadian census：A Rich Portrait of the Country's Religious and Ethnocultural Diversity", https：//www12. statcan. gc. ca/census-recensement/index-eng. cfm.
⑤ "Identity", https：//dictionary. cambridge. org/us/dictionary/english/identity.
⑥ 车文博主编：《弗洛伊德主义原著选辑》（上卷），辽宁人民出版社 1988 年版，第 375 页。
⑦ Kendra Cherry, "Identity vs. Role Confusion in Psychosocial Development", https：//www. verywellmind. com/identity-versus-confusion - 2795735.

"我是谁"的回答,是个体之间、群体之间交往中发现的差异感与归属感。① 在中文的语境之下,对于如何确定"Identity"的内涵与外延,学术界分歧较多。其中,程克雄在翻译亨廷顿的著作《我们是谁:美国国家特性面临的挑战》时,在译者说明中阐释了"Identity"的内涵。在他看来,"Identity"具有"身份"与"认同"两层含义,前者主要是指个体或者群体依据某些特征、标准和尺度在社会中的地位或者属类,后者与前者紧密相连,侧重于个体或者群体对自身身份进行辨别并确定的行为、过程以及结果。此外,按照群体认同对象的不同,塞缪尔·亨廷顿将认同分为以下几类:归属认同,如性别、家庭、人种等;文化认同,如语言、宗教、文明等;地域认同,如村庄、城镇、国别;政治认同,如政党派别、非政府组织、意识形态、利益集团等;经济认同,如职业职务、工作单位、工会组织、阶级;社会认同,如朋友、俱乐部、团体等。②

在多族群的背景下,族群认同和国家认同是最为典型的两类身份认同。所谓族群认同,包括民族认同和族裔认同,主要是族群个体和群体对自身族群属性在种族、情感与文化上等方面的认同,诸如"我是因纽特人""我是法裔加拿大人""我是加拿大人""我以身为某族群人为荣",均属此范畴。犹如本尼迪克特·安德森所说的,民族等群体在本质上是一个想象的共同体。族群认同的对象不仅包括对所属族群的种族特征、语言文化、生活生产方式、价值信念等,也包括族群成员对所属族群特有的归属感以及同族群成员之间相互亲近的同族意识。族群认同所强调的是某一族群区别于其他族群的特质,是族群成员对从属于某一个民族共同体的属性的认知。③ 对于族群本身而言,充分的族群认同是族群赖以生存和发展的必需条件,但如果族群认同过度膨胀,族群认同则有可能变为极端民族主义,将他族视为他者,甚至歧视、排斥、压迫、征服其他族群。

国家认同指公民对所属国家及其组成要素的认可及心理上对之产生归属感,通常被翻译为"National Identity"(侧重于对国家作为民族共同体的认同),也有学者将其翻译为"State Identity"(侧重于对政府的认同或政

---

① 贺金瑞、燕继荣:《论从民族认同到国家认同》,《中央民族大学学报》(哲学社会科学版)2008年第5期。
② [美]塞缪尔·亨廷顿:《我们是谁:美国国家特性面临的挑战》,程克雄译,新华出版社2005年版,第20页。
③ John Hutchison and Anthony D. Smith, *Ethnicity*, New York: Oxford University Press, 1996, p. 4.

治认同）。"国家认同"是"一根维系情感的纽带，一种共同的价值观以及对国家的爱恋"①，它"是一种超越种族的忠诚，这种忠诚将不同种族和文化背景的群体结合为一个整体，一个为所有居民或绝大多数居民认同和热爱的整体"②。国家认同不是天生的，而是国家政治、经济、文化等组成要素对公民共同作用的结果。在很大程度上，国家认同与以爱国主义为基础的"公民民族主义"或"自由民族主义"③有相通之处，主要关注共同国家的领土、文化和对社会的参与，其基础是公民身份。恰如哈佛大学、多伦多大学民族学教授迈克尔·伊格纳蒂夫所指出的，公民国家是"一个平等的共同体，公民以权利为主轴，通过爱国主义联合起来，共享一套政治体系和价值观。公民民族主义是公民对这套政治体系和价值观的情感和忠诚，是一种个体的理性选择"④。加拿大蒙特利尔大学民族学教授佛兰斯·加翁尼和心理学教授米歇尔·佩奇认为，国家认同主要由如下几部分组成：认同国家的公民文化、社会文化以及国家遗产；对国家的爱恋和忠诚；超越族群的国家归属感；公民权利体系；公民参与。⑤

在国家认同所涵盖的内容中，爱国主义是对国家认同最为集中的体现。爱国主义，顾名思义为"热爱自己的国家"，指对自己的国家抱有特殊感情，特别关心国家的福祉和甘愿为促进国家的利益而做出牺牲。⑥现代意义上的爱国主义是18—19世纪以后民族国家取代君主国家的产物。公民自身的族群属性所反映的仅仅是"与种族的联系"，"仅仅是自然的或物质的"，而爱国主义是对政治团体的责任意识，是对民族性的超越。⑦

---

① Privy Council Office 1991, "Shaping Canada's Future Together: Proposals", in Boyer Pierre, Linda Cardinal and David Headon, *From Subjects to Citizen*: *A Hundred Years of Citizenship in Australia and Canada*, Ottawa: University of Ottawa Press, 2004. p. 268.
② ［美］菲利克斯·罗格斯：《公民与国家：民族、部族和族属身份》，王建娥、魏强译，新华出版社2003年版，第180页。
③ "Patriotism", https://www.britannica.com/topic/patriotism-sociology.
④ 严庆：《冲突与整合：民族政治关系模式研究》，社会科学文献出版社2011年版，第73页。
⑤ France Gagnon, Michel Pagé, *Conceptual Framework and Analysis*: *Volume 1 of Conceptual Framework for An analysis of Citizenship in the Liberal Democracies*, Ottawa: Canadian Heritage, May 1999, http://canada.metropolis.net/research-policy/cern-pub/index.html.
⑥ Stephen Nathanson, *Patriotism, Morality, and Peace*, Lanham: Rowman & Littlefield, 1993, pp. 34 – 35.
⑦ Lord Acton, "Nationality", *Essays on Freedom and Power*, Gloucester: Peter Smith, 1972, pp. 141 – 170.

导 论

爱国主义，也是一种公民德行，意指公民对国家的承担责任感。正如古典共和主义公民理论所主张的，公民"个体只有在共和国中才能享受到真正的自由，共和国也只有通过公民的支持才能够存在"①。作为公民，必须崇尚国家共同体的公共性至上，积极承担法律和社会义务，公民需服务并服从于国家，以避免私利对共同体利益的损害。②爱国主义并不排斥公民权利，但在坚持公民的自由与权利的同时，注重国家共同体的神圣地位，主张公民美德和公民对国家的责任。"理想的好公民必须把公共领域的事务放在第一位，将公共利益或公共善的考虑放在私利考虑之上，并且通过承担公共职位、参与公共事务来体现自身的德性和价值。"③

爱国主义也是一种伦理和价值判断。当被问到"你为什么爱你的国家"或者"你为什么忠于它"，一个爱国者很可能会把这个问题理解为"你的国家有什么优点使你应该爱它或忠诚于它"，然后列举他认为的优点和成就。在一定的情况下，如果其他国家被证明拥有爱国者所认为的更高的特质，那么爱国者可能也会转换方向，忠于其他国家。作为移民国家，移民迁徙到加拿大，多数是因为看中了加拿大具有自己所认可的某种或几种价值。也就是说，爱国主义并不是天生的，而是一种后天建构的产物。在过去，加拿大以一种什么样的模式来建构多族群社会、建构出来的加拿大是否得到了诸多族群的价值认可、是否被各族群所爱，是本书的关注所在。

在多族群的背景下，族群认同和国家认同有着密不可分的关系。一方面，族群认同与国家认同之间有着相互依存的一面。族群的产生早于国家，国家是族群成长与发展成熟的产物。在国家形成之前或之初，相当程度的族群认同是国家得以形成的基础，对于单一民族国家尤其如此。正如卢梭所主张的：热爱民族、颂扬民族文化是重要的，民族文化的价值主要在于它有助于培养对政治祖国的忠诚。④ 国家是由各族群组成的，抛开族群认同来谈论国家认同无异于空中建楼阁。将不同的种族群体融合在共同的认同中，人们被共同的国家自豪感和归属感团结在一起，往往可以缓解

---

① [英]德里克·希特：《何谓公民身份》，郭忠华译，吉林出版集团有限责任公司2007年版，第52页。
② 冯建军：《古典共和主义公民身份与公民教育》，《高等教育研究》2013年第6期。
③ [英]德里克·希特：《何谓公民身份》，郭忠华译，吉林出版集团有限责任公司2007年版，第13页。
④ "Patriotism", https://www.britannica.com/topic/patriotism-sociology.

族群冲突。另一方面，在多族群背景下，族群认同与国家认同之间也有相互矛盾的情形。在现代公民国家，公民是组成国家的基本元素，与公民身份相关的公民权利、公民义务、民主政治、法治理念等是国家良好治理的基础。公民国家要求族群成员需要首先以公民身份而非首先以族群身份参与国家生活。由此，国家框架内的爱国主义带有反民族主义或者超越民族主义的特征。多族群共存的情况下，民族主义往往倾向于为所属民族获得尽可能多的权利，有的带有一定的攻击性，比如魁北克省法裔分离主义，而爱国主义者与之相比，则是强调民族主义对国家的妥协和让步，比如加拿大政府强调魁北克省的准国家地位不得超越联邦框架。可以说，爱国主义带着某种防御民族主义对国家构成上伤害的趋向。如何划定族群身份与公民身份的界限、如何平衡各族群公民地位的平等和各公民族群身份的平等、如何将族群认同与国家认同间的冲突控制在适当的范围之内，是多族群国家普遍面临的现实问题。"当公民与族裔两种成分之间不存在缝隙时，文化和公民权就会彼此相互加强，国家的作用得到充分实现。"① 反过来，如果片面强调某一个而忽视其他，则会造成多族群国家治理的失序。

第三节　研究现状

一　国外学术界的研究

国家认同是加拿大多族群建构的核心目标。这一问题早在19世纪晚期就被加拿大学者们所关注，迄今为止相关的研究集中于"二战"前后加拿大多族群国家认同、多元文化主义与国家认同的关系、魁北克省分离主义等层面，代表性学者以加拿大和美国学者为主，主要相关的研究领域以及观点大致如下。

1. "二战"以前加拿大多族群国家认同

作为英国的自治领、英帝国及英联邦成员，"二战"以前加拿大英裔

---

① [英]安东尼·D. 史密斯：《全球化时代的民族与民族主义》，龚维斌、良警宇译，中央编译出版社2002年版，第118页。

导　论

对英国的认同态势是学术界较为关注的一个问题。整体来说，对这一问题的论述多散见于一些研究英国与加拿大关系的著述中，英裔的英国认同被大多数学者视为自然而然的事情。比如，多伦多大学历史系教授卡尔·伯杰、新不伦瑞克大学历史学教授兼加拿大历史协会主席菲利普·伯克纳、加拿大著名历史学家杰克·格拉纳兹坦就肯定了英裔加拿大人在布尔战争、两次世界大战中对英国的支持态度。① 大多数学者将英裔对英国的认同归结于英国的强大、加拿大对英国的依赖、文化上的联结等因素。对此，1891年，牛津大学历史学教授戈尔德温·史密斯出版《加拿大和加拿大问题》一书，指出加拿大作为独立民族是行不通的，必须团结在英帝国旗帜下才能存在下去，否则只能与美国合并。② 1898年，麦吉尔大学语言学教授利格·格雷戈尔里在一次后来被整理成小册子的演讲中提出了"新加拿大爱国主义"的观点。他将加拿大的爱国主义分为"对我们自己国家、对我们出生地的爱""对英国的爱国主义""对英帝国的爱国主义"，坚称不忠于英国就不会有加拿大的长治久安。③

对于"二战"以前的原住民，学术界重点关注了加拿大政府的印第安人政策以及原住民与白人关系的变迁，尤其是原住民与白人既对立又相互依赖的关系，这方面的代表性著作主要有三本：卡尔加里大学社会学系教授詹姆斯·弗雷德斯《加拿大的土著人：当代的冲突》、滑铁卢大学历史系教授帕特森·帕尔默《加拿大印第安人：1500年历史》以及萨斯喀彻温大学历史系教授米勒的《摩天大楼遮住天堂：加拿大印第安人与白人关系史》。④ 对于这一时期原住民的国家认同，目前进行系统或专门关注的学者并不多见，对此有所涉足的学者主要体现在对两次世界大战时期原住民参与加拿大军队的行为上，认为一些原住民身为被监护者，无参军义务，

---

① Cal Berger, *The Sense of Power*, *Studies in the Ideas of Canadian Imperialism*, 1867 – 1914, Toronto and Buffalo: University of Toronto Press, 2013; Philip Buckner, ed., *Canada and the End of Empire*, Vancouver: University of British Columbia Press, 2000; J. L. Granatstein, "Ethnic and Religious Enlistment in Canada During the Second World War", *Canadian Jewish Studies*, Vol. 21, 2013.
② Goldwin Smith, *Canada and the Canadian Question*, London: Macmillan Collection, 1891.
③ Leigh Gregor, *The New Canadian Patriotism*, Quebec: Baoal Renault Publisher, 1898.
④ James S. Frideres, *Native People in Canada: Contemporary Conflicts*, Scarborough: Prentice-Hall Canada Inc., 1983; E. Patterson Pallmer, *The Canadian Indians: A History Since 1500*, Don Mills: Collier-MacMillan Canada Ltd., 1972; J. R. Miller, *Skyscrapers Hide the Heavens: A History of Indian-White Relations in Canada*, Toronto: University of Toronto Press, 1989.

但他们自愿奔赴战场,体现了其对英国的某种认可与效忠。①

对于这一时期的法裔,学者们普遍关注法裔民族主义的演变。曾任美国社会学学会主席、出任麦吉尔大学和芝加哥大学多所大学教授的埃弗雷特·休斯在1943年出版的《法语加拿大的变迁》,是法语加拿大研究的里程碑,该书呈现了法裔民族主义的脉络,论述了法裔加拿大相对于英裔加拿大的弱势地位。② 此外,较多学者对"一战"时期的魁北克省征兵危机进行了研究,对征兵危机与法裔国家认同倾向进行了探讨。其中,美国学者伊丽莎白·阿姆斯特朗的《1914—1918年魁北克危机》将其征兵危机归咎于征兵制政策执行不当,但仍然认为法裔对英国与加拿大抱有认同。③ 与伊丽莎白不同,杰克·格拉纳兹坦等合著的《破碎的承诺:加拿大征兵史》一书则认为,"一战"时期的征兵制制造了加拿大英法裔的分裂,使得法裔陷于痛苦与危机之中,导致了法裔民族主义与英裔爱国主义的对抗。④ 此外,还有学者从法语征兵海报的角度对两次世界大战时期法裔等族群的国家认同进行了研究,认为以族群认同鼓励非英裔积极参军保卫英国和加拿大是这一时期加拿大征兵政策的特色。⑤

对于少数族裔移民,学者们相关的著述较为丰富,普遍关注了盎格鲁-撒克逊种族主义对有色少数族裔、犹太人以及一些教派的排斥和歧视。在国家认同上,学者们重点研究了两次世界大战期间加拿大拘役敌国(乌克兰、意大利和德国等)侨民和移民的历史以及被拘役者母国认同与英国认同之间的进退维谷。在相关的著作中,以下三本比较有代表性。第一本是加拿大著名历史学权威、杜克大学教授约翰·赫德·汤姆森所著的《两次世界大战中的少数族裔》。该书重点讨论了两次世界大战中德裔、奥

---

① Sarah A. Carter, *Lost Harvests: Prairie Indian Reserve Farmers and Government Policy*, Montreal and Kingston: McGill and Queen's University Press, 1990; Timothy C. Winegard, *For King and Kanata: Canadian Indians and the First World War*, Winnipeg: University of Manitoba Press, 2012.
② Everett C. Hughes, *French Canada in Transition*, Chicago: University of Chicago Press, 1943.
③ Elizabeth Howard Armstrong, *The Crisis of Quebec of 1914 – 1918*, New York: Columbia University Press, 1937.
④ Jack Granatstein et J. M. Hitsman, *Broken Promises: A History of Conscription in Canada*, Toronto: Oxford University Press, 1977.
⑤ Jean Quellien et Andrew Ives, "L'identité nationale canadienne au travers des affiches de propagande des Première et Seconde Guerres mondiales", *Revue LISA/LISA e-journal*, Vol. 6, No. 1, 2008, pp. 41 – 64.

裔、意大利裔、乌克兰裔、日裔作为敌国移民在加拿大被拘役的情形及其对加拿大和英国的认同矛盾,是研究两次世界大战时期加拿大敌国移民境遇及认同的经典著作。① 第二本为哈佛大学乌克兰研究教授汤姆斯·普利马克的《枫叶和三叉戟:第二次世界大战期间的乌克兰加拿大人》。作者为乌克兰裔,该书对乌克兰人积极加入加拿大军队赴欧洲作战的表现及其原因做了分析,认为乌克兰民族主义与对英国的认同在其中起了重要作用。② 第三本为德裔移民学者戈特利布·莱布兰特的《小天堂:滑铁卢县德裔加拿大人传奇(1870—1975)》。这本书以安大略省滑铁卢县德裔为个案,对19世纪末到20世纪80年代初德裔在加拿大的曲折经历做了叙述,讲述了德裔的德国认同与英国认同的兼容与冲突。③ 此外,温尼伯格大学德裔加拿大人研究所亚历山大·弗洛因德教授主编的论文集《成为德裔加拿大人:历史、记忆、世代》也是相关研究中比较有代表性的学术成果。这本论文集突破了从政策层面研究加拿大移民史的范式,转而研究族群时代记忆如何塑造并将继续塑造德裔加拿大人的身份认同,立足于记忆文献论证了两次世界大战、大屠杀、德国两次独裁和两次革命的沉重记忆是如何影响了德裔加拿大人的。④

2. "二战"结束后到20世纪60年代末非英裔国家认同

"二战"结束至20世纪60年代末是加拿大建构自由主义的时期,在这一时期主张授予所有族群无差别的公民权利,参政权、社会福利是加拿大公民身份同建构的核心内容。围绕着这一时期的国家认同,卡尔顿大学社会学系教授约翰·波特对加拿大社会的马赛克化给予了关注,指出加拿大社会是直立的马赛克结构,少数族裔处于最下层,对加拿大的认同自然较为缺乏。⑤ 西滑铁卢大学族群问题教授皮特·戴斯巴拉茨对寂静革命做

---

① John Herd Thompson, *Ethnic Minorities during Two World Wars*, Ottawa: Canadian Historical Association, 1991.
② Thomas Prymak, *Maple Leaf and Trident: The Ukrainian Canadians during the Second World War*, Ottawa: Multicultural Hist Society of Ontario, 1988.
③ Gottlieb Leibbrandt, *Little Paradise: The Saga of the German Canadians of Waterloo County*, Ontario, 1800-1975, Kitchener, Ontario: Allprint Co, 1980.
④ Alexander Freund. eds., *Being German Canadian: History, Memory, Generations*, Winnipeg: University of Manitoba Press, 2021.
⑤ John Porter, *The Vertical Mosaic: An Analysis of Social Class and Power in Canada*, Toronto: University of Toronto Press, 1965.

了论述，认为寂静革命的发生是魁北克省的加拿大认同更为虚弱的转折点。① 更有代表性的，1967年加拿大自治领成立百年庆典之际，约克大学历史学教授拉姆齐·库克提出了著名的加拿大有限认同的主张。② 该主张得到了加拿大学界的广泛支持。曾任多伦多大学历史系主任的莫里斯·凯尔莱斯于1969年在《加拿大历史评论》上发表了一篇题为《加拿大的有限认同》的文章，在文中他对库克的观点表示赞同，提出了"加拿大主义"这一术语，他认为必须通过"地区有限认同"这一视角来认识和定义加拿大。他认为有限的国家认同是自治领各族群妥协的结果，在各族群并立存在以及加拿大地广人稀、地方主义严重的背景下，有限认同不可避免。③ 1981年，凯尔莱斯在一次演讲中再次谈到了加拿大的有限认同问题。他指出，20世纪80年代的有限认同依然威胁着加拿大社会，"西方地区主义的力量、阿尔伯塔省的压力、加拿大大西洋省的怨恨——甚至安大略省的新焦虑——都在动摇摇摇欲坠的国家结构，而魁北克省对主权的追求可能将其分裂成碎片"④。

3. 多元文化主义对加拿大国家认同的影响

多元文化主义于1971年在加拿大议会通过成为国策，宣布"每一个族群在加拿大背景之下，都有权利保存和发展自己的文化"⑤。这一政策颁布后成为国外学者研究的焦点。大致看来，学者们对多元文化主义的看法可以分为赞同派和批判派。前者肯定多元文化主义对国家认同的促进作用，后者则反之。前者最具代表性的学者之一是加拿大女王大学社会学教授威尔·金里卡。威尔·金里卡围绕着族群多元文化权利出版了诸如《多元文化的公民身份：一种自由主义的少数权利理论》和《少数的权利：民

---

① Peter Desbarats, *The State of Quebec, A Journalist's View of Quiet Revolution*, Toronto and Montreal: McClelland and Stewart Limited, 1965.
② Ramsay Cook, "Canadian Centennial Celebrations", *Canadian Historical Review*, Vol. 49, 1968, pp. 275 – 277.
③ Maurice S. Careless, "Limited Identities in Canada", *Canadian Historical Review*, Volume 50 Issue 1, March 1969, pp. 1 – 10.
④ Maurice S. Careless, "Manitoba History: Limited Identities-Ten Years Later", 1981, http://www.mhs.mb.ca/docs/mb_history/01/limitedidentities.shtml.
⑤ John W. Friesen, *When Cultures Clash, Case Studies in Multiculturalism*, Calgary: Detselig Enterprises Limited, 1985, p. 1.

族主义、多元文化主义与公民》等著作。① 在他看来，一个人首先是某族群的成员，其次才是国家的公民，自由主义应当放弃所有公民不分族群权利和义务而趋于同化的主张，转而承认少数族群文化的差异性，赋予它们"加权公民"的地位，以增进国家认同。多元文化主义在相当程度上适应了少数族群的诉求。

对多元文化主义持批评态度的学者则认为，多元文化主义鼓励了族群之间的差异，强化了族群认同，对加拿大的共同认同造成了威胁。在这方面，以杰克·格拉纳斯坦和加勒比裔作家内尔·贝森巴斯为代表。杰克·格拉纳斯坦在其著作《谁杀死了加拿大的历史》中指出，加拿大缺乏共同历史的教育，多元文化主义导致了加拿大人在自己国家内成了彼此的陌生人，造成了国家认同的孱弱。② 内尔·贝森巴斯的著作《出卖幻相：加拿大对多元文化主义的崇拜》则批评多元文化主义的流行制造了族群间文化飞地林立和心理上的分离，导致了族群间的疏远、误解乃至敌视，使加拿大人的文化向心力和共同特征一再降低。③ 此外，还有不少学者批评多元文化主义无助于解决种族歧视，④ 没能在个人权利和族群权利之间找到平衡，⑤ 使得加拿大的自我认同困惑模糊，⑥ 造成了"加拿大人是什么样的"的认同危机，⑦ 破坏了国人对加拿大的归属感，⑧ 呼吁加拿大建构共同的文

---

① Will Kymlica, *Liberalism, Community, and Culture*, Oxford: Clarendon Press, 1989; Will Kymilica, ed., *Multicultural Citizenship: A Liberal Theory of Minorities*, Oxford: Clarendon Press, 1996; Will Kymilica, *Politics in the Vernacular: Nationalism, Multiculturalism, and Citizenship*, Oxford: Oxford University Press, 2001; Will Kymlica, *Finding Our Way, Rethinking Ethnocultural Relations in Canada*, New York: Oxford University, 1998.
② Jack Granatstein, *Who Killed Canadian History*, Toronto: Phyllis Bruce Books Perennial, 1998.
③ Neil Bissoondath, *Selling Illusions: The Cult of Multiculturalism in Canada*, Toronto: Penguin Group, 1994.
④ Ramcharan Subhas, *Racism: Non-Whites in Canada*, Toronto: Butterworths, 1982, p. 110.
⑤ Richard Sigurdsson, "First People, New Peoples and Citizenship", *Canada International Journal of Canadian Studies*, 14 (Fall), 1996, pp. 13 – 14, p. 54.
⑥ Seymour Martin Lipset, *Continental Divide: The Values and Institutions of the United States and Canada*, New York: Routledge 1991, p. 42; Richard Gwyn, *Nationalism Without Walls: The Unbearable Lightness of Being Canadian*, Toronto: McClelland & Stewart, 1995.
⑦ Alan Sears, "Social Studies as Citizenship Education in English Canada: A Review of Research", *Theory and Research in Social Education*, winter 1994, Vol. 22, No. 1, p. 7.
⑧ Francois Houle, "Canadian Citizenship and Multiculturalism", in Pierre Boyer and Linda Cardinal, *From Subjects to Citizens: A Hundred Years of Citizenship in Australia and Canada*, Ontario: University of Ottawa, 2004, p. 217.

化和价值观，杜绝文化隔离。①

4. 原住民加权公民身份、魁北克省分离主义与国家认同关系

"二战"结束到20世纪60年代，是否在平等公民权利之外给予非英裔族群额外的集体加权是加拿大国家认同建构中讨论的热点问题。对此，加拿大著名学者、多伦多大学政治系教授阿兰·凯恩斯认为，考虑到原住民的弱势地位，应当给予他们特殊的"加权公民"身份，即加拿大政府既要承认原住民一般的公民权利，又要承认原住民的自治权、土地权利、相关补贴、税收豁免、服军役豁免等权利，以确保原住民的权利和文化免于主体民族的侵害。② 与此类似，加拿大莱斯布里奇大学教授曼诺·博尔特与安东尼·郎、③ 斯坦福大学历史学教授艾瑞克·罗宾逊与亨利·伯德·奎尼④、加拿大印第安学者博伊斯·理查森、⑤ 维多利亚大学政治学教授弗兰克·卡西迪盖，⑥ 也表达了对原住民加权身份的支持，赞同原住民追求自治。

对于魁北克省分离主义，学术界给予了普遍的关注，相关著述很多，其中美籍加拿大作家简·雅各布斯的《分离主义问题：魁北克与主权之争》、魁北克政治家雅克·帕里泽的《独立的魁北克：过去、现在和未来》和瑞德·斯考温的《是时候说再见了》是较为突出的代表。⑦ 这些著述认为，语言文化的差异、法裔对民族文化安全的担忧、联邦对法裔利益的轻视是魁北克省分离主义的主要原因。此外，还有学者将魁北克省分离主义

---

① Joseph H. Carens, *Culture, Citizenship, and Community: A Contextual and Exploration of Justice as Evenhandedness*, New York: Oxford University Press, 2000, pp. 52 – 87.

② Alan Cairns, *Citizens Plus: Aboriginal Peoples and the Canadian State*, Vancouver: UBC Press, 2000.

③ Menno Boldt and J. Anthony Long, eds., *The Quest for Justice: Aboriginal Peoples and Aboriginal Rights*, Toronto: University of Toronto Press, 1985; J. Anthony Long and Menno Boldt, *Governments in Conflict: Provinces and Indian Nations in Canada*, Toronto: University of Toronto Press, 1988.

④ Eric Robinson and Henry Bird Quinney, *The Infested Blanket: Canada's Constitution-Genocide of Indian Nations*, Winnipeg: Queen House, 1985.

⑤ Boyce Richardson, *Drumbeat: Anger and Renewal in Indian Country*, Toronto: The Assembly of First Nations and Summer-hill Press, 1989.

⑥ Frank Cassidy, *Aboriginal Self-Determination*, Lantzville: Oolichan Press, 1991.

⑦ Jane Jacobs, *The Question of Separatism: Quebec and the Struggle over Sovereignty*, Vintage: Vintage Books, 2016; Jacques Parizeau, translated by Robin Philpo, *An Independent Quebec: The Past, the Present and the Future* (English Edition), Montreal: Baraka Books, 2010; Reed Scowen, *Time to Say Goodbye: The Case for Getting Quebec Out of Canada*, Toronto: McClellan & Stewart, 1999.

的渊源归结为多元文化主义的威胁。①

二　国内学术界的研究

国内学术界对加拿大多族群国家认同建构的著述主要围绕多元文化主义对族群认同与国家认同的影响展开。针对前者，阮西湖、刘先照、赵慧珍、高鉴国、丁广举等学者论述了加拿大多元文化主义的内涵，对其缓解族群矛盾、提高非少数族裔的作用给予了肯定。②王丽芝、关凯等学者则认为多元文化主义回避了族群间的深层次矛盾和不平等，对改善少数族群的社会地位的作用有限。③常士訚则指出，多元文化主义赞同赋予族群超公民的集体权利，鼓励了差异权利的合理性，对公民个体权利在某些时候也会造成侵害。④陆育红、郑蕊从法裔的角度指出，多元文化主义为魁北克省所拒绝的原因在于法裔担心多元文化主义把自己从建国民族的地位降至少数族裔移民的地位。⑤针对多元文化主义对国家认同的影响，王建波、曹新群认为该政策有遏制魁北克省分离主义的考量，但效果并不理想。⑥曹缅、张寅在其博士论文中指出，族群认同的膨胀并没有因多元文化主义的实施而收敛，族群认同和国家认同的失衡依然存在，法裔分离主义和原

---

① Vic Satzewich, *Race and Ethnicity in Canada: a Critical Introduction*, Toronto: Oxford University Press, 2010, p.166; Christian Dufour, *A Canadian Challenge Le Defi Quebecois*, Institute for Research on Public Policy, 1990; Neil Bissoondath, *Selling Illusions: The Cult of Multiculturalism in Canada*, Toronto: Penguin Group, 1994, pp.40, 60.
② 阮西湖:《加拿大多元文化主义政策的制定和发展》,《社会科学阵线》1989年第1期；刘先照等:《加拿大的多元文化主义政策》,《民族研究》1990年第1期；赵慧珍:《加拿大多元文化主义政策简论》,《兰州大学学报》1992年第4期；高鉴国:《加拿大多元文化政策评析》,《世界民族》1999年第4期；丁广举:《加拿大的多元文化主义和教育》,《当代世界与社会主义》1996年第2期。
③ 王丽芝:《神话与现实——对加拿大多元文化主义政策的再思考》,《世界民族》1995年第1期；关凯:《多元文化主义与民族区域自治——民族政策国际经验分析（下）》,《西北民族研究》2004年第2期。
④ 常士訚:《超越多元文化主义——对加拿大多元文化主义政治思想的反思》,《世界民族》2008年第4期。
⑤ 陆育红、郑蕊:《多元文化主义的背后——浅谈20世纪末加拿大的种族问题》,《西南民族大学学报》（人文社科版）2005年第6期。
⑥ 王建波、曹新群:《国家认同构建中的加拿大教训（1968—1984）——以魁北克问题为视角》,《河南社会科学》2012年第1期。

住民自治权的膨胀以及种族主义的存在依然威胁着加拿大的稳定、统一及主流价值观。①

除了多元文化主义，学者们还从以下角度对加拿大国家认同做了论述。

第一，加拿大国家认同的特性。姜芃提出，加拿大在20世纪60年代所讨论的国民"有限认同"是符合加拿大实际的一种客观存在。② 杨令侠认为，早期移民强烈认同于母国、"加拿大化"的失败以及和冗长的妥协建国道路决定了加拿大认同的羸弱，甚至"加拿大人"认同有时只存在于美国的对比中，这是加拿大特殊的国民性。③ 周少青研究了加拿大在应对和处理民族问题方面的经验和教训。他认为，有限认同体现了加拿大在多族群社会背景下国家认同问题策略的灵活性，富有实用主义的政治特性。④ 同时，周少青还对原住民加权公民身份做了研究，认为加权公民的授予有助于原住民社会的发展，但也反映了其在多民族国家的生存困境。⑤

第二，公民教育与国家认同。范微微和乐先莲论述了公民教育对加拿大国家认同的影响。加拿大的公民教育经历了从多元文化主义为核心到提升社会凝聚力为核心的转变。范微微指出，公民教育促进了加拿大社会的民主和开放，对提升少数族群的加拿大认同却效果有限。乐先莲则指出，公民教育对推进族群认同与加拿大国家认同的统一是有效的。⑥

第三，加拿大国家认同的发展历程。徐丹的专著以"加拿大运动"为核心，呈现了自治领成立初期加拿大民族国家主义的构建过程，认为其对以后加拿大国家主权地位的获得具有积极作用。⑦ 潘迎春对自治领到"二

---

① 曹缅:《加拿大多元文化法研究》，博士学位论文，中央民族大学，2011年；张寅:《多元文化背景下的民族国家建构研究》，博士学位论文，吉林大学，2011年。
② 姜芃:《关于加拿大民族认同的一场争论》，转引自［加］迪克·加尔诺《印第安人：加拿大第一民族的历史、现状与自治之路》，李鹏飞、杜发春编译，民族出版社2008年版。
③ 杨令侠:《加拿大国民性刍议》，《历史教学》（高校版）2007年第10期。
④ 周少青:《民族政治学：加拿大的族裔问题及其治理研究》，中国社会科学出版社2017年版；周少青:《加拿大多民族国家构建中的国家认同问题》，《民族研究》2017年第2期。
⑤ 周少青、马俊毅:《加拿大印第安人政治身份的历史变迁及"加权公民"之困境》，《民族研究》2016年第2期。
⑥ 范微微:《多元文化社会中的国家认同：20世纪70年代以来加拿大公民教育研究》，东北师大博士论文，2011年；乐先莲:《多元文化境遇中的公民资格观与公民教育观——加拿大公民教育实践探析》，《比较教育研究》2009年第9期。
⑦ 徐丹:《联邦初期加拿大国家主义的构建研究》，外语教学与研究出版社2018年版。

战"时期加拿大争取独立外交的努力做了深入分析，认为第二次世界大战促使了加拿大独立外交的形成，为加拿大主权国家的发展奠定了基础。[①] 笔者的文章《监护制下加拿大印第安人的臣民地位与英国认同（1867—1945）》对"二战"前印第安人虽然处于被监护状态却不同程度地效忠英王的表现及其原因做了阐释，认为双方密切的经贸往来、殖民者的怀柔政策、印第安人对殖民者的依赖、反美联盟的需要、印第安人尚武、贫困以及自我民族意识薄弱是主要原因。[②]

国家认同是加拿大自殖民时代起就追求的多族群关系目标，其历史上长期的殖民地背景、族群的多样性以及族群关系的复杂性，决定了其国家认同的先天不足与国家认同建构的曲折与艰难。国内外学者从不同角度展开的相关研究为本书提供了宝贵的借鉴，为笔者系统地探究加拿大多族群国家认同建构的嬗变提供了启发。不过，作为典型的多族群移民国家，加拿大民族国家的建构具有相当的复杂性和曲折性，其国家认同的历史是值得学术界持续关注的主题。目前，与加拿大国家认同相关的制度建构、成效与教训、内在问题及其悖论等一系列问题仍然没有得到充分解答，国内外学术界对于加拿大国家认同的研究仍然存在不少语焉不详之处。本书期望能在前人研究的基础上更深入、更系统地剖析加拿大多族群国家的形成和发展，从而为加拿大史和北美族群史研究尽到片瓦之力。

第四节　理论框架

在多族群的背景下，各族群对所在国家及其组成要素的认可、热爱和归属感是国家认同建构的核心内容。从根本上来说，除了种族主义模式，多族群国家认同建构模式大致可以分为以公民为核心的自由主义模式和以族群为核心的多元文化主义模式。本书认为，从自治领成立到20世纪90年代初，加拿大国家认同的建构经历了种族主义、自由主义与多元文化主

---

① 潘迎春：《加拿大争取独立外交的早期努力》，《武汉大学学报》（人文科学版）2012年第3期；潘迎春：《第二次世界大战与加拿大独立外交的形成》，《世界历史》2009年第5期。
② 贺建涛：《监护制下加拿大印第安人的臣民地位与英国认同（1867—1945）》，《史学月刊》2016年第10期。

义三种模式。此后，多元文化主义在加拿大遭遇了挫折，跨文化主义成为改革多元文化主义模式的新导向。

一 种族主义

从渊源上说，种族概念首次出现在英语中是在17世纪左右。18世纪后期，伴随着北美殖民的扩张，北美的欧洲移民开始在他们的科学著作中使用种族这个词。19世纪中期，欧美一些种族学家提出，种族优劣是世界上地区冲突的原因，英国资本主义在世界经济体系中的主导地位是盎格鲁－撒克逊人的种族优越地位所决定的。他们声称，种族是人类物种自然和固定的分支，种族之间的差异是天生的，社会等级的底部或顶部群体的存在是种族优劣的必然结果。种族的生物特点、文化特征和文明发展能力的差异决定了各自行为、经济和政治成就的高低，如果优越族群和低等族群混合，会导致优越种族的退化。[①] 在种族概念出现之后，"种族主义"在20世纪初以后逐步在西方流行开来。在1902年，《牛津英语词典》第一次收录了"Racism"这个词。根据此年版的《牛津英语词典》，这个词的首个使用者是美国准将、美国印第安人寄宿学校制度的开创者理查德·亨利·普拉特。查德·亨利·普拉特是白人优越论的坚定支持者，他反对对印第安人实行隔离制度，主张开办印第安人寄宿学校，用白人文化强制同化印第安人，从而在文化上灭绝印第安人这个种族。他主张："将任何阶级或种族的群体与其他群体隔离开来，都会扼杀被隔离群体的进步，或者导致他们的成长非常缓慢。为了消灭种族主义和阶级主义，种族和阶级的来往是必要的。"[②] 20世纪30年代，种族主义在西方社会被更普遍地使用，纳粹主义甚至将"种族"视为一个自然的政治单位。[③]

概括而言，种族主义是指基于种族或族群背景对某群体的歧视和偏见，其基本信仰是人类可以被分类成不同和互不附属的"人种"，不同种族在人性、智商、道德等方面的文化及行为特性不同，主张某些种族的人

---

① "Racism", https：//www.thecanadianencyclopedia.ca/en/article/racism.
② National Public Radio, "The Ugly, Fascinating History of the Word 'Racism'", January 6, 2014, https：//www.npr.org/sections/codeswitch/2014/01/05/260006815/the-ugly-fascinating-history-of-the-word-racism.
③ George M. Fredrickson, *Racism*: *A Short History*, Princeton：Princeton University Press, 2002, p. 5.

在本质上比其他种族的人优越。① 从分类上看，种族主义可分为制度性种族主义与文化性种族主义。制度性种族主义也称结构性种族主义、国家种族主义或系统种族主义，是指政府、企业、宗教团体、教育机构或者其他有重大影响力组织的种族歧视行为。文化种族主义实质是一种对他种族歧视的社会认同，即认定某种族文化优于其他种族文化的假设。在种族主义的意识下，种族主义者对某些种族的人有轻蔑、讨厌、辱骂、隔离、强制同化等行为，即为种族歧视。②

种族主义在西方，尤其是在欧美的历史很长并且根深蒂固。一定程度上，基于"人种决定人类特征和能力""相信某一特定种族的优越性"的意识形态偏见，种族主义在欧美主流社会曾长期占据主导地位。由此，北美欧洲殖民者掠夺印第安人土地、屠杀印第安人被视为符合种族优劣论的自然之举，黑人奴隶贸易被视为理所当然的合理行当，黑人低下的社会地位被当作"文明"社会正常的秩序，美加两国的《排华法案》被白人普遍视为维护白色国家的必要之举，德国纳粹对犹太人的残酷虐杀也被美化为维护雅利安文明的正当行动。直到"二战"后，随着民族解放运动和民权运动的兴起，种族主义才在欧美有所松动，并在法律上被逐步废除，像"二战"后美加两国授予少数族裔平等公民身份、20世纪60年代在民权运动压力下废除种族隔离，就是"二战"后反种族主义运动的典型表现。

二 自由主义

自由主义最早可以追溯雅典城邦时期，17—18世纪近代资产阶级革命以来成为西方政治意识形态的主流，以权利为核心的公民形象也被它所塑造，并被人们广泛接受。自由主义主张，组成国家的基本元素是个体公民，公民个体一律平等，其权利应受到国家保护。③ 作为一种政治原则，早期系统自由主义理论最具影响力的阐释者是启蒙思想家约翰·洛克和约翰·斯图尔特·密尔等。洛克在其代表作《政府论》中指出，公民与生俱来拥有不可被剥夺的权利，如生命、自由与财产安全。约翰·斯图尔特·

---

① "Racism", https://www.britannica.com/topic/racism.
② R. Schaefer, *Encyclopedia of Race, Ethnicity and Society*, SAGE, 2008, p.1113.
③ Will Kymlica, *Liberalism, Community and Culture*, Oxford: Clarendon University Press, 1989, p.140.

密尔在洛克自由主义哲学的基础上对自由提出了更为系统的论述，阐释了自由的性质、行使自由的方式、与人类福利的关系、与发现真理的关系，以及国家在限制个人自由方面的作用，坚称个人主义是个人幸福和社会进步的源泉。古典自由主义理论坚持以下基本原则：个人自由占首要地位，国家权力应保护个人自由、权利，而不得凌驾于个人之上。① 在法美资产阶级革命时期，美国《权利法案》和法国《人权和公民权宣言》都对公民权利做了系统规定，标志着法美在形式上进入公民国家之列，奠定了西方近现代以来自由主义的基调。

"二战"后，自由主义理论更为深化。1949 年，英国著名社会学家托马斯·汉弗莱·马歇尔对自由主义进行了系统的总结。马歇尔认为自由主义包含三个组成要素：民权、政治权利以及社会权利。在西方，民权理念形成于 18 世纪，主要指个人自由由必须具备的人身权利组成，如人身的自由、言论与思想的自由、拥有财产的自由、订立契约及从事自己选择的职业的自由等，与民权最直接相关的国家机构是法院。政治权利理念于 19 世纪在西方普遍形成，主要表现为参与政治的权利，其相对应的机构主要为政府和议会。社会权利理念，主要形成于 20 世纪，指公民按照现行社会标准享有相应经济福利和保障的权利、享有获得文明生活的权利，与社会权利相对应的是社会公共福利体系。②

三　多元文化主义

"多元文化的"（Multicultural）这个词经常被用来描述一个社会的多样性，其在社会学、政治哲学和大众口语中根据语境的不同而有一系列不同的含义。多元文化主义重在"文化"。从广泛意义上讲，人类社会所创造的物质和精神都可以视为文化。广义上的文化主要包括观念文化（如价值观和信仰）、制度文化（如法律、婚姻制度）、行为文化（如民俗习惯）、物质文化（如艺术、古迹、人文社会科学）、知识文化（如受教育情况、个人修养）等。从社会学的角度来看，多元文化主义主要侧重于社会群

---

① Engin F. Isin and Bryan S. Turner eds., *Liberal Citizenship*, *Handbook of Citizenship Studies*, London: Sage Publications, 2002.
② T. H. Marshall, *Citizenship and Social Class: And Other Essays*, Cambridge: Cambridge University Press, 1950.

体，例如族群、性别群体、阶级、宗教群体等。正如芝加哥大学教授艾丽丝·杨所说的，多元文化主义侧重于关注社会上的少数或弱势群体，例如少数族群、失业人员、老少妇孺、同性恋群体等少数群体。艾丽丝认为，因其地位、文化与主流社会及主流文化差异悬殊，少数群体处于被边缘化的弱势地位，容易遭受优势地位的文化的不公正对待，国家有必要承认和保护少数群体文化属性的差异和文化地位的平等，帮助它们参与政治、经济与社会事务，获得公平的文化权利。① 从社会的属性来说，社会是由不同的族群组成的，不同的族群有着不同的文化特质与自我认同。正如牛津大学政治学教授查尔斯·泰勒所言，公民群体差异被认可和被保护是族群平等的前提，是避免少数族群的文化差异被普遍主义削弱、掩盖和排斥的基础。② 也就是说，在某些情况下，少数或力量上处于非主体地位的族群容易受到主体族群或处于支配地位族群的歧视、压迫及同化。鉴于此，多元文化主义主张，少数族群或弱势族群的群体权利和认同应该受到适度尊重和保护。

在政府治理层面，多元文化主义被定义为国家在其主权边界内处理文化多元化的能力及政策。多元文化主义作为一种针对文化多元化的政治哲学，其"沙拉碗"和"文化马赛克"的内涵与自由主义的"大熔炉"的特性形成了鲜明对比。③ 1971 年，加拿大开始实施多元文化主义，其基本含义是，在加拿大的背景下，每一个族群都有保存和发展本族文化的权利，这一政策在国际上产生了较为广泛的影响。④ 澳大利亚在 1973 年效仿加拿大颁布多元文化主义政策，英国在 1976 年颁布了《种族关系法》，荷兰在 1983 年颁布了《少数族裔政策》，这些国家不同程度地宣称要保护少数族裔的文化权利。以自由主义大熔炉著称的美国，在 20 世纪 70 年代后也出台了一系列允许印第安人自决的政策。1987 年，加拿大政府颁布的《多元文化主义：建设加拿大马赛克》对多元文化主义做了阶段性阐述："我们

---

① Iris Marin Young, *Justice and Politics of Difference*, Princeton: Princeton University Press, 1990; Iris Marin Young, *Inclusion and Democracy*, Oxford: Oxford University, 2000.
② Charles Taylor, *Multiculturalism and the Politics of Recognition*, Princeton: Princeton University Press, 1992.
③ Burgess, Ann Carroll Burgess Tom, *Guide to Western Canada* (7th ed.), Guilford: Globe Pequot Press, 2005. p. 31.
④ John W. Friesen, *When Cultures Clash*, *Case Studies in Multiculturalism*, Calgary: Detselig Enterprises Limited, 1985, p. 1.

都有一个种族起源（即平等），我们所有的文化都值得被尊重（即尊严），文化多元主义需要支持（即社会）。"① 1995年，《加拿大百科全书》更是从以下三个方面归纳了多元文化主义的内容：具有不同族裔和多重文化特征的多族群社会；族裔群体或文化群体之间相互平等和尊重的观念；加拿大自1971年以来官方颁布的多元文化主义政策。② 在此基础上，2009年加拿大议会加拿大遗产委员会再次对多元文化主义做了解释，指出加拿大多元文化主义不仅指不同族群文化共存的事实，也指赞同多元文化的意识形态及支持多元文化的政策，还指族群实现自身文化权利的过程。③

作为一种社会思潮和政策，多元文化主义在20世纪70年代以后被运用到了加拿大族群治理的实践之中，多元文化主义在自由主义的基础上成为加拿大族群国家认同建构的指导原则。对于这一原则，加拿大著名的族群问题研究专家、女王大学教授威尔·金里卡给予了详尽的阐述。威尔·金里卡指出，自由主义主张公民个体平等，"善意忽略"（Benign Neglect）公民的族群背景，视族群身份背景被视为与公民权利无关的私事，具有公民一律平等的价值倾向。然而，在实际上，"多民族国家不分群体地将普遍公民权利授予所有公民，这看起来对所有民族来说是中立的"，"却会系统地使多数民族变为特权民族"。④ 比如，在一人一票的公民投票中，多数地位的民族或族群就可以凭借规模优势在语言政策、权利分配等方面取得实质上超过少数族群的优越地位。根据威尔·金里卡教授的研究，可以被赋予少数族群多元文化主义权利的对象主要分为以下三类：第一，原住民群体，如北美大陆的印第安人和澳大利亚的毛利人等。国家应承认与他们签订的历史权利条约，认可和保护他们的保留地、领地及附属权利，尊重他们的自治权、自主自决权和传统法，以法律的形式确立其独特的民族地位。同时，国家应该保障他们在政府和议会享有相应的代表权和话语权、

---

① R. A. Nash, "The Discourse of Canadian Multiculturalism" (D), Waterloo: University of Waterloo, 2003, p. 78.
② "Multiculturalism", http://www.thecanadianencyclopedia.com/articles/multiculturalism
③ Michael Dewing, Library of Parliament, Canada, "*Canadian Multiculturalism*", http://www.parl.gc.ca/Content/LOP/ResearchPublications/prb0920 - e. htm.
④ Will Kymlicka, *Multicultural Citizenship: A Liberal Theory of Minority Rights*, Oxford: Oxford University Press, 1995, p. 51.

遵从保护原住民权益的国际协定。第二，准国家地位、有主权诉求倾向的民族，如加拿大魁北克省的法裔、西班牙的加泰罗尼亚人。对于这类民族，国家应允许其在联邦政府权威和国家统一的前提下实现区域自治，在国家议会、政府和法院保证其充分的代表权，在地方或全国范围承认其民族语言的官方地位，在外交上给予其一定程度的外交特权，诸如允许其以特殊身份加入相关国际组织、签订国际条约以及参与国际赛事。第三，少数族裔移民。鉴于少数族裔没有以上两类民族的自治与主权性质的诉求，多以平等公民权利为普遍追求，国家应在承认他们享有普遍公民权利的同时，倡议在法律上允许双重国籍，承认他们保留和传承母国、母族文化的权利，主张为他们的族群文化活动提供资助，消除对他们的文化歧视和同化。① 换一个角度来说，威尔·金里卡（也译为威尔·金利卡）主张的多元文化主义所蕴含的族群权利主要有三个层面：第一，自治权，即少数民族自主管理本族，自我管理的形式包括自治政府、联邦制度以及设置保留地等；第二，少数族裔权利，或称多族裔权利，即国家为少数族裔的文化权利提供保护、资助和便利，比如资助少数族裔移民的节日庆祝活动、艺术展览、语言学习等；第三，特殊代表权利，即确保某些民族或族裔群体在国家政府、法院、议会等机构中有着适当比重的代表席位或话语权。②

四 跨文化主义

"跨文化主义"的英文"Interculturalism"中的前缀"Inter"含有"相互联系的""在……之间""混合"等意思。一般认为，跨文化主义在性质上是一种支持跨文化对话、互动和反对文化主体自我隔离倾向的政治理念。从根源上来说，跨文化主义是批评多元文化主义的产物。例如，批评多元文化主义过多地强调了不同文化主体的差异，认为其促生了文化自我隔离的合法化、分裂了社会。③

---

① [加] 威尔·金里卡：《多元文化主义的兴衰？关于多样性社会中接纳和包容的新争论》，高景柱译，载李丽红编《多元文化主义》，浙江大学出版社2011年版，第317—318页。
② [加] 威尔·金利卡：《多元文化的公民身份——一种自由主义的少数群体权利理论》，马莉、张昌耀译，中央民族大学出版社2009年版。
③ John Nagle, *Multiculturalism's Double-Bind: Creating Inclusivity Cosmopolitanism and Difference*, Ashgate Publishing Ltd., 2009, p. 169.

在渊源上，跨文化主义作为一种正式的政治理论发端于加拿大魁北克省。1986年，魁北克省政府为抵制加拿大联邦实施的多元文化主义政策，发表了《跨文化和跨种族关系宣言》。在该宣言中，魁北克政府宣称反对种族主义与种族歧视，"鼓励所有人充分参与魁北克的经济、社会和文化发展，不论肤色、宗教、民族或民族出身"，但这种参与必须是"在魁北克法语文化的背景下"，是为魁北克省跨文化主义的开始。1990年，魁北克省颁布《移民和融合政策白皮书》正式提出了跨文化主义政策。该白皮书强调了跨文化主义的基本原则：魁北克是一个讲法语的社会；魁北克是一个民主社会，每个人都为公共生活作出贡献；魁北克是一个多元社会，在民主框架内尊重各种文化的多样性。[1] 也就是说，魁北克省的跨文化主义并不否认文化多元性的存在，但强调法语单文化在多元文化中占主导或支配地位，主张各族群文化在法裔文化旗帜下聚合。在本质上，魁北克省的跨文化主义旨在建构以法语文化为主体的多元文化共同体社会，维护法语及法语文化的中心地位是不容置疑的前提。

进入21世纪后，跨文化主义理论在欧美得到了进一步的阐释，走向系统化，其中以下几位历史学家、社会学家、政治学家为代表。

2008年，魁北克省历史与社会学家格姆拉德·布沙尔参与主持撰写的《建设未来：和解时刻》报告总结了魁北克省的公众对多元文化主义的看法。该报告主张把跨文化主义作为魁北克省的一体化模式，把多元文化主义作为加拿大的一体化模式。[2] 布沙尔视跨文化主义为一种新的文化共存模式，旨在动态建构"已定义的国家认同"[3]。布沙尔指出，跨文化主义和多元文化主义在根本上是不同的，跨文化主义是多元文化主义的替代方案。跨文化主义之下，文化体可以相互作用、相互丰富，能够产生超越各族群身份的共同文化。跨文化主义的宗旨在于寻求多数人与少数人关系的和解，防止不同文化体演变成"我们"与"他们"的分裂，或者形成歧视

---

[1] Laurence Brosseau, Michael Dewing, "Canadian Multiculturalism", https://lop.parl.ca/sites/PublicWebsite/default/en_CA/ResearchPublications/200920E#a2-4-6.

[2] G. Bouchard, & C. Taylor, *Building the Future, A Time for Reconciliation* (Abridged Report), 2008, Québec, Canada: Commission de consultation sur les pratiques d'accomodement reliées aux différencesculturelles, http://red.pucp.edu.pe/wp-content/uploads/biblioteca/buildingthefutureGerardBouchardycharlestaylor.pdf.

[3] G. Bouchard, What is Interculturalism? *McGill Law Journal*, 56 (2), 2011, pp. 435–468.

和相互排斥的紧张关系。①

2011年，英国格拉斯哥大学社会与政治学院教授纳萨尔·米尔与布里斯托大学种族与公民研究中心教授塔里克·莫杜德合著的文章《跨文化主义与多元文化主义如何冲突》进一步将跨文化主义与多元文化主义做了比较。他们将两者的差别归结如下：跨文化主义比多元文化主义更倾向于各文化之间互动和对话；跨文化主义更倾向于不同群体的融合，尤其致力于在社会凝聚力和国家公民身份方面建构一个整体的归属感；多元文化主义可能是非自由主义和相对主义的，而跨文化主义倾向于批评非自由主义的文化实践。②

英国社群凝聚力研究所的创始人泰德·坎德尔是跨文化主义的代表性学者。他延展了跨文化主义的概念，2012年，他的专著《跨文化主义：内聚力与多样化的新时代》是系统介绍跨文化主义的概念、政策与实践的代表性专著。③ 泰德认为，多元文化主义阻碍了更多的流动性和变化的身份模式，并造成了身份分裂，而跨文化主义可以作为多元文化主义的替代方案，提升社群凝聚力。④ 在泰德的论述中，"多元文化主义是过去，跨文化主义是未来"。他将跨文化主义与多元文化主义的差异归纳为以下五个方面。

第一，多元文化主义是基于种族差异的旧观念，其主张认同在群体边界内是静态和固定的，宣扬了分裂主义的优越感，而不是打破界限、承认共同的人性。与之相比，跨文化主义则认为，身份认同对许多人来说是一个混合的概念，结合了信仰、种族、性取向、国籍等诸多观念。

第二，两者存在从"种族"到所有其他形式的差异。多元文化主义仅仅围绕着种族，而没有考虑到已经牢牢进入公共领域的其他形式的差异，特别是性取向、性别、信仰和残疾等因素。

第三，国家和国际差异驱动因素。多元文化主义者认为"差异"是由

---

① Gérard Bouchard, L'Interculturalisme: Un point de vue québécois, Montreal: Boréal, 2012; Gerard Bouchard (Author), Howard Scott (Translator), Charles Taylor (Foreword), *Interculturalism: A View from Quebec*, Toronto: University of Toronto Press, 2015.
② Nasar Meer and Tariq Modood, "How Does Interculturalism Contrast With Multiculturalism?", *Journal of Intercultural Studies*, 33 (2), 2011, pp. 175 – 196.
③ Ted Cantle, *Interculturalism: The New Era of Cohesion and Diversity*, London: Palgrave Macmillan, 2012.
④ "Ted Cantle", https://tedcantle.co.uk/about-me/.

国家内部的少数—多数关系驱动的。而跨文化主义所关注的差异不再局限于国界之内,而是涉及全球化和超级多样性,认为侨民、跨国交流、社交媒体和国际旅行创造了全新的文化互动关系。

第四,新的权力和政治结构。跨文化主义认为,全球化、西方的去工业化进程、全球商业和品牌的增长以及新规模的国际移民,造成了一种普遍的无力感和疏离感。这对人们看待自己的方式及国家认同产生了影响。多元文化主义所主张的民族主义身份认同不可避免地被削弱了。

第五,跨学科的方法,即研究多元文化的方法应该从纯粹的基于阶级的结构方法转向理解多方面关系的方法,以打击狭隘的社群和极端主义观点。

基于以上差异,泰德认为跨文化主义在实践上意味着提倡以下原则:

摒弃旧的身份政治,不要不断标榜差异,我们需要珍视我们的共同点。我们应该为我们的特殊身份感到自豪,但也需要一种我们可以额外共享的世界主义形式;

提供跨文化教育,使人们有能力和信心与和自己不同的人交往,并将他人视为学习的机会,而不是威胁;

平等重视种族、信仰和民族性混合的人与主张单一或纯粹身份认同的人;

在一个由多种信仰和大量无信仰民众组成的社会中,我们应该重视信仰的贡献……(但)我们也需要世俗的治理;

需要有能力和远见的领导人来实现跨文化主义,太多的政治领导人——无论是在国家层面还是地方层面——依靠身份政治而助长对其他民族、信仰和背景的恐惧,以此激发对自己选区或利益的忠诚;

愿景的一部分必须是建立混合社会,其中人们能够生活在共享空间——学校、社区和工作场所,但这并不意味着要创造大熔炉,让各个群体失去他们的遗产,而是要废除完全不被外人渗透、各社区生活在对他人的恐惧之中的隔离环境。①

除了前几位学者,还有以下几位学者对跨文化主义给予了系统的解

---

① "About Interculturalism", https://tedcantle.co.uk/publications/about-interculturalism/.

析。2017年,西班牙庞培·法布拉大学政治与社会学系教授理查德·萨帕塔·巴罗维指出,跨文化主义既不同于对公民的整合,也不同于多元文化主义。在他看来,跨文化主义鼓励"不同背景的人"相互接触,其在内涵上有三个显著特征或基本要素:第一,它促进了不同种族文化背景的个体之间的接触和互动;第二,它侧重于地方层面;第三,它依赖于主流化战略。① 2018年,巴黎政治学院国际研究中心宗教与族群问题高级研究员里瓦·卡斯托里亚诺也对跨文化主义给出了自己的解读。她在当年发表的一篇名为《多元文化主义和跨文化主义:重新定义国家地位和团结》的文章中对多元文化主义与跨文化主义做了比较。她认为,多元文化主义和跨文化主义都是在加拿大发展起来的,这是法语和英语之间的语言对抗以及关于双文化社会的更广泛辩论的结果。多元文化主义和跨文化主义在试图重新定义公民身份和国家地位方面相互竞争。前者扩大了少数文化群体的文化与政治边缘化,后者则侧重于多族群的整合。② 里瓦·卡斯托里亚诺之后,荷兰乌特勒支大学社会心理学教授梅柯·维卡胜、新西兰坎特伯雷大学心理学副教授库玛尔·约盖斯瓦伦等学者也对跨文化主义进行了比较阐述,这些学者将跨文化主义认定为对多元文化主义的超越。他们指出,跨文化主义与多元文化主义有着本质的差异:跨文化主义比多元文化主义更强调不同文化群体的互动与对话;多元文化主义强调单一的文化身份,而跨文化主义倾向于承认多元和灵活的身份认同;多元文化主义强调保护相对独立和稳定的少数民族身份的价值,而跨文化主义强调的是在多元文化的基础上培养一种共同性和共同的归属感和社会凝聚力,以及跨越这些差异组成共同理解。③

在国内学界,跨文化主义近两年也成为被关注的领域。2020年,中国人民大学博士生贺冠雄在中国社会科学网上发文将"Interculturalism"称为"间性文化主义"。他认为,进入21世纪以来,随着国际环境改变以及社

---

① Richard Zapata-Barrero, "Interculturalism in the Post-multicultural Debate: A Defence", *Comparative Migration Studies*, (5) 2017, pp. 7 – 8.
② Riva Kastoryano, "Multiculturalism and Interculturalism: Redefining Nationhood and Solidarity", *Comparative Migration Studies*, Volume 6.
③ Maykel Verkuyten, Kumar Yogeeswaran, "Interculturalism: A New Diversity Ideology with Interrelated Components of Dialogue, Unity and Identity Flexibility", *European Journal of Social Psychology*, Volume 50, Issue 3, Apr 2020, pp. 485 – 720.

会冲突升级，多元文化主义被冠上了"文化孤立主义"的罪名，而"间性文化主义"正是旨在解决多元文化主义。贺冠雄认为间性文化主义相对于多元文化主义有两个新的理念：一是鼓励不同文化群体间的对话与互动，而不是静止与割裂；二是更强调不同文化群体间的文化共性和融合，而不过分注重差异。贺冠雄引用加拿大跨文化主义者代表人物格姆拉德·布沙尔的理论指出，布沙尔的主张包括了以下两个方面：第一，尽管国家在名义上追求文化中立，在事实上却并非如此，因此主要文化群体的身份优先地位原本就是存在的。为了缓解主要文化群体与少数文化群体间的对立情绪，应当"承认主要文化群体的优先地位"；第二，从法律上来讲，先来者的价值总能得到承认，就像土著人的地位一样，因此主要文化群体由于资历更老，也应享受这样的权利。同时，贺冠雄也指出，国外也有学者认为间性文化主义并未超出多元文化主义的范畴，一些多元文化主义学者们坚称，间性文化主义的主张本就存在于多元文化主义学说体系之中。比如，加拿大女王大学族群公民身份问题研究著名学者金里卡就认为，间性文化主义与多元文化主义在实践上并没有本质的区别，而是一种新的"政治神话"。间性文化主义者试图将多元文化主义作为"替罪羊"，平息反多样性和反移民群体的不满。①

---

① 贺冠雄：《审思多元文化主义与间性文化主义之争》，http：//www.nopss.gov.cn/n1/2020/0812/c219544-31819654.html。

第一章 种族主义模式下加拿大英国认同的构筑（1867—1945）

加拿大原为北美印第安人和因纽特人的土地。17世纪初，英法开始在北美殖民。1756—1763年七年战争后法国在殖民争夺战中失势，其广袤的殖民地新法兰西省被割让给英国，英国将五大湖以北的新法兰西土地设立为魁北克省。1783年英国承认美国独立，将阿拉巴契亚山脉以西、密西西比河以东、佛罗里达以北、五大湖以南的英国殖民地交予美国，将东佛罗里达和西佛罗里达割让给西班牙，魁北克省[①]、新斯科舍、纽芬兰、西北地区及哈德逊公司所属的鲁伯特地区等成为英属北美的剩余之地。1867年，原加拿大省（1840—1867）被分成安大略省与魁北克省，与新斯科舍省、新不伦瑞克省组成加拿大自治领。作为英属自治领，加拿大族群政策充满了浓厚的英裔种族主义色彩，呈现金字塔式的等级结构。英裔作为金字塔顶的多数民族，自置于优越于他族的地位，而其他族群依据与英裔在种族和文化上的亲疏，被分为三六九等。原住民作为白人毛皮贸易的伙伴和潜在的军事同盟者，被视为需要西方文明教化的被监护者。法裔作为北美殖民争霸的战败者，事实上处于"二等公民"地位，遭到了英裔的压制、同化及安抚。英法裔之外的白人移民被视为非优先引进的移民，遭到英裔不同程度的排斥，有色少数族裔则处于种族歧视的最底端。加拿大及英国政府期望以强制的英裔文化中心地位以及对他族群的同化和排斥，来实现加拿大各族群以英国为宗主的国家认同，这种金字塔式的种族主义模式一直持续到"二战"结束才开始改变。

[①] 1791年，魁北克省分为上加拿大省与下加拿大省，1840年上下加拿大省合并为加拿大省。

第一节　英裔优越地位及其对英国的依恋

1867年加拿大自治领成立。① 根据当年《英属北美法》的规定："鉴于加拿大省、新斯科舍省和新不伦瑞克省已表示希望联邦统一为大不列颠及北爱尔兰联合王国/王权下的一个自治领，宪法原则上与联合王国相似……"② 此后，1870年，加拿大从哈德逊湾公司收购了西北地区，曼尼托巴成为加拿大的第5个省。1871年，英属哥伦比亚加入自治领，两年后爱德华王子岛加入。1880年，英国对北极诸岛的所有权转至加拿大。1905年，阿尔伯塔省和萨斯喀彻温省成为第8个和第9个省。纽芬兰于1949年加入加拿大后，加拿大形成了现有疆域范围。1867年后，作为一个自治领，加拿大实现了自治，但英国王室继续主导加拿大的国际外交和军事联盟事务。为巩固英国对自治领的统治，英国在自治领移民准入政策上，根据移民在种族、文化以及其与不列颠人亲远程度的不同，分为优先引进、非优先引进两个种类，来自不列颠本土的移民被视为被最优先引入的移民。从自治领成立到第二次世界大战结束，加拿大自治领的英裔居民，作为英国海外自治领的臣民，整体上对母国英国保持了高度的国家认同。

一　加拿大人的英国臣民身份

加拿大成为英国专属殖民地源于1763年七年战争结束后的《巴黎和约》，该条约将法国从北美北部赶走，英国将新法兰西收入囊中，由此几乎将哈德逊湾和墨西哥湾之间的整个区域置于英国的旗帜之下。1867年加拿大自治领成立，但在英王和英国政府阶层的脑海中，"对殖民地并没有

---

① 自治领这一称谓来自新不伦瑞克省的伦纳德·蒂利（Leonard Tilley）爵士的建议，该建议主要受到了圣经《诗篇》第72章第8节中提到上帝的统治地的启发："他也将拥有统治，从这海到那海，从这河到地极。"见 https://biblehub.com/niv/psalms/72-8.htm。

② Eugene A. Forsey, Matthew Hayday, "Dominion of Canada", https://www.thecanadianencyclopedia.ca/en/article/dominion.

第一章 种族主义模式下加拿大英国认同的构筑（1867—1945）

什么认知，只是将其当作英格兰的属地（Possession）和财产而已"。加拿大议会机构的立法经常受到英国枢密院及其委员会的管理。各省省督、自治领总督或副总督作为英王的代表，在归属上只是英国内政部的官员，是国王家里的顾问，服从于国王的授权。"什么才是真正的'加拿大公民'呢？他首先、最终、一直都是不列颠世界国王的臣民，其领土作为不列颠领土的一部分，被称为'不列颠在海外的自治领'。""'加拿大公民'是对在加拿大定居的英国公民的一种方便称呼，无论他是在哪里出生或归化，还是来自英属世界的其他地方。""根据加拿大宪法，英王意味着自治领主权，每一个加拿大人都是他的臣民……他必须是一个忠诚的不列颠臣民。加拿大公民必须认识到英属世界有这样一种团结，即在危险或困难的时候，有义务帮助帝国的任何其他部分。"[1]"在加拿大，对大英帝国的忠诚是良好公民的必要条件。"[2]

1867年联邦成立后，吸引大量移民被视为当前最紧要的政治与经济任务。为确保英帝国对加拿大区域的主权，加拿大移民政策在种族上有选择性，不列颠群岛上的盎格鲁-撒克逊移民被视为最优先引入的移民，法裔移民次之，其后是北欧、中欧，最不受欢迎的是拉美人、亚洲人、黑人和犹太人。1868年，《加拿大国民法》对加拿大人的国民属性做了规定，加拿大人被定义为英国的臣民。此后到"二战"时期，加拿大的历次公民身份法或者归化法，如分别于1868年5月和1915年1月生效的《归化法案（地方法案）》和《归化法案（帝国法案）》就规定了加拿大人是英国臣民，包含了自动丧失英国臣民地位的若干条款。[3] 按照相关移民法律，来自不列颠本土或者不列颠其他自治领的英属臣民，如果移民加拿大，则继续拥有同等权利。尽管《1910年国民法》也提出了"加拿大公民"的说法，却没有主权国家国民的意义，其内涵仅仅是出生在加拿大、住在加拿大的

---

[1] William Renwick Riddell, "What Is A Canadian Citizen?", *The Empire Club of Canada Addresses* (Toronto, Canada), 25 Apr 1929, pp. 168 – 188, https://speeches.empireclub.org/details.asp?ID=59918.

[2] Brig Draper, "Good Citizenship", *the Empire Club of Canada Addresses* (Toronto, Canada), May 3, 1928, pp. 173 – 178, https://speeches.empireclub.org/61459/data?n=1.

[3] Canada Government, "Loss of Canadian citizenship and British Subject Status and Acquisition and Restoration of Canadian Citizenship", https://www.canada.ca/en/immigration-refugees-citizenship/corporate/publications-manuals/operational-bulletins-manuals/canadian-citizenship/acquisition-loss/loss-canadian-british-subject-status-acquisition-restoration-canadian.html, August 7, 2020.

英属臣民而已，只具备地理属性。① 1921年，《加拿大国民法》规定，加拿大国民依然只是指在加拿大的英国国民而已。"一战"后，英帝国全球霸权地位趋于衰落，对自治领的控制力减弱。1926年帝国会议上，以内阁大臣和前首相亚瑟·贝尔福勋爵为首的帝国关系委员会提出了《贝尔福报告》，建议帝国重新审查与各自治领的关系，主张英国和它的自治领在宪法上是平等的，开启了对加拿大人国籍归属的讨论。1931年5月，加拿大自治领国务秘书卡恩向议会建议对"加拿大国民"做出清楚的解释，以便为丧失或放弃国籍的问题做出具体规定，但最后因没有进入议会三读而夭折。② 1931年12月，《威斯敏斯特法》确认了自治领与英国的平等地位，但在国籍法上加拿大人依然被定义为"英国臣民"。尤其对于英裔加拿大人而言，从英伦三岛移民到加拿大后，"他们仍然在一样的旗帜下，听着一样的语言，见着一样的政党相争，他们在这里的历史传统和政治理想与英格兰别无二致，因此，一个英国人很少能或从来都不会变为加拿大人"③。英裔在法律身份上和心理认同上大都只是"碰巧住在英属北美的不列颠人罢了"④

二 英裔对英帝国的高度尊崇

1763年七年战争结束至"一战"结束时，英帝国在世界上的地位举足轻重，其后英国霸权有所衰落，但依然是全球性强国。英裔作为加拿大的主体民族和建国民族，对英帝国抱有强烈认同。自治领成立后，无论是"加拿大第一"运动的消散，还是首任总理约翰·麦克唐纳"国家政策"

---

① Immigration Act, S. C. 1910, c. 27, in Flournoy Richard W., Hudson Manley Ottmer, *A Collection of Nationality Laws of Various as Contained in Constitutions, Statutes and Treaties*, New York: Oxford University Press, 1929, p. 73.

② House of Commons, *Debates of House of Commons*, 27 May 1931, p. 2022, in Margaret Christine Quirt, *Citizenship Identity in the History and Literature of English-Speaking Canada, 1947 – 1967* (D), Trent University, 2010, p. 69.

③ 安大略柏林市移民官 A. C. 布坎南 (A. C. Buchanan) 语，见 Gottlieb Leibbrandt, *Little Paradise: the Saga of the German Canadians of Waterloo County, Ont. 1800 – 1975*, Kitchener: Allprint Co, 1980, p. 249。

④ James Sturgis, "Review of Imperial Canada, 1867 – 1917", A Selection of Papers Given at The University of Edinburgh's Centre of Canadian Studies Conference by Colin M. Coates, *The English Historical Review*, Vol. 114, No. 456, April, 1999, p. 486.

第一章 种族主义模式下加拿大英国认同的构筑（1867—1945）

的提出，英裔都表现了浓厚的英帝国认同倾向。

所谓"加拿大第一"运动，是1868年至19世纪70年代，在加拿大发生的一场旨在提升加拿大人的国家意识的思潮和活动，主要的发起人和参加人是安大略省的若干英裔官员、知识界及商业精英。加拿大自治领成立后的第二年，在时任安大略省总理爱德华·布莱克、曾在康奈尔大学历史系任教的戈尔德温·史密斯等人的支持和组织下，加拿大几位热衷于探讨加拿大未来的英裔人士，包括诗人查尔斯·梅尔、律师威廉姆·福斯特、律师兼人类学家罗伯特·哈里伯顿、出版商科洛奈尔·丹尼森以及加拿大百货公司摩根公司的创始人亨利·摩根等齐聚渥太华，共同商讨加拿大的未来，其间提出了"加拿大第一"的思想。在讨论中，与会者提出，新生的自治领四分五裂，是狭隘利益的结合，就像一个反复讨价还价后好不容易拼凑起来的股份公司，这里的人民和族群没有共同的国家认同。他们认为，加拿大作为联邦还很不稳固，必须壮大经济实力，鼓励更多人口向英属北美的西部和北方移民，呼吁加强加拿大人的民族一体意识，使得联邦更为巩固。① 1870年，在联邦曼尼托巴加入联邦和梅蒂人谈判期间，加拿大发生了梅蒂人路易·瑞尔（Louis Riel，旧译为里埃尔）处死英裔托马斯·斯科特，发动红河叛乱事件。"加拿大第一"运动受到刺激，主要领导者们呼吁加强加拿大认同，避免冲突再次发生。1874年，"加拿大第一"运动改称为"加拿大国家协会"（Canadian National Association），并开始发行杂志《国家》（*The Nation*）来宣传加拿大民族主义思想。虽然该党没有提名候选人，但他们发布了一个政党纲领，争取"与英国相联系，巩固帝国，同时在影响加拿大的条约中有发言权"②。不过，尽管"加拿大第一"运动的目标是温和的，依然以留在和尊崇英帝国为前提，但响应者寥寥。1875年，"加拿大第一"运动的早期支持者中的安大略省前省长爱德华·布莱克赴渥太华进入联邦政府担任司法部部长，"加拿大第一"运动转而消退。③ 1876年《国家》周刊停止发行，"加拿大第一"运动随之终

---

① William Lewis Morton, *The Canadian Identity* (second edition), Toronto: University of Toronto Press, 1972, p. 46.
② G. M. Hougham, "Canada First: A Minor Party in Microcosm", *The Canadian Journal of Economics and Political Science*, 19 (2), 1953, p. 177.
③ B. L. Vigod, "Canada First", *The Canadian Encyclopedia*, https://www.thecanadianencyclopedia.ca/en/article/canada-first.

结。"加拿大第一"运动的没落证明了自治领成立后,"英帝国第一"是英裔加拿大人普遍的心态,加拿大并没有形成独立的民族意识。1877 年,一位名叫约瑟夫·埃德蒙·柯林斯的演讲者在加拿大纽约俱乐部发表了一个题为"加拿大自治领未来"的演说。在演讲中,他表示:"在大不列颠的威望和权力中,我们都感到光荣,在祖国心脏感受到的交通的悸动让殖民者兴奋到指尖。"① "加拿大第一"运动解体后,原先支持加拿大意识的成员们又重新回到了"英帝国第一"的论调之中。1886 年,查尔斯·梅尔在他的诗中对英帝国和英帝国治下的加拿大作了高度的赞美:"我尊奉英帝国。它将在加拿大纯正的和忠诚的子民中伟大崛起。在这片没有信仰的世界里,他们以英格兰为依靠,为她守护自由。"② 科洛奈尔·丹尼森还以"我们的人民"来称呼法裔加拿大人,说法裔加拿大人也是英帝国的臣民。③ 1891 年,戈尔德温·史密斯出版《加拿大和加拿大问题》一书,指出加拿大作为独立民族是行不通的,必须保留在英帝范围内。④

与"加拿大第一"运动一致,自治领联邦政府的英裔领导人也是英帝国的坚定支持者。1872 年,在麦克唐纳的主导下,加拿大政府提出了"国家政策"的建设计划。1878 年,麦克唐纳再次当选联邦总理,开始推进"国家政策"。具体而言,该政策包括:修建连接温哥华与渥太华的太平洋铁路;鼓励加拿大人向西部移民,防止美国占据加拿大西部;实行国家关税保护政策。可以说,麦克唐纳的国家政策勾画和奠定了加拿大发展宏伟的蓝图,但这里的"国家主义"还是以英帝国国家认同为前提的。1890 年 10 月,麦克唐纳在一次谈话中表明了加拿大未来走向独立是不可能的:"作为独立的共和国我们能维持多久呢?""如果没有不列颠在背后支持我

---

① Edmund Collins, *The future of the dominion of Canada*, New York: Canadian Club of New York, 1877, p. 11, https://qspace.library.queensu.ca/bitstream/handle/1974/9044/futureofdominion00coll.pdf; sequence = 1.
② Charles Mair, *Tecumseh, a Drama and Canadian Poems*, Toronto: the Radisson Society of Canada, 1886, p. 101.
③ Carl Berger, *The Sense of Power, Studies in the Ideas of Canadian Imperialism, 1867 – 1914*, Toronto and Buffalo: University of Toronto Press, 1972, p. 138.
④ Goldwin Smith, *Canada and the Canadian Question*, London: Macmillan Collection, 1891, "Goldwin Smith", http://www.thecanadianencyclopedia.com/articles/goldwin-smith.

第一章 种族主义模式下加拿大英国认同的构筑（1867—1945）

们，白令海峡的争端我们怎么能应对?"① 1891 年 2 月，麦克唐纳竞选连任，他发表竞选宣言反对自由党与美国拟订贸易协定的计划。他说："我的路线是明确的。我生为英国臣民，死也依然为英国臣民（A British subject I was born—A British subject I will die）。我将尽我最大的努力，以我最后一口气，反对那些企图用肮脏的手段和金钱引诱我们的人民放弃忠诚的'隐蔽的叛国'。"② 在竞选中，麦克唐纳以"老旗帜，老政策，老领袖"的竞选海报彰显自身的英国特色以吸引投票者的支持：他骑在一个工厂工人和一个农民的肩膀上，挥舞着一种带有英国国旗图案的加拿大红色军旗。1892 年，安大略省总理奥利佛·莫厄特在议会演讲中说，鉴于美国有可能北上吞并加拿大，认同英帝国对加拿大具有生死存亡的巨大意义。他说："如果我们不想被吞并掉，作为加拿大人，不管我们当中的其他人对我们的政治和国家未来怀有什么期望，珍惜和不列颠的关系才是我们明智的政策。"③

1898 年 4 月 12 日，一位名叫利·格雷戈尔的英裔博士在莫伦学院与魁北克文学和历史学会发表了一份题为"新加拿大爱国主义"的演说，他将加拿大的爱国主义分为"对我们自己国家、对我们出生地的爱""对英国的爱国主义""对帝国的爱国主义"。④ "我们的祖先不像新英格兰的清教徒那样是被宗教迫害逐出家园的。他们来到加拿大不是为了获得自由。"在盛赞加拿大土地广袤、矿产丰富、渔业富饶之后，作者以自豪的口吻说道："英国人走到哪里，哪里就是英国。根据这种观点，加拿大成为英格兰不可分割的一部分，就像肯特郡一样，与英国王室分离的问题就像肯特宣布独立一样不受人待见。""是英国保护了加拿大人的安全和自由，我们的船到世界各地……加拿大船长知道，在马耳他或墨尔本，在好望角或奥克兰，他可以要求得到国旗的保护，他有权利向英国领事提出申请，可以依靠英国名字的威望……我们加拿大人享有了如此长久的和平，以至于我

---

① Cal Berger, the Sense of Power, Studies in the Ideas of Canadian Imperialism, 1867 - 1914, Toronto and Buffalo: University of Toronto Press, 1972, p. 169.
② James Marsh, "Election 1891: A Question of Loyalty", http://www.thecanadianencyclopedia.com/featured/election - 1891 - a-question-of-loyalty.
③ Cal Berger, the Sense of Power, Studies in the Ideas of Canadian Imperialism, 1867 - 1914, Toronto and Buffalo: University of Toronto Press, 1972, p. 83.
④ Leigh Gregor, The New Canadian Patriotism, Quebec: Baoal Renault Publisher, 1898, p. 8

们不再相信战争的可能性。"① 格雷戈尔指出，虽然加拿大远在海外，但与英国的文化基因关系依然不可分割。甚至，美国尽管已经独立很久，但"美国人本质上仍然是英国人，因为一个国家植根于它的过去，一两代人的积累几乎没有增加什么。美国人如此不愿意承认（与英国的）亲缘关系，这是我们加拿大人不能理解的。他们的祖先在弗朗西斯·培根著书和霍华德勋爵打仗时都是英国人。美国人和我们一样，真正分享过打败无敌舰队的荣耀。莎士比亚这个英国人是我们和美国人共同的同胞，如果剥夺他们使用莎士比亚作品的资格，他们的知识遗产传承就会枯竭"②。

1899—1945年，在布尔战争、两次世界大战当中，英裔作为英国臣民表现了对英国高度的效忠态度，积极加入英国的军队赴海外参战。布尔战争发生在1899年10月至1902年5月，是英国同荷兰移民后代布尔人所建立的德兰士瓦共和国和奥兰治邦争夺南非进行的一场战争。作为英帝国所属自治领，在布尔战争尚未开始之际，加拿大就充斥着反对布尔人的论调，两大主导政党——自由党和保守党中的英裔众议员大多催促加拿大出兵援助英国在南非的战争。面对英裔的援助母国的施压，身为法裔的加拿大总理威尔弗里德·劳里埃最后被迫妥协，作出了让步，同意加拿大以派遣志愿军的名义前往参战。1899年11月，加拿大派出了一支1000多人的志愿军，组成皇家军团第二特种营，在英裔威廉·奥特中校带领下奔赴开普敦。该部队被派出儿子参战的英裔民兵部长弗雷德里克·博登称为"英勇千人队"。③ 随后，加拿大驻英国的高级专员唐纳德·史密斯个人出资，组建了一支约600人规模的志愿军赶赴了南非。在整个布尔战争时期，加拿大一共派出了约7300名士兵，其中约3300名士兵的费用由加拿大政府负责，④ 总花费约300万加元。⑤ 1902年，布尔人投降，许多士兵返回家乡参加游行和庆祝活动。4名加拿大人因参与战争而获得维多利亚十字勋章。大约有260名加拿大人死于这场与加拿大相距遥远的冲突。⑥

---

① Leigh Gregor, *The New Canadian Patriotism*, Quebec: Baoal Renault Publisher, 1898, p. 9, p. 11, p. 14, p. 20, p. 21, p. 23, p. 25.
② Leigh Gregor, *The New Canadian Patriotism*, Quebec: Baoal Renault Publisher, 1898, p. 8.
③ "South African War", https://www.thecanadianencyclopedia.ca/en/article/south-african-war.
④ 张友伦主编：《加拿大通史简编》，南开大学出版社1994年版，第162页。
⑤ "South African War", https://www.thecanadianencyclopedia.ca/en/article/south-african-war.
⑥ "Canadians in the Second Boer War", https://valourcanada.ca/military-history-library/canadians-in-the-second-boer-war/.

第一章 种族主义模式下加拿大英国认同的构筑（1867—1945）

"一战"之前，英帝国和英联邦正处在其国际霸权的巅峰。1905年3月30日在多伦多的加拿大帝国俱乐部举行了一场名为"加拿大的爱国主义"的演讲，发言人英裔亨利·奥斯本先生热情洋溢地表达了自身对英帝国的尊崇和依恋。他说："三百年来，大英帝国扩张了全球约四分之一的土地。大英帝国建立的基本原则和首要因素是盎格鲁-撒克逊人的性格和属于盎格鲁-撒克逊人的种族品质。英国是世界上有史以来最伟大的文明和殖民国家。……在各个国家组成大英帝国的腰带上，人们常说，一颗最美丽的宝石——加拿大自治领，闪耀着金灿灿的光彩，吸引了全世界的注意……我钦佩我们的法裔同胞，但我相信，如果加拿大要跻身于世界上伟大的民族之列，她必须是一个英国式的加拿大，必须深刻继承英国民族的品质。……这是一个英国式的国家，我认为没有必要因为这样说而道歉，也没有必要因为希望它在大英帝国中占据更突出的地位而道歉。……作为一个英裔加拿大人，我相信我是一个务实的帝国主义者，我迫切希望看到英国人的品格一年年地给这个国家留下越来越深刻的烙印。我希望我们的国家致力于永续英国的理想，英国的政府制度，英国的荣誉、正义、真理和自由的标准，如果这是我们应该为之奋斗的理想，那么我们应该能够并且愿意为之做出一些牺牲。"[①] 1907年9月13日，英国众议院约克郡议员哈马尔·格林伍德在加拿大帝国俱乐部发表演说时探讨了加拿大未来的国家趋向。他说："作为一个自治领，我们面前有三种可能性：第一，并入美利坚合众国，我同意你们的看法，这是不可想象的；第二，独立，这对我来说同样是不可想象的；第三，保持我们目前的地位，并在力所能及的范围内加强这种地位。我相信这是我们自治领的辉煌命运……成千上万的男男女女组成国王的臣民，他们相信这个帝国的不同部分会更紧密地联系在一起。"[②] 1913年10月31日，麦克布莱德·理查爵士也在帝国俱乐部演讲中表示："今天加拿大的物质繁荣源自我们与伦敦巨大的货币市场的接触……要达到这种最高程度的忠诚，最好的方法就是成为真正的、忠诚

---

① Canadian Patriotism, *the Empire Club of Canada Addresses* (Toronto, Canada), 30 Mar 1905, pp. 268-276, https://speeches.empireclub.org/details.asp?ID=62213.

② M. P. Hammer Greenwood, "British Diplomacy and Canadian Responsibilities", *Address before the Empire Club of Canada*, on September 13th, 1907, by MR, Hamar Greenwood, in The Empire Club of Canada Addresses (Toronto, Canada), 13 Sep 1907, pp. 15-20, https://speeches.empireclub.org/62169/data?n=10.

的英国人。"①

"一战"时期，英裔表现了更浓厚的英帝国情结。战争伊始，英裔出身的加拿大民兵部长塞缪尔·休斯就在报纸上大力号召加拿大人参军为英国尽忠："不列颠是祖祖辈辈开辟的土地，是心贴心、手挽手的同盟，是一个无人能分裂的同盟，不列颠同盟的旗帜将永远飘扬。"② "一战"爆发后，加拿大自动随英国卷入战争。1914年10月3日，约3.3万名士兵组成加拿大远征军第一分遣队前往欧洲。他们当中约有三分之二属于在加拿大住了15年以上的不列颠移民。③ 在整个战争期间，英国出身的人参军的人数最多，在47万多名加拿大军人中，英国出身的约有228170人，占比为48.5%。④ 1939年"二战"爆发后，加拿大对英国的声援更加高涨。安大略省总理米切尔·赫伯恩在获知英国对德国宣战后，立即号召以斗志昂扬的姿态完成加拿大所承担的参战任务。⑤ 在英国宣战后6天后，"英语加拿大实际上自动地、基本没什么反对地就跟随英国宣战"⑥。在加拿大当时的征兵宣传画当中，英国也被描绘成护卫自治领的领头狮以及被自治领拥护的联盟之首，以鼓动更多加拿大人加入军队。从"二战"开始到结束，加拿大一共约有73万军人加入"二战"，其中英语加拿大人约有49.267万人，所占比重达到约67.43%。⑦ 按照加拿大人口的官方统计，这一比重比1941年加拿大总人口中讲英语的加拿大人所占的比重（49.7%）高了

---

① Hon. Sir Richard McBride, "Canada and the Empire", *The Empire Club of Canada Addresses* (Toronto, Canada), 31 Oct 1913, pp. 51 – 59, https://speeches.empireclub.org/60468/data?n=22.

② Phili Resnick, *the European Roots of Canadian Identity*, Peterborough: Broadview Press, 2005, p. 24.

③ Serge Durflinger, "Military History-French Canada and Recruitment during the First World War", http://www.warmuseum.ca/education/online-educational-resources/dispatches/french-canada-and-recruitment-during-the-first-world-war/; J. L. Granatstein, Ethnic and Religious Enlistment in Canada During the Second World War, *Canadian Jewish Studies/Études juives canadiennes*, Vol. 21, 2013, p. 175.

④ J. L. Granatstein Ethnic and Religious Enlistment in Canada During the Second World War, *Canadian Jewish Studies*, Vol. 21, 2013, p. 175.

⑤ 王云弟、刘广臻：《枫林之国的复兴：加拿大百年强国历程》，黑龙江人民出版社1998年版，第184页。

⑥ Philip Buckner, ed., *Canada and the End of Empire*, Vancouver: University of British Columbia Press, 2000, p. 5.

⑦ Thomas Prymak, *Maple Leaf and Trident: The Ukrainian Canadians during the Second World War*, Ottawa: Multicultural Hist Society of Ontario, 1988, Appendix, table 2.

第一章 种族主义模式下加拿大英国认同的构筑（1867—1945）

近18个百分点，凸显了英裔对英国强烈的感情认同。①

第二节 原住民的被监护地位及其对英国的效忠

出于毛皮贸易和殖民扩张的考虑，英法殖民者在加拿大对印第安人整体上采取了争相拉拢的政策。如大易洛魁联盟和休伦人就分别被英法殖民者拉拢结盟与对方作战。七年战争结束后，英国在英属北美的统治趋于稳定，英国及其特许的哈德逊湾殖民公司控制了今日加拿大的东半部，原住民随即也被宣布纳入了英帝国的统治。为了维持通过收购印第安人动物毛皮所获的丰厚利润，以及拉拢印第安人防范法裔和美国，1763年《皇室公告》基本上对原住民抱以了和平相处的态度。1867年加拿大自治领成立之后，伴随着英国在北美统治的稳固、毛皮贸易的衰落以及英美关系的稳定，殖民政府与原住民的关系发生转变。如何对待印第安人并重建与印第安人关系成为英国和自治领政府面临的新问题。在英国殖民者看来，印第安人属于半开化的野蛮者，只有遵从白人管理和盎格鲁文明的教化才能脱离野蛮②。自治领成立后英国将印第安人置于被自治领白人监护和改造的地位。1876年，加拿大自治领颁布对印第安人政策的纲领性文件《印第安法》，宣称："原住民是国家的被监护者和孩子，应被置于被托管状态。"该法对印第安人传统的政治、经济、文化权益以及传统生产生活方式、文化信仰进行了系统的剥夺、限制以及英式改造，以期将印第安人塑造成殖民者所期望的"文明化"国民，实现其对英国的忠诚。③

---

① William C. Wonders, "Native Ethnicity in the Canadian North, a Geographer's Perspectives", in Alfred Pletsch, *Ethnicity in Canada-international Examples and Perspectives*, Marbutg/Lahn: Im Selbstverlag des Geographischen Instituts der Universität Marburg, 1985, p. 52.
② The Royal Commission on Aboriginal Peoples, *Report of the Royal Commission on Aboriginal Peoples. Volume 1: Looking Forward, Looking Back)*, Ottawa: Canada Communication Group, 1996, p. 326.
③ Leo Driedger eds., *Race and Ethnicity: Finding Identities and Equalities*, Toronto: University of Cambridge Press, 2003, p. 61.

一 原住民被监护的臣民地位

1. 被限制的选举权

选举权是公民参与国家政治的最直接、最常见的权利。在殖民时期，英国的立法没有明确地否定加拿大印第安人的选举权，但给印第安人参与选举设置了相当多"去印第安化"的前提，试图将印第安人纳入服从"白人化"的政治模式。1857年《加拿大省印第安部落渐进文明法》规定，如果年龄在21岁以上的男性印第安人和梅蒂人能够阅读、书写和说英语或法语，并选择政府认可的英语姓氏、自动放弃条约印第安人的优待权利，可以经印第安事务总管的允许，授予50英亩的土地作为回报。如果成年男性印第安人拥有一块土地（不超过50英亩）的绝对自有财产，并为之缴纳赋税，或者拥有相应价值的年金或其他独立收入并放弃印第安人身份，则可以申请成为公民，参与投票。①

实际上，仅财产资格的限制就排除了绝大多数原住民的投票资格。作为自治领，加拿大沿袭了英国的选举制度。按照《英属北美法》的规定，只有拥有一定独立财产的英属成年男性臣民才有资格参与选举。印第安人属于英国治下的臣民，但并没有像英裔白人那样享有完全的选举权。自治领建立之后的第二年，联邦选举法规定，印第安人不得在联邦选举中投票，除非他放弃原住民身份并达到要求的财产资格②。1876年联邦议会颁布专门规定原住民事务的《印第安法》，再次强调了印第安人在放弃印第安身份、成为独立自主的公民之前没有投票资格。"一战"结束后，加拿大迎来联邦普选权，1920年《自治领选举法》颁布，选举权不再受到财产状况和性别的制约，但印第安人被排斥在外。甚至在印第安人部落内部，村落社议事会的选举也是由印第安事务部管理，如果认为某个印第安人不适合担任议事会成员，印第安事务管理部门有权撤换相关成员。印第安人的对外战和及内部事务也都由殖

---

① "An Act to Encourage the Gradual Civilization of the Indian Tribes in this Province, and to Amend the Laws Respecting Indians", https://caid.ca/GraCivAct1857.pdf.

② Robert Adamoski, Dorothy Chunn and Robert Menzies, eds., *Contesting Canadian Citizenship: Historical Readings*), Toronto: University of Toronto Press, 2002, p. 81.

第一章 种族主义模式下加拿大英国认同的构筑（1867—1945）

民政府批准方可进行，[1] 印第安人相关合同协议没有印第安事务部的批准也不得执行。[2] 和印第安人一样，因纽特人在《英属北美法》中被归为印第安人的同类，他们的选举权也处于受限制的状态。虽然1932年加拿大内务部一度认定因纽特人与印第安人有所不同，"印第安法并不适用于他们"[3]，但1939年，加拿大高等法院在一项因纽特人相关判例中，再次确定因纽特人属于印第安人之类，同样没有选举权。与印第安人类似，梅蒂人虽然属于欧印混血，但流在他们身上的欧洲血液并没使他们享有选举权，甚至被《自治领土地法》等一些官方文件称为"杂种人"。[4] 1940年，梅蒂人也被确定为和印第安人一样的原住民，实施一样的选举法。[5]

选举权被限制后，原住民几乎没有参与选举。1857—1876年，只有一名叫黑尔的印第安人放弃了自己的印第安人身份，以普通公民的身份投了票。[6] 1867—1920年，一共只有250个印第安人放弃自身身份成为"完全公民"。[7] 之所以规定原住民放弃自身身份才能有选举权，在于英裔认为传统的印第安人没有被"文明化"，限制其权利正是为了鼓励印第安人废除落后的部落制度，接受自治领文明公民的同化，[8] 在英裔白人看来，选举权建立在独立财产和个体公民制度的基础之上，而印第安人实行集体所有制，没有独立的财产，也没有公民身份所必需的文化，无资格参加投票。

---

[1] Canadian Parliament, *Act for the Gradual Enfranchisement of Indians*, S. C. 1869, c. 6, s. 10, s. 12），相关条款参见：http://www.aadnc-aandc.gc.ca/DAM/DAM-INTER-HQ/STAGING/texte-text/a69c6_1100100010205_eng.pdf。

[2] The People's Commission Network, "A History of Racism in Canada's Immigration Policy", p. 9, http://www.peoplescommission.org/files/poped/05.%20A%20History%20of%20Racism.doc.pdf.

[3] Diamond Jenness, *Eskimo Administration*, Canada, Montreal: Arctic Institute of North America, 1964, p. 2.

[4] House of Commons, *Debates*, 1870, p. 1355, http://www.uottawa.ca/constitutional-law/metis.html#N_30_.

[5] James S. Friders, *Native People in Canada: Contemporary Conflicts*, Scarborough: Prentice-Hall Canada Inc., 1983, p. 12, p. 268.

[6] J. R. Miller, *Skyscrapers Hide the Sky: A History of Indian-White Relations in Canada*, Toronto: University of Toronto Press, 2000, p. 297.

[7] J. R. Miller, *Skyscrapers Hide the Sky: A History of Indian-White Relations in Canada*, Toronto: University of Toronto Press, 2000, p. 297.

[8] 1887年加拿大总理约翰·麦克唐纳语，参见 Augie Fleras and Jean Edward Elliott, *The Nation Within: Aboriginal-State Relations in Canada, the United States, and New Zealand*, Toronto: University of Cambridge Press, 2000, p. 39。

比如，在1920年废除财产资格之前，各省区男性需要满足100—400加元不等的财产资格才能投票，没有财产被认为没有独立的表达权。为鼓励印第安人争取独立财产，1857年，《加拿大省印第安部落渐进文明法》规定，印第安人如果愿意放弃免税的待遇，则可以申请一块土地作为私有财产。① 1869年，《印第安渐进选举法》规定，如果印第安人有一定文化，品德良好，看起来不会危害他人且适合务农，则可以给予其一定土地私有。② 1885年，自治领《选举投票法》规定，成年男性印第安人如果独立拥有150加元收入就可以成为选民。③ 同年5月，联邦议会通过一项议案，规定如果印第安人可以像白人那样有财产、可以作为文明人履行公民义务，并且放弃原住民身份，就可以投票。④ 也就是说，印第安人如果像白人那样有自己的不动产、住房才有选举权⑤。在当月的议会辩论中，来自安大略选区的自由党众议员汤姆斯·贝恩声称，印第安人"充其量只是当今政府管理下的孩子，不配拥有选举权"⑥。来自新不伦瑞克省的自由党众议员皮特·米切尔也提出，不能给印第安人与白人完全等同的选举权："并非因为他的种族和血统，只是因为他们的智力不够，被文明社会规范同化程度还不足，而对于达到了白人的同等水平，为国库交税、为维护国家制度做贡献的印第安人，我愿意给他投票权。"⑦ 1920年，新的选举法将联邦普选权与财产脱钩，但印第安人还是被排除在了选民与竞选者之外。对此，时任印第安事务部副总管的邓肯·坎贝尔·斯科特辩解说："法律终究会授予印第安人选举权，但前提是印第安人完成足够的白

---

① "An Act to Encourage the Gradual Civilization of the Indian Tribes in this Province, and to Amend the Laws Respecting Indians", https：//caid. ca/GraCivAct1857. pdf.
② Canadian Parliament, *Act for the Gradual Enfranchisement of Indians*, S. C. 1869, c. 6, s. 13, http：//www. aadnc-aandc. gc. ca/DAM/DAM-INTER-HQ/STAGING/texte-text/a69c6_1100100010205_eng. pdf.
③ *The Electoral Franchise Act*, S. C. 1885, c. 40, ss. 2, 11, http：//www. archive. org/stream/canadianfranchis00hodguoft/canadianfranchis00hodguoft_djvu. txt.
④ Canada Parliament, House of Commons, *House of Commons Debates*, Vol. 18, Ottawa：McLean & Logue Publishing Co., 1885, p. 1389.
⑤ Canada Parliament, House of Commons, *House of Commons Debates*, Vol. 18, Ottawa：McLean & Logue Publishing Co., 1885, p. 1562.
⑥ Canada Parliament, House of Commons, *House of Commons Debates*, Vol. 18, Ottawa：McLean & Logue Publishing Co., 1885, p. 1777.
⑦ Canada Parliament, House of Commons, *House of Commons Debates*, Vol. 18, Ottawa：McLean & Logue Publishing Co., 1885, p. 1464.

第一章 种族主义模式下加拿大英国认同的构筑（1867—1945）

人化。"①

2. 被改造的原住民文化

文化是一个族群存续的基础。白人殖民者进入北美后，对印第安人采取了文化同化的策略。早在法裔毛皮贸易时期，法国殖民者就借助彼此的经贸联系，向印第安人传播天主教。1653年，一些亲法裔殖民者的易洛魁部落与新法兰西当局签订了接受耶稣会传教士的协定，在法裔的传教活动促进下，到1679年信奉天主教的易洛魁人达到约4000人②。七年战争之后，法裔的这一方式为英裔所沿用。而传统的印第安文化被英国和自治领政府视为让印第安人皈依上帝或者接受文明化最大的阻碍因素。自治领在1867年成立后，用基督教改造印第安文化的措施被推进，1884年《印第安法》明文禁止印第安人举行传统的文化活动，比如太平洋沿岸的印第安人中的钦西安族和夸求图族被禁止庆祝传统节日冬节（Potlatch），③参加或者怂恿他人参加的印第安人最多可以被法院判处长达半年的监禁。④类似地，平原印第安人敬拜太阳的宗教节日太阳舞（Sun Dance）也被废止。⑤

同化印第安人的策略当中，最为彻底的是寄宿学校。寄宿学校在新法兰西时期就已经出现，最初称为工业学校，主要用来教授基督教义、农耕、手工以及家政等。这些学校表面上是提供教育，实际上是实现殖民目标的一种手段。七年战争后，这种工业学校体制被英国所沿用。1867年之后，对印第安人提供学校教育作为控制土著人民、占领他们的土地、向他们灌输欧洲和基督教的生活方式、使他们融入主流社会的工具，被自治领政府所重视。鉴于工业学校多开办在保留地附近，实行走读制，印第安人学生和印第安人生活依然不可分割，且有时不能足够出勤，影响了印第安

---

① John Leslie and Ron Maguire, eds., *The Historical Development of the Indian Act*, Gatineau: Indian and Northern Affairs Canada, 1979, p. 114.
② Daniel K Ritchel, Iroquois Versus Iroquois, "Jesuit Missions and Christianity in Village Politics, 1642 – 1686", *Ethnohistory*, No. 1 (Winter), 1985, p. 6.
③ "Potlatch"意为"散尽"，冬节也叫冬季赠礼节、冬日夸富宴或赠财宴。流行于加拿大西北海岸以及美国华盛顿州的印第安人社会，表现为在婚丧嫁娶等重大活动之际以礼物馈赠他人或邻居部族，该节日象征着权力和奢侈以及内部等级秩序的划分。
④ Catherine Bell and Val Napoleon, *First Nations Cultural Heritage and Law: Case Studies, Voices, and Perspectives*, Vancouver: University of British Columbia Press, 2008, p. 89.
⑤ ［加］迪克·加尔诺：《印第安人——加拿大第一民族的历史、现状与自治之路》，李鹏飞、杜发春编译，民族出版社2008年版，第382页。

儿童被同化的效果。1876年，一名叫维泰尔·格兰定的主教呼吁联邦政府加大力度修建寄宿学校，以用白人的文化来教诲印第安人。他说："当土著的孩子从我们的学校毕业时，除了他们的血统，其他的全部都将失去……那时，他们已经忘了他们的母语，他们再也无法去过他们的土著人生活了……我们给他们所慢慢灌输的，是他们明显地对他们自己的土著人生活厌倦的想法。"[1] 1879年，律师、众议员尼古拉斯·弗拉德·达文向自治领众议院提交了《为印第安人和混血者开办工业学校的报告》，正式提议为印第安人儿童开设寄宿学校。该报告"基于这样一个基本信念，即为了有效地教育土著儿童，他们必须与家庭分离——土著社区的养育过程必须中断"[2]。1880年，一位自治领官员这样表达了对用基督教文明教化印第安人的热情，他说："让我们用基督教和文明去影响印第安部落中的那些异教徒和野蛮人；让我们睿智的和父亲般的政府忠诚地执行这些条约。"[3] 1920年，《印第安人法》继续要求所有学龄印第安儿童就读寄宿学校。这项修正案的目的是确保所有条约印第安人进入寄宿学校，在毕业后实现同化。当时的印第安事务部副总管邓肯·坎贝尔·斯科特说："（政府）将继续下去，直到加拿大没有一个印第安人未被国家吸纳，直到没有印第安问题、没有印第安事务部门。"[4]

也正是从1879年开始，寄宿学校从此开始在圣公会、天主教会等宗教派别的大力支持和政府资助下大批开办了起来。根据政策，6—16岁，甚至低至3—4岁的印第安孩童必须远离家乡去上寄宿学校，拒不配合的家长则很可能会被剥夺身份印第安人的优待、被罚款或进监狱[5]。1894年，全自治领有寄宿学校11所。1912年，约有3904名印第安孩子在寄宿

---

[1] ［加］迪克·加尔诺：《印第安人——加拿大第一民族的历史、现状与自治之路》，李鹏飞、杜发春编译，民族出版社2008年版，第373页。

[2] J. S. Milloy, *A National Crime: The Canadian Government And the Residential School System, 1879 to 1986*, Winnipeg, MB: University of Manitoba Press, 1999, p. 23.

[3] Alexander Morris, *The Treaties of Canada with the Indians of Manitoba and the Northwest Territories Including the Negotiations on Which They Were Based and Other Info Thereto*, Toronto: Welling-Williamson, 1880, pp. 296 – 297.

[4] Truth and Reconciliation Commission of Canada, *They Came for the ChildrenCanada, Aboriginal Peoples and The Residential Schools*, Ottawa: Truth and Reconciliation Commission of Canada, 2012. https://ecampusontario.pressbooks.pub/indigstudies/chapter/chapter – 1/.

[5] Susan Zimmerman, "The Revolving Door of Despair", *UBC Law Review*, 1992, p. 369.

第一章　种族主义模式下加拿大英国认同的构筑（1867—1945）

学校学习，1931年寄宿学校数量达到了80所。① 1879—1996年，寄宿学校增加到200多所，就读的印第安儿童达15万名之多。② 到了寄宿学校，孩子的监护权不再属于家长，而是归各级基督教教会。把印第安孩子和他们的父母分开是为了更好地让印第安孩子接受文明化教育的必要之举。③ "如果你把他们留在家里，他们可能会读书写字，但他们仍然是野蛮人，而按照建议的方式把他们分开，他们就会养成文明人的习惯和趣味"——公共工程部部长赫克多·朗日万在1883年如是说道。"当学校在保护区的时候，孩子和父母住在一起，他们是野蛮人，虽然他可以学习阅读和写作，但他的习惯和思维模式是印第安人式的。他只不过是个会读会写的野人。这让我印象深刻，作为部门的负责人，印第安儿童应该尽可能少地受到父母的影响，唯一的方法是把他们放在培训工业学校的中心，这样他们将获得白人的习惯和思维模式"——麦克唐纳总理1883年5月在议会如此发言道。④ 为实现彻底同化，印第安孩子从寄宿学校毕业前被禁止返回家园，在学校不能穿印第安款式的衣服，不得尊奉印第安宗教习俗，只准说英语，只能信仰上帝，只能学习欧式技能和生活方式，否则就施加体罚。根据不完全统计，因为疾病等原因至少有4000名孩子在寄宿学校死亡。⑤ 根据1907年《曼尼托巴和西北区印第安学校调查报告》公布的数字，这两个地区寄宿学校学生平均死亡率为24%，高者甚至达到了50%。⑥

3. 被侵占的土地权益

印第安人生产力低下，以游牧和渔猎为生，土地是最宝贵的财富。在七年战争结束之初，为拉拢印第安人以巩固对法胜利，英国政府基本尊重

---

① 陈·巴特尔：《试论加拿大原住民寄宿制学校制度的生与亡》，《民族教育研究》2011年第1期。
② CBC, "At Least 3000 Died in Residential Schools, Research Shows", February 18, 2013. http://www.cbc.ca/news/canada/at-least-3-000-died-in-residential-schools-research-shows-1.1310894. May. 1, 2021.
③ Government of Northwest Territories, Government of Nunavut and the Legacy of Hope Foundation, *The Residential School System in Canada*, Yellowknife, Iqaluit Ottawa the Northwest Territories the Government of Nunavut and the Heritage of Hope Foundation, 2013, p. 14.
④ "Reidential School", https://laclabichemuseum.com/tag/residential-schools/.
⑤ Mark Kennedy, "At Least 4000 Aboriginal Children Died in Residential Schools, Commission Finds", *National Post*, January 4, 2014.
⑥ Peter Henderson Bryce, *Report on the Indian Schools of Manitoba and the North-West Territories*, Ottawa Government Printing Bureau, 1907, pp. 17 – 19.

印第安人的土地权利。1763年，英国《皇家宣言》发布公告，表示为印第安人保留了阿巴拉契亚山脉以西的土地，禁止私人跨过阿巴拉契亚山脉拓殖。宣言提出："那些和我们有联系的、由我们保护的印第安部落或民族拥有我们部分土地和疆域的权利，不能被骚扰或被干涉，也不能由我们割占或购买，这些土地属于他们或者他们中的一部分人用于狩猎是公正而且合理的，对我们的利益和殖民地的安全来说是必须的。"[1] 不过，宣言同时宣布国王在向新来者发放土地使用权和定居权之前，可以通过非强制和公开谈判的条约，以免税权、保留地等为优待，购买印第安人的土地。印第安人想放弃土地，必须先征得印第安人大会的同意，并且只能卖给英国政府，[2] 为以后攫取印第安人土地埋下了伏笔。

伴随着移民的涌入和殖民统治的巩固，英国从19世纪中期开始，逐渐违背了当初尊重印第安人土地权的宣言。1850年，《鲁滨逊－休伦条约》和《罗宾逊－苏比利尔条约》以区区5100英镑和保留渔猎权利为条件将五大湖以北近13万平方千米印第安人土地划到英王治下。[3] 1871—1921年，自治领以英王名义和印第安部落签订了11个土地条约，取得了现在的曼尼托巴、育空、萨斯喀彻温省、安大略西南部、西北地区大部等土地，而获得这些土地的代价极其微不足道。以1921年关于西北地区的《第11号条约》为例，印第安人仅仅取得了以下补偿：签订条约时，酋长、部落头人、普通印第安人分别获得32加元、22加元和12加元的补偿，然后每年享有5—15加元不等的津贴，酋长和头人每三年可以分得一套衣服。在土地方面，按照每五口之家分给2.5平方千米或者人均600平方米的标准留出一部分土地印第安人自留使用（是为保留地），并允许印第安人在已经出让的土地上进行渔猎，林业、矿业及白人居住用地除外。同时，自治领政府通过评估印第安人的实际需要，适当拨款为印第安人购置枪弹和渔具，并为印第安儿童开办免费学校[4]。而且，上述的保留地并非绝对专属

---

[1] Jennifer A Brown, *Our Native Peoples, the Illegitimacy of Canadian Citizenship and the Canadian Federation for the Aboriginal Peoples*, Dissertation of Carleton University, 1999, p.11.

[2] Jennifer A Brown, *Our Native Peoples, the Illegitimacy of Canadian Citizenship and the Canadian Federation for the Aboriginal Peoples*, Dissertation of Carleton University, 1999, p.12.

[3] Aboriginal Affairs and Northern Development Canada, "Robinson-Huron and Robinson-Superior Treaties", http://www.aadnc-aandc.gc.ca/eng/1100100028970/1100100028972.

[4] Aboriginal Affairs and Northern Development Canada, "Treaty No.11", http://www.aadnc-aandc.gc.ca/eng/1100100028916/1100100028947.

第一章 种族主义模式下加拿大英国认同的构筑（1867—1945）

于印第安人的。1911年，《印第安法》作出修订，如果为了修建道路、公共工程或者为了别的公共事业，或者保留地靠近或连着的城镇超过了8000人以上，则保留地的印第安人应该部分甚至全部搬迁出保留地。最为霸道的是，自治领禁止印第安人以法律诉讼手段维护自身权利。1927年的《印第安法》就规定，律师如果没有政府的批准，不得收取印第安人的付费帮助他们发起反对政府的土地诉讼。① 为侵占印第安人的土地，殖民者甚至提出占领印第安人的土地是为印第安人好的强盗逻辑。早在1842—1844年，加拿大省（1840年上下加拿大合并为加拿大省）关于印第安人的官方报告甚至宣称，维护印第安人的土地权违背了让印第安人完全公民化的目标，只会让印第安人远离公民生活，不如废除其土地权。② 甚至，1901年《埃德蒙顿快报》曾以白人比印第安人更擅长开发土地为由，为抢夺印第安土地的"合理性"辩护，声称与其任由印第安人荒废肥沃的土地，不如交给白人。"当白人乐意购买、开发这些土地的时候，让那些土地闲置在印第安人手上对国家来说真是损失。"③ 这种论调公然美化殖民掠夺，充满浓厚的种族主义歧视色彩，反映了殖民者攫取利益的本质。④

二 原住民对英国的积极效忠

从上文可以看出，监护制度之下，印第安人等原住民政治上被限制、文化上被同化、经济上被侵害，处于严苛的被统治地位。然而，近乎悖论的是，除了偶发的冲突，印第安人并未对英国殖民者抱以强烈的仇恨。相反，他们对英王和英国有着一定的忠诚和认同。在殖民地时期，虽然印第安部落尚未和英国女王谋面，但依然有一些部落对女王表达敬意，甚至敬称英国女王为"女主"（Ninaki），还有一些印第安人把女王比作"伟大的母亲"⑤。

---

① The People's Commission Network, "A History of Racism in Canada's Immigration Policy", p. 9, http://www.peoplescommission.org/files/poped/05.%20A%20History%20of%20Racism.doc.pdf.
② The Royal Commission on Aboriginal Peoples, *Report of the Royal Commission on Aboriginal Peoples* (*Volume 1*: *Looking Forward, Looking Back*), Ottawa: Canada Communication Group, 1996, p. 268.
③ Sarah A. Carter, *Lost Harvests*: *Prairie Indian Reserve Farmers and Government Policy*, Montreal and Kingston: McGill and Queen's University Press, 1990, p. 245.
④ Vic Satzewich, *Racism in Canada*, Don Mills, Ont.: Oxford University Press, 2011, p. 61.
⑤ James Dempsey, "Aboriginal Soldiers in the First World War", http://www.lac-bac.gc.ca/patrimoine-autochtone/020016-4004-e.html.

1876年，西北区克里族一位名叫赛思维普斯的酋长在签署完出让土地条约后和英国代表握手说："和你握手，就如同握住我们的母亲——女王的手一样。"① 1882年，加拿大总督罗恩侯爵和他妻子维多利亚女王的女儿路易斯公主到达温哥华附近新威斯特敏斯特视察，受到了印第安人的热烈欢迎，他们竖起拱门，打出"欢迎女王"（Clahowya Queenastenass）的标语。第二天，包括至少40名酋长在内的数千名印第安人举行了更大的欢迎仪式，并向公主献礼②。

印第安人的忠诚并非只是停留在口头上，这一点从他们参加英国海外战争的情况可以得到明证。作为被监护者，印第安人享有豁免军役的权利。1873年，时任曼尼托巴和西北地区省督亚历山大·莫里斯代表英政府和加拿大政府与印第安人土地谈判时，对印第安人许诺说："英国人绝不会让印第安人到国外参加战斗。"③ 然而，尽管如此，有不少印第安人还是积极表示效忠，多次参加了英国的海外战争。"一战"爆发后，加拿大自动跟随英国宣战，印第安人纷纷志愿入伍。"他们参军是完全自愿的，因为在军役法执行中他们有专门的豁免权，他们没有被强迫或害怕被强迫。"④ 1914年9月，来自卡尔加里市附近的一名印第安男子库库吐司·普塔在报名入伍作战时声称："我入伍是为了我的国王和国家，当我们抵达的时候，德军不会有任何机会。我非常急切地希望早一点儿到战场。"⑤ 安大略省南部萨尼亚市附近一名印第安人酋长乔科斯在获知加拿大加入"一战"后，给印第安事务部副总管邓肯·坎贝尔·斯科特写信说：印第安人"愿意援助目前正处于战争中的欧洲母国，印第安种族在整体上是效忠于英格兰的，这种忠心

---

① Alexander Morris, *The Treaties of Canada with the Indians of Manitoba and the Northwest Territories Including the Negotiations on Which They Were Based and Other Info Thereto*, Toronto: Welling-Williamson, 1880, p. 225.
② Colin MacMillan Coates, eds., *Majesty in Canada: Essays on the Role of Royalty*, Toronto: Dundon Publishing Co. 2006, p. 61.
③ Alexander Morris, *The Treaties of Canada with the Indians of Manitoba and the Northwest Territories Including the Negotiations on Which They Were Based and Other Info Thereto*, Toronto: Welling-Williamson, 1880, pp. 59 – 60.
④ Leslie Ritchiem, *Duncan Campbell Scott: Addresses Essays and Reviews*, London (Canada): Canadian Poetry Press, 2000, p. 398.
⑤ Timothy C. Winegard, *For King and Kanata: Canadian Indians and the First World War*, Winnipeg: University of Manitoba Press, 2012, p. 3.

第一章　种族主义模式下加拿大英国认同的构筑（1867—1945）

是以前高贵的维多利亚女王所缔造的。"① 1914 年 10 月，曼尼托巴省印第安机构首席监察员格伦·坎贝尔提出要招募一支印第安人骑兵或侦察兵部队，随即就有约 500 名印第安人热烈响应，要加入其中。紧接着，六族（Six Nations）保留地易洛魁印第安人有近 1000 人报名加入了远征军第 14 步兵营。② 根据 1919 年印第安事务部公布的数字，整个"一战"中，加拿大远征军中印第安士兵超过了 4000 名，约占当时加拿大所有印第安男性中满足入伍资格者的 35%。在大西洋沿岸地区，米科马克族印第安人和玛丽斯特族印第安人符合入伍资格者约有 50% 入伍，其中新斯科舍悉尼市附近的米科马克保留地合乎入伍资格者全部入伍，爱德华王子岛 64 个合乎资格的印第安人中有 30 人表示自愿上前线。安大略省北部阿内士纳韦伯族一个叫威廉姆·希米亚的印第安人甚至徒步 400 千米去报名入伍。③

在战争中，印第安人得到了官方的高度赞誉："印第安人士兵在前线表现特别出色，他们的长官肯定了他们的勇敢、机智、高效、耐力和守纪律。"④ 印第安人获军功章者有 50 人，牺牲者 300 有余，⑤ 为"一战"的捐款多达 4.45 万加元，印第安人的主要集聚地萨斯喀彻温省、安大略省和阿尔伯塔省的捐款分别高达 1.7 万加元、1.03 万加元和 0.87 万加元。⑥ 其中，南萨斯喀彻温锉刀山殖民地的印第安人捐了 8000 加元，栎树河苏族印第安人捐了 101 加元，他们在苏族给英王的陈情书中说："没有任何人要我们这样做，我们这样做是出于自己的意愿。我们捐的钱不多，却满含我们的真情。"⑦ 印第安

---

① National Defence Canada, "Aboriginal People in the Canadian Military Chapter Five: The World Wars", http://www.cmp-cpm.forces.gc.ca/dhh-dhp/pub/boo-bro/abo-aut/chapter-chapitre-05-eng.asp.

② James Dempsey, "Aboriginal Soldiers in the First World War", http://www.lac-bac.gc.ca/patrimoine-autochtone/020016-4004-e.html.

③ National Defence Canada, "Aboriginal People in the Canadian Military Chapter Five: The World Wars", http://www.cmp-cpm.forces.gc.ca/dhh-dhp/pub/boo-bro/abo-aut/chapter-chapitre-05-eng.asp.

④ Leslie Ritchiem, *Duncan Campbell Scott: Addresses Essays and Reviews*, London (Canada): Canadian Poetry Press, 2000, p.397.

⑤ CBC, "Aboriginals and the Canadian Military", June 21, 2006, http://www.cbc.ca/news/background/aboriginals/aboriginals-military.html.

⑥ Military Advisory Board, William Otter and others, *Canada in the Great World War*, Vol.3, Toronto: Associated Press of Canada, 1919, pp.320-323.

⑦ National Defence Canada, "Aboriginal People in the Canadian Military Chapter Five: The World Wars", http://www.cmp-cpm.forces.gc.ca/dhh-dhp/pub/boo-bro/abo-aut/chapter-chapitre-05-eng.asp. February 2, 2020.

人捐款在当时被视为爱国行为而得到广泛宣传,用来鼓励非原住民捐款。

1931年,随着标志着英帝国成为英联邦的《威斯敏斯特法》签订,加拿大成为英联邦中与英国平等的成员,但印第安人仍然对英国保持相当程度的忠诚。1939年5—6月,当英王乔治六世(1936—1952年在位)巡游加拿大的时候,里贾纳、卡尔加里等城市都有印第安人迎接并献礼。在第二次世界大战期间,印第安人继续表现出了像"一战"那样的参战热情。"二战"一爆发,阿尔伯塔省落基山豪斯族酋长走鹰就宣布:"所有印第安人都愿意为乔治国王而战。"在加拿大内务部关于印第安人1940年的年度报告中,印第安人得到了非常高的好评:"(印第安人)一直很忠诚,他们提供人员和钱款协助很是迅速,在第一年年末就有100多名印第安人参军,向红十字会及别的基金机构的捐款超过了1300加元。"到"二战"结束时,累计入伍的身份印第安人达到3090名,① 其中包括不少印第安战斗英雄。伞兵汤姆斯·乔治·普林斯被英王授予银质奖章,获此殊荣的加拿大人一共才59个。大河地区莫霍克族印第安人奥利佛·弥尔顿·马丁在"一战"时就参加了加拿大远征军,官至中尉,"二战"时他入伍并被任命为准将,在西线指挥第14、16步兵旅。② 根据加拿大印第安事务和北方发展部(1966年成立)的统计,有至少200名印第安人士兵在"二战"中牺牲。而皇家原住民委员会的统计表明牺牲者有500多人,印第安村落社的捐款也达到了2.3万加元。③ 这些都突出地体现了印第安人对英国抱有一定的认同度。

三 原住民对英国效忠的原因

监护制度之下,印第安人作为权利被剥夺和被限制的被殖民者,却对殖民者效忠,是世界近代史上较为特殊的现象,与英国在加拿大特殊的殖

---

① National Defence Canada, "Aboriginal People in the Canadian Military Chapter Five: The World Wars", http://www.cmp-cpm.forces.gc.ca/dhh-dhp/pub/boo-bro/abo-aut/chapter-chapitre-05-eng.asp. February 2, 2020.

② National Defence Canada, "Aboriginal People in the Canadian Military Chapter Five: The World Wars", http://www.cmp-cpm.forces.gc.ca/dhh-dhp/pub/boo-bro/abo-aut/chapter-chapitre-05-eng.asp. February 2, 2020.

③ CBC, "Aboriginals and the Canadian Military", June 21, 2006, http://www.cbc.ca/news/background/aboriginals/aboriginals-military.html.

第一章 种族主义模式下加拿大英国认同的构筑（1867—1945）

民背景有着密切的联系，是特定历史时期双方经贸关系、英国的安抚与拉拢、印第安人对殖民者的依赖，以及自身文化传统与经济状况综合作用的产物。

1. 英国殖民者与印第安人紧密的贸易与经济关系

北美没有形成南美那样的黄金白银帝国。16世纪末17世纪初，英法等欧洲殖民者开始在加拿大大西洋沿岸殖民，最初主要是捕捞纽芬兰的鳕鱼，附近的印第安人对渔民携带的铁器、枪弹、渔具及近代工艺品非常喜欢，常以海狸皮进行交换，毛皮贸易由此开始，印第安人卷入了与欧洲密切联系的大西洋贸易体系。17—19世纪，随着欧洲上层社会对毛皮制品的需求的激增，海狸皮、鹿皮及野牛皮成为联系欧洲和加拿大的经济纽带。"欧洲人对西部内陆地区的兴趣几乎一直仅限于毛皮贸易。"1742年，仅约克贸易站就交易了近14万张海狸皮和貂皮。1854年，毛皮贸易已走向衰落，在伦敦市场上仍然交易了近50.9万张海狸皮。[①] 为了保证货源，英法殖民者竞相拉拢印第安人捕收毛皮，而印第安人也分别联合英法殖民者排斥其他印第安人从毛皮贸易中争夺经济利益和获得外来支持。也是正在这种相互依赖的贸易中，17世纪晚期形成了分别以新法兰西和英国为核心的联盟体系，一些英法裔还与印第安女性结合产生了一个混血族群——梅蒂人，英法裔梅蒂人分别说英语和法语，信仰新教和天主教。据加拿大政府1870年对萨斯喀彻温省南部红河流域的普查，在11963名当地人口中，白人仅有1565名，印第安人有558名，英法裔与印第安人混血的梅蒂人却分别有4083名和5757名之多，足见印第安人与英法殖民者关系之密切。[②]

自治领建立后，双方紧密的经济关系持续存在，英国人带来的枪弹、铁制农具、刀斧及棉质衣物普遍影响了印第安人的生活，印第安人对英国的物质依赖更为强烈。比如，1872年，仅到萨斯喀彻温省哈德逊公司进行交易的印第安人就有5187人。同年，不列颠哥伦比亚的黑脚人、萨尔锡人等印第安人从英裔殖民者手中买到数百顶帐篷。[③] 1871—1921年，英国与印第安人签订的11个土地条约在今日看来颇不平等，但在当时，条约

---

① 付成双：《试论毛皮贸易对北美印第安人的生态影响》，《世界历史》2006年第3期。
② James H. Marsh, ed., *The Canadian Encyclopedia: Year 2000*, Toronto: Colander & Stewart, 1999, p.1497.
③ [加]迪克·加尔诺：《印第安人——加拿大第一民族的历史、现状与自治之路》，李鹏飞、杜发春编译，民族出版社2008年版，第367页。

中的交换条件在相当程度上是印第安人依赖白人的产物,对印第安人有着较大的吸引力。1871 年,奥吉布瓦人、克里人同意和加拿大政府签约,向加拿大政府割让了红河以北及大片西南地区土地,在很大程度上是为了获得联邦提供的农具、种子、农具、耕牛、年金、服装、车马以及枪械弹药。1874 年签订第 4 个条约时,克里人提出的交换条件是自治领帮助其发展新农业。① 1887 年,鉴于对白人力量的依赖,不列颠哥伦比亚省的尼斯加部落酋长表示:"我们接受女王的旗帜和法律以表示尊崇,当我们这么做的时候我们从没有认为女王在夺走我们的土地。"② 1899 年 5 月,前内政部部长、时任西北区省督戴维德·莱尔德率队到阿尔伯塔北部、西北地区和印第安人签约谈判时,印第安人表现了对白人明显的依赖。"有些人希望在签约后由政府养着他们,所有人都要求政府在他们贫困之时向他们提供援助。他们催促说,那些年迈和贫困的、不能继续打猎的人需要由政府供养。他们要求药物供应必须充足。……热切希望能给他们提供医生。"③ "你们是大哥。作为弟弟,如果我们向兄长要些什么,他该像母亲女王那样满足我们的要求。……间接地依靠女王,我们现在还活着。"④ 在西北区的黄刀区,一个叫苏西·约瑟夫的酋长在土地谈判时说:"这里的每一个人都快饿死了。……听说你要来,我们在这里挨饿等着。"⑤ 的确,在签订条约以后,自治领政府也较好地履行了条约义务。自治领政府不仅执行了印第安人免于纳税的义务,而且坚持向印第安人提供了条约中规定的物质援助。比如,1930 年,加拿大政府仅向印第安人提供的医药援助就达 105 万加元。⑥ 在贫困的生活境遇下,土地条约所提供的物资和资金成为印第安人赖以生存重要依靠之一。

---

① [加]迪克·加尔诺:《印第安人——加拿大第一民族的历史、现状与自治之路》,李鹏飞、杜发春编译,民族出版社 2008 年版,第 370 页。
② Daniel Raunet: *Without Surrender, Without Consent: A History of Nishga Land Claims*, Vancouver: Douglas and Macintyre, 1984, p. 89.
③ Thomas Thorner, Thor Frohn-Nielsen eds., *A Country Nourished on Self-doubt: Documents in Post-confederation Canadian History*, Toronto: University of Toronto Press, 2010, p. 57.
④ Thomas Thorner, Thor Frohn-Nielsen eds., *A Country Nourished on Self-doubt: Documents in Post-confederation Canadian History*, Toronto: University of Toronto Press, 2010, p. 54.
⑤ Thomas Thorner, Thor Frohn-Nielsen eds., *A Country Nourished on Self-doubt: Documents in Post-confederation Canadian History*, Toronto: University of Toronto Press, 2010, p. 413.
⑥ Leslie Ritchiem, *Duncan Campbell Scott: Addresses Essays and Reviews*, London (Canada): Canadian Poetry press, 2000, p. 413.

第一章　种族主义模式下加拿大英国认同的构筑（1867—1945）

除了直接的物质援助，加拿大政府还在一定程度上帮助印第安人发展农业经济。1901 年，加拿大政府为鼓励印第安人从游牧生产转向固定农业，在南萨斯喀彻温锉刀山殖民地将保留地按每份 80 英亩分给印第安人承种，每位印第安人可以从政府处获得贷款 125 加元，用以购置住房物资、一对耕牛及挽具、一个耕犁。当年，有三个印第安人申请了分地，到 1915 年增加到 36 个，耕种面积达到近 3000 英亩，农户基本上拥有了"大粮仓、银行账户和汽车"，成为"幸福、满足，甚至富裕的人"。"一战"爆发后，这一地区的印第安人踊跃参战，成为贡献最多捐款的印第安社区，被视为"被监护人"回报被善待的爱国主义[1]。据加拿大印第安事务部统计，1916—1930 年，在政府的组织下，印第安人耕种的土地面积从近 17.32 万英亩增至近 23.5 万英亩。他们拥有的马匹和牛分别从 35315 匹和 37188 头增至 42266 匹和 52393 头。印第安人的总收入从 624 万多加元增加到 939 万多加元，人均收入从 59 加元增加到 86 加元。1930—1931 年，加拿大政府为印第安人支付公共基金近 533.2 万加元。[2] 当然，锉刀山这样的模式并不意味着印第安人生活的根本改善，多数印第安人的生活依然是贫困的。但在一定程度上，它向印第安人传达一个这样的信息，即印第安人在经济上受到了政府的扶持和优待，双方关系部分地呈现相对和谐的局面。

2. 英国对原住民政治经济改造的非强制性以及寄宿学校的两面性

毫无疑问，以放弃印第安人福利待遇和身份为条件给予印第安人选举权，是有违公平的。但这种交换以印第安人自愿为基本前提。英国和加拿大政府基本上并未强制印第安人参与选举，去做有选举权的公民还是继续做被监护者通常由印第安人自决。对印第安人而言，他们集体劳作、以渔猎为生、奉行酋长制度，对现代选举感兴趣者寥寥。在自愿的前提下，印第安人被允许沿袭传统政治模式。有的部族采取了表面上接受选举，实际上仍遵循传统的方式。有的部族，比如易洛魁六族则公开拒绝选举制。[3] 正是由于这种自愿原则，印第安人的政治传统实际上得到了较大的保留并

---

[1] Gregory P. Marchildon, *Immigration and Settlement*, 1870 – 1939, Regina: University of Regina Press, 2009, p. 236.

[2] Leslie Ritchiem, *Duncan Campbell Scott: Addresses Essays and Reviews*, London (Canada): Canadian Poetry Press, 2000, p. 403.

[3] Edmund Wilson, *Apologies to the Iroquois*, Syracuse: Syracuse University Press, 1959, p. 260.

得以持续下去，因反对选举制度而与殖民政府发生冲突的部族寥寥无几。以易洛魁人为代表，坚守自身政治制度的印第安人多数积极参加了英国的对外战争。

在文化方面，禁止印第安人自身的文化活动有失平等，但由于印第安人居住分散、难以监控，印第安人的传统文化活动实际上仍普遍存在。以冬节为例，在该节日被禁止4年后的1888年，人类学家弗朗茨·博厄斯以不列颠哥伦比亚省为例如此描绘了禁止条文的失败："这些节日与土著人的宗教信仰紧密相连，在一定程度上决定着他们的生活方式，维多利亚附近的基督教部落并未放弃。在前一个冬节上获得馈赠，必须在下一个冬节上予以回赠。如果一个印第安人因为时间问题不去回赠，那会被认为赖账。因此在冬节引起大多数人的反感之前这个法律行不通。另外，政府也无力执行这些法律，这些居留地数量庞大，……没有人真能阻止印第安人随心所欲地行事。"① 由此，除了个别被殖民政府严厉控制的地区，相关的禁止条文实际上被认为是不可持续的。甚至，因为冬节普遍地被认为"不是犯罪"，连印第安事务部副总管邓肯·坎贝尔·斯科特也认为无法对违反者予以处罚。在这种情况下，印第安人得以"继续宴饮、跳舞，冬节在这一时期得到持续，树立图腾柱的活动直到20世纪40年代还在进行"②。由此，禁止印第安人保持自我文化活动基本上没有被实施，相应地也没有激起印第安人对英国的仇恨。1951年，禁止冬节的法律被取消了。

所有的文化同化措施中，寄宿学校带有从根本上灭绝原住民文化的企图，但在当时，寄宿学校不但没有引起印第安人的普遍反感，反而受到部分印第安人的欢迎。因为与印第安人落后的生产力相比，英国拥有绝对的技术优势，英国人的生产技艺、枪炮子弹为印第安人所艳羡。他们很希望自己的孩子能够像白人那样学会一些先进的技能。由此，在1871—1921年印第安人与殖民政府签订11个土地条约之际，印第安人无一例外地要政府在保留地上建立完全免费的学校。应印第安人之需，除了知识性的课程，寄宿学校还提供家政、农技、养殖以及劳动工具使用等课程，食宿等完全免费，受到

---

① Franz Boas, "The Indians of British Columbia", *The Popular Science Monthly*, March 1888, p. 636.
② Douglas Cole and Ira Chaikin, *An Iron Hand upon the People: The Law against the Potlatch on the Northwest Coast*, Vancouver: Douglas and MacIntyre, 1990, p. 101, pp. 58 – 59.

第一章　种族主义模式下加拿大英国认同的构筑（1867—1945）

一些印第安人的赞赏。[1] 1915—1930 年，寄宿学校的入学率从 63.13% 增至 73.55%[2]。不可否认，寄宿学校的孩子的高病亡率在今日饱受诟病，但在当时，在很大程度却难以避免。2014 年 1 月 11 日，《加拿大邮报》刊发了一篇名为《寄宿学校是不是没有这么坏》的文章。该文配发了一幅印第安孩子们在寄宿学校课堂上面带笑容的照片，认为抹杀寄宿学校对教育印第安儿童的贡献是不公平的，是"以怨报德"。该文引用多位研究者的观点指出，在寄宿学校存续期间，15 万学生中有近 4000 人丧生，在当时看来并不奇怪，因为当时对天花、肺结核、百日咳及白喉等印第安人多发病还没有免疫药。[3] 1918—1919 年，单天花、麻疹、肺结核等疾病就导致近 6000 名普通印第安人死亡。[4] "把孩子从家带走很糟糕，但早期原住民都很贫穷，且近 90% 的第一民族饱受肺结核之苦。很难说学生是在寄宿学校得的肺结核，到了 20 世纪 50 年代这病还是加拿大人的主要死因。"[5] 与寄宿学校相比，保留地的生活水平更糟。直到 1963 年，印第安人的平均寿命也只有约 34.71 岁[6]。不可否认，寄宿学校也存在一些诸如体罚等问题，但由于政府和教堂的刻意隐瞒，长期不为印第安人所知。在学校里，神父和修女是学校的绝对权威，他们向学生灌输白人是最好的、印第安人是野蛮人的观念。如果将在学校的遭遇告诉任何人，就会被取消和父母见面或收取父母邮件的机会，会挨饿和被鞭打，会被警告死了不能上天堂。"如果我们将被打的事告诉别人，我们会再被打一顿。我们的修女姐姐告诉我们不能把被打的事告诉父母。"[7] 直到 20 世纪 20 年代，寄宿学校也只有健

---

[1] Leslie Ritchiem, *Duncan Campbell Scott: Addresses Essays and Reviews*, London (Canada): Canadian Poetry press, 2000, p. 408.

[2] Leslie Ritchiem, *Duncan Campbell Scott: Addresses Essays and Reviews*, London (Canada): Canadian Poetry press, 2000, p. 411.

[3] Paul Russell, "Could it be that Residential Schools weren't so Bad?", *National Post*, January 11, 2014.

[4] Leslie Ritchiem, *Duncan Campbell Scott: Addresses Essays and Reviews*, London (Canada): Canadian Poetry Press, 2000, p. 323.

[5] Paul Russell, "Could it be that Residential Schools weren't so Bad?", *National Post*, January 11, 2014.

[6] [加] 迪克·加尔诺：《印第安人——加拿大第一民族的历史、现状与自治之路》，李鹏飞、杜发春编译，民族出版社 2008 年版，第 396 页。

[7] Shari Colliness, *Indian Residential Schools: Truth be Told*, Regina: University of Regina Press, 2009, p. 10.

康不足等问题被人所了解。① "二战"后,尤其是20世纪60年代随着印第安人民族主义的普遍觉醒,寄宿学校阴暗的一面才开始被揭露,直到1996年才被彻底关闭。

3. 反美背景下英国与印第安人某种程度的准军事同盟关系

由于地理差异,美国并没有形成加拿大那样大规模的毛皮贸易,残暴对待印第安人是美国境内殖民史区别于加拿大的主要特点之一。早在1675—1677年,新英格兰就发生过菲利普王战争,瓦姆帕诺格族的菲利普王被白人暗杀,首级在普斯茅斯港悬挂了20年,手被送去波士顿展览。1703年,新英格兰每个带发印第安人头皮可从政府换40英镑奖金,1720年增加到100英镑。② 1723年,马萨诸塞和宾夕法尼亚也出台了类似政策。③ 独立战争之初,为了集中力量对付英国并争取印第安人的支持,大陆会议于1775年7月13日发表宣讲词,将与印第安人谈判、维持与印第安人的友谊视为重要政策。④ 独立后,1787年美国曾出台《西北法令》,宣称印第安人的土地、财产等不得随意被剥夺,但很快西进运动及南部种植园的扩张很快使以上表态流于形式,以屠杀和欺骗的方式抢占土地成为其印第安政策的核心。1790—1794年美军三次进攻印第安人,迫使其割让了纽约到密西西比河的土地。1817—1858年,美国为抢占佛罗里达塞米诺尔人的土地发动了三次战争。内战时期,印第安人多站在南部一边,美国政府对印第安人进行了残酷的镇压。内战结束后到19世纪晚期,美国对印第安人的暴虐丝毫没有减轻,美国军队对印第安人的屠杀仍然十分频繁。⑤ 1887年,《道斯土地分配法》宣布,联邦托管印第安人土地25年,解散部落组织并将部落土地分给印第安人个人。移民和投机者趁机抢占印第安人的土地。到1925年,印第安人的土地还不到18世纪的2%。⑥ 这样的情形使得印第安人与

---

① The Aboriginal Healing Foundation, "Misconceptions of Canada's Indian Residential School System", http://www.ahf.ca/downloads/misconceptions.pdf.
② 陈海宏:《北美印第安战争》,《山东师范大学学报》(社会科学版)1996年第5期。
③ 张长弓、李树杰:《美国印第安人人权问题的历史考察——美国等西方国家书刊摘编》,《高校理论阵线》1991年第5期。
④ Worthington Chauncey Ford, ed., *Journals of Continental Congress, 1774 - 1789*, Vol. 2, Washington: The U. S. Government Printing Office, 1905, pp. 177 - 178.
⑤ [加]迪克·加尔诺:《印第安人——加拿大第一民族的历史、现状与自治之路》,李鹏飞、杜发春译,民族出版社2008年版,第366—376页。
⑥ 黄绍湘:《美国早期发展史》,人民出版社1957年版,第323页。

第一章　种族主义模式下加拿大英国认同的构筑（1867—1945）

美国政府之间长期关系紧张，为英国拉拢印第安人反美提供了可能。

早在英法北美殖民的过程中，印第安人就是两者竞相拉拢的对象。美国独立战争爆发后，白人殖民者继续跨过阿巴拉契亚山脉向西移民，继续侵占印第安人的土地，双方冲突不断。大陆会议对此姑息纵容，而英国则较严格地限制向阿拉巴契亚山脉以西移民。这一差别使得多数印第安人对英国抱以好感，站在了英国一边，有数千名美国印第安人与英军协同作战。独立战争结束后，有约2000名美国印第安人因为效忠英王迁至加拿大。[1] 对于北迁的美国印第安人，英国为他们重新划分了土地予以安抚。比如，1784年，乔治三世答应在加拿大给予原居纽约州的六族印第安人安居之地，丧失家园的莫霍克族被安置到了安大略省湖昆茵特湾和大河谷地区。印第安人在美国被取缔的权益在加拿大得到补偿。这些措施拉近了印第安人和英王的距离，促使印第安人在1812年第二次英美战争中站在了英国一边，加拿大多数印第安人把这场战争看作为死于美国刀下的印第安人复仇和回报英国的荣誉之战。[2] 南北战争爆发后，美国主张北上兼并英属殖民地的呼声很高。国务卿威廉姆·西沃德宣称北美整个大陆"迟早都会纳入美利坚联合体的神奇疆域之内"[3]。参议院外交委员会主席查尔斯·萨摩那公开主张占领英属北美，这引起了英国的担忧，加拿大自治领很大程度上正是由于担心美国北上而成立的。加拿大的印第安人也是如此，他们担心被美国吞并重蹈美国印第安人覆辙。与之相反，对印第安人相对怀柔的加拿大成了美国印第安人的庇护之地。在1876—1877年苏族印第安人抵抗美军的战争中，截至1877年5月，苏族有约4000人逃亡到加拿大。[4] 1877年6—11月，因为拒绝放弃3万余平方千米的土地，内兹珀斯人遭到了美军镇压，他们在战败后相当一部分北迁加拿大，主动寻求强大的英帝国保护。[5] 19世纪末20世纪初到"二战"前，尽管美国吞并加拿大的呼声日渐没落，但其对加拿大的经济、文化等威胁并未消失，美国对

---

[1] "Loyalists", http：//www.thecanadianencyclopedia.ca/en/article/loyalists/.
[2] 英国与部分印第安人部落的同盟关系，参见 Robert Allen, *His Majesty's Indian Allies: British Indian Policy in the Defence of Canada 1774–1815*, Toronto: Dundurn Press, 1996。
[3] Robert C. Thomsen, Nanette Hale, *Canadian Environments: Essays in Culture, Politics and History*, Brussels: Peter Lang Academic Publisher, 2005, p. 197.
[4] Ian Anderson, "Sitting Bull and the Mounties", http：//www.historynet.com/sitting-bull.
[5] Alvin M. Josephy, *The Nez Perce Indians and the Opening of the Northwest*, New Heaven: Yale University Press, 1965, p. 632.

本国印第安人的政策也没有根本改变。这种态势使英国继续在一定程度上充当印第安人的"庇护者"角色,使得双方某种程度的准同盟关系依然存在,这在一定程度上促进了印第安人对英国的认同。

4. 印第安人的尚武传统、贫困以及尚未觉醒的民族意识

根据萨斯喀彻温省里贾纳大学原住民研究院院长詹姆士·邓普西教授的专著《国王的武士:第一次世界大战中的草原印第安人》,尚武的伦理价值观是促动印第安人积极加入加拿大军队的主要因素之一。詹姆士·邓普西认为,按照印第安社会的传统,男性印第安人必须有英武之气,拥有成为武士的志向才有可能获得令人尊重的地位。正如阿希尼伯恩族印第安人在《里贾纳先驱者邮报》发表的一篇文章中所说的,对许多印第安人而言,"在战场上牺牲比老死病死要强",跟着英国打仗在一定程度上符合这种信念。[①] 同时,有的印第安人入伍是出于满足温饱的需要。根据加拿大国防部官网所公布的历史文献,"二战"时加拿大给在军士兵的补贴分别是男兵 1.5 加元/天,女性 0.65 加元/天。这一收入,对于一些以渔猎为生、处于极度贫困中的印第安人来说是很有诱惑力的。1941 年,萨斯喀彻温省有位以在自己保留地上种地为业的印第安人西德尼·戈登在说起要参军的原因时表示:"我算了一下,每天能有 1.5 加元,可比我现在做得好很多,我可以得到吃的穿的。"[②] 戈登作为一位农民,深知谋生之难。1941—1945 年,在加拿大买一条面包需要 0.08—0.09 加元,每加仑牛奶需要 0.34—0.62 加元,每加仑石油需要 0.19—0.21 加元。[③] 如果按照男兵每人 1.5 加元计算,印第安士兵每天大约可以买 20 个面包或者 2.4—4.4 加仑牛奶。如果每天的津贴可以足额发放,当兵一年就可以获得 600 多加元,有了这些钱,退伍回国足可以过温饱的生活。在民族意识方面,在 20 世纪五六十年代民族独立运动兴起之前,"印第安人"只是对散居在北美大陆成千上万的土著部落的泛称。加拿大幅员辽阔,自然屏障阻碍了各部落的来往。印第安人也没有统一的语系,仅方言就有 50 种以上,通常无法直接用母语交流,再加上部落间冲突和战争,未能融合成统一的民

---

① Rob Innes, "Book Review for Warriors of the King: Prairie Indians in World War I", *Prairie Forum*, Vol. 24, No. 2, Fall, 1999, p. 287.

② Forces Canada, "Aboriginal People in the Canadian Military Chapter Five: The World Wars", http://www.cmp-cpm.forces.gc.ca/dhh-dhp/pub/boo-bro/abo-aut/chapter-chapitre-05-eng.asp.

③ "Television History: The First 75 Years", http://www.tvhistory.tv/1945%20QF.htm.

族和现代意义上的国家。比如18世纪末，易洛魁人只是位于美加边境的相互隔绝、彼此分散的部落群，而不是联合在一起的强大联盟。[①] 虽然欧洲人到美洲后，"nation"一词有时也被习惯性地用来称呼印第安人，比如安大略省易洛魁人的五部族联盟被称为"Five Nations"，但其实这里所说的"nation"只是松散的部落联合体。1876年，《印第安法》对传统自发的印第安部落或村落社做出改革，规定改用"村落社"（band）的形式管理印第安人。村落社将传统上可能的部落联合解体为更松散的小部落（sub-tribal）、家庭群体等形式，印第安人的族群意识进一步被局限于一般只有数十人或数百人组成的本部落或本村落社，民族意识较为薄弱，这也在客观上为印第安人对英国的认同提供了条件。

第三节 法裔战败者的地位及其对英法两国的疏远

根据1867年《英属北美法》，与原住民被监护的地位不同，法裔的地位仅次于英裔，法裔个体在法律上享有与英裔一致的公民权利。然而，作为殖民战争的失败者，法裔作为一个民族，自七年战争战败后就一直受到英裔的肢解、遏制以及策略式的安抚。法裔在政治权利、文化地位以及经济发展水平上都明显逊色于英裔。相应地，多数法裔对英国缺乏认同，在心理上对原宗主国法国也较为疏离。

一 英国对法裔的殖民统治

1. 被肢解的土地与政治

七年战争结束之后，法属殖民地被转让给了英国。为了加强对新占领土地的统治，以及防止法国再将新法兰西作为攻击英国和英属其他殖民地的基地，防护英裔、弱化和分化新法兰西成为英国的必然选择。1763年

---

① ［美］威尔克姆·E.沃什伯恩：《美国印第安人》，陆毅译，商务印书馆1997年版，第160—163页。

10月《皇室公告》颁布后，新法兰西被肢解，五大湖以南和西南的新法兰西领地大多给了印第安人，五大湖以北的土地则基本上被设立为魁北克省。英国还试图改造新法兰西地区的政治制度，要求法裔改行英式议会，废除寡头政治。在文化信仰上，英国允许法裔继续信仰天主教，但同时在殖民地大力推广和传播英国国教，呼吁法裔天主教教徒皈依为英国国教教徒。18世纪七八十年代，鉴于南部十三殖民地的反英倾向加剧，为防止原新法兰西成为美国联络的对象，1774年英国议会通过《魁北克法》，对法裔的政策由压制和同化改为安抚和拉拢。该法规定，保留法裔传统民法，允许天主教继续存在，宣布法语、英语都是魁北克殖民地的官方语言。此外，该法还把划定给印第安人的区域和纽芬兰地区的一部分转让给魁北克省，暂时放慢了对法裔的同化进程。①

独立战争结束后，美国独立成为既成事实，原新法兰西地区的战略利用价值下降，英国重新开始对法裔的同化和压制。一方面，英国支持独立战争期间的效忠派北上原新法兰西地区，以增加英语人口。据统计，美国独立战争期间，单单新斯科舍就接纳有3万—6万名效忠派移民，英语人口成了新斯科舍的主体人口。1783年，伴随着英语人口的增加，新斯科舍一分为二，一部分土地被划分为新不伦瑞克。② 另一方面，随着英裔人口的增加，英国议会通过《1791年宪法》进一步对魁北克省进行分解。根据该法案，魁北克省被分为上加拿大省和下加拿大省，前者以英裔人口为主，主要包括今日的安大略省；后者以法裔人口为主，主要涵盖今日的魁北克省。除了允许下加拿大继续保留天主教传统和庄园制度，该法案规定，下加拿大和上加拿大统一实行代议制，分别设立法委员会作为上议院、法议会作为下议院。为防止下加拿大议会表决对英国利益造成损害，规定下加拿大不实行议会基础上的内阁制度，行政权和解散议会的权力由英王从本土派出的省督掌握，省督之下设立司法委员会和行政委员会。据统计，1791—1841年，英国共派出了19个英裔贵族、军官或富商前往下加拿大担任省督一职，③ 他们大权在握，如同政治寡头一样主宰了下加拿

---

① "Quebec act"，https：//www.thecanadianencyclopedia.ca/en/article/quebec-act.
② Dvid V. J. Bell, *The Roots of Disunity-a Study of Canadian Political Culture*, Toronto：Oxford University Press, 1992, p. 35.
③ "Former Lieutenant Governors of Quebec"，http：//www.craigmarlatt.com/canada/provinces&territories/QC_lieutenant_gov.html.

第一章　种族主义模式下加拿大英国认同的构筑（1867—1945）

大的军政走向，下加拿大被殖民的色彩得到强化。

英国政府的高压政策引起了法裔的普遍不满。1834年，身为下加拿大立法议会议长的法裔议员路易·约瑟夫·帕皮诺在议会中率领议员通过了一份决议，要求英国改变对法裔的高压政策。结果，决议遭到了英裔省督阿奇博尔德·艾奇逊的拒绝。帕皮诺随即宣布议会至上，拒绝省督和省政府对下加拿大财政等问题发号施令。遭到反对后，帕皮诺干脆发动了武装起义，反抗英裔政府。[①] 为平复动荡局面，英国一方面出兵镇压，另一方面派出了勋爵德拉姆前往下加拿大调研真相。1838年，在长达5个月的调研之后，德拉姆勋爵向英国殖民部提出了《关于英属北美事务的报告》，即《德拉姆报告》。该报告主张英国政府改变策略，改以怀柔政策对待法裔，允许下加拿大自治，并顺应要求建立以代议制为基础的责任制政府。同时，德拉姆将瑞尔起义部分归因于法裔群体"缺乏教育、裹足不前"，沉浸于过去的历史，非要"在崭新的、不断前进的世界维持一个陈旧而停滞的社会"[②]。为此，德拉姆力主对法裔实施同化政策。在他的建议下，1840年，英国议会改行《联合法案》，分开长达50年的上下加拿大又重新合并，组成加拿大省。因为当时下加拿大的人口约为65万，超过了上加拿大（约45万），如果按照多数民主原则，英裔为主的上加拿大必定不占优势。所以，《联合法案》改以族群分配制来防止法裔在议会中占多数，无论总人口多少，上下加拿大各占42个席位，即一半席位，法裔以多数人口处于投票的弱势地位。[③] 19世纪40年代，英国在英属北美进行代议制政治改革。1848年，加拿大省民主代议制的责任政府建立，原来的行政委员会改组为责任内阁，内阁由占议会的多数政党负责组阁，并对议会负责，省督成为形式上的英王代表，失去了实权。1850年前后，原上加拿大的移民持续增多，超过了下加拿大的人口，以民主为借口，加拿大省做出改革，宣布以人数多少划分选区，分配议席。这种态度遭到了法裔选区的反对，他们以多数暴政为由批判英裔改变之前平均分配议会席位的做法。

---

① 暴动失败后，帕皮诺逃亡到美国，99名暴动者被英国判处死刑，其中12人被送上绞刑架，58人被送往澳大利亚殖民地服刑，暴动造成298名法裔和27名英国士兵死亡。关于此次暴动，参见 "Rebellions in Lower Canada", https://www.thecanadianencyclopedia.ca/en/article/rebellion-in-lower-canada。
② Reginald Coupland, *The Durham Report*, Oxford: The Clarendon Press, 1946, p. 23, p. 33, p. 51.
③ 张友伦主编：《加拿大通史简编》，南开大学出版社1994年版，第87页。

最后，双方经过妥协，达成了"双总理"的方案，即：由原上、下加拿大省按选区各自选出一名总理，组成英法裔双总理政府。同时，为了使权力平衡，加拿大省省会在多伦多省和魁北克省之间轮换，每4年换一次省会。

不过，这种共同治理的体制，实际执行起来存在很大的弊端，双方因为立场对立和人员流动频繁，经常导致政局更迭动荡。甚至在1864年6月，塔歇与麦克唐纳双总理下台后，出现了两个星期没有政府的尴尬局面。鉴于此，再加上担心美国北上吞并加拿大的呼声，英国开始组建新的政府形式。1864年，在英国的组织下，加拿大省、新斯科舍省、新不伦瑞克省等在魁北克市达成了旨在组建联邦的《英属北美法》。1867年7月1日，《英属北美法》生效，加拿大省分为魁北克省和安大略省，与新斯科舍省、新不伦瑞克省一起组成了加拿大自治领。《英属北美法》对法裔做出了较大让步，允许法语、法裔民法和天主教信仰在魁北克省继续存在，但英裔在魁北克省的经济与政治主导地位依然如旧。在自治领众议院，魁北克省被给予了65个席位（后来增至75席），但相对于拥有95个席位的安大略省仍处于相对弱势，而且新斯科舍省、新不伦瑞克省也因为早期就实现英裔居民多数化和英语化，这三省的席位与安大略省的席位加起来远超过了魁北克省，法裔仍然处于非主导地位。

2. 被压制的法语文化与法裔经济

在英国治理原新法兰西地区的政策中，语言文化政策带有浓厚的压制色彩。1774年，《魁北克法》虽然承认了法语的官方语言地位，然而英语在实际上扮演了唯一官方语言的角色，几乎所有的法律和文件都以英语颁布。《英属北美法》对法语的弱势地位予以了关注，在形式上将其认定为官方语言，但实际上其官方的范围仅限于魁北克省和联邦议会、法院等地方。而且该法规定，法语的使用是"可以"（May）而非"必须"（Must）。如《英属北美法》第133条关于官方语言的条款规定，在加拿大联邦议会和魁北克省议会"任何人都可以用英语或法语辩论"[①]。这样的表述在实际上将法语置于可用可不用的境地。

在魁北克省以外，法语的地位更为尴尬，甚至被视为非法。《英属北美法》第93条规定，教育归各省自主，非法语省份鲜少支持法语教学或

---

① Donald Creighton, *Canada's First Century*, Toronto: Macmillan of Canada, 1970, pp. 5-6.

第一章 种族主义模式下加拿大英国认同的构筑（1867—1945）

法语学习。自治领成立后，法语在英语省区长期被排斥，法语教学在多数英语省份被禁止。在东部滨海省，早在1864年，英语就被新斯科舍省《教育法》规定为唯一的教学语言。① 1871年，新不伦瑞克省颁布《普通学校法》，规定英语为唯一教学语言的公立学校免费，禁止实施天主教教育，家长若要孩子接受法语教育只能自费，且需要为公立学校缴相关教育税。② 1873年，爱德华王子岛加入了自治领。1877年，爱德华王子岛发布《公立学校法》，原本普遍存在的天主教学校被禁止，法语教学基本终结。③在中西部，1870年曼尼托巴建省以后，一度保留了天主教法语学校，1870年的《曼尼托巴法案》参照1867年《英属北美法》关于语言权利的规定，允许在议会辩论中使用英语或法语，立法文献也使用两种语言记录及印刷。随着英语移民的涌入，以上规定受到英裔的反对。1890年，曼尼托巴议会通过《曼尼托巴官方语言法》，规定议会记录、法院诉讼只使用英语，相关法案、立法文献印刷也只用英语。安大略省教育厅规定英语为教学语言。如果学生不懂英语，双语学校可以使用法语进行教学，但仅限于小学低年级。1892年，英语被定为西北地区的官方语言和唯一允许的教学语言。1905年，阿尔伯塔省和萨斯喀彻温省指定英语为教学语言，法语教学仅限于小学低年级。④ 1912年，安大略省颁布《第17条法规》，除了小学1—2年级，公立和私立学校均不得教授法语和使用法语教学。⑤ 1916年、1931年，曼尼托巴和萨斯喀彻温两省先后颁布法律，宣布英语是公立学校唯一的教学语言。以上法规引起了法裔的不满，他们采取请愿等各种方式要求省邦保护自己的语言权利。在法裔的压力下，少数省区做出某些让步。1873年，西北区开始以英法语印发《加拿大刑法》。1875年，西北区

---

① Office of The Commissioner of Official Languages of Canada, *Our Two Official Languages Over Time*, Ottawa: Office of the Commissioner of Official Languages, 1996, p. 6.

② Fédération Nationale des Conseils Scolaires Francophones, "The Evolution of French-language Education in Canada", https://eduexpo.ca/en/pdf/%C3%89du_EXPO_Educational_Guide_Community.pdf.

③ "Language Rights-Education", https://www.uottawa.ca/about-us/official-languages-bilingualism-institute/clmc/language-rights/education.

④ Office of The Commissioner of Official Languages of Canada, *Our Two Official Languages Over Time*, Ottawa: Office of the Commissioner of Official Languages, 1996, p. 3; pp. 5–6.

⑤ "Regulation 17 (1912–1927): The Prohibition of French-language Instruction in Ontario Schools", https://parks.canada.ca/culture/cseh-twih/202125.

允许在议会和法庭辩论中使用法语。1876年，曼尼托巴省规定，在被要求的情况下，陪审团中的英语、法语人士名额可以平均分配。1902年，《新斯科舍教育法》允许对四年级及以下学生实施法语教学。在联邦层面，1934年联邦政府内设立了翻译局，开始提供英法语翻译服务。1938年，联邦议会通过了《公务员法》，规定在法语或英语占多数的地区，政府机构需要雇用双语人员。[1] 在英语霸权的大背景下，以上让步更多是象征性的，不足以改变法语身为弱势语言的地位，实际效果寥寥。

除了学校和官方机构被歧视，社会上对法语的歧视更为严重。例如，魁北克省为法语区，但此处的英语人士并不屑于学习法语，通常是法语者学习英语。麦吉尔大学社会学系教授埃佛斯特·休斯曾在其专著《法语加拿大的变迁》中如此描述了20世纪40年代法语的从属地位："实际上，英裔不必为保住在企业中的职位去学习法语。家庭主妇也没必要因为管束她的女仆去学法语。除了以开玩笑的或者傲慢的姿态偶尔说一两句，他们如果在这样的关系中说了法语，某种程度上他们就颠倒了角色，因为学法语需要花费很大气力，而花费很大气力的事往往是从属者做的事。他们的法语也许很糟糕，相反，处于从属地位的群体的英语却说得很好"[2]，可以说，当时法语在一定程度上成为地位低下与落后者的语言，被认为是难登大雅之堂的语言。

和语言上的卑微相比，经济上的弱势同样是法裔地位低下的表现。在魁北克省，虽然法裔在数量上占优势，但在生活水平、教育水平及企业力量上，法裔处于明显的被支配地位。在经济上，19世纪50年代以后，加拿大进入二次工业革命的大发展阶段，但魁北克省依然以农业生产为主，魁北克省的大工业、大商业等基本控制在英裔手中，法裔则大多是在英裔工厂打工的蓝领。19世纪末，魁北克省交通、金融部门和工业公司获得稳定发展，但经济主要为来自英格兰和苏格兰的移民所控制，如成立于1817年的势力强大的蒙特利尔银行。法裔加拿大人几乎完全不在资产阶级上层之列。[3] 经济上的强弱悬殊，加上语言上的低人一等，使法裔形成了一种"对英裔既仇恨

---

[1] Office of The Commissioner of Official Languages of Canada, *Our Two Official Languages Over Time*, Ottawa: Office of the Commissioner of Official Languages, 1996, p. 4, p. 6, p. 7, p. 8.

[2] Everett C. Hughes, *French Canada in Transition*, Chicago: University of Chicago Press, 1943, p. 83.

[3] "Quebec since Confederation", https://www.thecanadianencyclopedia.ca/en/article/quebec-since-confederation.

又自卑的感觉"①。20世纪的前30年，魁北克省经济高速发展，人口规模大约从150万增长到290万，工业化和城市化继续进行。到第一次世界大战时，魁北克省有一半的人口住在城市和城镇，到1931年，这一比例增加到60%，但工业和银行业的垄断使经济权力日益集中在少数英裔财阀手中，而不多的法裔越来越局限于地方传统部门，绝大多数法裔加拿大人只能选择务农或工厂的工作。②英裔往往拥有"所有重要职权的职位，且从事着高级技术的工作"，而法裔则以贫困的工人居多，所从事的岗位多是"不体面的"，越高的职位法裔面孔越少，法裔在企业中难以走进核心圈。③

二 大多数法裔对英法的不认同

作为七年战争的战败者，1763年《巴黎条约》后法裔被英裔所控制，军队被解散，贵族地位被压制，和祖国的紧密联系也被切断。英国的军事征服、文化压制和经济的优越地位并未使法裔屈服，反而使法裔更团结。一种以农业社会为基础，以传统天主教价值观为核心，以法语为载体的魁北克省认同感也在反感英裔的氛围中逐步生成。④对于法裔群体来说，他们居住的"魁北克不只是'新法兰西'的政治首府，还是精神、文化及地理中心。在它内部及周围形成的种族的、文化的、宗教的和语言的坚强传统是法裔加拿大人的向心力"⑤。

1867年，魁北克省作为联邦一省成为新建立联邦的一员，这种形式上的平等并没有改善法裔对英帝国认同的稀缺。历史上战败的屈辱记忆、被肢解和被压制的卑微过往、语言文化及信仰上的迥然差异、现实利益的激烈冲突，使得法裔与英裔在认同上缺乏一致性。对于这一点，1867—1873年担任

---

① Christopher Beattie, *Minority Men in a Majority Setting：Middle-Level Francophones in the Canadian Public Service*, Toronto：McClelland and Stewart, 1975, p.169.
② "Quebec since Confederation", https://www.thecanadianencyclopedia.ca/en/article/quebec-since-confederatio.
③ Everett C. Hughes, *French Canada in Transition*, Chicago：University of Chicago Press, 1943, p.46，p.45.
④ David V J. Bell ed., *The Roots of Disunity：A Study of Canadian Political Culture*, New York：Oxford University Press, 1992, p.95.
⑤ [加] 格莱兹·布鲁克：《加拿大简史》，山东大学翻译组译，山东人民出版社1972年版，第60页。

魁北克省总理的皮埃尔·约瑟夫·肖沃曾把英裔和法裔比作不同楼梯的上楼者。他说："英、法裔加拿大人好比沿着双排楼梯朝预先安排好的目的地爬，除了能在政治领域内有碰面，在其他领域互不相见、互不理解，他们彼此比欧洲大陆的英国人和法国人更陌生"。① 这种隔阂感和陌生感使得法裔对英裔的历史屈辱感挥之难去。1877年，本身为法裔、1896—1911年担任加拿大总理的威尔弗里德·劳里埃更是将法裔加拿大人称为"被占领的种族"②。1889年，前文中提到的"加拿大第一"运动代表人物戈德文·史密斯教授也认为："旁观者由衷地同情那些奋力创造加拿大民族性的人……但很显然，在一个英裔和新教徒的社会，再也没有什么比把法裔和罗马教皇（即天主教）融合进来或使之（与英裔）和谐共处，更不可能的事了。"③

1869—1870年和1884—1885年，有法裔血统的梅蒂人路易·瑞尔在曼尼托巴红河殖民地发起两次反英暴动，将英裔和法裔的对立关系又一次呈现。伴随着加拿大西进运动的扩展，包含梅蒂人在内的红河殖民地的农民和猎人，担心他们的土地被加拿大联邦控制。1870年，在和联邦进行谈判的过程中，路易·瑞尔杀死了一名英裔，引发了政府的镇压。瑞尔逃亡美国，在1884年返回加拿大发起第二次反英运动，被抓获，后被判决死刑。对这一处理结果，英法裔表现了截然相反的态度。英裔将瑞尔视为英国的叛国者和罪犯，呼吁处死了之，而法裔则把他看作勇士和圣者，要求将他无罪释放。1885年，瑞尔被逮捕，最终以"向女王发动战争"的罪名被判决绞刑。此举在客观上进一步分裂了英法裔关系，进一步加深了英裔法裔的相互反感。1890年，有一份名为《格力普》的报纸刊发了一幅麦克唐纳骑马的漫画，对英裔和法裔在瑞尔问题上的分裂进行了生动刻画。在漫画中，加拿大时任联邦总理麦克唐纳的两只脚分别踩在两匹反方向奔跑马的背上，一匹马的背上写着"英裔的影响"，另一匹马的背上则写着"法裔的影响"，而在麦克唐纳的脖子上则骑着瑞尔本人。④ 这幅漫画

---

① David Bell, *The Roots of Disunity: A Study of Canadian Political Culture*, New York: Oxford University Press, 1992, p. 98.
② Ulric Barhe ed., *Wilfrid Laurier on the Platform: Collection of the Principal Speeches, 1871 – 1890*, Charleston: Nabu Press, 2010, p. 55.
③ W. S. Wallace, "The Growth of Canadian National Feeling". http://www.electriccanadian.com/lifestyle/feeling.htm.
④ John Saywell, *Canada: Pathways to the Present*, Revised edition, Toronto: Stoddart, 1999, p. 85.

第一章　种族主义模式下加拿大英国认同的构筑（1867—1945）

生动地刻画了英裔和法裔在瑞尔问题上的极大分歧，展现了两个民族不同认同之间的巨大裂痕。

此时，魁北克省法裔的情感认同是朝向魁北克本省而非英国。法国作为故土，它的安危在很大程度上牵动着一部分法裔的神经。1897年，加拿大法裔总理威尔弗里德·劳里埃访问法国，在途中深情地表达了他对法国的尊崇："虽然与法国分离，但是我们一直饱含热情地跟随着法国，分享她的光荣、胜利和喜悦，分担她大部分的哀伤。啊，我们不知道法国对我们有多亲切，直到有一天她遭遇不幸。如果有一天你们遭受什么，我们的痛苦不会比你们少。"[①] 然而，对于大多数法裔而言，巴黎和法国都太遥远，相对于法国，魁北克省才是离他们最近的心灵家园。1898年，在魁北克省出版的《新加拿大的爱国主义》一书在谈到法裔的国家认同时指出："法裔加拿大人喜欢尚普兰、玛丽·德·品康乃尔、玛格丽特·布尔雅斯、布雷伯夫、拉勒曼德、弗朗特纳克、蒙特卡姆、李维斯的法国……他是居住在山谷里的开拓者，他斜视着居住在商业繁荣的山丘上入侵的撒克逊人。他认识到，在任何其他旗帜下、在任何可能的情况下，他都不能享有他在英国统治下所享有的和平、安全和自由；他深深地眷恋着他自己的人民和他的教会，他只把他的心交给他们。英国和法国都很遥远。……法裔加拿大人以他们的高卢血统为荣，但他们永远不会为法国流一滴血。法语加拿大有他们的爱，法语加拿大几乎是他们多产作家的唯一主题。"……"联合起来，忠于法语、忠于法式制度、忠于教会。在北美永不忘记天主教法裔民族的基本理念。我想，再也找不到另一个像（法裔）这样把民族的精力集中在保护民族特性上的例子了。"[②] 1904年3月3日，加拿大内务部部长布洛德在加拿大帝国俱乐部（多伦多）发表了一个主题为"法裔加拿大人对帝国的忠诚"的演说。他指出，法裔加拿大人对"自己种族的辉煌成就和过去的记忆"十分怀念。加拿大"是他们的祖先发现的、殖民的和耕种的土地，它的传统、它的风景、它留下的记忆及历史上的联系，都让法裔感到这是一块生养他们和留给他们的土地，这块土地埋着法裔的

---

① Phili Resnick, *The European Roots of Canadian Identity*, Peterborough: Broadview Press, 2005, pp. 26 – 27.
② Leigh R. Gregor, *The New Canadian Patriotism*, Quebec: Baoal Renault Publisher, 1898, pp. 15 – 17.

尸骨，是后代子孙的遗产和荣耀"①。这段话切实地刻画了法裔对自己历史和文化的坚守与眷恋，表明了法裔对英裔文化的反感、抵触与反弹。

布尔战争发生后，与英裔对战争的狂热不同，多数法裔不赞成派兵到南非，因为法裔大多认为布尔战争是对少数族群的镇压，而参战意味着成为英国的附庸，对布尔战争反应冷淡。时任联邦法裔总理劳里埃主张，加拿大不应积极参与这场英国要求的战争。在魁北克，一些报纸则主张加拿大应在这场冲突中保持中立。1899年10月4日，在一次少有的采访中，劳里埃表示："根据民兵法的条款……，我们的志愿者可以报名保卫自治领……加拿大没有受到威胁。虽然我们可能会派兵，但我不知道我们怎么能做到这一点。同样地，如果没有议会对必要的公共资金进行投票，我们怎么能做到这一点呢？我们什么也做不了。"劳里埃政府的立场遭到了英裔的强烈抨击。以英语为母语的报纸大肆宣扬英帝国主义、沙文主义及好战言论。最终，在英裔的压力下，1899年，劳里埃同意派遣军队前往南非，但只能以志愿兵的方式前往。他明确指出，一旦这些人抵达非洲，英国就必须对他们承担全部责任。此外，他指出，这项决定绝不可能被解释为未来的一个先例。对于此举，以法裔众议员亨利·布拉萨为代表的民族主义者深表遗憾，认为劳里埃的立场还不够强硬，应该阻止志愿者前往南非。② 布拉萨的民族主义是建立在确保法裔文化在整个自治领与英国文化平等的基础上的，加拿大应该在政治上与英国母国保持距离。在布拉萨看来，自治领不应该参与英国的帝国冲突。"我很遗憾……，发现加拿大并不是所有加拿大人的加拿大。我们一定会得出这样的结论：魁北克才是我们唯一的国家。"1910年，他参加了在蒙特利尔举行的罗马天主教第21届圣餐大会，发表演说号召法裔捍卫自身少数者的尊严："你们只是少数，你注定要消失，为什么要坚持斗争呢？我们只是少数。这是真的……但我们珍惜我们自己。我们有生存的权利！"③ 此外，以布拉萨为代表的民族主义者坚持文化平等是法裔加拿大人继续接受联邦的重要条件。1912年，当安大略省政府试图限制小学使用法语时，布拉萨呼吁支持法语教育。1912

---

① Louis Philippe Brodeur, "The Loyalty of French-Canadians to the Empire", http://speeches.empire-club.org/62423/data?n=7.
② "The Boer War", http://wilfridlaurier175.ca/la_guerre_des_boers-the_boer_war-eng.
③ "French Canada's New Voice Outspoken Politician Henri Bourassa Helps Shape a New French Canadian Nationalism", https://www.cbc.ca/history/EPISCONTENTSE1EP11CH2PA4LE.html.

第一章 种族主义模式下加拿大英国认同的构筑（1867—1945）

年，布拉萨还发起了反对加拿大政府的海军法案，该法案允许政府在没有议会许可的情况下将拟议中的加拿大海军移交英国。

"一战"开始后，法裔对深陷战争泥潭的法国心存同情，但对其认同却并不强烈，对跨过大西洋支援母国的热情并不像英裔那样高涨。加拿大著名军事历史学家、麦吉尔大学教授德斯蒙德·莫顿指出，"一战"开始后，加拿大的征兵计划鼓励了英国血统的加拿大人认同自己的英国祖先，但长期在加拿大定居的法裔加拿大人却对法国没有同样热情的承诺。他们一些人认为法国早在七年战争结束前就已经抛弃了他们。① 1918年，法国政府代表团访问加拿大，身为魁北克省议员的法裔民族主义者亨利·布拉萨不无讽刺地说道："（法国）想让我们为法国作出牺牲，但法国自己却从未想过保卫魁北克。"② 法裔对法国尚且如此，对英国则更是缺乏认同，对跟随英国加入战争的态度十分消极。1914年，加拿大符合入伍条件的男性中有近四分之一居住在魁北克省，但从该省招募的新兵中，只有11%是魁北克省出生的（含英语士兵）。③ 1914年10月，由3.3万名士兵组成的加拿大远征军先遣队被派往不列颠，其中法裔士兵仅有1000名左右。次年年初，又有两万名后续援兵从加拿大赶赴英国，但其中只有1个法语营。④ 1915年，布拉萨批判战争是为英帝国利益，与其跟随加拿大到海外送命还不如在国内争取自身民族的权利。布拉萨号召法裔抵制安大略省压制法语的《第17条法规》："加拿大法语和法裔文明的敌人不是德国施普雷河上的德国兵，而是主张英国化的英语加拿大人……首先，法裔加拿大人因3个世纪的被占领和被奴役而遭到削弱，地位降低。……如果我们允许安大略的少数被镇压，那么很快就会轮到英语加拿大的其他法裔群体。"⑤

---

① Béatrice Richard, *La Grande Guerre de Paul Caron. Chroniques d'un Légionnaire Canadien-français, 1914-1917*, Québec: Les Presses de l'Université Laval, 2014, p. 16.
② Serge Durflinger, "Military History-French Canada and Recruitment during the First World War", December 15, 2008, http://www.warmuseum.ca/education/online-educational-resources/dispat ches/french-canada-and-recruitment-during-the-first-world-war/.
③ Mélanie Morin-Pelletier, "French Canada and the War (Canada)", https://encyclopedia.1914-1918-online.net/article/french_canada_and_the_war_canada.
④ Serge Durflinger, "Military History-French Canada and Recruitment during the First World War", December 15, 2008, http://www.warmuseum.ca/education/online-educational-resources/dispatch hes/french-canada-and-recruitment-during-the-first-world-war/.
⑤ Mason Wade, *The French Canadians, 1760-1945*, Vol. 2, Toronto: The Macmillan Company of Canada, 1955, p. 671.

1917年年初，兵源短缺成为加拿大面临的棘手问题，罗伯特·博登政府考虑把志愿兵役制改为义务兵役制，以争取再派遣10万名士兵到海外维持加拿大师的战斗力。少有人入伍的法裔被视为征召新增兵源的重点地区。当时有报纸报道："在整个战争期间，那个省的人民一直被认为是战争的逃兵。他们一直在编造各种借口和托词，除此无他。"① 1917年5月18日，博登总理从欧洲返回加拿大，着重强调了法国处在危险中："国家安全依靠的是他们的公民。我相信，捍卫加拿大自由和自治的战争正在法国和比利时的平原上进行。"博登希望法裔的冷漠态度可以因他对加拿大和欧洲关系的强调而改变，就像加拿大《周六晚报》所说的："看着魁北克逃避者躲开他们的责任，英语加拿大人确实不愿傻站着……"然而，事与愿违，魁北克省对征兵制躲之唯恐不及，反对征兵的抗议声此起彼伏。法裔民族主义者甚至喊出了"我们讨厌英国国旗"的口号。1917年12月，联邦选举结束后，博登的联合党赢得了153个席位，而劳里埃以不征兵为竞选纲领之一的自由党赢得了82个席位，其中在魁北克省的65个席位中赢得了62个。出于对推行征兵制的担心，法裔民族主义者约瑟夫－拿破仑·弗朗索瓦甚至在魁北克议会上提出了一项动议，主张魁北克省从加拿大独立出来。虽然从未进行表决，但表明征兵制造成了魁北克省对联邦的疏远与警惕。② 1918年1月1日，加拿大政府开始执行《兵役法》，并派遣自治领警察到魁北克执行这项法律。1918年3月底，2.8万名因逃避兵役而被捕的人中法裔就占了1.8万人。③ 1918年4月1日，魁北克市圣索维尔附近发生捣毁征兵登记处事件，造成4名平民死亡、100多名平民和士兵受伤。随后，联邦政府决心强制征兵，实行戒严令，并从安大略省和加拿大西部部署了6000多名讲英语的武装士兵（其中大部分是应征入伍的）到蒙特利尔市和魁北克市，英裔和法裔的疏远进一步加剧。④ 据

---

① Mélanie Morin-Pelletier, "French Canada and the War (Canada)", https://encyclopedia.1914-1918-online.net/article/french_canada_and_the_war_canada.
② Susan Mann Trofimenkoff, *The Dream of Nation: A Social and Intellectual History of Quebec*, Toronto: Macmillan of Canada, 1982, p. 213.
③ Serge Durflinger, "Military History-French Canada and Recruitment during the First World War", December 15, 2008, http://www.warmuseum.ca/education/online-educational-resources/dispatches/french-canada-and-recruitment-during-the-first-world-war/.
④ Martin Auger, "On the Brink of Civil War. The Canadian Government and the Suppression of the 1918 Quebec Easter Riots", *Canadian Historical Review* 89/4 (December 2008), pp. 503–540.

第一章　种族主义模式下加拿大英国认同的构筑（1867—1945）

统计，"一战"期间加拿大派出了总计60多万人组成的远征军前往欧洲（也有统计为40余万，见上文），但法裔在其中只有3.2万到3.5万人，而且其中有一半是来自魁北克省之外的省份，突出地显示了魁北克省在"一战"中对联邦和对英国消极的国家认同。① 对于法裔的这种拒不认同，1922年，魁北克红衣主教让·罗德里格·维伦纽夫强调，英裔和法裔无论是语言文化还是思维习惯和法律制度都截然不同。他说："不管我们是否喜欢，加拿大注定是要分裂的。"他甚至预言说："在本世纪内，一个讲法语的、天主教的国家应该能在圣劳伦斯河谷建立起来，在我们的人民看来，这并非乌托邦的梦想，而是一个基于现实的希望。"② 1924年，蒙特利尔大学教授安东尼奥奥·佩罗特也提出，法裔和英裔的文化差别太大，彼此之间有着无法弥补的巨大鸿沟，而解决之道就是法裔加拿大人在加拿大东部独立建国，与加拿大分离。③

"二战"爆发后，加拿大跟随英国宣战。尽管法裔加拿大人大体上同情英国，但对法裔民族主义者而言，英国人毕竟是他们土地的占领者，"二战"是外国的战争，魁北克没有必要为此陷于战争。恰如法裔著名的民族主义者、联邦议员马克西姆·雷蒙德所说的，加拿大没必要参与任何"外国战争"。④ 在法裔眼中，英国及其附属加拿大是对法裔的加害者，因为在法裔看来是英裔占领了新法兰西，镇压了路易·帕皮诺，把有法裔血统的瑞尔判处了绞刑，把加拿大带入布尔战争，也是英裔在1917年对法裔实施了征兵制。所以，法裔没有责任为英国和英裔而战。⑤ 更重要的是，对法裔来说，战争意味着联邦权力的扩大，会给魁北克省自治带来很大的风险。比如，加拿大飞行员以英语为主要语言进行训练，讲法语的士兵被编入英语部队，魁北克省以外的所有军营也都使用英语，讲法语的人必须

---

① Elizabeth Armstrong, *The Crisis of Quebec of 1914 – 1918*, New York: Columbia University Press, 1937, p. 250.
② Colin Campbell and William Christian, *Parties, Leaders and Ideologies in Canada* (Third edition), Toronto: McGraw-Hill Ryerson Limited 1996, p. 256.
③ Ramsay Cook, *French Canadian Nationalism: An Anthology*, Toronto: Macmillan, 1969, p. 220.
④ Richard Jones, "Politics and Culture: The French Canadians in the Second War", in Sidney Aster ed., *The Second World War as a National Experience*, Ottawa: The Canadian Committee for the History of the Second World War, Ottawa, 1981, p. 81.
⑤ Jean C. Falardeau, *Roots and Values in Canadian Lives*, Toronto: University of Toronto press, 1961, p. 21.

成为双语者,而讲英语者不必学会法语。① 同时,对于法裔来说,战争也意味着刺激妇女进入就业市场,从而使法裔传统家庭的保卫者感到焦虑,他们甚至将妇女进入工厂视为"与家庭决裂"②,将妇女职业化看作"现代全面战争的可怕代价","以这样的代价赢得的胜利真正值多少钱?"③

在捍卫魁北克认同的促动下,1939年9月"二战"发生伊始,魁北克省总理迪普莱西就表态不赞同卷入支援英国的战争,大力呼吁魁北克人对联邦的战争政策予以抵制。同月,魁北克省举行新一次的省选,当征兵问题在选举活动中被提出时,自由党和杜普莱西领导的国民联盟都明确表示反对征兵制。国家联盟坚持认为联邦政府会在利用战争来推行中央集权的政策。自由党领袖安德拉德·哥德布甚至承诺:"从现在起直到敌对行动停止,若有一个法裔加拿大人违背自己的意愿被省政府动员起来,若有我们当前政府的内阁部长参与其中,那么我就退出我的政党,甚至与之斗争。"④ 大选结束后,哥德布胜出,在是否支持联邦参加"二战"的问题上,哥德布采取了折中的态度,主张参加却坚持以志愿兵役为前提。1940年8月,联邦政府提出,对海外用兵实行志愿兵役制,仅仅在国内实行义务兵役制。同年,加拿大《国家资源动员法》在议会通过,蒙特利尔市市长卡米连·胡德随即对其表示强烈反对,他号召魁北克人抵制这一法案,因为在他看来,该法案的强制性侵犯了公民权利,可能会导致加拿大在之后实行全面义务兵役制。⑤

---

① Richard Jones, "Politics and Culture: The French Canadians in the Second War", Sidney Aster ed., *The Second World War as a National Experience*, Ottawa: The Canadian Committee for the History of the Second World War, Ottawa, 1981, p. 85.
② Leon Bramson and George W. Goethals, eds., *War: Studies from Psychology, Sociology, Anthropology*, New York and London: Basic Books Inc. Publishers, 1964, pp. 22 – 23, p. 30.
③ Jean C. Falardeau, *Roots and Values in Canadian Lives*, Toronto: University of Toronto Press, 1961, p. 21; Richard Jones, "Politics and Culture: The French Canadians in the Second War", Sidney Aster ed., *The Second World War as A National Experience*, Ottawa: The Canadian Committee for the History of the Second World War, 1981, p. 84.
④ Richard Jones, "Politics and Culture: The French Canadians in the Second War", Sidney Aster ed., *The Second World War as a National Experience*, Ottawa: The Canadian Committee for the History of the Second World War, Ottawa, 1981, p. 81.
⑤ Richard Jones, "Politics and Culture: The French Canadians in the Second War", Sidney Aster ed., *The Second World War as a National Experience*, Ottawa: The Canadian Committee for the History of the Second World War, Ottawa, 1981, p. 81.

第一章 种族主义模式下加拿大英国认同的构筑（1867—1945）

日本袭击珍珠港后美国参战，"二战"规模迅速扩大，加拿大出现后续兵源持续短缺的情况。1942年4月27日，加拿大政府为解决兵荒，在全国展开了一场对是否赞同联邦政府适时启动义务兵役制的全民公决。结果，在包括全国10个省区与军队共11个单位中，平均有64.5%的人投了赞成票，军队系统的支持率为84%。在一些英语省区，平民投票的支持率则更高，比如安大略省的支持率为84%，不列颠哥伦比亚省的支持率为80%，而与之相比魁北克省是唯一的支持率低于50%的省区，支持率只有27%。[1] 到1942年8月，仍有90%的法裔反对义务征兵制。[2] 1944年6月诺曼底登陆后，是否实施征兵制的问题再次成为焦点。同年11月23日，加拿大联邦政府做出决定，拟从国内的守护部队中抽调1.6万名士兵到海外战场。此提议一出，法裔哗然，因为这一提议违反了此前关于义务兵役制仅限国内防卫的许诺。为表示抗议，当时身为法裔加拿大人的空军部长愤然向联邦政府提出辞职，34位法裔众议员投票反对。[3] 整个"二战"期间，一共有48812名法裔响应了联邦政府的号召，成为加拿大军队的一员，但这一规模仅占"二战"时期加拿大军队兵员规模的6.68%左右，[4] 这一比重大大低于法裔人口在加拿大总人口中所占的份额。1941年，加拿大人人口中有大约30.3%是法裔。[5] 另有统计，虽然法裔加拿大人大约占加拿大人口的30%，但他们只占加拿大志愿入伍者的4%左右。在魁北克省，只有不到5%的适龄男性在步兵营服役。在加拿大西部和安大略省，适龄法裔男性参军的比例较高，但也只有14%—15%，明显低于英裔。[6]

如上文所提及的，在大多数法裔反对跟随英国加入"二战"的同时，

---

[1] "Le vote des soldats au plébiscite", *Le Devoir*, le 6 mai, 1942, https://numerique.banq.qc.ca/patrimoine/details/52327/2804629.

[2] Richard Jones, "Politics and Culture: The French Canadians in the Second War", Sidney Aster ed., *The Second World War as A National Experience*, Ottawa: The Canadian Committee for the History of the Second World War, Ottawa, 1981, p. 185.

[3] Richard Jones, "Politics and Culture: The French Canadians in the Second War", Sidney Aster ed., *The Second World War as A National Experience*, Ottawa: The Canadian Committee for the History of the Second World War, Ottawa, 1981, p. 187.

[4] Thomas Prymak, *Maple Leaf and Trident: the Ukrainian Canadians during the Second World War*, Ottawa: Multicultural Hist Society of Ontario, 1988, Appendix, Table 2.

[5] Alfred Pletsch, *Ethnicity in Canada-international Examples and Perspectives*, 1985, p. 52.

[6] J. L. Granatstein, "Ethnic and Religious Enlistment in Canada During the Second World War", *Canadian Jewish Studies*, Vol. 21, 2013, p. 175.

有一些法裔持相反的态度。在对法裔进行遏制、削弱的同时，1774年的《魁北克法》《1791年宪法》以及1867年的《英属北美法》对法裔的安抚也赢得了部分法裔的认可。他们在客观上承认，法裔加拿大人的利益与英国统治的存在息息相关，在英国统治下他们享有大量的自由，由此法裔在情感上对英国的殖民地位也有认同的一面。[①] 1867年3月，英国议会通过了《英属北美法》。1867年7月1日，魁北克省加入加拿大自治领。这一变化在魁北克省并没有引起法裔的反抗。"很明显的是，法裔的上层阶级也承认，他们的政治发展是可能的，他们的特权在英国统治下是可以获得的，而在美国的不一定了，（在美国）他们法律和语言的官方地位将在一夜之间消失。在德国和旧法国也不一定，德国人会把法国人的孩子拖进德语学校，旧法国会把牧师和修女从他们家门抓走。根据蒙塔朗贝尔的说法，法裔加拿大人从来没有在（英国之外的）另一面旗帜下获得自由。……过去使他们产生分歧的那些重大问题现在已不再存在。双方都认为旧的制度是不够的，旧的方法是过时的，旧的界限已经被抹去了。他们正在努力使自己适应新的条件，他们正在寻求对他们国家的新观念，当找到解决办法时，他们将很好地走上'新加拿大爱国主义'的道路。"[②] 1898年，麦吉尔大学讲师、博士利·格雷戈尔如此谈道。1905年3月30日，英裔加拿大人亨利·奥斯本在帝国俱乐部讲演指出："《魁北克法》没有成功地使这个国家成为一个英语国家，我认为，只要我们履行我们的职责，没有任何国家能做到这一点。我们的法裔同胞自己也完全满足于作为英国臣民的身份，尽管他们可能无法像我们一样怀着同样的感受充分理解英属加拿大的伟大理想。在英国的统治下，他们过得非常幸福、非常满足、非常繁荣。"法裔加拿大演说家帕皮诺说："从那天（《魁北克法》）起，法治替代暴力统治。从那一天起，英国的财富、海军和军队集合起来，为我们提供不可战胜的保护，来抵御外部危险。"他援引一位法裔检察长如下的话："如果你问我，作为一个法裔加拿大人，为什么我如此依恋英国，那是因为我在英国的机构和旗帜下找到了我所需要的一切保护。她比任何其他国家都更

---

① The Empire Club of Canada Addresses, "The Loyalty of French-Canadians to the Empire Publication", March 3, 1904, pp. 95 – 103, https: //speeches. empireclub. org/62423/data? n = 5.
② Leigh R. Gregor, *The New Canadian Patriotism*, Quebec: Raoul Renault Publisher, 1898, p. 18, https: //qspace. library. queensu. ca/bitstream/handle/1974/10929/newcanadianpatri00greg. pdf; sequence = 1.

第一章　种族主义模式下加拿大英国认同的构筑（1867—1945）

懂得管理的艺术。"①

"二战"中，加拿大《国家资源动员法》通过后，魁北克省红衣主教让·罗德里格·维伦纽夫建议信徒们遵守。1941年4月16日，维伦纽夫发表了题为"向不列颠敬礼"的演讲。在演讲中他表示："我们法裔加拿大人是加拿大的先驱，扎根于我们的土地和传统，三个多世纪以来一直认同加拿大的事物，爱这片土地的每一寸土地，无论是东方还是西方，因为我们是加拿大的母亲省。"②"此时此刻，英联邦正面临着一项可怕的任务，与英联邦并肩站着一些自由民族，他们有不同的语言、不同的背景，但他们在共同的事业中团结在一起。他们因为共同的理想和共同的理解而团结在一起。而且，在这个时候，主教大人来和我们探讨在加拿大自治领联邦之内把我们两个民族、两个种族、两种语言团结在一起共识、是好事。"③ 这种认同在"二战"中促使部分法裔加入加拿大军队，奔赴欧洲，为英国助战。

第四节　少数族裔弱势地位及其对英国的矛盾认同

从自治领成立到"二战"结束，加拿大奉行种族主义的移民政策。整体而言，英裔为最优先引入的移民，非优先引入的移民按照与英裔在种族和文化上的近远，首先是法裔，然后是欧洲其他部分，而犹太人和有色族裔则排在最后。尤其是在加拿大太平洋铁路于1885年修建完成以后，有色少数族裔更是被列为不受欢迎的人。《1910年移民法》《1914年归化法》《1921年国民法》都强调了"白色加拿大"。在移民选取标准、政治权利赋予、社会参与及融入上，非英法裔移民，尤其是有色少数移民都遭

---

① The Empire Club of Canada Addresses (Toronto, Canada), "Canadian Patriotism", March 30, 1905, pp. 268 – 276, https://speeches.empireclub.org/details.asp?ID=62213.
② "Salute to Britain", the Empire Club of Canada Addresses (Toronto, Canada), April 17, 1941, pp. 481 – 494 https://speeches.empireclub.org/60848/data?n=16.
③ "Salute to Britain", the Empire Club of Canada Addresses (Toronto, Canada), April 17, 1941, pp. 481 – 494 https://speeches.empireclub.org/60848/data?n=16.

受了英裔种族主义的排斥和歧视，处在加拿大移民种族关系金字塔的最底层。

一 少数族裔被英裔歧视的境遇

1. 被歧视的移民准入

在被歧视的诸多移民中，华裔、印度裔等亚洲移民受排斥程度尤甚。根据文献记载，早在1788年，葡萄牙人就曾把50—70名船工、木工从中国澳门带到了不列颠省，是首批前往加拿大的华人。[①] 1858年4月，伴随着不列颠哥伦比亚省费沙河流域发现金矿，华裔开始移民加拿大淘金。到19世纪60年代初，加拿大华裔达到6000多人。[②] 1871年，不列颠哥伦比亚以联邦修建一条连接温哥华和渥太华的太平洋铁路作为加入加拿大自治领的前提条件之一。1881年，加拿大联邦开始委托美国工程师和建筑承包商安德鲁·安德多克起建太平洋铁路：为顺利完成工程，安德多克提出引进劳动力廉价的华工来修建铁路："与高加索裔同行相比，华人劳动力价格要低得多。1866年，纳奈莫市白人煤矿工人劳动一天挣2.5加元，而华人只要1个加元。"[③] 安德多克的提议得到了当时加拿大总理麦克唐纳的支持，他说："这是简简单单的选择题，要么你必须使用华工，要么你别要这个铁路了。"[④] 从1881年铁路修建开始到1885年，铁路华工增至1.7万人，其中由于严寒、生病、被虐待及工伤等丧生者就占了4000余人。[⑤] 铁路修通以后，加拿大过河拆桥，苛刻限制华人移民加拿大。

1885年，加拿大议会通过第一个以种族为基础排斥移民的法案——《华人移民法》，对每个申请进入加拿大的中国人征收50加元的人头税，外交官、政府代表、游客、商人、"科学人士"和学生除外。此外，运送

[①] "History of the Chinese in Canada", http://www.mysteriesofcanada.com/Canada/history_of_the_chinese_in_canada.htm.

[②] 钱喻、曲韵编导：《从地狱开始的故事——中国人在加拿大的历史》（纪录片），凤凰卫视2003年。

[③] Zha Yan, *Minority Representation and Political Participation of Ethnic Minorities: A Case Study of Chinese Canadians in Democratic Canada* (Master Degree), The University of Regina, 2009, p. 54.

[④] Paul Yee, *Chinatown*, Toronto: James Lorimer & Company LTD., 2005, p. 13.

[⑤] 钱喻、曲韵编导：《从地狱开始的故事——中国人在加拿大的历史》（纪录片），凤凰卫视2003年。

第一章　种族主义模式下加拿大英国认同的构筑（1867—1945）

中国移民到加拿大的船只，按总载重量计算，每 50 吨只允许运送 1 个中国人。相比之下，运送欧洲移民的船只被授权每两吨载运 1 个人。① 19 世纪 90 年代，日益增多的中国移民加剧了加拿大对中国人实施的严格监管。1900 年，人头税提高到每人 100 加元。② 1903 年，猛然增加到每人 500 加元。③ 按当时的购买力，500 加元需要普通加拿大人工作两年才能凑够。④ 1886—1947 年，中国移民缴纳给加拿大政府的人头税合计 2300 万加元之多。⑤ 用这些钱可再造一条太平洋铁路。1923 年 7 月 1 日，加拿大议会对华人的限制更进一步，颁布新的《华人移民法》（俗称《排华法案》），规定禁止中国人移民加拿大，只有以下几类例外：学生、商人（不包括洗衣店、餐馆和零售经营者）、外交官和加拿大出生的中国人。已经在加拿大的华裔可以离开加拿大两年，一旦超过这一期限就不允许再次入境。到 1947 年《排华法案》被废除之际，入境的华人只有 8 人。⑥ 和华人一样，日裔、印度裔以及非洲裔同样遭受了苛刻对待。1877 年，不列颠哥伦比亚省首次有日本移民进入。根据英国和日本的 1907 年外交协定，加拿大对日本移民实行配额制，当年允许 400 名日本人入境，之后每年不许超过 150 人。⑦ 除了直接的拒绝，加拿大还在技术上对非优先移民进行限制，比如 1910 年 5 月加拿大发布规定，移民只能从出生国或者所属的国籍国乘坐直达的交通工具到加拿大才可以获准入境，结果是印度等亚非拉大批

---

① "The Chinese Immigration Act", https：//pier21.ca/research/immigration-history/the-chinese-immigration-act - 1885.
② Jin Tan and Patricia E. Roy, *The Chinese in Canada*, Ottawa：Canadian Historical Association, 1985, p 8.
③ Harry Con et al., *From China to Canada：A History of the Chinese Communities in Canada*, Toronto：McClelland and Stewart Limited, 1982, pp. 83 - 84.
④ Gurcharn S. Basran, "Canadian Immigration Policy and Theories of Racism", in Peter S. Li and B. Singh Bolarla, eds., *Racial Minorities in Multicultural Canada*, Toronto：Garamond. Press, 1983, p. 5. 钱喻、曲韵编导：《从地狱开始的故事——中国人在加拿大的历史》（纪录片），凤凰卫视 2003 年。
⑤ Peter Li, *The Chinese in Canada* (2nd Edition), Toronto：Oxford University Press, 1998, p. 41；Gurcharn S. Basran, Canadian Immigration Policy and Theories of Racism, in Peter S. li, B. Singh Bolarla, *Racial Minorities in Multicultural Canada*, 1983, p. 5.
⑥ 钱喻、曲韵编导：《从地狱开始的故事——中国人在加拿大的历史》（纪录片），凤凰卫视 2003 年。
⑦ Morris Krauter, Joseph F. Davis, *The Other Canadians, Profiles of Six Minorities*, Toronto：Methuen, 1971, p. 55.

和加拿大没有直航的国家移民被取消了入境资格。① 受此限制,1914 年 5 月,当一艘主要载有印度人的包租船"驹形丸"号辗转抵达温哥华后,被禁止登岸。当地的报纸用诸如"令人恶心""让人讨厌""对妇女儿童是威胁"等文字来形容这些远来之客。② 在僵持长达两个月之后,温哥华的法院做出判决,禁止"驹形丸"号靠岸,除 27 个加拿大人外,其余 349 人只得返程。③ 另外,黑人移民也是不受欢迎的。1881 年,加拿大的黑人人口有 2.14 万人左右,到了 1901 年时却降至约 1.74 万人。④

盎格鲁 - 撒克逊种族主义肆虐是加拿大拒绝少数族裔,特别是有色少数移民的基本原因。这一时期加拿大所要打造的是"永远的白色加拿大"⑤。正像时任加拿大劳工部副部长麦肯齐·金所解释的:"加拿大应继续作为白人国家而存在,这不仅是基于经济和社会因素的考虑,也是基于政治和民族因素的考虑。"1909 年,一位名叫詹姆斯·伍兹沃斯的牧师表示:"我们需要更多相同血统的人来加拿大,以协助我们维系不列颠的传统,使成群的外国人成为忠于不列颠的臣民。"⑥ 1911 年 5 月,在讨论移民政策的众议院辩论上,众议员亚瑟·古迪夫坚称亚洲移民无法被同化,更难以成为加拿大的"好公民",所以加拿大"只能在欧洲国家挑选最优秀的人——那些有助于我们形成一个团结的、正统的盎格鲁 - 撒克逊民族的人"⑦。为了避免加拿大的华裔男性与白人女性结婚或同居,曼尼托巴、萨斯喀彻温、阿尔伯塔、不列颠哥伦比亚竟然禁止白人女性受华裔雇用。⑧ 1938 年,时任加拿大总理麦肯齐·金更是把有色族裔视为引发加拿大不稳定的因素,主张要想保持加拿大的和平与安定,必须避免不同

---

① Louis Rosenberg, Morton Weinfeld, *Canada's Jews: A Social and Economic Study of Jews in Canada in the 1930s*, Montreal and Buffalo: McGill-Queen's University Press, 1993, p. 125.
② Don Wells, *Canadian Citizenship*, Calgary: Weigl Educational Publishers Limited, 2005, p. 19.
③ "Komagat Maru", https://www.thecanadianencyclopedia.ca/en/article/komagata-maru.
④ Anne Milan and Kelly Tran, "Blacks in Canada: A Long History", *Canadian Social Trends*, spring 2004, Statistics Canada-Catalogue No. 11 – 008.
⑤ Peter Ward, *White Canada Forever: Popular Attitudes and Public Policy towards Orientals in British Colombia*, Montreal and Kingston: McGill-Queen's University Press, 2002, p. 12.
⑥ "Canadian Opinion of Immigrants (Pre 1945)", http://faculty.marianopolis.edu/c.belanger/quebechistory/readings/CanadianOpinionsofImmigrants.html.
⑦ "Canadian Opinion of Immigrants (Pre 1945)", http://faculty.marianopolis.edu/c.belanger/quebechistory/readings/CanadianOpinionsofImmigrants.html.
⑧ Paul Yee, *Chinatown*, Toronto: James Lorimer & Company LTD., 2005, p. 13.

第一章 种族主义模式下加拿大英国认同的构筑（1867—1945）

血统和不同种族的外国人涌入加拿大。①

对有色族裔的排斥不仅在加拿大高层，在民间也同样有着类似的强大氛围。1906 年，因为修建哈利法克斯到东海岸的大干线（Grand Trunk Railway），加拿大计划招华工5000 人，结果该计划遭到了加拿大社会的普遍抵制。对此，《星期六晚报》明确表达了对华裔参与大干线计划的抵制和蔑视态度。它强调，加拿大是一个由白色人种所组成的国家，允许中国人涌入加拿大会导致加拿大市场的平衡。虽然，中国人勤奋老实，却没办法被白人社会同化，引进中国人得不偿失。② 1919 年，有加拿大学者对加拿大的排华政策评论，让加拿大保持白色的性质是大多数加拿大人心中的共识。③ 和华人被排斥的情形类似，虽然在法律上早在1833 年英国就废除了黑奴制，对黑人顽固的歧视却一直存在。1910 年，为反对黑人移民的到来，萨斯喀彻温省埃德蒙顿贸易委员会声称黑人移民是动荡和祸害的源头，请愿要求禁止黑人移民。他们将黑人蔑称为"黑鬼"，宣称如果黑人一旦移民加拿大就会违法乱纪，会激化仇恨。④ 持类似观点者在当时的加拿大十分普遍，黑人在一些报纸上被形容为"魔鬼"，种族主义氛围极为浓厚。⑤

除了有色族群，加拿大移民法还将一些少数族裔白人置于不受欢迎之列。1909 年，加拿大政府在对移民情况做出调查后宣布，要注意不能将东南欧的文明和理想移植到加拿大。⑥ 1919—1922 年，杜霍波尔教派移民、门诺教教徒移民等少数教派因为特殊习惯、生活方式和财产分配规范，被禁止入境加拿大。⑦ 在德国法西斯开始迫害屠杀犹太人时，加拿大不但不予以批判，

---

① "Canadian Opinion of Immigrants (Pre 1945)", http://faculty.marianopolis.edu/c.belanger/quebechistory/readings/CanadianOpinionsofImmigrants.html.

② Abu-Laban Yasmeen and Christina Gabriel, *Selling Diversity: Immigration, Multiculturalism, Employment Equity and Globalization*, Peterborough ON: Broadview Press, 2002, p. 255.

③ Alfred Fitzpatrick, *Handbook for New Canadians*, 1919, Toronto: Reyson Press, pp. 218 – 221.

④ Bruce Shepard, "Plain Racism: the Reaction against Oklhoma Black Immigration to the Canadian Plains", in Ormond McKague, *Racism in Canada*, Saskatoon: Fifth House Publisher, 1991, pp. 25 – 26.

⑤ Christina L. Gabriel, *Recasting Citizenship: The Politics of Multiculturalism Policy in Canada*, Ph. D. dissertation, York University, 1997, p. 53.

⑥ John Herd Thomspon, *Ethnic Minority during Two World Wars*, Ottawa: Canadian Historical Association, 1991, p. 3.

⑦ Canadian Council for Refugees, *Report on Systemic Racism and Discrimination in Canadian Refugee and Immigration Policies*, 2000, p. 3, http://ccrweb.ca/files/arreport.pdf.

一些社会名流反而公然对希特勒的领袖能力表示赞美。① 加拿大政府制定了苛刻的政策防止犹太人移民加拿大。1936年，加拿大不但提高了移民的资金标准门槛，而且规定移民必须是农业劳动者，以经商为主的犹太人自然被排除在了优先引入种类之外，② 而且对申请来加拿大的犹太人实行配额制，每年所有移民中分配给犹太人的比重，不得超过犹太人占加拿大人人口的比重。③ 1938年，加拿大外交事务部、矿产资源部在向总理麦肯齐呈交的备忘录中表示，鉴于欧洲希特勒反犹太主义日盛，在实际上区分和限制犹太人入境要坚持下去。④ 同年，加拿大犹太人组织、犹太人协会向加拿大政府请求由该组织资助1万名犹太人入境以躲避屠杀，但被加拿大政府拒绝。随后，有众议员提出将请求数量降至1000，甚至只请求接纳100名孤儿，仍然被否决。1939年6月，900多名犹太人乘坐法国船只"圣路易"号停靠到新斯科舍的哈利法克斯，请求入境加拿大，结果被残忍拒绝。这些人被迫原路返回。⑤ 在加拿大政府的一再限制下，整个"二战"期间，只有约4000名犹太人被加拿大接受，与之相比有大概24万名去了美国，8.5万名去了英国。连中国、巴西和阿根廷也分别接受了2.5万余名犹太人⑥。

2. 被排斥的社会融入

自治领在1867年成立后，非白人移民被剥夺选举权。以亚洲移民为例，1872年，不列颠哥伦比亚省将来自日本、中国和印度的移民的选举权列为不得授予之列。1875年，不列颠哥伦比亚省甚至强调，以上族群不得投票，否则罚款50加元或判处1个月的监禁。⑦ 在解释不授予华人选举权

---

① David Kalamen, "Anti-Semitism in Canada", Aug. 17, 2009, http://www.castanet.net/news/Pastor-Dave/48907/Anti-Semitism-in-Canada.
② CBC, "Hate at the Top, Jews Face Powerful Prejudice in Canada as They Try to Escape Nazi Germany", http://www.cbc.ca/history/EPISCONTENTSE1EP13CH4PA2LE.html.
③ Canadian Council for Refugees, "Brief history of Canada's Responses to Refugees", http://ccrweb.ca/canadarefugeeshistory.htm.
④ "A History of Racism in Canada's Immigration Policies", http://www.peoplescommission.org/files/poped/05.%20A%20History%20of%20Racism.doc.pdf.
⑤ "MS St. Louis: The Ship That was Forced to Return Its Passengers to the Holocaust", *The Globe and Mail*, Jan. 19, 2011.
⑥ The Canadian Encyclopedia, "Refugees", http://www.thecanadianencyclopedia.com/articles/refugees.
⑦ *An Act to Make Better Provision for the Qualification and Registration of Voters*, S. B. C. 1875, c. 2, Harry Con, Edgar Wickberg, *From China to Canada: A History of Chinese Communities in Canada*, Toronto: McClelland and Stewart in Association with the Multiculturalism Directorate, 1982, pp. 45–46.

第一章 种族主义模式下加拿大英国认同的构筑（1867—1945）

时，加拿大总理麦克唐纳说，不授予华人选举权是因为华人属于拿了钱就走的打工者，不会在加拿大定居，和加拿大人没有交集，在他看来，华裔"没有不列颠人的禀赋、感情和抱负"，所以难以被同化，不配有选举权。①1885年4月，在讨论限制华人移民时，当初修太平洋铁路时力主引进华裔的联邦总理麦克唐纳，一改以往的支持态度，在议会讲话中表示不能给予华裔选举权，甚至连印第安人那样有限制的选举权都不行。他认为，印第安人是英属北美土地之子，不会像华裔那样只是暂时移民。②当时，也有个别同情华裔的议员对麦克唐纳的立场表示异议。在1885年讨论华裔移民法时，来自新不伦瑞克、爱德华岛的几个自由党议员对限制华人选举权表达了遗憾。众议员皮特·米切尔就赞赏华人是有责任心、爱好和平的人，主张若加拿大有足够的吸引力，华裔未必会回国，赞同给华裔选举权。③众议员刘易斯·亨利·戴维斯和安德鲁·吉尔莫认为，拒绝某个种族入籍有失公允、公正、平等。④还有一名叫查尔斯·博比的众议员肯定了华裔对加拿大发展起到的积极作用。他认为，假若中国人在加拿大安顿下来，适应、认同加拿大，就应该信任中国人并给予中国人相应的选举权。⑤然而，这些主张在弥漫的种族主义面前无异于螳臂当车，被麦克唐纳和议会否决。按照麦克唐纳的说法，印第安人是加拿大人，是不列颠臣

---

① Government of Canada, *House of commons Debates*, 1885, p. 1582, Jean Laponce and Safran William, eds, *Ethnicity and Citizenship the Canada Case*, London: Routledge, 1996, p. 19.

② Government of Canada, *House of commons Debates*, 4 may, 1885, 1582, in Veronic Strong-Boag, "The Citizenship Debates-the 1885 Franchise Act", Robert Adamoski, Dorothy Chunn, Robert Menzies, eds., *Contesting Canadian Citizenship: Historical Readings*, Toronto: University of Toronto Press, 2002, p. 88.

③ Government of Canada, *House of commons Debates*, 4 may, 1885, 1582, in Veronic Strong-Boag, "The Citizenship Debates-the 1885 Franchise Act", Robert Adamoski, Dorothy Chunn, Robert Menzies, eds., *Contesting Canadian Citizenship: Historical Readings*, Toronto: University of Toronto Press, 2002, pp. 88 – 89.

④ Government of Canada, *House of commons Debates*, 4 may, 1885, 1583, 1586, in Veronic Strong-Boag, "The Citizenship Debates-the 1885 Franchise Act", Robert Adamoski, Dorothy Chunn, Robert Menzies, eds., *Contesting Canadian Citizenship: Historical Readings*, Toronto: University of Toronto Press, 2002, p. 88.

⑤ Government of Canada, *House of commons Debates*, 4 may, 1885, 1582, in Veronic Strong-Boag, "The Citizenship Debates-the 1885 Franchise Act", Robert Adamoski, Dorothy Chunn, Robert Menzies, eds., *Contesting Canadian Citizenship: Historical Readings*, Toronto: University of Toronto Press, 2002, p. 89.

民，在选举权上自然有着"适当的资格"，而华人是外国人，没有不列颠的感情和信念，自然不适合给予选举权。① 1898年联邦选举法再次付诸讨论，华裔被依然被排斥在选举人资格之外。② 1920年，除了原住民以及一些少数教派，《自治领选举法》规定普遍选举权授予全体成年加拿大人，但华裔等有色少数移民不在其列。③

除了在移民政策和选举权利上的歧视，少数族裔整体上处在社会的底层，其工作和社会活动通常受到种族主义的限制，无法被加拿大主流社会所平等接纳。以华人为例，1875年，不列颠哥伦比亚省明文禁止华人担任律师、药剂师和会计师等。④ 1878年，不列颠哥伦比亚颁布法案规定，一旦在公共工程中雇用华人，政府将不支付相关公司合同款。⑤ 1885年太平洋铁路修建完毕后，加拿大的反华浪潮此起彼伏。1886年，温哥华华人区被数百白人放火，仅有5个华人的洗衣店幸存。在整个19世纪后半期，绝大多数华人只能从事厨师、清洁、伐木、洗衣、开矿、种地等体力工作。在当时的加拿大社会，"'中国佬'的运气""'中国佬'的机会"被当作没机会的代名词。华裔甚至看电影都要坐在远离白人观众的后排座位。⑥ 黑人和华裔一样，虽然早在1793年上加拿大就规定不得将新的奴隶带到省内，奴隶25岁以后即可获得解放。1803年下加拿大也终结了奴隶制。1833年，英国颁布废奴的《解放法》，黑人名义上获得了自由身。但是，黑人在社会上依然处于被歧视、被隔离的状态。在社会上黑人依然是低白人一等。1849年，加拿大省制定法律，规定让黑人集中在黑人学校上

---

① Government of Canada, *House of commons Debates*, 26 may 1885, 2119, in Veronic Strong-Boag, "The Citizenship Debates-the 1885 Franchise Act", Robert Adamoski, Dorothy Chunn, Robert Menzies, eds., *Contesting Canadian Citizenship: Historical Readings*, Toronto: University of Toronto Press, 2002, p. 89.

② Norman Ward, *House of Commons, Representation*, Toronto: University of Toronto, 1950, p. 225.

③ Elections Canada, "A History of the Vote in Canada", http://www.elections.ca/content.aspx?section=res&dir=his&document=chap3&lang=e#a31.

④ 钱喻、曲韵编导：《从地狱开始的故事——中国人在加拿大的历史》（纪录片），凤凰卫视2003年。

⑤ James Morton, *In the Sea of Sterile Mountains: the Chinese in British Columbia*, Vancouver: J. J. Douglas, 1975, p. 61.

⑥ "WW Ⅱ vet Fought to Show loyalty to Canada", http://suzannema.com/2012/07/16/wwii-vet-frankwong/.

第一章　种族主义模式下加拿大英国认同的构筑（1867—1945）

学并不违法。① 1850年,《隔离学校法》再次肯定了这一点。② 在职业分化上,根据1941年的统计数字,蒙特利尔市50%的黑人男性是铁路搬运工,80%的黑人女性是仆人。③ 在社会服务层面,黑人也处于低人一等、被隔离对待的状态。1924年,一个黑人前往安大略省伦敦市一家餐馆就餐被拒绝服务,法院却判决店主有权选择客人。1939年,联邦高等法院支持魁北克一家酒馆拒绝把酒卖给黑人,认为商店有权决定货物卖出的对象。④ 在白人移民中,犹太人是被歧视的典型代表。犹太人在职业上也几乎无法从事教师、建筑师、工程师和会计师这样在加拿大较为体面的白领职业,多伦多市政府更是明令禁止犹太人做警察和公交车司机。在招聘时,雇主备注不要犹太人成为常见的现象,一些公共场合也明确将犹太人不得入内作为潜规则。⑤

二　少数族裔对英国的矛盾认同

1. 白人少数族裔的双重认同

英裔、法裔是加拿大优先引入的移民,其他少数族裔白人,较多的有德裔、乌克兰裔、北欧裔、荷兰裔、波兰裔、意大利裔、俄罗斯和匈牙利裔（按1941年人口统计）。⑥ 虽然在名义上,其他白人移民也被英裔看作是与自己无二的白人,⑦ 但实际上,由于彼此文化的差异,非英裔白人来到加拿大并不是像英裔加拿大人一样以英国为最高认同。他们往往是双重认同的拥有者——既认同英国,也认同自己的母国。以人数最多的德国移民为例,1913年2月4日是当时在位的德皇乔治·阿尔伯塔（乔治五世）

---

① *Statutes of Canada*, 1849, c. 83, s. 69, Ormond McKague ed., *Racism in Canada*, 1991, pp. 44–45.
② *Consolidated Statues of Upper Canada*, 1859, c. 65, s. 1, Ormond McKague ed., *Racism in Canada*, 1991, pp. 44–45.
③ Morris Krauter and Joseph F. Davis, *The Other Canadians*, *Profiles of Six Minorities*, p. 47.
④ Morris Krauter and Joseph F. Davis, *The Other Canadians*, *Profiles of Six Minorities*, p. 48.
⑤ "Antisemitism in Canada", http://en.wikipedia.org/wiki/Antisemitism_in_Canada.
⑥ "1941 Census of Canada", http://aix1.uottawa.ca/~pendakur/pdf%20docs/VisMin_1967–2017.pdf.
⑦ John Herd Thompson, *Ethnic Minorities during Two World Wars*, Ottawa: Canadian Historical Association, 1991, p. 4.

· 89 ·

的生日，新斯科舍康考迪亚市有100多德裔隆重集会，为乔治五世庆祝生日。生日会组织者在讲话中对德国和乔治五世大加赞美，也对加拿大表示了热爱："作为土生土长的加拿大人，我们的家自然离我们最近，但我们清楚地意识到要支持和珍视我们父母辈的故土。他们来到这片新鲜和陌生的土地，把神圣而光荣的习俗带到这里，让我们保有至今。"① "我是德皇衷心的追随者，他不仅是位好父亲、模范的丈夫、勇敢的士兵，还是一位具有传统气概的无与伦比的真正德国人，……我们德裔加拿大人爱我们的母语、德语歌和我们父母辈的习俗。"对于自己所生活的加拿大，生日庆祝会组织者表示："我们决不要忘了我们是加拿大公民，我们决不要忘记加拿大是充满无限可能的土地，我们对此感到自豪。不列颠旗帜之下加拿大在世界历史上扮演突出角色的时刻一定会到来。"② 同样是1913年，一位叫帕斯特·帕特德裔从美国移民到了加拿大滑铁卢县，他在给一份报纸的致信中说，自己作为加拿大英国公民自然该忠于英国和加拿大，但"我依然爱我的父辈们的故土——德国，承认这点并不羞耻"③。

在加拿大与移民母国关系正常时，白人少数族裔对母国和英国的双重认同似乎并没有什么冲突。然而，一旦这些移民的母国与英国处于冲突之中时，这些移民的英国认同与母国认同的矛盾便显现。第一次世界大战期间，为保证国家安全，加拿大政府暂停接收所有来自敌国的移民，包括德国、奥地利和匈牙利等国家的移民对英国和加拿大的忠诚不再被信任。1914年8月，加拿大《战争措施法》颁布，已经居住在加拿大的这些国家的居民被认定为敌对的外国人。这些居民被要求到政府注册，并携带身份证，并被禁止加入任何被联邦政府视为非法的协会或运动。许多"敌对的外国人"也被关进拘留营或被强行驱逐出加拿大。根据该法，德裔有2万名左右未入籍移民被列为敌侨，奥匈、乌克兰裔有约6万名被列为敌侨。④ 1917年，联邦政府进一步出台了《战时选举法》，取消了任何在

---

① Gottlieb Leibbrandt, *Little Paradise: the Saga of the German Canadians of Waterloo County, Ontario, 1800-1975*, Kitchener, Ont.: Allprint Co., 1980, p. 249.
② Gottlieb Leibbrandt, *Little Paradise: the Saga of the German Canadians of Waterloo County, Ontario, 1800-1975*, Kitchener, Ont.: Allprint Co., 1980, p. 250.
③ Gottlieb Leibbrandt, *Little Paradise: the Saga of the German Canadians of Waterloo County, Ontario, 1800-1975*, Kitchener, Ont.: Allprint Co., 1980, p. 248.
④ "一战"前夕，乌克兰人有约350万人属于俄国，约25万人属于奥匈帝国，参见 Orest Subtelny, *Ukraine: A History*, Toronto: University of Toronto Press, 2000, pp. 340-344。

第一章 种族主义模式下加拿大英国认同的构筑（1867—1945）

1902年后获得公民身份的"敌对外国人"的投票权。来自敌国的白人移民也普遍被加拿大人当作了隐患和敌人的内应。当时关于敌国移民要摧毁加拿大的谣言时有传播。比如，1916年2月，渥太华的议会大厦不慎失火，居然一度被认为是来自德国等国的移民所为。1916—1917年，在加拿大萨斯喀彻温等草原省，还有流言说奥地利的移民正企图到加拿大人的农场纵火。有的声称乌克兰移民要密谋在加拿大建国，有人写信揭发美国的德裔想北上占领加拿大，和加拿大的德裔、奥地利裔里应外合。[1] 1916—1917年，加拿大一些亲英国主义者进行了一些反对敌国移民的暴力活动，关闭德语学校、捣毁德语报社、清除大学中的德国课程、禁止传唱德国歌曲，成为加拿大社会普遍的现象，甚至德裔加拿大人不被允许参军。[2] 为表达对德国的愤怒，德国人被蔑称为"德国佬"。一些德国色彩的地名，如安大略省的柏林市，也被迫改名。许多德国、奥地利和意大利移民为了自身安全，假称自己来自其他国家，如荷兰。[3] 1917年年底加拿大战中联邦大选前夕，《战时选举法》规定1902年以后入籍的敌国移民不得投票或竞选。大约8.8万名敌国移民被强制每月到警局报到，以证明自己的行踪没有危害加拿大安全。[4] 为了防止敌国移民里通外国，加拿大政府在全国设立了24个拘役营，专门用来关押被怀疑危害加拿大安全的敌国侨民。拘役营的资料显示，"一战"期间被关押到拘役营的德国裔、意大利裔、奥地利裔、乌克兰裔等敌国移民约为8579人。[5] 在押期间，这些敌国移民被迫从事繁重的修路、种地或者战争物资生产工作，每天只有微薄的收入，[6] 不时有伤亡和逃亡事件发生。据不完全统计，拘役营时期至少有106人因为疾病、事故死亡，还有100多人精

---

[1] John Herd Thompson, *Ethnic Minorities during Two World Wars*, Ottawa: Canadian Historical Association, 1991, p. 5.

[2] John Herd Thompson, *Ethnic Minorities during Two World Wars*, Ottawa: Canadian Historical Association, 1991, p. 7.

[3] "The 1998 Canadian & World Encyclopedia", http://www.whitepinepictures.com/seeds/i/9/history2.html.

[4] Victor Malarek, "Ukrainian Canadians Seeking Redress", *The Globe and Mail*, January 15, 1988.

[5] Canada War Museum, "Canada and First World War", http://www.warmuseum.ca/cwm/exhibitions/guerre/internment-e.aspx.

[6] O. L. Spencer, "Diary of Internment camp: Castle, Alberta", Bohdan S. Kordan and Peter Melnycky, eds., *The Shadow of the Rockies*, Edmonton: University of Alberta Canadian Institute of Ukrainian Studies Press, 1991, pp. 51 – 57.

神失常。① 因为宗教节日时还被强迫从事劳动，安大略省的卡普斯卡辛附近的拘役营，还发生过被拘役者与看守者之间的冲突事件，导致看守者和数名被拘役者丧生。② 1919 年，新的移民法出台，赋予联邦政府新的权力，继续禁止在战争中与加拿大和英国作战的人入境，包括来自奥地利、保加利亚、匈牙利和土耳其的人。"二战"中，加拿大敌国移民再次遭受了同样的悲剧。约 850 名德国移民被关进拘役营。③ 约 3.2 万名意大利移民被列为敌国侨民，约 600 人被关到拘役营，意裔移民在学校和职场备受怀疑。④ 1942 年 4 月的《温尼伯格新闻报》甚至发文称乌克兰裔为第五纵队，无端认定他们"心里仍然想着纳粹，他们不希望加拿大获胜。……温尼伯格北端有大批的第五纵队，如果不对这些支持希特勒为领导的外国群体加以反击，必将酿成祸患"⑤。

　　负担着不被加拿大信任的巨大压力以及社会上臆想式的反敌国侨民运动，不少敌国移民对加拿大的认同感大打折扣，心灰意冷。拘役营的设置终结了许多德国裔、奥地利裔、意大利裔、乌克兰裔等对加拿大的幻想，加拿大在他们眼中被视为随意剥夺人权的种族主义专制社会。乌克兰人杂志《加拿大罗沙尼亚人》1915 年 9 月 5 日发表文章表达了对加拿大的深深失望："这个自治领的企图让人恐惧，竭力将我们这些忠诚的公民踩在脚下，无端把不忠诚的面纱罩在我们身上，我们……对此甚为悲观。"一位被拘役的乌克兰裔在给一份名叫《劳工》的刊物写信说："我们，今天正遭受着五百年前土耳其人对待基督教俘虏那样的折磨。我们要让我们的遭遇为世人所知，以便所有的乌克兰人和世界所有民族都知道'文明的'英国沙文主义者和他

---

① William Otter, "Report on Internment Operations", Lubomyr Luciuk ed., *Fear of the Barbed Wire Fence: Canada's First National Internment Operations and the Ukrainian Canadians, 1914 - 1920*, Kingston, ON: Kashtan Press, 2001, pp. 82 - 88.

② Peter Melnycky, "The Interment of Ukrainians in Canada", in Frances Swyripa and John Herd Thompson, *Loyalties in Conflict, Ukrainians in Canada During the Great War*, Canadian Institute of Ukrainian Studies, University of Albert, 1983, p. 9.

③ Alexandra Bailey, "German Internment During the First and Second World Wars", http://www.law.ualberta.ca/centres/ccs/issues/germaninternment.php.

④ John Herd Thompson, *Ethnic Minorities during Two World Wars*, Ottawa: Canadian Historical Association, 1991, p. 14.

⑤ Thomas Prymak, *Maple Leaf and Trident: the Ukrainian Canadians during the Second World War*, Ottawa: Multicultural History Society of Ontario, 1988, pp. 72 - 73.

第一章　种族主义模式下加拿大英国认同的构筑（1867—1945）

们的依附者加拿大是如何对待外国人的。"① 因为同胞受到的不公正待遇，那些没有被列为敌国侨民的移民也对加拿大表现了较大的抵触，逃避兵役。② 被拘役者多不愿以参加对母国作战换取自由。③ 在1942年4月加拿大全境就是否适时启动义务兵役制的全民公决中，"法裔、德裔、俄裔和乌克兰裔及北欧人和波兰裔态度冷淡，但不列颠血统的人投赞成票的极多"④。

也有加拿大敌国移民试图向英国和加拿大证明自己的效忠之心。1914年"一战"开始后，加拿大各地掀起为战争募捐的活动。当年10月，以德国移民为多数的安大略省柏林市人均捐款达到5加元，人均捐款数位列全国第二。⑤ 1917年1月，加拿大政府在安大略省的滑铁卢招募志愿入伍者，结果在第118营士兵中，五分之四者含有德国血统。⑥ 1915年，有德裔众议员在加拿大众议院辩解说，德裔对故乡的怀念不能和对加拿大不认同画等号："难道加拿大德裔应该忘记他先祖的土地、传统和过去的历史吗？""德裔加拿大人以他们来源的种族而自豪：自豪于这个国家在科学、人文、音乐、文学、哲学和化学等方面的进步，满怀感恩地记着席勒和歌德文采飞扬的文学作品，门德尔松、莫扎特、海顿、巴赫、李斯特、瓦格纳杰出的曲子。"然而，德裔"并不以破坏比利时的中立、火烧鲁汶为荣，也不以毁坏兰斯大教堂、德国的艺术、科学和音乐为荣。……普鲁士的军国主义是另外一回事。那么多德裔离开故国就是为了逃离军事统治。他们和你们一样热切希望尽快结束这个多年来称霸欧洲的祸害"。⑦ 然而鉴于对

---

① Thomas Prymak, *Maple Leaf and Trident: the Ukrainian Canadians during the Second World War*, Ottawa: Multicultural History Society of Ontario, 1988, p. 10.
② 逃避兵役的相关例子参见 Bruno Ramirez, *The Italians in Canada*, Ottawa: Canadian Historical Association with the Support of Multiculturalism Program of Canadian Government, Saint John, N. B.: Keystone Printing & Lithographing, 1989, p. 17。
③ 相关例子参见 "Italian Canadians in Canada", http://www.italiancanadianww2.ca/theme/detail/fighting_to_belong。
④ Thomas Prymak, *Maple Leaf and Trident: the Ukrainian Canadians during the Second World War*, Ottawa: Multicultural History Society of Ontario, 1988, p. 72.
⑤ Gottlieb Leibbrandt, *Little Paradise: the Saga of the German Canadians of Waterloo County, Ontario, 1800–1975*, Kitchener, Ont.: Allprint Co, 1980, p. 249.
⑥ Gottlieb Leibbrandt, *Little Paradise: the Saga of the German Canadians of Waterloo County, Ontario, 1800–1975*, Kitchener, Ont.: Allprint Co, 1980, p. 255.
⑦ Gottlieb Leibbrandt, *Little Paradise: the Saga of the German Canadians of Waterloo County, Ontario, 1800–1975*, Kitchener, Ont.: Allprint Co, 1980, p. 253.

英国和加拿大反德裔扩大化的失望，按德裔人口比重计算，德裔并未出现热情入伍的局面。1941 年德裔为加拿大第一少数族裔，人口规模超过了45 万人，① 但加拿大武装部队中德语为母语的士兵仅约有9036 人，占比仅约为2%，② 而且这些参军的人中，有的是为了避免被当作敌国移民非自愿参军，有的是为了挣点军饷。③ 同比，意大利裔人口超过了 10 万④，但武装部队入伍者仅约为 2247 人，⑤ 占比在 2.2% 左右。

乌克兰裔是两次世界大战中对英国和加拿大支持力度较大的少数族裔。1914 年，奥匈帝国王储裴迪南大公于 6 月 28 日在萨拉热窝被刺，乌克兰当时属于奥匈帝国，当消息传到加拿大，7 月 27 日，乌克兰裔位于温尼伯格附近的加拿大天主教会（现为乌克兰天主教温尼伯大主教区）的第一主教基塔·布克⑥大力呼吁乌克兰裔移民欧洲去保卫祖国。⑦ 随后，形势逆转，8 月初英国对奥匈帝国和德国宣战，基塔·布克审时度势地认识到奥地利和德国才是乌克兰人的敌人，转而号召乌克兰裔加拿大人团结在英国的旗帜下。他说："我们加拿大的乌克兰人有伟大和神圣的义务加入新祖国的军队，……在不列颠的旗帜下……为它牺牲财产和鲜血。"⑧ "在战争开始时，成百上千从俄国来的乌克兰人以俄国人的身份加入加拿大远征军，因为他们不被允许以奥地利人身份应征，他们用假名字和假的出生地来证明他们来自俄国，有些人甚至使用史密斯等英语名字称呼自己。"⑨ 1916

---

① "1941 Census of Canada", http://aix1.uottawa.ca/~pendakur/pdf%20docs/VisMin_1967 - 2017.pdf.
② Thomas Prymak, *Maple Leaf and Trident: the Ukrainian Canadians during the Second World War*, Ottawa: Multicultural History Society of Ontario, 1988, Appendix A Table I.
③ "Italian Canadians in Canada", http://www.italiancanadianww2.ca/theme/detail/fighting_to_belong.
④ "1941 Census of Canada", http://aix1.uottawa.ca/~pendakur/pdf%20docs/VisMin_1967 - 2017.pdf.
⑤ Thomas Prymak, *Maple Leaf and Trident: the Ukrainian Canadians during the Second World War*, Ottawa: Multicultural History Society of Ontario, 1988, Appendix A Table I.
⑥ 基塔·布克（1877—1949），乌克兰裔移民，1927 年，他回到乌克兰，成为副主教。
⑦ John Herd Thompson, "The Enemy Alien and the Canadian General Election of 1917", Frances Swyripa and John Herd Thompson, *Loyalties in Conflict, Ukrainians in Canada During the Great War*, Edmonton: Canadian Institute of Ukrainian Studies, University of Albert, 1983, p.27.
⑧ John Herd Thompson, *Ethnic Minorities during Two World Wars*, Ottawa: Canadian Historical Association, 1991, p.6.
⑨ M. P. for Edmonton East, Mr. H. A. Mackie, Wrote to Prime Minister Robert L. Borden, on 16 October 1918, in Bohdan Kordan and Lubomyr Luciuk, eds., *A Delicate and Difficult Question: Documents in the History of Ukrainians in Canada 1899 - 1962*, Kinston: The Limestone Press 1986, pp.36 - 41.

第一章　种族主义模式下加拿大英国认同的构筑（1867—1945）

年，有约2000人乌克兰裔加入加拿大远征军。① 虽然1917年《战时选举法》废除了不少乌克兰裔的选举资格，但还是有不少乌克兰移民支持英国。1917年10月7日，乌克兰裔报纸《乌克兰之声》号召同胞去购买加拿大战争债券，以支持英国："乌克兰裔公民应该明白，为了他们自己的利益，德国凯撒的钢铁和专制之手决不能统治加拿大，几百加元的债券显示了我们对接受我们的新国家的爱国心"②。为保卫自身的新国家，"一战"中，在约17万乌克兰移民中，大约有1万人参加了加拿大远征军，乌克兰裔的英勇表现受到了加拿大总理罗伯特·博登的肯定和赞赏，有的还获得了英国维多利亚女王十字奖章。③ "二战"期间，乌克兰裔移民入伍者比"一战"时更多，达到约3.5万人，④ 战斗部队中乌克兰语士兵也有约1.389万人，⑤ 分别占了当时30万余乌克兰裔人口的11%和4.6%左右，明显高于德裔和意大利裔。⑥ 当然，除了出于对英国和加拿大的认同，军队中对乌克兰人的歧视相对较轻、希望借此提高乌克兰裔在加拿大的地位，以及援助故土乌克兰摆脱德国和奥地利的统治成为独立国家，也是他们投身从戎的主要原因。⑦ 可以说，乌克兰裔移民的积极投军，是对本族、英国、加拿大以及故土多重认同的产物。

　　白人移民当中，犹太人也是积极跟随加拿大参加两次大战的族裔。1901—1911年，移民加拿大的犹太人大约有5.2484万人。1921—1931年，有约1.58万名犹太人来到加拿大。据不完全统计，"一战"中，加拿

---

① Thomas Prymak, *Maple Leaf and Trident: the Ukrainian Canadians during the Second World War*, Ottawa: Multicultural Hist Society of Ontario, 1988, p. 13.
② John Herd Thompson, "The Enemy Alien and the Canadian General Election of 1917", Frances Swyripa and John Herd Thompson, *Loyalties in Conflict, Ukrainians in Canada During the Great War*, Edmonton: Canadian Institute of Ukrainian Studies, University of Albert, 1983, p. 27.
③ John Herd Thompson, *Ethnic Minorities during Two World Wars*, Ottawa: Canadian Historical Association, 1991, p. 6.
④ John Herd Thompson, *Ethnic Minorities during Two World Wars*, Ottawa: Canadian Historical Association, 1991, p. 14.
⑤ Thomas Prymak, *Maple Leaf and Trident: the Ukrainian Canadians during the Second World War*, 1988, Appendix A Table I.
⑥ "1941 Census of Canada", http://aix1.uottawa.ca/~pendakur/pdf%20docs/VisMin_1967-2017.pdf.
⑦ The Ukrainian Canadian Research & Documentation Centre, "The Participation of Ukrainians in the Canadian Armed Forces during WWII", http://www.ucrdc.org/Oral-History-Canadian_Armed_Forces.html.

· 95 ·

大远征军中至少有100名犹太裔军官和4600名犹太裔士兵,有84人被授予过荣誉奖章。"二战"期间,多达1.7万犹太人,约占加拿大犹太裔人口的五分之一,参加了加拿大军队且表现英勇,被授予奖章者1900多人,献出生命者400多人。① 犹太人投身加拿大军队固然有着战后提升自己政治地位的考虑,但对德国法西斯灭绝犹太人暴行的义愤,也在其中起到了重要的作用,甚至是主要原因。和乌克兰裔一样,犹太裔参加加拿大军队也是多重因素促动的结果。

2. 有色少数族裔对英国认同的薄弱

有色少数由于遭受的歧视更为严重,对英国和加拿大在情感上并不认同。"如果华裔在这里能得到一样的尊敬,他们能证明自己是个好公民,他们就会同妻儿老小在这里生根发芽。"② 但在现实中,华裔遭受的歧视让华裔无法在加拿大有归属感。在"一战"中,因为华裔作为有色少数被禁止参军,只有不足300名华裔通过各种途径入伍。③ 1923年《华人移民法》完全禁止中国人进入加拿大的极端歧视更是将华裔对英国和加拿大的最后的容忍毁灭殆尽。1923年《华人移民法》是在加拿大自治领日颁布的,在华裔的心中这一天是耻辱之日。④ 由于白人种族主义的存在,华裔移民在日常生活中对加拿大少有好感,甚至对以英裔为主的白人社会充满恐惧。小时候住在温哥华唐人街的加拿大著名华人活动家林黄彩珍(Jean Lumb)曾对此予以了痛苦的回忆,她说:"我记得有一次白人从中国城经过……我们把所有门都上了锁,所有灯都关了,他们戴着恐怖的面具,来了后推翻了篱笆,在窗户乱画,吵吵闹闹,……我们怕白人,怕他们会伤害我们,所以我们没有一个白人朋友。我们只是待在自己的贫民窟,只和华裔交往,只说我们自己的语言。"1923年《华人移民法》颁布后,因为

---

① Jewish Virtual Library, http://www.jewishvirtuallibrary.org/jsource/vjw/canada.html.
② 1902年,首个在加拿大出生的华裔温金友语。Paul Yee, *Struggle and Hope: the Story of Chinese Canadians*, Toronto: Umbrella Press, 1996, p.14; Canada, Royal Commission on Chinese and Japanese Immigration, *Report of the Royal Commission on Chinese and Japanese Immigration*, *Sessional Paper*, Ottawa: S. E. Dawson, King's Printer, 1902, p.235, p.247.
③ Judy Maxwell, *A Cause Worth Fighting for: Chinese Canadians Debate Their Participation in the Second War*, B. A. University of British Columbia, 2002, p.12.
④ 钱喻、曲韵编导:《从地狱开始的故事——中国人在加拿大的历史》(纪录片),凤凰卫视2003年。

第一章 种族主义模式下加拿大英国认同的构筑（1867—1945）

受不了歧视，"许多人都回去了，不愿活在一个不受欢迎的地方"①。遭受的歧视给华人带来了毕生的痛苦回忆，造成一个又一个人生悲剧。根据凤凰卫视在2003年制作的历史纪录片，1978年1月25日，一位华裔父亲在给儿子的信中满心悲伤地回忆了1923年《华人移民法》对华裔造成的妻离子散的悲剧。他说，加拿大政府允许欧洲人携家带口来加拿大，却禁止中国人的家属来加拿大团聚，让他和妻子在1930年于中国结婚后，一直到"二战"结束才在加拿大团聚，他独自在加拿大度过了悲伤的15年，加拿大的种族歧视让他刻骨铭心。在纪录片中，还有一位"二战"华裔老兵回忆了自己小时候被白人孩子朝嘴里撒尿吐痰的经历，边回忆边哭，泪流满面。② 可以说，华裔从小到大遭遇的歧视给华裔内心造成了巨大的伤害，加拿大白人种族主义留给华裔的只有失望、伤痛和义愤。

"二战"开始后，华裔连参军的资格都没有，尽管如此，华裔还是以德报怨，共购买了20万加元的战争债券，来支持英国的反法西斯战争。③ 而且，在华裔一再的申请下，最终有500多名华裔被破例特许入伍。华裔参战并非仅仅是出于保家卫国之心，让英国或加拿大认可、在战后获得公民权在相当程度上也是参战的目的。根据"二战"华裔老兵马国冠（Roy Mah）的回忆，④ 在华裔集中的温哥华，当时围绕是否参军支持英国和加拿大，华裔社区的立场分为两派。一派主张不该为一个歧视华裔的国家流血，反对帮助一个视华裔为二等公民的政府，另一派则反之。但最后，还是赞同派占了上风，马国冠在当时表示，一旦华裔穿上英国和加拿大的军装，那么凯旋时，华裔就有资格来要求政府放弃歧视，给予华裔平

---

① Evelyn Huang, *Chinese Canadians*, *Voices from a Community*, Vancouver: Douglas & McIntyre, 1992, p.32. 林黄彩珍（1919—2002），著名的华裔活动家、商界精英。20世纪60年代，多伦多市政府征用多伦多唐人街土地兴建市政大楼和广场后，欲征用更多唐人街土地。1969年，林黄彩珍领导华人成立"拯救华埠委员会"，成功说服多伦多市府保留多伦多唐人街。因为其卓越贡献，1976年被授予加拿大国家勋章。
② 钱喻、曲韵编导：《通往天堂的路用血汗筑成——中国人在加拿大的历史》（纪录片），凤凰卫视2003年版。
③ 钱喻、曲韵编导：《通往天堂的路用血汗筑成——中国人在加拿大的历史》（纪录片），凤凰卫视2003年版。
④ 马国冠（1918—2007），"二战"期间曾参加由华裔组成的军队前往亚洲与日军激战，战后积极推动华裔享有公民权。1974年以记者身份陪同时任总理特鲁多访华。2007年起，7月12日被定为温哥华"马国冠日"。

等的地位。①

日裔加拿大人在两次世界大战中也被加拿大军队所拒绝。1914年8月，在英国对德国宣战后，日本以英日同盟关系为借口随即对德宣战，在加拿大的日本移民也表现了较强的参战意愿。次年8月，位于温哥华的日裔加拿大人协会表示想组建一支220余人的日裔队伍志愿加入加拿大远征军，但同样因为担心战后日裔主张公民权利，加拿大军方在日裔的不断要求下最终拖到1916年才表示同意，批准了180多名日裔在不单独列队的前提下加入军队。②据统计，"一战"当中共计有196名日裔加拿大人志愿入伍（亡54人、伤93人），1931年他们当中的幸存老兵被授予了选举权。③"二战"爆发后，日裔成为敌国移民。加拿大国内舆论担心不列颠哥伦比亚省的日裔和日本里应外合，在加拿大西海岸发动类似珍珠港事件的袭击，对日裔采取了严苛的监管和拘役手段。1942年1月，不列颠哥伦比亚沿海地区居住的日裔大约2.1万人，在骑警的驱赶下向东迁居至100英里以外，其中约18岁以上、45岁以下的壮劳力约有2千人被带去劳改，约有1.2万名妇孺老小被迫搬到遗弃的矿区，还有约4千人被拉到阿尔伯塔的工厂，连他们原来的房产等也多被充公贱卖，④而拒不配合者将被视为不忠于加拿大，会被强制迁移并适时遣返日本。以上举动无疑摧毁了日裔在加拿大有尊严地生活下去的希望。1945年年初，根据皇家骑警对日裔的统计，有大约1万名日裔表示愿意放弃加拿大身份，回到祖国。⑤这些人占了当时在加拿大日裔人口的约60%。⑥

黑人在战争中同样遭遇了不信任，黑人的参战在很大程度上是为了争取平等的参战权，打破征兵中的种族主义。然而，他们的参战资格同样被否定。第一次世界大战打响后，新斯科舍下属的悉尼市有50名黑人去兵

---

① Evelyn Huang, *Chinese Canadians, Voices from A Community*, Vancouver: Douglas & McIntyre, 1992, p. 73.
② James W. St. G., "Race and Recruitment in World War I", *Canadian Historical Review*, 1989, LXX, I, p. 7, p. 12.
③ National Association of Japanese Canadians, "World War I Japanese Veterans", http://www.najc.ca/early-history/world-war-i-japanese-veterans/.
④ John Herd Thompson, *Ethnic Minorities During Two World Wars*, 1991, pp. 15–16.
⑤ National Association of Japanese Canadians, "Tatsuo Kage: Chronicling Japanese Canadians in Exile", http://www.najc.ca/from_the_bulletin/tatsuo-kage-chronicling-japanese-canadians-in-exile/.
⑥ John Herd Thompson, *Ethnic Minorities during Two World Wars*, pp. 15–16.

第一章　种族主义模式下加拿大英国认同的构筑（1867—1945）

站报名，却被告知，战争和他们不相干，因为"这是白种人之间的战争"。安大略省和新斯科舍等地的黑人群起谴责征兵种族主义。[1] 最后，政府表示妥协，同意让黑人参军，但黑人不被允许加入战斗部队，只能做工兵。1916年7月，在不配备武装的前提下，大约600人的加拿大黑人工兵营组建完成，开往法国东线。[2] "二战"初期，"他们给我们铁锹，而不给我们来复枪"，黑人只能做工兵的传统被延续，引起黑人的愤慨，"二战"中他们没有像"一战"时期那样屈服，而是积极向加拿大联邦政府、国防部门持续抗议，要求平等权。在兵员短缺的情况下，黑人的诉求最后被接受，几百名黑人士兵得以武装入伍。[3] 像华裔和日裔等有色少数那样，黑人尽管遭受歧视，他们中却有人依然坚持不懈地冒着生命危险，投军从戎支持加拿大参与世界大战，其原因不但在于加拿大的安全关乎自己的安全，更在于对自由、平等原则的拥护，公民自由、平等的参与地位正是他们所缺乏的。[4] 也就是说，一些黑人在两次世界大战中为英国和加拿大而战，其主要的推动力是其对公民平等的渴望，是以血肉之躯换取战后自身的公民尊严的愿望。

小　结

自治领成立是北美英属殖民地走向联合的转折点，但从民族融合的角度来说，自治领整体上只是政治妥协的结果，并没有消除自治领内各民族间的疏远与矛盾，自治领没有共同的民族认同。[5] 自治领成立当年，来自魁北克省的律师、联邦众议员克里斯托弗·邓肯在联邦议会辩论中谈到加

---

[1] James W. St. G. Walker, "Race and Recruitment in World War I", *Canadian Historical Review*, 1989, LXX, I, p.5.
[2] Veterans Affairs Canada, "Black Canadians in Uniform-A Proud Tradition", http://www.veterans.gc.ca/eng/feature/blackhistory/first.
[3] "Black History Canada", http://blackhistorycanada.ca/timeline.php?id=1900.
[4] Petura Burrows, "History in Black & White：Canada's War Story", http://www.excal.on.ca/main/history-in-black-white-canadas-war-story.
[5] Eva Mackey, *The House of Difference：Cultural Politics and National Identity in Canada*, Toronto: University of Toronto Press, 2002, p.29.

拿大的国家认同时就指出，加拿大自治领的认同是以英国认同为目标的，在实际中却是分散的，除了伦敦，还有魁北克、美国、爱尔兰等认同，但就是没有共同的加拿大认同。"如果我们创造它（加拿大认同），那将只是空有其名。"[1] 克里斯托弗·邓肯在1867—1871年曾担任联邦众议员和联邦农业部部长，他的话较客观地反映了当时加拿大国家认同的尴尬境地。1872年，"加拿大第一"运动的领导者之一威廉姆·福斯特在一次演讲中认为，加拿大缺乏自我国家认同，也不关心别人如何看待加拿大，大多数加拿大人的自豪感来自加拿大以外的国家。[2] 从前文可知，这种认同的分裂是加拿大盎格鲁－撒克逊种族主义社会所造成的，与加拿大建国的方式、族群结构的独特性有着密切的联系。

加拿大自治领是在英帝国的设计、策划和主动授权下成立的。与美国十三殖民地不同，前往加拿大的英国移民绝大多数并非因为受到宗教压迫而移民。相反，英裔移民带有浓厚的保守主义色彩，对英国的君主立宪、国教信仰大多心有认同，对全球日不落帝国臣民的身份多引以为豪。除了来自英伦三岛的移民，美国独立战争后，对英王效忠的数万英裔北上加拿大，也是推动效忠不列颠的重要基础。英裔凭借着英帝国带来的优越地位对其他族群有着居高临下的种族优越感，多将其他族群视为野蛮和落后的"他者"，注定了英裔尽管在远离母国的加拿大繁衍生息，却依然对英国保留着深度的情感认同。

作为原住民，无论是在政治上还是在经济文化上，都处于被殖民、被监护的弱势地位，但由于原住民和英裔在毛皮贸易上的相互依存、英国对原住民的安抚和拉拢，以及双方在反美联盟上的需要，原住民在当时四分五裂，民族意识还没有觉醒，原住民整体上对英国抱有相当程度的认同。法裔早期移民，毛皮商人和不满大革命的保守派占了相当的一部分。毛皮贸易的生产方式和反对激烈革命的信条让他们更多倾向于坚守天主教乡村社会的文化传统。被并入英帝国版图之后，法裔昔日的荣光和今日弱势的政治、经济和语言文化地位对比，导致法裔中的多数对英国有着本能的反感。法裔和英裔分别聚居，难以形成共同的国家认同。对于少数族裔移民

---

[1] W. S. Wallace, "The Growth of Canadian National Feeling", https://www.electriccanadian.com/lifestyle/feeling.htm.

[2] W. S. Wallace, "The Growth of Canadian National Feeling", https://www.electriccanadian.com/lifestyle/feeling.htm.

第一章 种族主义模式下加拿大英国认同的构筑（1867—1945）

来说，盎格鲁-撒克逊种族主义具有巨大的压迫性。英裔处于族群等级金字塔的顶端，少数族群则依据与英裔在种族和文化上的差异被置于下层。在英裔种族主义的重压之下，少数族裔面临着经济的弱势、政治上的边缘化以及文化上的被动局面，和英裔、法裔在国家认同上缺乏情感共鸣，这注定了加拿大国家认同的分散性与矛盾性。

第二章 自由主义模式下加拿大国家认同的奠基（1945—1971）

1949年，英国社会学家托马斯·汉·马歇尔在其题为"公民身份与社会阶级"的演讲中对自由主义进行了经典的阐释。他指出，公民身份意味着国家共同体中的成员平等地享有同样的公民权利，国家有义务确保个人权利不受损害，族群身份、阶层归属及受教育程度等差异都不能成为公民权被区别对待或者歧视某一群体的理由。[①]"二战"结束到1971年多元文化主义国策颁布前夕，加拿大政府放弃了之前英裔种族主义对国家认同的主导地位，在法律上逐步淡化了加拿大人身上的"英国臣民"色彩，转而以"加拿大公民身份"作为国家认同的建构目标。为此，族群身份在原则上被视为与公民权利无关的个人私事，加拿大完成了平等移民权、公民民权、政治权利及社会权利等普遍公民权利体系的建构，期望以此来解构族群身份对国家认同的分化，换取各族群对加拿大共同体的深度认同。

第一节 "二战"后加拿大种族主义的没落

两次世界大战后，英国的霸权地位趋于衰落，对自治领的控制力和影响力也在急剧弱化，加拿大"去英国化"的意识在战争中逐渐走向成熟，建设一个"加拿大公民"而非"英国臣民"的国家成为"二战"后加拿大国家建构的核心目标。同时，受"二战"时期反种族主义思潮以及20

---

① 高景柱：《自由主义公民身份理论及其限度》，《理论与改革》2011年第2期。

第二章 自由主义模式下加拿大国家认同的奠基（1945—1971）

世纪五六十年代的亚非拉民族独立运动的影响，公民"个体不分族群，权利一律平等"的自由主义思想深入人心，成为"二战"结束后加拿大社会的普遍共识。

一 "二战"对"加拿大公民"意识的促动

1867年，加拿大自治领成立后，其疆域通过购买哈德逊湾公司土地、占领原住民土地和吸收其他英属北美殖民地加入，迅速向西延伸至太平洋，在20世纪初达到了今日的规模。然而，因为加拿大只是英国下属的自治领，而非独立的主权国家，从自治领成立到第二次世界大战，加拿大联邦政府国家认同建构的对象都指向英国，但族群分立和英裔种族主义的弥漫并未使众多族群形成对英国整齐划一的认同。1872年，加拿大律师、英裔民族主义者威廉·亚历山大·福斯特在题为"加拿大第一"的讲话中强调，自治领成立伊始，加拿大人"自豪的对象在大多数情况下都是在加拿大之外"①。事实确实如此，英裔高度认同英国，大多数法裔拒绝认同英国，原住民对英王较为认同，各少数族裔则是在母国认同和英国认同之间纠结，各族群对加拿大的国家认同则非常薄弱。

然而，在两次世界大战期间，上述情况发生了某些改变，加拿大作为自治领，自身的国家意识开始觉醒。在"一战"期间，随着战争的深入和拉锯，"凡尔登绞肉机"等残酷的战场对峙让一些加拿大人捍卫帝国的决心也产生了动摇，"每个人都想回家，他们感到不耐烦了"②。同时，加拿大在第一次世界大战中的参与和牺牲，以及在法国巴黎北部维米岭（Vimy Ridge）等战场上的胜利，某种程度上给加拿大人制造了一种加拿大为独立国家的感觉。在这场战役中，3000余名加拿大士兵丧命。"我们作为阿尔伯塔人或新斯科舍人登上维米山"，一个加拿大士兵如此写道，"我们下山时变成了加拿大人"③。"一战"后，英帝国对自治领与殖民地构成的全球体系的控制削弱，加拿大得以在一些国际场合

---

① W. S. Wallace, "The Growth of Canadian National Feeling", *The Canadian Historical Review*, Vol. 1, No. 2, June 1920, p. 138.
② Daphne Read ed., *The War and Canadian Society: An Oral History*, Toronto: New Hogtown Press, 1978, p. 133.
③ [英] P. J. 马歇尔主编：《大英帝国史》，樊新志译，世界知识出版社2017年版，第270页。

以独立国家的身份开展对外活动。在1917年的帝国战时内阁中，为了调动自治领的积极性，英国首相与加拿大等各自治领的总理的地位是平等的，各自治领总理仅对所属的自治领负责。"一战"后，在战争中作出巨大贡献的各自治领被赋予了准独立外交权。1919年，自治领独立与英国政府签署了《凡尔赛条约》。1921年，加拿大以独立国家身份参加"国联"。1926年英国《贝尔福报告》对自治领体制做出新规划，主张加拿大等各自治领和英国组成英联邦，英联邦内各成员国地位平等，加拿大国家地位提升迎来新契机。[1] 与此同时，1867年《英属北美法》中由英王直接任命自治领总督的规定被取消，总督改由加拿大联邦总理提名后再由女王任命。1927年，文森特·梅西成为第一位具有正式外交地位的加拿大驻美国公使。1928年和1929年分别在法国和日本开设公使馆。之后，经济大萧条进一步削弱了英国捍卫其帝国的能力。1931年12月，《贝尔福报告》经英国议会投票成为《威斯敏斯特法》，帝国自治领正式在法律上以自由和平等的身份与英国组成英联邦，加拿大的独立性相对以前明显增强。

伴随着"二战"的持续，加拿大在英联邦中的国家意识逐渐苏醒和成熟。1939年9月9日，加拿大议会经过讨论，早于英国6天向德国宣战，[2]而不是像"一战"那样跟随英国参战，此举"标志着加拿大英国自治领地位的终结"[3]。尽管在错综复杂的局面下，加拿大的国力尚弱，也缺乏独立应对国际局势的外交经验，其外交信息与决策严重依赖伦敦，[4] 然而，在客观上加拿大作为盟军兵员、军火和物资重要大后方及空军训练基地，其主权国家意识在"二战"后期还是逐步得到了提升。1943年7月，加拿大总理麦肯齐·金发表著名的实用原则演讲，提出战后事务不能任由大国决定，而应该尊重中小国家的意见，建立加拿大参与的多边国际组织。[5] 1944年1月，英国驻华盛顿大使哈利法克斯勋爵在多伦多帝国俱乐部发表

---

[1] Richard J. Walton, *Canada and USA*, New York: Parents' Magazine Press, 1972, p. 172.
[2] Lord Garner of Chidingly, "Britain and Canada in the 1940s and 1950s", Peter Lyon, *Britain and Canada: Survey of A Changing Relationship*, London: Frank Cass & Co. Ltd, 1976, p. 86.
[3] Frank R. Scott, "The End of Dominion Status", *The American Journal of International Law*, Vol. 38, No. 1 (January 1944), pp. 34-49.
[4] 潘迎春：《第二次世界大战与加拿大独立外交的形成》，《世界历史》2009年第5期。
[5] J. L. Granatstein ed., *Canadian Foreign Policy: Historical Readings*, Toronto: Copp Clark Pitman Ltd, 1986. pp. 21-24.

第二章 自由主义模式下加拿大国家认同的奠基（1945—1971）

演讲，表示期待战后在英联邦内，"思想和行动能够更加紧密"，呼吁战后英帝国自治领与英国外交步调一致，但麦肯齐·金却对哈利法克斯勋爵这种强调英联邦集权化的言论不以为然，他在日记中对此表示"惊讶"："作为英国人，他们当然寻求不列颠的复兴，……寻求找回他们正失去的声望。"① 1944年5月，在英联邦总理会议上，丘吉尔表示英联邦会议以后应每年召开一次，麦肯齐对此反应冷淡，认为丘吉尔"没有理解自治领是独立的国家"这一事实。② 1945年4月，联合国组织会议在旧金山召开，加拿大作为创始会员国，提出了《联合国宪章》修正案，要求尊重中小国家的话语权，显示了其独立性的一面。

可以说，经过"二战"血与火的考验，"二战"后期加拿大趁着"不列颠在未来已经不能也无力保住它的帝国"，③ 比"一战"后更为强烈地寻求独立地位，加拿大一些英裔精英对"加拿大公民"的渴求超过了对"英国臣民"身份的依恋。1944年6月4日，加拿大《星期六晚报》呼吁加拿大政府："现在是时候让加拿大人拥有一个明确定义和被普遍认可的公民身份了，如果这意味着加拿大公民身份必须与不列颠公民身份相分离，那么就必须面对这种必要性"④。1945年2月，加拿大政府国务秘书保罗·马丁在法国北部城市迪耶普为"二战"时牺牲的加拿大人扫墓，此举成为主权层面"加拿大公民"诞生的转折点。走在成排的墓碑之间，有的墓碑还是新鲜的木头，马丁非常感动，他在回忆录中这样表述了对不分族群基础上"加拿大公民"的期待："逝者的族群非常多样化：盎格鲁－撒克逊人、法裔等，这一幕深深地感动了我，因为加拿大特质就在这里：一块土地养育着多样的族群。"⑤ 马丁还十分感慨于这些烈士的加拿大人身份："在我看来，没有什么比这个墓地更能悲壮地体现出我们民族的理念。不管出身怎样，他们全是加拿大人。……在那里，一想到那些为国家服

---

① P. N. S. Mansergh, *The Commonwealth Experience*, Weidenfeld and Nicoson, London, 1969, p. 293.
② Lord Garner of Chidingly, "Britain and Canada in the 1940s and 1950s", Peter Lyon, *Britain and Canada: Survey of A Changing Relationship*, London: Frank Cass & Co. Ltd, 1976, p. 90.
③ Philip Buckner, ed., "Introduction", *Canada and the End of Empire*, Vancouver: University of British Columbia Press, 2000, p. 5.
④ *Saturday Night*, June 4, 1944, Alan Murray Sears, "Scarcely Yet A People: State Policy in Citizenship Education, 1947 - 1982", Ph. D. Dissertation, University of British Columbia, 1996, p. 110.
⑤ Paul Martin, "Citizenship the People's World", in William Kaplan, ed., *The Meaning and Future of Canadian Citizenship*, Montreal and Kingston: McGill-Queen's Press, 1993, p. 66.

务、牺牲于海外者的身份,对建立加拿大公民身份的热切期望就会占据我的内心"①。返回国内后,马丁建议总理麦肯齐·金趁"二战"胜利之氛围,从英国争取"加拿大公民"的独立授予权,甚至提议加拿大设计自己的国旗,而不是用英国的国旗。麦肯齐·金对马丁的建议大为赞赏,认为其对加拿大国家建构的意义重大:"实际上的建国早就实现了,但是国家的某些标识和外在象征仍然匮乏。"据麦肯齐·金的秘书杰克·皮克尔斯吉尔回忆,1945年5月24日(即维多利亚日),麦肯齐·金在温尼伯格参加竞选,提出将推动《加拿大公民身份法》的出台,赋予加拿大人"加拿大公民"的身份,听众为之大声欢呼。② 授予主权意义上的"加拿大公民身份"主客观条件趋于成熟。

1945年10月22日,《加拿大公民身份法》议案和变更国旗的议案被提交议会,议案主张加拿大人无论族群归属,都是"加拿大公民",加拿大政府而非英国政府有权独立授予其加拿大公民身份。保罗·马丁作为提案人,在议会上举例阐述了提案的重要性:"我不久以前遇到了一个在这个国家(指加拿大)生活了32年的人,他两种官方语言都不大会说,但他把两个儿子送到加拿大军队参战,其中一个儿子还获得了卓越飞行员十字勋章,另一个则为加拿大献出了生命。我认为,也希望众议院能同意——这样的人有资格获得加拿大公民身份。"③ 除了动之以情,马丁还从加拿大的独立性层面,劝说议会为加拿大独立自主的未来考虑,通过公民身份的议案。"我们是世界上众多国家中的一员,但作为自己国家的公民,我们却没有行使全部法律的权利,这是很羞耻的。"④ "'新加拿大人'给这个国家带来了许多富有和美好的东西,在加拿大他们找到了新的生活方式和未来的新希望。应该让他们都感觉到,他们和我们其他人一样是加拿大人,是一个伟大国家的公民,是自豪传统的守护者,是未来几代加拿大

---

① Paul Martin, *A Very Public Life*, Vol.1, Ottawa: Deneau, 1983, p. 437.
② José E. Igartua, *The Other Quiet Revolution: National Identities in English Canada, 1945 - 1971*, Vancouver: UBC Press, 2006, p. 16.
③ Canada House of Commons, *Debates*, April 2, 1946, 507, Margaret Christine Quirt, *Citizenship Identity in the History and Literature of English-Speaking Canada, 1947 - 1967*, Ph. D. Dissertation, Trent University, 2010, p. 20.
④ Donald Galloway, "The Dilemmas of Canadian Citizenship Law", T. Alexander Aleinikoff, Douglas Clusmeyer, *From Migrants to Citizens, Membership in a Changing World*, Washington DC: Carnegie Endowment for International Peace, 2002, p. 96.

第二章　自由主义模式下加拿大国家认同的奠基（1945—1971）

人生活中最美好的一切的受托人。为了加拿大的国家统一，为了这个国家的未来和伟大，我们所有的人，无论是'新加拿大人'还是'老加拿大人'，作为加拿大人都应该树立共同目标和共同利益的意识，这一点是至关重要的，我们所有人都可以自豪地、意味深长地说：'我是加拿大公民'。"① 马丁的议案反映了加拿大认同对英国认同的超越，但由于部分英国支持者的反对，议案未能通过。

1946年3月，加拿大政府再度将公民身份议案提交至众议院。经过议会的反复辩论，《加拿大公民身份法》于1946年6月获得通过，并于次年1月正式生效。根据该法，凡符合下列条件之一者，可授予加拿大公民身份：1947年以前出生于加拿大或已经移民加拿大5年并拥有固定住所；1947年前与加拿大的不列颠臣民成婚并在该年份以前来到加拿大的女性；本人海外出生但父母一方为加拿大人（若母亲是加拿大人，必须是婚内生育）。② 该法对英国做出了让步，并未否定加拿大公民也是英国"臣民"的双重国籍传统（1977年时取消），规定英国公民在一个选区中居住一年之后，依据相关规则可在联邦及省市选举中投票，居住5年后自动获得加拿大公民资格。这些妥协被保罗·马丁视为"给加拿大留下了卑微的标签"③，更遭到了法裔加拿大人等群体的反对，有法裔议员认为"英国臣民"条款缺乏"加拿大精神"，无异于"在精神上向大不列颠臣服"。尽管如此，该法的颁布依然是加拿大历史上的标志性事件，意味着加拿大结束了在主权法律层面没有"加拿大公民身份"的历史，完成了加拿大国家建构的重要一步，具有里程碑式的意义。正如当时德裔和苏格兰裔混血的萨斯喀彻温省保守党议员（后来担任加拿大总理）约翰·迪芬贝克在议案通过后所宣称的："（议案）实现了我一生的梦想，尽管加拿大公民身份保留了不列颠民族在北美的最高遗存，（但）对于加拿大人来说，它意味着不分种族的自由、包容和解放。"④ 法案通过后，加拿大最高法院随即向

---

① "The Citizenship Act", https://citizenship-act-of-1947.tumblr.com/.
② Citizenship and Immigration Canada, *Citizenship Policy Manual*, *Proof of Citizenship*, Ottawa: Minister of Public Works and Government Services Canada, 2004, pp. 8 – 9, http://www.cic.gc.ca/english/resources/manuals/cp/cp10 – eng.pdf.
③ José E. Igartua, *The Other Quiet Revolution: National Identities in English Canada*, 1945 – 71, Vancouver: UBC Press 2006, pp. 17 – 18.
④ José E. Igartua, *The Other Quiet Revolution: National Identities in English Canada*, 1945 – 71, Vancouver: UBC Press 2006, pp. 19 – 20.

26 个人颁发了首批加拿大公民证书，其中 0001 号证书授予了当时的总理麦肯齐·金。

二 "二战"后加拿大种族平等运动的高涨

"二战"期间，法西斯国家带有浓厚的种族主义色彩，它们的侵略与扩张给世界人民带来了巨大的苦难。在反法西斯的过程中，反种族主义在国际上得到普遍响应。"德国纳粹残杀了成千上万被他们视为劣种的男女老幼，向世人展露了种族主义鬼话般的逻辑和在现实中的恶果，这使人们认识到了种族主义不但在科学上是荒谬的，在道义方面也是声名狼藉的。"[①] "二战"后至 20 世纪 60 年代，以联合国为主要舞台，国际社会就遏制种族主义达成一系列公约。1945 年 6 月，联合国制宪会议在旧金山召开，会议通过的《联合国宪章》宣布，"不分种族、性别、语言或宗教，增进并激励对全体人类之人权及基本自由之尊重"是联合国的基本目标之一。1948 年 12 月，加拿大参与起草的《世界人权宣言》在联合国大会通过，不分族群、肤色、信仰等平等享有人权成为宣言的指导性原则。此后，联合国还颁布了《消除就业和职业歧视公约》《消除一切形式种族歧视宣言》《公民权利和政治权利国际公约》，均对反种族歧视原则作出了强调。作为"二战"中反法西斯同盟的一员，加拿大对这些国际公约表示了支持，先后加入《防止及惩治灭绝种族罪公约》《消除就业和职业歧视公约》《消除一切形式种族歧视宣言》。这些积极的外交行动为加拿大授予各族群平等的公民身份提供了良好的社会氛围。

同时，与反种族主义潮流相呼应，加拿大主张所有族群一律平等，不因种族差异而被歧视或者具有特殊优越权利。平等地享有个体公民权利的自由主义思潮成为战后欧美反种族主义和重建社会秩序的基本原则，加拿大社会也掀起以自由主义为核心的族群平权运动。

1. 以完全公民身份取代原住民被监护身份的呼声

"二战"后至 20 世纪 60 年代是加拿大经济迅速发展的时期，原住民却普遍处于贫困落后的境地，无论是住房、饮食、公共设施，还是卫生、

[①] Russell Ward, *The History of Australia: the Twentieth Century (1901–1975)*, London: Heinemann Educational Books, 1978, pp. 280–181.

第二章 自由主义模式下加拿大国家认同的奠基（1945—1971）

医疗条件与教育水平等，都处于明显落后的地位，原住民被监护的身份被认为是造成原住民弱势社会地位的主要原因。早在1939年，多伦多大学社会学教授查尔斯·威廉姆·哈特在多伦多大学和耶鲁大学联合举办的学术会议上就提出，加拿大政府应该给予印第安人完全的公民身份，而不是将其列为被监护者。他认为，现代公民社会是印第安人走向繁荣的唯一可行的选择，因为与世隔绝"已经不合时宜"[1]。1945年，政府废除了保留地通行证制度，印第安人获得了无须向印第安事务部门申请通行证就可以离开保留地的自由。1946年，为研究原住民的公民身份问题，加拿大参议院和众议院成立了一个专门对1876年《印第安法》重新进行审查的特别联合委员会。1947年，长期在加拿大从事印第安人与因纽特人研究的新西兰人类学家戴蒙德·詹内斯在向加拿大议会作证时提出，《印第安法》把印第安人隔离在保留地犹如纳粹将犹太人置于"集中营"，《印第安法》的存在"使他们成为低贱之民和被遗弃者，结果，他们就像中欧集中营里的流离失所者那样，形成了服从者的脾性"，只有尽快"扫除保留地制度"并"分步骤快速地把印第安人和因纽特人隔离的政治和社会地位废除，在平等的基础上把选举权授予他们，让他们与加拿大其他人口相融合，训练和教育他们获得完全的公民身份"才可以实现真正的自由和进步。[2] 对于因纽特人，詹内斯提出，他们处在偏远的北方，生活依赖于政府福利，缺乏经济发展机会，风气消沉，不如将因纽特人南迁到城市附近，帮助他们学英语、找工作和接纳新的生活方式。[3] "他们是加拿大的公民。加拿大领土广袤，作为被隔离的群体，他们终究会在疆域内消逝，因为之前几个部落已经消失。与其靠着政府的施舍在北极圈堕落下去，还不如选择到加拿大南部，努力去争取更好的生活。"[4] 詹内斯的以上建议得到部分政党的呼应。比如，民主社会主义政党平民合作联盟就将结束保留地体系和废除原

---

[1] Russell Ward, *The History of Australia: the Twentieth Century (1901-1975)*, London: Heinemann Educational Books, 1978, p. 54.

[2] "Canada Special Joint Committee of the Senate and the House of Commons Appointed to Continue and Complete the Examination and Consideration of the Indian Act", *Minutes and Proceedings of Evidence*, No. 7, Ottawa: King's Printer, 1947, pp. 307-309.

[3] Alan Cairns, *Citizens Plus: Aboriginal Peoples and the Canadian State*, Vancouver: UBC Press, 2000, p. 55.

[4] Diamond Jenness, *Eskimo Administration*, Canada, Vol. 2, Montreal: Arctic Institute of North America, 1964, pp. 174-175.

住民的被监护地位作为竞选主张。

1954年，为切实推动原住民政策改革，加拿大公民和移民部邀请不列颠哥伦比亚大学人类学家哈利·哈桑担任指导，启动了一项名为印第安人的研究项目，以便对不列颠哥伦比亚省原住民的生活、社会和经济进行全面普查，并于1955年发布了《不列颠哥伦比亚省的印第安人：社会和经济调查报告》，其中再次建议加拿大政府授予印第安人平等公民身份，以改善他们落后的生活水平和社会地位。1960年，加拿大选举法做出改革，身份印第安人被赋予了在加拿大选举中投票和担任公职的完全权利，之前放弃印第安人身份及其附属权利才可以参加选举的歧视性规定被废除。1963年，人类学家哈利·哈桑在其报告《加拿大当代印第安人调查：经济，政治，教育需求和政策》中指出，印第安人是加拿大最弱势和最边缘化的族群之一，是加拿大社会中的"二等公民"。哈桑将这种情况归因于多年来政府政策的失败。哈桑提议终止印第安人与加拿大政府之间的特殊法律关系，建议终止寄宿学校等同化措施，废除《印第安法》并解散印第安事务部门，让印第安人成为与其他公民一样的自由公民，自由选择自己的生活方式和自由迁徙。[①]

2. 少数族裔对平等公民权利的诉求

反法西斯战争推动了少数族裔争取平等公民权利的运动，也影响了"二战"后族群公民权政策的走向。在这方面，黑人民权运动起到率先发声的作用。1940年，多伦多一个溜冰场因拒绝黑人进入，遭到多伦多大学的学生抵制，直到溜冰场的主人终于同意接纳黑人顾客。尽管规模很小，这个事件却打破了一直以来的黑白隔离传统。[②] 1942年，为支持黑人大学毕业生抗议国家选才服务委员会的歧视性政策，加拿大《环球邮报》和加拿大犹太人大会纷纷声援，国家选才服务委员会在压力下同意，在向雇主推荐雇员时不再带有种族歧视。[③] 1941年，为了缓和白人顾客的抱怨，新斯科舍新格拉斯哥市区的罗斯兰剧院实行了黑白隔离措施，楼上为黑人观影区，与楼下白人保持距离。1943年，因为反对新斯科舍新格拉斯哥市罗兰德剧院驱赶和隔离接待非裔学生的行为，新格拉斯哥市非裔作家凯莉·

[①] "White Paper 1969", https：//indigenousfoundations. arts. ubc. ca/the_white_paper_1969/.
[②] Robin Winks, *The Blacks in Canada*, Montreal：McGill Press, 1997, p. 420.
[③] Robin Winks, *The Blacks in Canada*, Montreal：McGill Press, 1997, p. 423.

第二章 自由主义模式下加拿大国家认同的奠基（1945—1971）

贝斯特出于义愤，和儿子强行坐在白人座位区，结果两人被逮捕并被法院判决有罪。两人不服，随即上诉，仍旧被判败诉并向罗兰德剧院支付赔偿金。凯莉·贝斯特并未屈服，她创办了反种族主义报纸《号角报》，以争取黑白平等。黑人这些争取平权的运动，为其他族群争取平权的行动起到了示范作用。

除了黑人，华裔也是少数族裔争取公民权的典型之一。"二战"期间，因为种族歧视和不愿华人因参战取得公民权，加拿大政府原则上拒绝华人入伍，但华裔以德报怨，除了购买战争债券，通过各种渠道自愿从军者也超过了500人。① 在"二战"的压力下，麦肯齐·金总理表示，必须修正对中国移民的歧视性政策。② 1944年，为了争取平等权利，温哥华成立了华裔加拿大人联盟，谴责对华裔的各种歧视和限制，要求平等选举权，并宣称华裔为"二战"做出了贡献并积极接受了加拿大的文化："华裔愿意承担全部的公民责任，理应享有公民的所有权利。"③ 1946年，由79名加拿大社会名流（80%为非华裔）组成了"取消1923年《华人移民法》委员会"，呼吁授予华裔平等移民权和公民权。在他们的宣传手册中，有一封致移民和公民身份部部长的明信片，上面写着"所有移民应该依据同样的移民法标准进入加拿大"的字样。④ 与华裔一道，日裔在"二战"后也开展了平权运动，主要要求加拿大政府纠正战争期间强迫日裔内迁的歧视性做法。1947年，在加拿大的日裔成立了加拿大日裔协会，要求联邦政府承认"二战"期间拘禁日裔的侵犯人权行径，并主张享有平等的公民权。

3. 移民劳动力奇缺对族群平等的推动

以"二战"时期兴起的战时工业为基础，"二战"后在第三次科技革命以及资本的推动下，加拿大西部油气及矿业得到开采，基础设施建设也普遍展开，国家经济进入了一个蓬勃发展的新阶段。经济的发展刺激了加

---

① 钱喻、曲韵编导：《通往天堂的路用血汗筑成——中国人在加拿大的历史》（纪录片），凤凰卫视2003年。
② 杨立文：《华裔移民对加拿大社会与文化的贡献》，载张冠尧主编、北京大学加拿大研究中心编《加拿大掠影（第1辑）》，民族出版社1998年版。
③ Wing Chang Ng, *The Chinese in Vancouver, 1945–1980, the Pursuit of Identity and Power*, Vancouver: University of British Columbia Press, 2000, p. 44.
④ James Walker, *Human Rights in a Multicultural Framework: Defining Canadian Citizenship, 1945–1970*, Canadian Issues, February 2002, p. 33.

拿大对劳动力的需求。加拿大本土出生的人口在一度连续攀升。1945—1965年，加拿大迎来婴儿潮，每个育龄妇女生育的孩子数量维持在3.36—3.94个的水平，① 但即便如此，也无法解决劳动力短缺的问题，大量引进海外移民成为加拿大的必然选择。

自殖民地时期以来，英国和法国一直是加拿大第一大和第二大移民的来源地。1947年，加拿大政府对移民法做出修改，允许适度增加非英法移民的数量，以满足对劳工的大量需求，但前提是所增加的非英法移民不得改变加拿大人口以英法裔为主体的基本结构。同年，当时的加拿大总理的麦肯齐·金在议会上表示，加拿大应该继续是一个白人的国家。他甚至一度表示多样性是加拿大的弱点，担忧允许东方种族移民加拿大并把他们同化到加拿大社会会损害白人的同质性。② 麦肯齐·金还强调了对移民在族群上有所偏好的合理性："我想说的是，选择谁做我们的未来公民完完全全是加拿大的权力。能移民到加拿大并不是基本的人权，而是特权。""加拿大人并不希望加拿大的人口特质因为大规模移民而发生根本性变化。"③ 遵循这样的指导思想，英国人、美国人和法国人可以自由入境，其他族群移民进入的话则需要酌情考虑。不过，由于劳动力的短缺，这种偏向于英国、美国、法国的移民政策在后来越发缺乏可行性，因为"二战"后英国、法国等欧洲国家同样面临着劳动力匮乏的问题。据统计，"二战"期间欧洲伤亡惨重，英国、法国及联邦德国伤亡1735万人左右，其中死亡人口大约760万人。1946年，25岁到35岁的青壮年男子仅大约占法国人口总数的12.4%，西德则更严重，直到1964年所占比都在10%以下。④ "二战"后，加拿大还面临着来自美国的竞争。仅1953—1963年，就有79626名技术移民从加拿大转流到了美国（包括41263名专业人员和38363名熟练技工）。⑤ 此外，随着冷战的爆发，来自东欧的移民中断，这

---

① "Description for Chart 1 Total fertility rate, Canada, 1926 to 2011", https://www150.statcan.gc.ca/n1/pub/11-630-x/2014002/c-g/desc1-eng.htm.
② Peter Salemi, "The Dominion of Canada, its Origins and Future", http://www.british-israel.ca/dominion_of_canada1.htm.
③ Canada 1947, House of Commons, *Debates*, Vol. 3, Ottawa, pp. 2644-47, in Vic Satzewich, *Racism in Canada*, Don Mills, Ont.: Oxford University Press, 2011, p.39.
④ 张海麟、韩高润、吴广权：《二次世界大战经验与教训》，世界知识出版社1987年版，第110—113页。
⑤ 李薇：《加拿大华人中产阶层探析》，《辽宁师范大学学报》2001年第5期。

第二章 自由主义模式下加拿大国家认同的奠基（1945—1971）

种窘况进一步冲击了加拿大优先吸引英法移民的传统政策，加拿大不得不将目光转向欧洲其他地区乃至亚非拉地区。

与此同时，非英法裔的早期移民在战争中与其他加拿大人为共同事业作出了牺牲，战后他们拒绝在自己曾竭力保护的国家里继续持有二等公民地位，反对在就业、住宿和教育等领域基于种族、宗教和出身的歧视。1947年，联合劳工委员会在多伦多成立，要求结束对犹太裔和乌克兰裔加拿大人的歧视。1950年，加拿大议会颁布了一项移民枢密令，尽管对英国、爱尔兰、法国和美国移民的偏好保持不变，但可接纳移民的范围已经有所扩大，"包括任何拥有加拿大所需技能、品行良好、能够轻松融入加拿大社会的健康申请人"都可申请移民加拿大。[①] 同年，对亚洲人入境的限制有所放宽，同时德国移民从"敌国移民"名单中被删除。总之，劳动力的缺乏注定了以英法裔优先的种族主义移民政策无法满足加拿大对劳动力的需求，引进其他地区的劳动力首要的就是改变对其他地区移民的种族主义歧视，否则无法吸引足够的劳动力以满足国内经济迅速发展的需要。

第二节　加拿大公民权利的去种族化

以1946年《加拿大公民身份法》为起点，加拿大公民身份具备了作为主权国家层面的意义。该法颁布以后，加拿大政府以个体公民权利一律平等、国家有义务保证公民权利为原则，积极废除种族主义的移民政策，开始着力建构一种不分族群差异的加拿大公民身份，全面建构以自由民权、普遍参政及社会福利为主要内容的自由主义公民权利体系。到1971年多元文化主义政策前夕，加拿大公民权利体系的建构基本完成，所有加拿大公民不分族群属性，一律被授予平等的公民权利。

---

① Valerie Knowles, *Strangers at Our Gates*: *Canadian Immigration and Immigration Policy*, 1540–2015, Toronto: Dundurn Press, p. 72.

一 种族主义移民政策的终结

"二战"后至20世纪50年代末是加拿大歧视性移民政策轻微松动的时期。1947年，加拿大正式废除了《排华法案》。该法的废除，取消了普遍禁止华人入境的歧视性规定，当年就约有2.2万名华裔成为加拿大公民，他们的配偶和21岁以下的儿女，也被授予了作为亲属移民到加拿大的权利，此举为亲属团聚打开了一扇门。[1] 1952年，印度籍、巴基斯坦籍以及锡兰（1972年改为斯里兰卡）籍被允许按配额移民加拿大，但配额极少，仅为每年150个、100个和50个（1959年取消）。[2] 同年7月，加拿大再次修改移民政策，实施新的《移民法》，授权联邦内阁根据国籍、族群出身、职业情况、生活方式、能否适应加拿大气候，以及能否被加拿大社会同化等标准来挑选移民。[3] 尽管新移民法没有明确抵制或敌视亚非拉等少数族裔，但在实际的操作中，加拿大依然偏爱来自英国、法国、美国的移民以及英联邦国家的白人移民。根据新的移民法，华裔加拿大公民的配偶、21岁以下的未婚子女，以及父亲（65岁以上）和母亲（60岁以上）才可以申请入境加拿大与亲人团聚。[4] 可以说，1952年移民法"便利了那些经适当程序被精心挑选出来的人们的进入。那些不符合相应程序或与法律条款不符合者则只能求助上帝"[5]。1954年9月，加拿大移民政策再度收紧，接受加拿大公民和合法居民资助的埃及亲戚被禁止移民加拿大，同等规则也适用于在欧洲、北美、拉美、黎巴嫩、土耳其及以色列的兄弟姐妹及已婚儿女。限制政策颁布后，以上地区当年移民加拿大的人数

---

[1] Shien-Woo Kung, "Chinese Immigration into North America", *Queen's Quarterly*, LXXVIII: 4 (WINTER, 1962), pp. 612–616.

[2] Singh Bolaria and Peter Li, *Racial Oppression in Canada*, 2nd, Toronto: Garamond Press, 1988, p. 173.

[3] Freda Hawkins, *Canada and Immigration: Public Policy and Public Concern*, Montreal and Kingston: McGill-Queen's University Press, 1972, p. 102.

[4] 徐丹：《加拿大多元文化政策和华裔妇女的生存与成长》，《东莞理工学院学报》2008年第2期。

[5] Valerie Knowles, *Strangers at Our Gates-Canadian Immigration and Immigration Policy*, 1540–2006, Toronto: Dundurn Press, 2007, p. 171

第二章　自由主义模式下加拿大国家认同的奠基（1945—1971）

显著下降。1958—1959 年，加拿大移民人数下降了 15 个百分点。[①] 1956 年 1 月—1959 年 2 月，受加拿大公民和合法居民资助的意大利裔移民申请件从 77158 件增至 131785 件。[②]

1957 年 6 月，主张人权平等和改革移民政策的迪芬贝克代表保守党取代自由党政府上台。在竞选中，迪芬贝克主张赋予加拿大人平等权利，反对差别化移民政策。执政后，迪芬贝克宣布："我们将彻底改革该法案，结束对本法的官僚主义解释，（以免）将潜在的好公民排斥在外。"[③] 1958 年，埃伦·费尔克拉夫被任命为新的公民和移民部长。1959 年 4 月，为响应少数族裔的诉求，费尔克拉夫在议会中呼吁首先消除对无加拿大亲属资助的意大利人移民的歧视。[④] 1962 年，加拿大政府采用了第 86 号枢密院令，将移民技能水平视为移民接受的优先因素，还规定有技能的申请人和其他合格申请人可在加拿大公民亲属（未婚配偶、父母和公婆）的担保下移民加拿大。[⑤] 1966 年 10 月，加拿大移民部颁布《移民政策白皮书》。根据该文件，"加拿大人普遍意识到现在的移民法不能充分满足国家需求。自'二战'结束以来，加拿大共引进移民约 250 万人，其中 90 多万为受（在加拿大亲属）资助的移民。在最近两三年中，移民数量出现了令人鼓舞的增长，其中 40% 属于受资助移民。未受资助的移民主要来自北欧和西欧国家，受资助的移民多来自南欧。"[⑥] 鉴于此，《白皮书》放宽了对亲属移民的限制，以下三类亲属移民被授权移民加拿大：未受资助的随行配偶

---

① Valerie Knowles, *Strangers at Our Gates-Canadian Immigration and Immigration Policy*, 1540 – 2006, Toronto: Dundurn Press, 2007, p. 181.
② Canada House of Commons, *Debates of Canada House of Commons*, April 22, 1959, p. 2933, in Valerie Knowles, *Strangers at Our Gates: Canadian Immigration and Immigration Policy*, 1540 – 2006, Toronto: Dundurn, 2007, pp. 189 – 190.
③ Valerie Knowles, *Strangers at Our Gates: Canadian Immigration and Immigration Policy*, 1540 – 2006, Toronto: Dundurn Press, 2007, p. 179.
④ Canada House of Commons, *Debates of Canada House of Commons*, April 22, 1959, p. 2933, in Valerie Knowles, *Strangers at Our Gates: Canadian Immigration and Immigration Policy*, 1540 – 2006, Toronto: Dundurn, 2007, pp. 189 – 190.
⑤ Alan G. Green and David A. Green, "The goals of Canada's Immigration Policy: A Historical Perspective", *Canadian Journal of Urban Research*, No. 1 (Summer 2004): 117, http://www.jstor.org/stable/44320798.
⑥ Jean Marchand, Minster of Manpower and Immigration, *White Paper on Immigration*, Ottawa: Queen Printer, 1966, https://biblio.uottawa.ca/omeka2/jmccutcheon/items/show/24.

和21岁以下的未婚子女；无论来自哪个国家，受加拿大永久居民资助的配偶、21岁以下的未婚子女、未婚配偶、不再工作的父母或祖父母、16岁以下的失去双亲的兄弟姊妹、侄辈、外甥辈；居住已满5年的加拿大公民的配偶、21岁以下的未婚子女、兄弟姊妹、不再工作的父母或祖父母、侄辈、外甥辈。[1]

  1967年，在加拿大自治领成立百年庆祝期间，加拿大进一步移民法，颁布"积分制"，完全取消了对移民在种族、肤色和宗教方面的限制，在法律层面欧美移民被优先接收的不平等政策终止。移民本身的素质与能力差异而非肤色和族群差异成为移民准入的首要标准，教育和培训经历、个人性格、加拿大的人才需求、职业技能、年龄、英语和法语能力、是否有亲属在加拿大以及在移入地区的就业机会等成为主要的考量因素，积分制满分计100分，获得50分或50分以上的个人将被接纳为独立移民。[2] 积分制的颁布具有重大历史意义。如阿尔伯塔大学社会学和人口学教授弗兰克·特罗瓦托所说："1967年的这些变化发生在来自英国、意大利和德国等欧洲国家的移民已经开始减少的时候，此后加拿大移民政策变得更加开放和包容，这对塑造加拿大社会的社会民主结构产生了重大影响。"加拿大移民的族群多元化趋势达到了新的高度。1973年，阿尔伯塔约31.5%的新移民来自亚洲，同期亚洲移民约占所有加拿大新移民的23.4%。[3] 有色少数族裔在加拿大总人口中的比重在1961年约为2%，1970年增加到4.7%左右。[4] 根据加拿大统计局的数据，亚裔移民所占比重从1955年的4.1%左右，增加到1970年的15.4%左右。1951—1971年，加拿大总人

---

[1] Jean Marchand, Minster of Manpower and Immigration, *White Paper on Immigration*, Ottawa: Queen Printer, 1966, pp. 5, 11, 20-21, https://biblio.uottawa.ca/omeka2/jmccutcheon/items/show/24.

[2] Jan Raska, Monica MacDonald, Erica Gagnon, Lindsay Van Dyk and Steve Schwinghamer, "Immigration Regulations, Order-in Council PC 1967-1616, 1967", Canadian Museum of Immigration, https://www.pier21.ca/research/immigration-history/immigration-regulations-order-in-council-pc-1967-1616-1967

[3] Paula Simons and Clare Clancy, "On point: Fifty Years ago, Canada Changed Its Immigration Rules and In Doing So Changed the Face of This Country", *Edmonton Journal*, June 29, 2017, https://edmontonjournal.com/news/insight/on-point-fifty-years-ago-canada-changed-its-immigration-rules-and-in-doing-so-changed-the-face-of-this-country.

[4] Census of Canada, "Selected Characteristics of Visible Minority Groups, Population Aged 15 Years and Over", 2001, Table 1, http://www.statcan.gc.ca/pub/85f0033m/2008015/tables/5002067-eng.htm.

第二章 自由主义模式下加拿大国家认同的奠基（1945—1971）

口中非英法、非原住民的加拿大人比重从21.3%增加到26.7%。[1]可以说，正是从1967年的积分制开始，加拿大在移民和入籍政策上完成了平等准入的最后一步，为加拿大人普遍公民权体系的完成提供了良好的基础。加拿大移民来源地具体情况见表2.1。

表2.1　　　　　　　　　　加拿大移民来源地统计

	1955年	比重（%）	1960年	比重（%）	1967年	比重（%）	1970年	比重（%）
总数	23339人	100	20268人	100	48283人	100	34390人	100
欧洲	18658人	80	15315人	75.6	33163人	68.7	16079人	46.8
美国	2493人	10.1	2747人	13.6	4062人	8.45	7294人	21.2
亚洲	961人	4.1	1077人	5.3	5519人	11.4	5281人	15.4
西印度群岛	268人	1.1	210人	1	2119人	4.4	2677人	7.8
其他	—	—	662人	3.2	2002人	4.2	2226人	6.5

资料来源："Archived-Immigrants to Canada, by Country of Last Permanent Residence", https://www150.statcan.gc.ca/t1/tbl1/en/tv.action?pid=1710001001&cubeTimeFrame.startMonth=10&cubeTimeFrame.startYear=1955&cubeTimeFrame.endMonth=01&cubeTimeFrame.endYear=1971&referencePeriods=19551001%2C19710101.

二　各族群民权待遇的平等化

西方现代意义上的民权大约形成于18世纪，主要包括思想、言论、宗教、出版、集会和迁徙等基本权利。民权重在保障公民的生命和安全，公民不因种族、民族、肤色、性别、年龄、政治立场、宗教和残疾等受到歧视。"二战"期间，在少数族裔的要求下，加拿大就少数族裔的平等权利做了某些更改。1944年3月，旨在禁止种族歧视的《种族歧视法》在安大略省议会颁布，该法禁止出版含种族、族群歧视文字的作品，禁止展示包含种族、族群歧视的标志、符号及广告等。1945年3月，不列颠哥伦比亚省颁布《社会援助法案》，禁止在社会援助项目中的信仰、种族或政

---

[1] William C. Wonders, "Native Ethnicity in the Canadian North, A Geographer's Perspectives", in Alfred Pletsch, *Ethnicity in Canada-international Examples and Perspectives*, Marbutg/Lahn: Im Selbstverlag des Geographischen Instituts der Universität Marburg, 1985, p.52.

治派别歧视。① "二战"结束后至20世纪60年代,加拿大民权先后在打破种族隔离和基本人权立法方面取得了新的突破。

1. 加拿大种族隔离的取消

反对种族隔离的运动首先是从新斯科舍开始的。在历史上,新斯科舍没有明文支持种族隔离,但和其他省一样,允许企业主自愿实施种族隔离。1946年10月8日,在新格拉斯哥市经营美容院和美容学校的黑人女士维奥拉·迪斯蒙德到当地罗世兰剧院看电影,结果被剧院告知不能卖给她楼下白人观影区的票,她只能在楼上观影。迪斯蒙德对此表示不满,并坚持坐到了楼下白人区空座处,最后剧院报警,她被警察拖出剧院,她的钱包和鞋子期间被撕毁。② 此事件经报道在新斯科舍引起了普遍关注,并由此开启了战后加拿大的民权运动。为反抗隔离与歧视,新斯科舍有色族群发展促进会和当地的一些报纸积极声援迪斯蒙德,并将此案上诉至新斯科舍高等法院。虽然最终败诉,但进一步推动了新斯科舍和加拿大其他省区对黑白隔离问题的反思。1954年9月,新斯科舍最终通过法律认定种族隔离是违法行为。③

除了新斯科舍,安大略省也是黑人民权运动发生的代表性地区。安大略省德累斯顿在历史上就是黑白隔离的典型地区。1949年,记者西德尼·卡茨其文章《吉姆·克劳在德累斯顿的生活》中写道:"……尽管德累斯顿的市民不喜欢谈论这些,但黑人不能在镇上提供正餐的三家餐馆吃饭,不能在四家普通的理发店理发,不能把妻子送到唯一的美容院去。"④ 为了结束德累斯顿的种族隔离,当地的"二战"黑人老兵、木工店店主休·伯内特于1948年组织黑人老兵成立了民族团结协会,试图打破黑白隔离。在德累斯顿由白人组成的德累斯顿委员会驳回了伯内特关于在所有营业执照上添加不歧视条款的要求后,民族团结协会与同样反对族群隔离的犹太劳工委员会结成了联盟,继续通过媒体大力宣传结束种族歧视的主张。在

---

① "Timeline of Human Rights Development in Canada", https://www.edu.gov.mb.ca/k12/cur/socstud/foundation_gr9/blms/9-1-2a.pdf.
② Constance Backhouse, "Racial Segregation in Canadian Legal History: Viola Desmond's Challenge, Nova Scotia, 1946", *Dalhousie Law Journal*, 17 (2) (1994), pp. 299-362.
③ "Black History Canada-Timeline 1900-Present", http://blackhistorycanada.ca/timeline.php?id=1900.
④ Glenn Reynolds, *Viola Desmond's Canada*, Halifax: Fernwood Publishing, 2016, p. 55.

第二章　自由主义模式下加拿大国家认同的奠基（1945—1971）

他们及其他反种族主义组织的坚持下，安大略省议会在1951年通过了《公平就业法》，禁止在就业方面的种族歧视。[①] 1954年通过了《公平住宿法》，禁止住房和租房方面的种族歧视，比如不将房子租售给黑人的举措。1956年11月16日，两名黑人成员进入了之前仅限白人的凯记烤肉餐厅并受到了招待，安大略省黑人民权运动取得标志性胜利。[②] 1958年，在美国出生的黑人社会学家丹尼尔·希尔在安大略省成立了反歧视委员会[③]，仅在其成立的头两年里就调查了近2000起种族歧视案件，进一步巩固了安大略省黑人民权运动所取得的成效。[④] 1962年，安大略省议会颁布《人权法》，明确禁止种族隔离。1964年3月，在安大略省议会首位黑人议员伦纳德·奥斯丁·布雷斯韦特的建议和坚持下，安大略省教育部同意删除《隔离学校法》中所有与隔离学校有关的内容。[⑤] 1964年11月，加拿大最后一所实行黑白隔离的学校，安大略省南埃塞克斯县科尔切斯特村11号学校被关闭。从此，黑人专门学校这一"对人类尊严和社区公共政策严重冒犯"的机构在加拿大不复存在。[⑥]

2. 族群民权平等的法制化

"二战"后关于民权平等的立法，首先发生在萨斯喀彻温省。在萨斯喀彻温省，就像在加拿大其他地方一样，基于种族主义的歧视，种族隔离在教堂、餐馆、剧院等场所较为普遍。这种情形引起了民主社会主义政党平民合作联盟的反对。1944年6月，平民合作联盟在犹太裔领导人汤米·道格拉斯的领导下赢得了萨斯喀彻温省大选，一举取得了省议会52个席位中的47个。作为犹太人，道格拉斯及其司法部部长科尔曼一直认为族群歧视存在的重要原因之一是歧视性法律的存在。他们主张萨斯喀彻温省

---

① Robin Winks, *The Blacks in Canada*, Montreal: McGill Press, 1997, p. 427. 在安大略省黑人民权运动的促进下，加拿大其他省份的民权运动也风起云涌。在就业公平方面，1953年，曼尼托巴省通过了《公平就业法》。随后，新斯科舍省（1955年）、不列颠哥伦比亚省（1956年）、萨斯喀彻温省（1956年）和魁北克省（1964年）也通过了同样的立法，参见 Walter Surma Tarnopolsky, *Discrimination and the Law in Canada*, Toronto: De Boo, 1982, pp. 27-28。
② Glenn Reynolds, *Viola Desmond's Canada*, Halifax: Fernwood Publishing, 2016, pp. 58-59.
③ 1961年更名为人权委员会。
④ Robin Winks, *The Blacks in Canada*, Montreal: McGill Press, 1997, p. 428.
⑤ Jamie Bradburn, "The Story of Ontario's Last Segregated Black School", Feb 26, 2018, https://www.tvo.org/article/the-story-of-ontarios-last-segregated-black-school.
⑥ Natasha L. Henry, "Racial Segregation of Black People in Canada", https://www.thecanadianencyclopedia.ca/en/article/racial-segregation-of-black-people-in-canada.

应该制定一部权利法案来保护各族群的平等和自由:"为更美好的社会奠定基础——不仅在萨斯喀彻温省,而且在整个加拿大。"1947年3月,经过近一年的准备,司法部部长科尔曼在萨斯喀彻温省议会中提出了《萨斯喀彻温省权利法案》。科尔曼还在议会发表讲话盛赞该议案的重要价值,他说:"议长先生,我想说的是,这可能是众议院有史以来最重要的法案……在重要性上,它将与《英属北美法案》齐名。"经过激烈的辩论,议案获得一致通过,并在5月1日顺利生效。《萨斯喀彻温省权利法案》共19章,主张保护公民的良心自由、言论自由、结社自由、不受任意监禁的自由以及选举、就业、财产和教育的权利。它规定,"每个人和每个阶层的人"都享有言论和结社自由、选举权、加入专业组织和工会的权利以及免于任意监禁的自由。在房产租售、中小学和大学教育以及在餐馆和酒店等公共场所提供服务时,歧视"任何人或任何阶层的人"都是非法的。任何违反该法案的言论或活动都会受到法律的罚款、惩罚或监禁。①

在联邦层面,迪芬贝克担任总理时期(1957—1963),加拿大民权运动实现了巨大的飞跃。迪芬贝克是不分族群民权一律平等的积极倡导者。据加拿大广播公司报道,当他还是个孩童时,加拿大社会对法裔、印第安人、梅蒂人和移民的歧视就激起他的反感。担任萨斯喀彻温省保守党主席以及进入众议院后,他一直呼吁在联邦层面制定法律来保证所有加拿大人的民权,②"直截了当地反对基于肤色、信仰或种族出身的歧视"③。1957年4月,迪芬贝克作为保守党领袖以《加拿大人权法案》作为主要竞选纲领参与联邦大选。同年6月,迪芬贝克获胜并随即宣称,联邦新政府将致力于实施"一个加拿大"(One Canada)的政策,即建设一个消除种族歧视与种族主义偏见,不分种族、肤色、宗教信仰、性别,所有公民一律平等的加拿大。④ 1958年3月,迪芬贝克声称:"我是首个非英裔、非法裔

---

① John Boyko, "Saskatchewan Bill of Rights", https://www.thecanadianencyclopedia.ca/en/article/saskatchewan-bill-of-rights.
② "Canada Gets Its Own Bill of Rights", https://www.cbc.ca/archives/categories/politics/the-constitution/the-constitution-general/canada-gets-its-own-bill-of-rights.html.
③ "John Diefenbaker and the Canadian Bill of Rights", https://www.cbc.ca/archives/entry/john-diefenbaker-and-the-canadian-bill-of-rights.
④ John Diefenbaker, "Address On the Nation's Business", June 30, 1960, http://www.collections-canada.gc.ca/primeministers/h4-4052-e.html.

第二章　自由主义模式下加拿大国家认同的奠基（1945—1971）

血统的加拿大总理，所以我想促成的是一个没有族群差异的加拿大公民身份。"① 1960年8月，在迪芬贝克政府的积极推动下，加拿大联邦议会正式表决通过了《加拿大人权法案》。根据该法，加拿大人享有同等权利，受到法律的平等保护；加拿大人享有言论自由、宗教信仰自由、结社自由、集会自由、迁徙自由、出版自由，人的基本权利不因"种族、民族出身、肤色、宗教和性别"等差异而受到侵害；生命安全、个人自由、财产等未经正当的法律程序不能被剥夺；非经法律允许，不得拘留、拘禁、放逐任何公民，禁止残忍刑罚；一旦被逮捕或者被拘禁，公民有享有被迅速告知拘捕理由并及时聘请和告知律师的权利。这一法案从内容和性质上讲，带有明显的《英国大宪章》、英美《权利法案》及法国《人权宣言》的特点。该法的颁布是加拿大民权保护的重要里程碑，它在法律上否定了种族主义等侵害人权的行为，是加拿大民权运动具有时代价值的成果。1971年，加拿大《刑法》进一步规定，基于人们的肤色、种族、宗教或民族身份而产生的仇恨，提倡或公开煽动种族灭绝是犯罪行为，加拿大对种族主义的打击进一步加强。②

三　各族群平等选举权的授予

1. 对少数族裔选举权的歧视规定的废止

"二战"后，少数族裔平等选举权的授予是加拿大公民选举权去族群化的重要成就。在省区内选举权上，不列颠哥伦比亚省于1945年3月先行通过了《选举法修正案》，赋予了现役或曾经在"二战"战场上效力的亚裔士兵省级选举权（不含日裔）。1947—1949年，在全加拿大范围内省级公民选举权分别授予了华裔、印度裔和日裔。1947年春，《排华法案》被废除。1947—1948年，华裔、日裔和印度裔等亚裔公民被授予参与选举和竞选众议员的权利，无论所在省区是否具有省区投票权。③ 此外，1955年，因宗教歧视被剥夺选举权的杜科波尔教派公民被授予了同等的公民权

---

① *Maclean's*, March 29, 1958, http: //ggower. com/dief/quote. shtml.
② "Timeline of Human Rights Development in Canada", https: //www. edu. gov. mb. ca/k12/cur/socs-tud/foundation_gr9/blms/9 - 1 - 2a. pdf.
③ "A Brief History of Federal Voting Rights in Canada", https: //electionsanddemocracy. ca/voting-rights-through-time-0/brief-history-federal-voting-rights-canada.

· 121 ·

利，选举法对特定族群宗教信仰的歧视也随即终止。[①]

选举权的授予为少数族裔参与加拿大政治打开了大门。在非英法裔白人少数族裔中，迪芬贝克于1957年成为首位德裔与爱尔兰裔混血的联邦总理。休伯特·巴达纳伊于1958年当选为首位意大利裔众议员。德芙·舒皮赫于1963年在不列颠哥伦比亚省当选为首位克罗地亚裔省议员。此外，备受歧视的犹太人也在政治参与上取得了历史性突破。在"二战"前，犹太人并未被明文禁止参与选举，但由于社会对犹太人的偏见，犹太人中少有参与政治者。"二战"结束以前，在加拿大一共出现过3位犹太裔众议员（分别在1872年、1935年和1943年）。"二战"后，犹太人凭借着强大的经济优势和社会网络更多地参与加拿大政治。1955年，戴维·克莱尔成为首位犹太裔参议员。1962年，赫伯·格里成为首位犹太裔众议员。1955—1966年，包括多伦多市市长内森·菲利普斯在内的至少5位犹太裔加拿大人出任所在市的首任犹太裔市长。1969—1971年，曼尼托巴自由党党首、不列颠哥伦比亚省、安大略省、曼尼托巴省及联邦自由党党首均由犹太裔出任。1970年，犹太裔宝拉·拉斯金出任联邦高等法院9名大法官之一。

在有色少数族裔中，黑人伦纳德·布莱斯维特于1963年成功进入安大略省议会，成为加拿大首任黑人省议员。1964年，弗民·摩尼斯泰姆在安大略省马特瓦市成为加拿大第一位黑人市长。1968年，林肯·亚历山大作为第一位黑人议员进入加拿大众议院。1957年，郑天华作为进步保守党的华裔竞选人，成功进入众议院，成为首位华裔众议员和首位有色少数众议员。1966年，在不列颠哥伦比亚省甘露市市长竞选中，华裔吴荣添胜选，成为该市乃至北美第一位华裔市长。1971年，华裔何荣禧代表社会信用党在阿尔伯塔省胜选，成为加拿大首位华裔省议会议员。此外，1968年，来自魁北克市的皮埃尔·德贝恩成为加拿大历史上首位阿拉伯裔众议员。

2. 原住民选举权与"印第安身份"的兼容

"二战"后，在反种族主义的思潮下，原住民投票问题被提上了加拿大的政治日程。1946年，加拿大议会设立了《印第安法》专门联合委员

[①] *An Act to Amend the Canada Elections Act*, S. C. 1955, c. 44, s. 4 (1), http：//www. parl. gc. ca/MarleauMontpetit/DocumentViewer. aspx? Language = E&Print = 1&Sec = Ch04&Seq = 17

第二章　自由主义模式下加拿大国家认同的奠基（1945—1971）

会。1948年，经过3年的公开听证和调研，委员会提出了一份最终报告，建议允许印第安人在不放弃印第安身份及其附属权利的前提下在联邦选举中投票。1949年，不列颠哥伦比亚省选举法规定，允许身份印第安人在不放弃民族身份及优待的前提下在省级选举中投票，[1] 1949年，弗兰克·亚瑟·卡德尔被选入不列颠哥伦比亚省议会，成为第一个条约印第安人省议员。然而在整个20世纪50年代，在联邦层面有身份的印第安人依然没有资格在联邦选举中投票。1950年，和身份印第安人一样，因纽特人获得了有条件的联邦选举权，但同样只有放弃自身民族身份及其附属权利才能参与投票。[2] 1951年，《印第安法》做出修订，提出印第安人的传统和文化值得尊重，但同时也指出普通法律规范适用于原住民的财务继承、村落社议事会和酋长选举以及保留地的日常管理和转让，继续鼓励身份印第安人放弃传统的渔猎生活，改作农耕，做一个普通公民。该法在公民权问题上仍然坚持放弃印第安人条约权利。[3] 由于担心在联邦选举中投票的行为将意味着失去历史权利和印第安人地位，多年来原住民在联邦选举中的投票率很低。[4]

1957年6月，迪芬贝克领导的进步保守党当选，政治格局发生了变化。迪芬贝克作为公民自由主义者，长期以来一直批评对印第安人的统治失当，决心对印第安人选举法做出改革，改变印第安人参加选举必须放弃印第安身份的做法。1958年，迪芬贝克任命来自阿尔伯塔的印第安人与苏格兰人的后代詹姆斯·格莱斯顿担任参议员，这也是加拿大历史上首个原住民参议员，彰显了改革原住民选举法的决心。1959年，迪芬贝克主导成立了一个由参众两院组成的印第安事务联合委员会。1960年3月31日，在迪芬贝克政府的积极推动下，《加拿大选举法》做出改革，赋予了印第安人、因纽特人及梅蒂人完全的联邦投票权，不必放弃原住民身份及其历

---

[1] "Indigenous-Suffrage", https://www.thecanadianencyclopedia.ca/en/timeline/indigenous-suffrage.
[2] *An Act to Amend the Dominion Elections Act*, 1938, S. C. 1950, c. 35, s. 1., http://publications.gc.ca/Collection-R/LoPBdP/BP/bp175-e.htm.
[3] Jennifer A. Brown, *Our Native People: the Illegitimacy of Canadian Citizenship and Canadian Federation for the Aboriginal Peoples*, Master Degree Thesis, Ottawa: Carlton University, 1998, p. 17.
[4] Canada, Royal Commission on Aboriginal Peoples, 1996a, *Report of the Royal Commission on Aboriginal Peoples*, Vol. 1: *Looking Forward, Looking Back*, Ottawa: Canada Communication Group. pp. 9-12, https://www.thecanadianencyclopedia.ca/en/article/indigenous-suffrage.

史权益就可以投票或参与竞选。① 在联邦授予原住民选举权后,萨斯喀彻温省(1960年)、新不伦瑞克省(1963年)、爱德华王子岛(1963年)、阿尔伯塔省(1965年)、魁北克省(1969年)、西北地区和育空地区(1960年)也授予了原住民同样的省区内选举权。② 在完全选举权的促动下,1968年,伦纳德·马钱德在不列颠省选区胜选,成为首位在不放弃印第安身份的前提下进入众议院的原住民众议员。③ 身份印第安人在加拿大获得省级选举权的时间如表2.2所示。

表2.2　　　　　身份印第安人在加拿大获得省级选举权的时间

年份	1885年	1949年	1949年	1952年	1954年
省区	新斯科舍	不列颠哥伦比亚	纽芬兰	曼尼托巴	安大略
年份	1960年	1963年	1965年	1969年	
省区	萨斯喀彻温	新不伦瑞克与爱德华王子岛	阿尔伯塔	魁北克	

资料来源:Royal Commission on Aboriginal Peoples, *Report of the Royal Commission on Aboriginal Peoples*, *Vol*.1:*Looking Forward*, *Looking Back*, Ottawa:Canada Communication Group, 1996. p. 9, p. 12.

四　全民福利保障体系的建成

1929年经济大危机之前,包括加拿大在内的欧美世界普遍奉行自由竞争原则,公民福利几乎被视为个人私事。1929年经济大危机的爆发使得西方世界普遍认识到,国家出面对公民养老、医疗和失业等福利给予协助和保障是保证社会稳定运转必不可少的环节。"二战"后,随着资本主义制度的自我调整和完善,公民福利被普遍纳入公民权利的建构之中。

1. 养老与救济保险体系

加拿大的养老金制度发端于20世纪20年代。1927年,加拿大政府颁

---

① An Act to Amend the Canada Elections Act, S. C. 1960, c. 7, s. 1.
② Royal Commission on Aboriginal Peoples, *Report of the Royal Commission on Aboriginal Peoples*, Vol.1:*Looking Forward*, *Looking Back*, Ottawa:Canada Communication Group, 1996, pp. 9 - 12. 也可参见 https://www.thecanadianencyclopedia.ca/en/article/indigenous-suffrage。
③ 1871—1873年有3位梅蒂人放弃原住民身份成功竞选为众议员。参见 http://www.parl.gc.ca/Parlinfo/Compilations/Parliament/Aboriginal.aspx?Language=E&Menu=HOC-Bio&Role=MP。

第二章 自由主义模式下加拿大国家认同的奠基（1945—1971）

布了第一部《老年养老金法》。该法规定，年龄在70岁以上且在加拿大已居住20年以上的老人，如果年收入低于350加元，每月最多可以获得20加元的养老金。只是此养老金仅限于英国臣民，身份印第安人和有色少数族群不包括在内，具有鲜明的族群排斥性。① "二战"后，随着加拿大经济的良性发展，到20世纪50年代末，普遍的、不分族群的养老金体系基本建设完成。1951年，加拿大《老年安全法》将70岁以上老人每月的联邦养老安全金提高到40加元。② 同年，《老年援助法》对《老年安全法》作出补充，对于在加拿大住满20年、65—69岁且寡居收入在720加元以下、夫妻共同收入在1200加元以下的老人，每月可提供最多40加元的援助金。③ 到1964年，政府每年大约为老年保障养老金分配7.55亿加元，为老年援助分配7700万加元，支付养恤金的老年保障基金出现了大约6.7亿加元的赤字。④ 1966年，为保证养老计划的持续性，加拿大议会通过新的《加拿大养老金计划》。个人缴纳养老基金的上限被定为本人年收入的1.8%，其余需要缴纳部分由雇主以及省政府、联邦政府负责缴纳。这一养老金计划旨在"尽可能惠及更多的人"，"让那些在正常年龄退休的、残疾的或逝者留下的被抚养人能拿到合理的、最低水平的收入"。⑤ 此外，在救济方面，联邦政府为帮助家庭抚养孩子，早在1945年7月就开始实施家庭补贴金项目。⑥ 从新生儿到15岁的孩子每月可获得5—8加元的经济补贴。⑦ 1954年，联邦通过《高龄人或残疾人救助法》，为高龄人和残疾

---

① "Our First Old Pensions Act", https://www.historymuseum.ca/cmc/exhibitions/hist/pensions/1915 – 1927_e.pdf; Jay Makarenko, "Canada Pension Plan: Overview, History and Debates", http://www.mapleleafweb.com/features/canada-pension-plan-overview-history-and-debates#history.
② Hugh E. Q. Shewell, "*Enough to Keep Them Alive*": *Indian Welfare in Canada*, 1873 – 1965, Toronto: University of Toronto Press, Scholarly Publishing Division, 2004, p.236.
③ Jay Makarenko, "Canada Pension Plan: Overview, History and Debates", http://www.mapleleafweb.com/features/canada-pension-plan-overview-history-and-debates#history
④ "The History of Canada's Public Pensions", https://www.historymuseum.ca/cmc/exhibitions/hist/pensions/cpp-a52 – wcr_e.html.
⑤ The Office of the Commissioner of Review Tribunals, "History of the Canada Pension Plan", http://www.ocrt-bctr.gc.ca/dap-dep/r012002/sc02 – eng.html.
⑥ Museum Canada, "Canada and the War", http://www.warmuseum.ca/cwm/exhibitions/newspapers/canadawar/allowance_e.shtml.
⑦ Dennis Guest, "Family Allowance", http://www.thecanadianencyclopedia.com/articles/family-allowance.

· 125 ·

人群体提供某些资助。

　　以上公民福利不分族群，凡是加拿大公民均有资格享有，甚至针对原住民等特殊少数族群还有附加的福利待遇。1948年，联邦给予3850名印第安人每月25加元的养老金。① 1955年，家庭儿童补贴、高龄与残疾人补贴也惠及了原住民。② 1957财政年度，有19885个印第安人家庭领取儿童补贴金，受惠儿童达57526个。③ 1952年，加拿大《新渥太华：1952年救济政策》发布了关于印第安人福利和救助的计划，"帮助的类型和数量取决于印第安人的要求、地点、健康程度、国家食品可利用度及养活自己的程度"④。同年，加拿大政府给每个被救助的印第安人发放了面粉24磅、燕麦6磅、发酵粉1磅以及油盐酱醋若干等生活必需品。到1958年，救助成年印第安人的标准改为每月22加元，其中每增加一个12岁以上的孩子就增加15加元，不足12岁的话则给予12加元或者等价物。⑤

2. 医疗保健体系

　　1946年，平民合作联盟执政时的萨斯喀彻温省在省内颁行了加拿大首部免费医保法——《萨斯喀彻温省住院法》，规定凡是在当年正常纳税或依法免税的萨斯喀彻温省公民均可以免费住院治疗，开启了加拿大医保福利的新时代。⑥ 1948—1949年，在不列颠哥伦比亚省和阿尔伯塔省执政的社会信用党分别效法萨省模式，将住院免费治疗待遇惠及本省公民。1949年，有了西部三省的表率，联邦选举中各大政党为争取选票都打出了致力于免费医疗保健的旗帜。1957年1月，路易斯·圣劳伦自由党政府时期联邦议会表决通过了联邦层面的《住院保险及诊断服务法》，宣布医生认可

---

① Hugh E. Q. Shewell, "*Enough to Keep Them Alive*"：*Indian Welfare in Canada*, 1873 – 1965, Toronto：University of Toronto Press, Scholarly Publishing Division, 2004, p. 236.

② The Maytree Foundation, April 30, J. Stapleton, "A History of First Nations Social Services Arrangements within MCSS and its Predecessors", June 26 – 27, 2007, http：//openpolicyontario.com/wordpress/wp-content/uploads/2012/02/2007_06_07_Updated_FN_History1.pdf

③ Department of Citizenship and Immigration, Indian Affairs Branch, *Annual Report*, 1957 – 1958, Ottawa：Queen's Printer, 1958, p. 76.

④ Hugh E. Q. Shewell, "*Enough to Keep Them Alive*"：*Indian Welfare in Canada*, 1873 – 1965, Toronto：University of Toronto Press, Scholarly Publishing Division, 2004, p. 239.

⑤ Hugh E. Q. Shewell, "*Enough to Keep Them Alive*"：*Indian Welfare in Canada*, 1873 – 1965, Toronto：University of Toronto Press, Scholarly Publishing Division, 2004, p. 264.

⑥ "Saskatchewan Hospitalization Act", http：//www.qp.gov.sk.ca/documents/English/Statutes/Repealed/S23.pdf.

的急诊住院、全面护理和门诊健康诊断费用由各省区和国家按照各50%的比重分担支付。① 1961年，加拿大10个省区实施了《住院保险及诊断服务法》，加拿大人的医疗负担得到显著纾解。② 在此基础上，20世纪60年代末加拿大最终完成了公民医保权利的基本覆盖。1964年1月，加拿大联邦皇家健康服务委员会公布了有关全国医保状况的调查报告，指出全国依然有多达750万人没有医保，建议联邦实施普遍的医保政策，帮助无医保人群享受相应保障，此建议尤其受到新民主党等政党的大力支持。③ 1966年7月，安大略省开始实施《安大略医疗服务保险计划》，除了美容、牙医和处方药的医疗服务免费。1967年7月，联邦福利部向议会提交了以全民医保为特色的《医疗保健法》。福利部部长阿兰·麦凯琴指出："所有加拿大人应该根据需要获得高质量的健康服务，这和他们能否负担得起无关。"④ 经约一年的讨论修改，《医疗保健法》于1968年正式成为法律，非住院的诊疗费用被纳入联邦医保，具体花费由联邦政府和省政府各负担50%。⑤ 至此，覆盖全国各地区、各族群的全民福利医保体系建立了起来，加拿大公民在医保方面享有了基本的福利保障。

3. 失业保险体系

失业保险在加拿大可追溯到"二战"时期。1940年7月，英国议会表决通过了《英属北美法修正案》，授权加拿大议会审理自治领失业保险事宜。次月，加拿大联邦政府颁布了《失业保险法》，宣布致力于由雇员、雇主及政府三方出资的失业保险制度建设。该法规定，失业者在过去两年内工作满30周以上，可以将之前的工作时间按五分之一折算来领取失业金，最长可领取一年。据估算，这份失业保险大概覆盖了250万人，约42%的劳动人口。不过，在适用范围上，该法仅适用于未参与过罢工、非

---

① J. Gilbert Turner, "The Hospital Insurance and Diagnostic Services Act: Its Impact on Hospital Administration", *Canadian Medical Association Journal*, 78 (10), 1958, pp. 768 – 770.
② Brandon Madsen, "How Canadian Workers Won Universal Healthcare", http://www.socialistalternative.org/news/article20.php?id=567.
③ "Hospital Insurance and Diagnostic Services Act", http://www.socialpolicy.ca/52100/m19/m19 – t9m.stm.
④ Canada Civilization Museum, "Making Medicare, the History of Healthcare in Canada, 1914 – 2007", http://www.civilization.ca/cmc/exhibitions/hist/medicare/medic – 5h23e.shtml.
⑤ Canada Civilization Museum, "Saskatchewan Leads the Way", http://www.civilization.ca/cmc/exhibitions/hist/medicare/medic – 5h02e.shtml.

因工作失误被开除和非自愿辞职者,不包括因企业停工、自身病伤、退休或孕产而失业者,也不包括农林、渔业、教师与医护行业从业者,以及市以上公共部门人员和月工资2000加元以上者。①

"二战"结束至1970年,加拿大失业保险体系建设获得了更为长足的发展。1946年,加拿大福利委员会建议联邦政府建立覆盖范围更加广泛的失业保险体系。1952年,该委员会提出了名为《公共援助和失业者》的报告。1956年6月,加拿大众议院讨论通过了《失业救助法案》,75%的劳动人口被纳入救助范围,联邦政府分担各省失业救助金的50%,在过去12个月或者距离上一次失业救助申请24周的失业者可申请6—36周的失业金。到20世纪50年代末,失业金为每周27—36加元。② 1959年,加拿大人周薪平均大约是114加元,最低时薪是1加元,1条面包的价格是0.20加元,1加仑汽油卖0.30加元,1加仑牛奶卖1.01加元。可见,失业救济金足以使失业者维持基本生活水平。③ 1970年,随着加拿大经济的迅速发展,加拿大政府颁布了《20世纪70年代失业保险》白皮书,宣布继续扩大失业保险受惠面。第二年,联邦新的《失业保险法》颁布,失业金惠及劳动人口的96%。除了自愿离职、失职被辞和拒绝适当的工作,因患病或产假等产生的失业者也被纳入保险范围。在过去52周内工作时间达8周以上者就可以申领,最长可领取51周的失业金,④ 金额最多可达失业前工资的三分之二。⑤ 至此,加拿大的公民失业保险机制基本完善。

---

① Jay Makarenko, "Employment Insurance in Canada History", September 22, 2002, http://www.mapleleafweb.com/features/employment-insurance-canada-history-structure-and-issues; Zheng Xilin, "Employment Insurance in Canada: Policy Changes", http://ivt.crepuq.qc.ca/popactive/documentation2002_A/1998/pear1998010002s2a06.pdf.
② Jay Makarenko, "Employment Insurance in Canada History", September 22, 2002, http://www.mapleleafweb.com/features/employment-insurance-canada-history-structure-and-issues; Zheng Xilin, "Employment Insurance in Canada: Policy Changes", http://ivt.crepuq.qc.ca/popactive/documentation2002_A/1998/pear1998010002s2a06.pdf.
③ "Television History-The First 75 Years", http://www.tvhistory.tv/1959%20QF.htm.
④ Jay Makarenko, "Employment Insurance in Canada: History, Structure and Issues", September 22, 2009, http://mapleleafweb.com/features/employment-insurance-canada-history-structure-and-issues#history.
⑤ "Unemployment Insurance Act", http://www.socialpolicy.ca/cush/m3/m3-t33.stm.

第二章 自由主义模式下加拿大国家认同的奠基（1945—1971）

第三节 加拿大国家认同的初步形成

美国纽约市立大学社会学学者菲利克斯·格罗斯教授在其专著《公民与国家》中曾说过，自由主义以公民个体而非族群为组成国家的基本单位，可以造就"超越种族的忠诚"，可以"将各自不同种族和文化背景的群体结合为一个整体，一个受到全体或绝大多数居民认同和热爱的整体"。[1]"二战"结束至1971年多元文化主义政策颁布之前，加拿大秉承不分族群差异一律平等的原则，积极推动各族群享有平等的公民权利，在很大程度上消除了族群歧视的法律障碍。加拿大基于个体公民权利平等的原则，从移民准入、民权、参政权和社会福利权等层面建构了普遍的公民权利体系。相对于之前的种族主义，这种模式具有巨大的历史进步性，体现了加拿大通过赋予公民权利建构公民国家认同的不懈努力。在这个过程中，历史上英帝国对加拿大自治领的控制和影响逐渐淡化。"二战"前，英裔在整体上对英国的认同远远浓厚于对加拿大的认同的态势出现转变，各族群对加拿大的国家认同得以初步实现。

一 加拿大地位的"去自治领化"

正如前文所述，1946年《公民身份法》的通过过程证明，"加拿大公民"而非"自治领臣民"成了"二战"结束后国家认同的趋向，加拿大人的国家认同目标开始由英国认同向加拿大国家认同迈进。早在1946年《公民身份法》提交议会讨论之际，来自平民合作联盟的众议员阿里斯塔·斯图尔特就建议成立公民身份处以着力增进对加拿大公民意识的宣传，告诉加拿大人"加拿大主义意味着什么"。[2] 1947年年初，公民身份处成立，随后该处发行了由《我们的土地》《我们的政府》《我们的资源》

---

[1] [美] 菲利克斯·格罗斯：《公民与国家》，王建娥、魏强译，新华出版社2003年版，第180页。
[2] The National Identity Task Force, *Canadian Citizenship: the Acts and Policies of the Government of Canada: Parliament Speaks*, Ottawa: Secretary of State, 1991, p. 16.

《加拿大风景》等组成的《加拿大公民身份系列》宣传册。自1950年开始,加拿大广播公司(CBC)的"寻找公民"节目开播,公民身份处发行了《公民》(*Citizen*)刊物,以提升有关"加拿大公民"的影响力。1954—1955年,公民身份处向相关公民志愿组织提供了50万份宣传加拿大公民身份的出版物。截至1955年,共出售了1.8万份与公民身份相关的拷贝片,供移民学校播放使用。①

与提升加拿大公民意识的相关宣传一致,"二战"后"加拿大自治领"这一国家名称中的"自治领"称谓在加拿大政治舞台的地位逐渐淡化。1947年开始,处理自治领与英国关系的"自治领事务国务秘书"改称"英联邦事务国务秘书"。1949年,在《众议院纪要》中,"加拿大"代替"加拿大自治领"成为正式用语。1951年11月8日,路易斯·圣劳伦总理在众议院的讲话中要求在加拿大的法律中用"加拿大"代替"加拿大自治领":"我毫不犹豫地说,当修订或强化法律条文的时候,我们政府的政策就是以'加拿大'来取代'自治领'。"随后,《自治领土地调查法》《自治领选举法》《加拿大法律年鉴》《众议院辩论年度档案》《加拿大高等法院法律报告》《加拿大年鉴》等官方档案或出版物均停止了以"加拿大自治领"或"自治领"称呼加拿大,代之以"加拿大"或者"联邦政府"等称谓。②

与此同时,"二战"结束至20世纪60年代末,加拿大政界掀起了一股将"自治领日"改称"加拿大日"的思潮。"自治领日"源于1867年7月1日加拿大自治领的成立。1868年6月20日,加拿大总督蒙克(Monck)勋爵签署公告,要求加拿大臣民将7月1日作为庆祝日。1879年,7月1日作为"邦联纪念日"被联邦法定为法定假日,后来被称为"自治领日"。1946年2月,来自魁北克省的自由党议员安托万-菲利亚斯·科特发起了一项私人法案,提议将每年的7月1日自治领成立日更名为"加拿大日"。盖洛普民调机构在议会讨论期间,就科特的提案做了一份抽样调查,结果显示,全加拿大平均有46%的人对提案支持,29%和21%的人分别持反对和无所谓的态度,只有魁北克省持明显支持态度(78%)。③ 在

---

① Department of Citizenship and Immigration, *Annual Report* 1954 – 1955, Ottawa: Queen's Printer, 1955, p. 9.
② "Dominion of Canada", http://www.filibustercartoons.com/dominion.htm.
③ Raymond B. Blake, "From Dominion Day to Canada Day, 1946 – 1982: History, Heritage and National Identity", *Asian Journal of Canadian Studies* 17, (2), 2011, pp. 10 – 14.

第二章　自由主义模式下加拿大国家认同的奠基（1945—1971）

自由党占据多数的众议院，科特的提案在自由党支持下顺利通过二读和三读，但在参议院遭到非法裔议员的一致否决。反对者认为自治领不是殖民地，改变自治领日的名称的行为属于极端民族主义的选择，只会助长法裔加拿大人的民族意识。1950年，科特再度提出同样的议案，由于英裔群体的反对该提案未能在众议院通过。不过，尽管如此，作为"去自治领化"的尝试，科特的提案反映了加拿大人在"二战"后独立国家意识的增强。1958年，在时任总理迪芬贝克的敦促下，国务秘书埃伦·费尔克拉夫在国会山组织了自治领日庆祝活动。通过每年庆祝自治领日，迪芬贝克希望重新唤起人们对加拿大英国遗产的历史意识，并扭转最近逐渐淘汰"自治领"一词的趋势。[①] 但事实证明，这一努力收效甚微。就连加拿大军队也采取了削弱英国元素的做法。1968年2月1日，加拿大皇家海军、空军和陆军被统称为"加拿大军队"。1968年4月，法裔出身的特鲁多担任加拿大总理。1968年11月，来自魁北克省的自由党议员吉尔斯·玛索承继科特的思想，再次提出将"自治领日"改称"加拿大日"，并把时间改为每年7月的首个周一。"对于大多数政治上成熟的加拿大人来说，自治领日重在回忆过去，相反，加拿大日则代表着现在和未来。"[②] 1969年10月，安大略省的自由党众议员詹姆斯·依莉莎·布朗也提出了同样的加拿大日议案。1970年5月，布朗在众议院中发表讲话，称他的法案不仅受到了法裔的支持，还得到了"德国裔、波兰裔、意大利裔、匈牙利裔、乌克兰裔和荷兰裔"等诸多"忠诚和具有奉献精神"的加拿大人的支持。[③] 虽然由于倾向于保留历史痕迹的势力的反对，该提案最终未能通过三读，但围绕它的讨论表明，"自治领日"在加拿大的政治象征中的地位被动摇和质疑，淡化加拿大的英国痕迹正成为一种趋势。[④]

另外，"二战"后作为英王在加拿大代表的总督，在"二战"后也逐

---

① "Dominion", https://www.thecanadianencyclopedia.ca/en/article/dominion#.
② "Gilles Marceau", https://www.lipad.ca/full/1968/11/20/1/.
③ "James Elisha Brown", https://www.lipad.ca/members/record/f74a603a-7515-4332-82a0-29a7a41643db/3/.
④ 1974年10月、1977年10月，来自魁北克省的自由党众议员哈罗德·托马斯·赫伯特先后两次提出议案，要求将"自治领日"改称为"加拿大日"，但未获得通过。1982年4月，英国将加拿大宪法主权授予加拿大后，赫伯特与新不伦瑞克省自由党议员莫里斯·丁尼再次提出类似提案，但仍被否决。1982年10月，在特鲁多总理的支持下，加拿大众议院表决通过了该议案。

渐实现了加拿大化。总督最初是根据英国内阁的建议由英王任命，而且只有英国贵族才能被任命这一职位，加拿大政府部长只能通过总督与英国进行联系。"一战"后，随着加拿大自治倾向的加强，总督逐渐失去了代表英加两国政府的地位，仅变成了通信的桥梁。1952年2月1日，加拿大总理圣劳伦宣布任命在加拿大出生的历史学家查尔斯·文森特·梅西为总督。这一任命终结了加拿大总督必须为英国人的传统，在加拿大与英国的关系史上具有里程碑意义。"文森特·梅西不仅是一位伟大的外交家，也是加拿大自治和身份认同运动中的一股强大力量"[1]，标志着加拿大对英国认同的削弱和对自身认同的增强。

恰如马丁在法国迪耶普市扫墓时对新加拿大的渴望那样，"自治领"色彩的淡化反映了"二战"后加拿大社会对英国认同的突破，以及对建立一个打破殖民痕迹的加拿大认同的期待。1961年，加拿大特伦特大学政治学教授威廉姆·刘易斯·莫顿在其题为《加拿大认同》的著作中援引加拿大历史协会1943年的报告指出，加拿大的历史不能被英法裔殖民历史分割，而应是"加拿大人"的历史。他说："加拿大史应被视为一部历史，而不是一部英裔史，亦非一部法裔史，而是所有加拿大人的整体历史。就像没有两种加拿大人，只有一种加拿大人一样，这里没有两部历史，只有一部历史，生活方式也没有两种。"[2]

二 加拿大国旗的"去殖民化"

1763年《巴黎条约》通过后，英国宣布对加拿大拥有主权，英国的米字联合旗（Union Flag，也被称为Union Jack）开始飘扬在加拿大的土地上。1867年邦联建立后，英国米字联合旗继续为加拿大所使用，该旗子蓝底、红白米字，结合了英格兰和苏格兰旗帜的主要特征。自治领成立后，加拿大普遍使用的还有加拿大红军旗（Red Ensign）。"Ensign"为船舶国籍旗帜的通称，它通常是"国旗的衍生品，因此隶属于国旗"。加拿大红军旗是由英国商船旗演变而来的。1891年，总督斯坦利勋爵将其描述为

---

[1] "First Canadian-Born Governor General", https://canadianautonomy.webnode.com/first-canadian-born-governor-general/.
[2] William Lewis Morton, *Canada Identity* (2nd Edition), Toronto and Buffalo: University of Toronto Press, 1972, pp. 88–89.

第二章　自由主义模式下加拿大国家认同的奠基（1945—1971）

"在海上和岸上都被认为是自治领旗帜的旗帜"，成为加拿大国家形象的标志之一。1892年2月2日，英国海军授权在加拿大注册的商船可使用红军旗。在该旗常用的版本中，左上角为皇家联合旗，右侧中央为盾牌，盾牌上有安大略省、魁北克省、新斯科舍省和新不伦瑞克省及枫叶的图案，象征着加拿大团结在英帝国的统治之下。①

两次世界大战后，伴随着加拿大独立意识的萌生和增强，拥有符合自身地位的国旗成为加拿大社会的一种期待。1945年和1946年加拿大政府先后号召加拿大民众就国旗问题提出建议。1945年11月8日，在国务秘书保罗·马丁的建议下，参众两院专门成立了联合委员会以推动加拿大国旗的设计和公民身份的立法工作，委员会最终收到2409幅国旗设计方案。② 1946年5月，该委员会做出让步，继续将带有英国米字联合旗的红色船旗作为加拿大的国旗，向加拿大议会建议"加拿大的国旗应该是加拿大红军旗，配以金色的枫叶和白色的镶边"。魁北克省议会对此予以驳斥，反对在加拿大国旗上继续保留带有"外国象征"的东西。③ 鉴于此，时任加拿大总理麦肯齐·金认为讨论新国旗的时机尚不成熟，最后拒绝了专门委员会的建议，主张继续悬挂有着英国元素的旗帜，国旗变更暂时告一段落。④

在20世纪50年代和20世纪60年代早期，加拿大关于国旗的讨论再次出现。1950年朝鲜战争爆发后不久，加拿大追随美国加入其中，但"加拿大士兵再次被要求到国外作战，在不属于他们的旗帜下流血牺牲"的现象引起了爱国主义者的不满。⑤ 更具讽刺意味的是，1956年埃及将苏伊士运河收归国有后，英法两国对埃及发动了战争，随后在当时的加拿大外长莱斯特·皮尔逊的主张下，以加拿大军队为主要组成部分的联合国维和部队开赴埃及进行维和行动。然而，埃及最初拒绝了加拿大的军队，因为在纳赛尔总统看来，加拿大军队的制服和英国的一样，"加拿大军旗"和英

---

① "Red Ensign", https://www.thecanadianencyclopedia.ca/en/article/red-ensign.
② "Flag of Canada", https://web.archive.org/web/20150214012206/; http://www.thecanadianencyclopedia.ca/en/article/flag-of-canada/.
③ Alistair B. Fraser, "A Canadian Flag for Canada", http://fraser.cc/FlagsCan/Nation/CanFlag.html.
④ "History of the Canadian Maple Leaf Flag", https://canadianflageducationcentre.ca/wp-content/uploads/2017/01/Presentation1.pdf.
⑤ The observation of Léon Balcer made in Parliament in May, 1951, in George F. G. Stanley, *The Story of Canada's Flag*, Toronto: Ryerson Press, p. 57.

国大同小异，会被误认为是英国军队。① 这一事件，尤其纳赛尔的立场直接刺激了加拿大人对国旗的再度关注。1958年，面对没有国旗的尴尬，加拿大政府针对成年加拿大人对国旗的态度，委托加拿大《星周报》(*Star Weekly*) 对1110名加拿大人进行了抽样调查。结果显示，超过80%的人想要一面完全不同于任何其他国家的加拿大国旗。对于"如果加拿大真的有另一面国旗，那上面应该有什么"的问题，约46.7%的受访者表示要有"枫叶"，约23%的受访者表示"不知道"，约10%的受访者表示要有"海狸"，只有约10%的受访者表示"英国国旗"，约3.6%的受访者表示"法国百合"。② 正如1959年《正在形成中的加拿大人：加拿大社会史》一书的作者亚瑟·洛尔针对加拿大的国庆日升旗所指出的："在这个奇怪的庆祝国家诞生的日子里，没有飘扬的国旗，因为它没有国旗可以飘扬，而且也不是所有人都会接受的国旗。"③

20世纪60年代，制定加拿大新国旗的问题越发成为加拿大政界关注的重点。1960年1月，自由党领袖莱斯特·皮尔逊重新提出更换国旗。作为反对党领袖，他发表了一份新闻公报，敦促加拿大政府找到"国旗问题的解决方案"。他承认了一个不可避免的现实：无论是加拿大军旗还是英国米字联合旗，都具有显著的殖民色彩，"对许多加拿大人来说，都不能被接受它们为加拿大的特色国旗"。然而，他还强调："我相信英国米字联合旗对所有加拿大人而言都有着特殊和光荣的意义……（它）代表着我们历史和传统中的重要方面。事实上，无论议会可能就加拿大国旗采取什么行动，我相信米字联合旗应该被加拿大接受为一个象征，可以在同我们的英联邦和我们以女王为英联邦之首的君主制地位有关的所有场合悬挂。"④ 也就是说，皮尔逊采取了折中的民族主义者立场。在他看来，目前的国旗并不符合加拿大的现实地位，议会应该找到一种更好的方式来设定一面加

---

① Thomas Thorner, *A Country Nourished on Self-Doubt: Documents in Post-Confederation Canadian History*, Broadview Press, 2003, p. 524; Andrew Cohen, *Lester B. Pearson*, Toronto: Penguin Group, 2008, p. 123.

② Edward M. Chadwick, "A Canadian Flag for Canada", http://fraser.cc/FlagsCan/Nation/CanFlag.html#n58.

③ Arthur Lower, *Canadians in the Making: A Social History of Canada*, New York: Longmans, Green & Company, 1959, p. 439.

④ John Ross Matheson, *Canada's Flag: A Search for a Country*, Belleville Ontario: Mika Publishing Company, 1986, p. 66, https://archive.org/details/canadasflagsearc0000math.

第二章 自由主义模式下加拿大国家认同的奠基（1945—1971）

拿大特色新国旗，但立新不必弃旧，不必完全废弃英国国旗。英国米字联合旗虽然不作为国旗，但可以作为加拿大与英国、英联邦联系的象征，因为加拿大还存在着一股对英国认同的力量需要安抚。1961年7月，为继续推动加拿大国旗的设计，皮尔逊邀请众议员约翰·罗斯·马西森负责研究国旗内容，以寻求一个能够被接受的折中方案。

1963年4月，皮尔逊领导的自由党在联邦大选中获胜，加拿大新国旗的制定迎来了新的契机。早在竞选期间，皮尔逊就承诺在入主渥太华后两年内制定一面加拿大国旗，以庆祝加拿大邦联成立100周年，进而巩固加拿大的统一和独立。为了兑现这一承诺，皮尔逊担任总理伊始就在议会组建了一个由15名人组成的多党委员会来讨论新国旗事宜。根据皇家军事学院文学院院长乔治·斯坦利提出的"必须避免使用国家或种族分裂性质符号"的建议，皮尔逊认为新国旗的"至关重要和绝对的目标"之一就是让魁北克继续留在加拿大联邦。[①] 经过反复讨论，1964年5月27日，皮尔逊政府向众议院提交了后来被称为"皮尔逊旗"的新国旗设计方案。新国旗由艺术家艾伦·贝德多设计，左右两端是蓝色窄边，寓意从大海到大海，中间是白色的田野配以长有三片红叶的枫叶枝。该设计方案颁布后，在众议院引发了较为强烈的反对，[②] 因为没有加入米字联合旗标识，甚至被亲英媒体视为"对魁北克的让步"[③]，且蓝色并非加拿大的官方用色。[④]

是否应该在国旗上加上英国米字联合旗或鸢尾（象征加拿大与法国的历史联系）是新国旗设计中的争论所在。9月10日，作为妥协，联邦议会成立了一个由15人组成的跨党派委员会，[⑤] 并规定在6周内提交新的国旗建议。委员会内部的争论十分激烈，有人希望保留将加拿大与殖民历史联

[①] "Flag of Canada", https：//web. archive. org/web/20150214012206/http：//www. thecanadianencyclopedia. ca/en/article/flag-of-canada/.

[②] Iain W. Reeve, "Wrong Turns on the Road of Symbolism", https：//web. archive. org/web/20120225123851/http：//www. peak. sfu. ca/the-peak/2007-2/issue3/fe-flags. html.

[③] "Flag of Canada", https：//web. archive. org/web/20150214012206/http：//www. thecanadianencyclopedia. ca/en/article/flag-of-canada/.

[④] "History of the Canadian Maple Leaf Flag", https：//canadianflageducationcentre. ca/wp-content/uploads/2017/01/Presentation1. pdf.

[⑤] 该委员会由7名自由党人、5名保守党人、1名新民主党人、1名社会信用党人（Social Crediter）和1名索克莱特人（Socreter）组成，参见 https：//web. archive. org/web/20150214012206/, http：//www. thecanadianencyclopedia. ca/en/article/flag-of-canada/.

系在一起的标志，也有人希望加拿大在未来采用自己独特的标志，这一时期也因此被称为"国旗大辩论"。在6周的时间内，加拿大公众热情高涨，向委员会提交了约3900条意见，其中包含枫叶图案的设计有2000份左右。经过六周的反复比较研究，最终有两个方案进入了备选范围。一个由乔治·斯坦利和约翰·罗斯·马西森所设计，"两端是红色边界，中间是一片红色枫叶"；另一个为在上述样式的左上方和右上方分别加上英国米字联合旗和象征魁北克的鸢尾花。对于这两种样式，迪芬贝克均表示反对，他认为应维持加拿大红军旗不变，以显示和英国的历史联系。迪芬贝克甚至表示，加拿大不该拥有新国旗，除非从他的尸体上跨过去。[①] 随后，经过6个月的辩论和308次演讲，跨党派委员会对两个样式进行投票表决，5名保守党认为自由党成员会支持带有英国米字联合旗和鸢尾花的样式，于是转而支持单枫叶设计。然而，自由党人都投了同样的票，单枫叶国旗最终以14∶0的选票顺利通过。[②] 1964年12月15日凌晨两点，斯坦利和马西森联合设计的加拿大红色单枫叶国旗经众议院热烈讨论后以163∶78的选票通过。12月16日，面对英国旗帜被废除的局面，加拿大《环球邮报》评论称："这必将是历史上第一面被其子民撕成碎片的国旗。"[③]

1965年1月28日，英国女王伊丽莎白二世宣布正式批准加拿大启用新枫叶旗。1965年2月15日中午，加拿大总督乔治·瓦涅、总理、其他内阁成员和加拿大议员出席了国会山换旗仪式，英国米字联合旗成为历史。新国旗左右两边分别是代表太平洋与大西洋的红色，中间的白底和红枫叶既体现了加拿大以英国红白色为官方颜色的历史，也分别代表广阔领土和团结向上的加拿大。联邦政府希望新国旗可以团结各族群，共同认同加拿大。在升旗仪式上，皮尔逊发表演说："在这个旗帜下，我们的年轻人可以找到效忠加拿大和爱国主义的新动力，这个爱国主义绝对不是基于狭隘的民族主义，而是基于所有加拿大人都属于这片美好的土地而感受到

[①] "History of the Canadian Maple Leaf Flag", https：//canadianflageducationcentre.ca/wp-content/uploads/2017/01/Presentation1.pdf.

[②] "Flag of Canada", https：//web.archive.org/web/20150214012206/http：//www.thecanadianencyclopedia.ca/en/article/flag-of-canada/.

[③] John Ross Matheson, *Canada's Flag: A Search for a Country*, Belleville Ontario: Mika Publishing Company, 1986, p.186.

第二章　自由主义模式下加拿大国家认同的奠基（1945—1971）

的深厚而平等的荣耀。"① "愿这面新国旗飘扬的土地在自由和正义中保持团结……对所有人都体恤、宽容和同情。"② 总督瓦涅指出："它将象征着我们每个人，也象征着全世界——团结一致的目标和崇高的决心，命运在召唤着我们。"③ 参议院议长莫里斯·布尔热表示："这面国旗是国家团结的象征，因为它毫无疑问代表着所有加拿大公民，不分种族、语言、信仰或观点。"④ 显然，"二战"后至20世纪60年代，加拿大作为一个走向独立的国家，日渐走出了英帝国臣民的影子。一个超越族群差异的新加拿大正在形成。正如亚瑟·洛尔所赞誉的："自从采用新国旗以来，加拿大人的心理发生了一些非常有趣的变化……这个国家正在……开始将自己视为一个实体……每次……普通公民都会看着新国旗，他会不自觉地对自己说：'这就是我！'"⑤

三　加拿大外交的"去英国化"

第二次世界大战之前，加拿大在外交上大多追随伦敦。虽然加拿大在外交上也曾出现过某些独立性倾向，比如1925—1929年，文森特·梅西成为驻华盛顿的第一任外交官，在日内瓦设立了加拿大自治领顾问办公室，并在巴黎和东京开设了公使馆，但其外交一直未能突破由伦敦主导的局面。1927年，英国终止了同苏联的外交关系，加拿大也立即同苏联决裂，而当英国恢复同苏联的外交关系后，加拿大和苏联又迅速恢复了外交往来，这是加拿大和英国之间宪法关系的必然结果。1931年，《威斯敏斯

---

① Paul Martin, "Address on the Inauguration of the National Flag of Canada", February 15, 1965, http://canadaonline.about.com/gi/o.htm?zi=1/XJ&zTi=1&sdn=canadaonline&cdn=newsissues&tm=1243&f=11&t.t=2&bt=1&bts=1&zu=http%3A//www.collectionscanada.gc.ca/primeministers/h4-4028-e.html.
② "The History of the National Flag of Canada", https://www.canada.ca/en/canadian-heritage/services/flag-canada-history.html#a5.
③ Terry Milewiski, "Canada's Flag Debate Flaps On, 50 years Later", Canadian Broadcasting Corporation, (February 15, 2015), https://www.cbc.ca/news/politics/canada-s-flag-debate-flaps-on-50-years-later-1.2957192.
④ Department of Canadian Heritage, "The National Flag of Canada a Symbol of Canadian Identity", https://web.archive.org/web/20120415070739/, http://www.pch.gc.ca/pgm/ceem-cced/symbl/df1-eng.cfm.
⑤ Alistair B. Fraser, "A Canadian Flag for Canada", http://fraser.cc/FlagsCan/Nation/CanFlag.html.

· 137 ·

特法》尽管使加拿大作为一个主权国家的地位合法化,但派驻和召回加拿大驻外代表的信函实际上依然是英王以加拿大国家元首的身份签发的,英国和加拿大之间互派的高级专员也不是"外国"的代表,没有大使级别。

"二战"中,加拿大的外交独立性大幅提升。1939年,加拿大在国外有5个使团。到战争结束时,这个数字上升到22个,这些新的使团包括在主要英联邦国家的高级专员,以及在挪威、波兰、南斯拉夫、中国、苏联和智利的大使馆,不包括驻德国盟军控制委员会的军事使团,以及加拿大驻纽约、里斯本和格陵兰的领事馆。"二战"后,加拿大成为一个经济发达的强国。虽然一些传统的英裔加拿大人依然抱有不同程度的英国情结,想要继续与英国保持传统且亲密的关系。然而,作为一个日益成熟和壮大的新生国家,加拿大国家意识的发展使其不再像过去那样将英国的利益放在首位,而是在外交上追求更多的独立和自由。1945年,加拿大以独立国家的身份加入联合国。1946年,加拿大外事办公室与总理办公室分离,成为加拿大独立的外交部门。面对管控英联邦成员的有心无力,英国也进一步给予了加拿大等自治领更大的自主外交空间。1947年7月,在英国首相艾德礼主持下,英国自治领事务部正式更名为英联邦事务部,突出了机构的外交特性。加拿大总理对此表示欢迎,认为"二战"以来英联邦对成员国和殖民地外交的放松具有积极意义。加拿大"将履行我们作为一个现代国家在世界事务中所接受的、日益重要的责任"[1]。1948年1月,加拿大人安德鲁·麦克诺顿将军被任命为加拿大第一位常驻联合国代表。同年10月,英联邦首脑会议召开,成员国被描述为"英联邦中完全独立的成员"。英联邦改为"联邦国家",英联邦中的"英属"字样不再出现(中文中为了区分依然保留),英国对加拿大等英联邦成员国的主导权大为削弱。[2] 1949年,加拿大联邦议会通过了一项法案,司法终审权被收归加拿大联邦上诉法院所有,加拿大实现了"终审权回归"。

伴随着冷战序幕的拉开,加拿大在外交上以英国为主导的时代也逐渐结束。在20世纪五六十年代,来自美国日益增长的政治、经济和文化影响对加拿大的外交产生了显著的影响,使得英加特殊关系更多地转向美加

---

[1] Walter Dorn, "Canadian Internationalism: The Nation The Nation's Contributions to International Peace and Human Security", https://www.walterdorn.net/pdf/Canadian_Internationalism_Peace_Optimized-ReducedSize_rev8June2011.pdf.

[2] W. Dale, *The Modern Commonwealth*, London: Butterworths, 1983, p.33.

第二章 自由主义模式下加拿大国家认同的奠基（1945—1971）

特殊关系，北美大陆主义取代大西洋主义成为加拿大外交的重心。在外交上，加拿大原来听命于伦敦的局面被打破，在共同维护西方整体利益的前提下，英加关系更多地表现出了正常国家关系的一面。甚至，当英国希望加拿大做的事情与加拿大自身国家利益冲突时，加拿大开始公然违背英国的意愿。比如，在1956年苏伊士运河危机期间，加拿大圣劳伦政府强烈不赞同英法诉诸军事行动，断然拒绝了英国政府要求支持英国、法国和以色列入侵埃及的要求，并坚决主张派驻维和部队平息苏伊士运河危机。因为维和部队在苏伊士运河危机后的突出表现，加拿大外长皮尔逊还获得了1957年的诺贝尔和平奖。1970年，加拿大先于英国、美国同中国建立了正式的大使级外交关系，而英国直到1972年才与中国建立大使级外交关系（1950年中英仅仅建立代办级外交关系）。此外，作为中等强国，"二战"后的加拿大致力于对发展中国家实施官方发展援助、维持和平行动等，展现了一个独立自主的国家形象。

第四节 自由主义模式下加拿大国家认同的窘境

1954年，加拿大公民身份处主任金·布熙业在谈到族群认同和加拿大认同的关系时说："各群体的文化、族群的认同和身份固然要得到承认和尊重，但同时所有的个体都应以共同的公民身份结合起来，致力于共同文化遗产的发展。"[①]"二战"后，加拿大不分族群对个体公民普遍权利的赋予与保护正是基于布熙业的逻辑，即以淡化族群分野的普遍公民身份来增进加拿大的向心力，增进各族群对加拿大的效忠度。公民权利体系的普遍建构削弱了加拿大的种族主义对非英裔族群的压制和歧视，促进了加拿大法治社会的进步。然而，尽管在1946—1971年加拿大完成了公民权利体系的建设，但对各族群共同认同加拿大的目标的促动也存在着消极的一面。在自由主义模式下，在各族群的加拿大意识觉醒和壮大的同时，各族群的自我意识在宽松的环境中也得以滋生和发展，化众为一的公民身份授

---

① Alan Murray Sears, *Scarcely Yet A People: State Policy in Citizenship Education, 1947–1982* (D), University of British Columbia, 1996, p.116.

予并未能解构或超越原住民和法裔对民族主义的诉求，少数族裔移民对自身族群的文化认同也开始浮现。

一 原住民对公民身份同化的抵制

"二战"结束至20世纪60年代，自由主义将普遍公民权，包括民权、参政权及社会福利无差别地赋予了原住民，原住民获得了平等的公民身份。然而，无差别公民权利的获得并不意味着原住民社会问题的解决。原住民无论是经济状况、居住水准，还是教育水平、代议程度方面都落后于加拿大的平均水平。在经济上，根据1966年《豪森报告》的统计，印第安人人均年收入仅为1361加元，而全加拿大人人均年均收入为4000加元。保留地印第安人对国家社会援助的依赖程度平均高达36%，远高于全国人均依赖程度（3.5%）。① 以萨斯喀彻温省为例，省内保留地全职就业者只有698人（就业率只有6.2%），待业人数却多达11634人。② 就居住状态而言，到1967年年底，超过50%的保留地住房缺水或者缺卫生设备，属于低标准住房。而全国同样低水准的住房仅占9%。③ 在教育方面，印第安人的落后情况也十分明显。1951—1962年十二年制学校中，92%的印第安学生未能毕业。④ 1969年2月，印第安人学生在萨斯喀彻温省学校12年级中的平均入学率仅为5%。⑤ 在健康方面，1963年印第安人人均寿命仅有34.71岁，而白人男女寿命分别达60.5岁和64.1岁，几乎是印第安人平均寿命的两倍。⑥ 在民主代议程度上，印第安人代表性也非常不足。1948—1971年，联邦众议院中原住民众议员有4人，其中法印混血的梅蒂

---

① Harry B. Hawthorn, ed., *A Survey of the Contemporary Indians of Canada: A Report on Economic, Political, Educational Needs and Policies*, Vol. 1, Ottawa: The Queen's Printer, 1966, p. 5.

② Joseph F. Krauter and Morris Davis, *Minority Canadian: Ethnic Groups*, Toronto: Carswell Company Limited, 1978, p. 18.

③ Edgar J. Dosman, *Indians: The Urban Dilemma*, Toronto: McClelland and Stewart Limited, 1972, p. 59.

④ Harry B. Hawthorn, ed., *A Survey of the Contemporary Indians of Canada: A Report on Economic, Political, Educational Needs and Policies*, Vol. 1, Ottawa: The Queen's Printer, 1966, p. 130.

⑤ Edgar J. Dosman, *Indians: The Urban Dilemma*, Toronto: McClelland and Stewart Limited, 1972, p. 39.

⑥ [加] 迪克·加尔诺：《印第安人——加拿大第一民族的历史、现状与自治之路》，李鹏飞、杜发春编译，民族出版社2008年版，第396页。

第二章　自由主义模式下加拿大国家认同的奠基（1945—1971）

人有 3 人，印第安人只有 1 人。① 以上数据表明，虽然原住民在法律上获得了普遍公民权利，但在现实的经济、社会与政治中，原住民依然是公民国家的弱者，处在公民国家的底端。

对于原住民的弱势地位，有着历史与现实的原因。20 世纪 60 年代末，加拿大社会再度出现废除"身份印第安人"相关法律地位的论调，即：将原住民社会的欠发达状况归结于历史条约和印第安人隔绝于主流社会的制度。将原住民从"被隔离"的落后状态中"解放"出来并改变其落后的不利局面成为诸多自由主义人士认可的思潮之一。1968 年，皮埃尔·特鲁多当选为加拿大总理后，"公正社会"成为其重建加拿大的口号与指针。在他对"公正社会"的设想中，废除《印第安法》，让印第安人走出保留地，变成与其他加拿大人一样的个体公民，是核心内容之一。他认为，印第安社会的落后在于印第安人固守保留地和条约权利，而非成为完全公民。只有成为完全公民，全面参与加拿大社会才能换得印第安人社会的现代化，才能跟得上时代的潮流。1968 年年末，为实现这一目标，作为"公正社会"的一部分，印第安事务和北方发展部让·克雷蒂安着手修订《印第安法》。② 1969 年年初，加拿大广播公司播出了一部关于萨斯喀彻温省北部保护区生活的纪录片。纪录片的主持人把萨斯喀彻温省北部的保留区称为"加拿大的密西西比"（即贫困落后之地），引发了加拿大舆论对印第安人社区的广泛关注。③ 1969 年 6 月 25 日，在特鲁多政府的规划下，克雷蒂安在众议院正式提出了《加拿大政府关于印第安人政策的声明》，即印第安人政策"白皮书"，正式对如何将印第安人转变为完全公民给予了指导。

"白皮书"指出，有关印第安人的条约政策存在歧视性，因为这些政策不适用于一般的加拿大人。"白皮书"提议撤销"印第安人"作为一种独特的法律地位，从而使原住民与其他加拿大人"平等"。白皮书在序言中称："政策必须使印第安人民充分、自由且不受歧视地参与加拿大社会。这样一个目标需要和过去决裂，印第安人依附者的角色必须被平等地位、平等机遇和平等责任的角色所替代，这样的角色才是和其他所有加拿大人

---

① Canada Parliament, "MPs of Inuit, Métis or First Nation Origin", http：//www.parl.gc.ca/Parlinfo/Compilations/Parliament/Aboriginal.aspx? Language = E&Menu = HOC-Bio&Role = MP.

② "The White Paper", http：//indigenousfoundations.arts.ubc.ca/the_white_paper_1969/.

③ Bryan Palmer, *Canada's 1960s: The Ironies of Identity in a Rebellious Era*, 2009, Toronto: University of Toronto Press, p. 399.

共享的角色……继续过去的做法不符合印第安人民或加拿大同胞的利益……印第安人被隔离的法律地位和由此产生的政策使印第安人民与其他加拿大人分开并陷于落后之中。印第安人民并没有成为他们所居住的社区和省的正式公民,也没有享受到这种参与所带来的平等和福利。他们的不同地位所造成的待遇往往比给予其同胞的待遇更差。"①"所有的男人和女人都有平等的权利。它决定所有人都应该被公平对待,没有人应该被排除在加拿大生活之外,特别是没有人应该因为他的种族而被排除在外。"为了赋予印第安人完全公民身份,"白皮书"提出要"消除歧视的立法和宪法基础",联邦政府向议会提议废除《印第安法》,废除原住民与加拿大之间的所有条约,把保留土地转为村落社或其成员的私人财产,并将所有服务责任转移给省级政府。政府还建议任命一名专员,处理所有的土地要求,并为经济发展提供资金。②

特鲁多的政治哲学倾向于公民的个人权利高于族群权利。在他看来,只适用于原住民的现有政策具有歧视性,取消印第安人等原住民在加拿大独特的法律地位,将使原住民与其他加拿大人平等,使他们成为有选举权的加拿大正式公民,将"使印第安人能够在与其他加拿大人在法律、社会和经济上平等的环境中自由地发展印第安文化"③。在特鲁多看来,印第安人根据历史上的土地条约享有保留地权、税收豁免、军役豁免以及相关津贴、救济金等权利,甚至享有一定的自治权,这将原住民自绝于社会的繁荣与进步之外,只有让印第安人成为与白人并无二致的普通公民,才能让印第安人走出封闭圈,摆脱贫穷与野蛮。特鲁多甚至还强调,如果继续让印第安人保持其历史地位不变,而不是做完全公民,那就意味着在印第安人聚居区之外砌了"歧视的墙壁"。特鲁多在演讲中表示,加拿大正处在是将印第安人排斥在加拿大主流社会之外还是将其视为完全的加拿大人的十字路口。④ 1969年8月,特鲁多出席在温哥华召开的原住民和条约权利会议时,声称对过去区别对待印第安人的政策表示遗憾,"就以前对待印

---

① Jean Chretien, "A Statement of the Government of Canada on Indian Policy", p. 5, https://eric. ed. gov/? id = ED043431.
② Jean Chretien, "A Statement of the Government of Canada on Indian Policy", p. 6, pp. 10 – 12.
③ "White Paper", http: //indigenousfoundations. arts. ubc. ca/the_white_paper_1969/.
④ Richard Peoples, "New Peoples and Citizenship in Canada", *International Journal of Canadian Studies*, 14 (Fall 1996), p. 65.

第二章　自由主义模式下加拿大国家认同的奠基（1945—1971）

第安人的方式来说，加拿大人的确没什么可自豪的，我也不认为我们有什么好的理由自豪"，因为以前对印第安人的差异对待让他们"不像我们一样是省的公民，他们是联邦的被监护者，他们受联邦而非省市的管理，在与政府关系以及社会上他们是被隔离的"。特鲁多表示，加拿大政府承认英王与印第安人订立的历史条约，认可印第安人相关的条约权利，但这并不等于历史条约及其附带的权利许诺永远有效。"我想，在一个特定的社会里，一部分人和另一部分人订立条约是不可思议的。在法律面前须人人平等，我们不能在自己内部订约。实际上，许多条约在未来越发不具有意义，过去已经偿还过这些条约了。"特鲁多敦促印第安人接受现实，努力成为完全公民，固然"这对印第安人来说是一个艰难的选择，因为他们认识到如果作为完全公民进入社会，会取得平等的法律地位，但与此同时，他们也冒着丧失某些传统和文化甚至某些基本的权利的危险"。然而，从长远看，成为完全平等公民是有利的。"他们应该像其他加拿大人一样成为加拿大人。无论他们是英语、法语加拿大人，还是住在沿海地区的人，如果他们又幸福又有钱，他们就会被当作有钱的幸福人对待，也会为不幸福、不富有的人交税，这是我们社会平等发展的基础。"①

显然，"白皮书"的立足点在于让印第安人成为完全公民。按照印第安事务和北方发展事务部部长让·克雷蒂安所言，"白皮书"的宗旨是"给予一条让印第安人逐渐脱离差异身份的道路，让印第安人在社会、经济和政治领域全面参与加拿大生活"②。与此同时，"白皮书"也是"特鲁多倡导'公正社会'"的结果，其目的在于以公民权利结束原住民的集体权利，使其成为完全公民。③ 否则，"目前社会和经济的差距会越发导致他们的挫败与隔离，威胁社会整体的幸福"④。"白皮书"一经颁布，就受到了诸多加拿大媒体、学者以及党派的赞同，他们普遍乐观地预期"白皮

---

① Robert Head, "Trudeau's Words about Aboriginals Resonate", *Calgary Herald* (N), January 03, 2012.
② Government of Canada, *House of Commons Debates*, Ottawa: Queen's Printer for Canada, 1969, p. 11142.
③ David C. Hawkes and Bradford W. Morse, "Alternative Methods for Aboriginal Participation in Processes of Constitutional Reform", in Ronald L. Watts and Douglas M. Brown, eds., *Options for a New Canada*, Toronto: University of Toronto Press, 1991, p. 164.
④ Department of Indian Affairs and Northern Development, *The White Paper*, *Statement of Government of Canada on Indian Policy*, Ottawa: Queen's Printer, 1969, p. 6.

书"能将印第安人带入现代公民社会。但事实证明,绝大多数原住民并不愿意因为获得普遍公民权利而放弃自身的原住民法律地位,尤其是原住民身份所具有的族群权利,如免税权、保留地权及一定程度的自治权等,反对以公民身份替代他们的民族身份。根据莱斯布里奇大学社会学系教授门诺·博尔特的测算,仅约有20%的印第安人明确对"白皮书"持赞同态度①。原住民所要求的是加权公民地位,既要求普遍公民权,也要求维持自身既有的加权地位,不愿放弃自身民族认同。在原住民看来,"白皮书"违背了联邦政府对加拿大原住民做出的历史承诺,是一份傲慢无礼的文件,②侵犯了印第安人的文化和土地。③

1969年7月,加拿大全国印第安人兄弟会严正表明了立场,指责"白皮书""以法律手段摧毁一个民族,并在文化上灭绝它"④。1969年11月,北美印第安兄弟会、不列颠哥伦比亚省印第安家庭主妇协会、南温哥华岛部落联盟等140个部落的代表在温哥华开会,会议期间组成了不列颠哥伦比亚印第安酋长联盟,商讨抵制"白皮书"之道。1970年,印第安酋长联盟发表了《印第安人权利宣言:不列颠哥伦比亚印第安人立场文件》,严肃拒绝了"白皮书",坚称原住民的权利仍将继续存在。⑤ 同年1月,阿尔伯塔省的印第安人酋长们聚集在一起,在卡尔加里向特鲁多总理递交了反对"白皮书"的抗议信。抗议信直斥"白皮书"与特鲁多所倡导的"公正社会"背道而驰,誓言要持续捍卫印第安人的"遗产和特殊权利",要求加拿大政府停止采取进一步行动,并纠正错误,以便让"让猜疑最小化",呼吁"在你的政府和我们的人民之间要进行积极的和富有建设性的对话"。⑥ 1970年6月,为进一步表达内心的不满,在阿尔伯塔省印第安

---

① Alan Cairns, *Citizens Plus: Aboriginal Peoples and the Canadian State*, Vancouver: UBC Press, 2000, p. 59.
② Bryan Palmer, *Canada's 1960s: The Ironies of Identity in a Rebellious Era*, Toronto: University of Toronto Press. 2009, p. 402.
③ Delia Opekokew, "Self-identification and Cultural Preservation: A Commentary on Recent Indian Act Amendments", *Canadian Native Law Reporter*, No. 2, 1986, p. 3.
④ Government of Canada, *House of Commons Debates*, Ottawa: Queen's Printer for Canada, 1969, p. 11141.
⑤ http://indigenousfoundations.arts.ubc.ca/the_white_paper_1969/.
⑥ Indian Chiefs of Alberta, "Citizens Plus", *Aboriginal Policy Studies*, Vol. 1, No. 2, 2011, pp. 191 - 192, http://ejournals.library.ualberta.ca/index.php/aps/article/view/11690.

第二章 自由主义模式下加拿大国家认同的奠基（1945—1971）

人酋长大会和印第安人民族兄弟会的支持下，阿尔伯塔印第安人协会的代表身着传统的羽毛帽子和鹿皮裙子向联邦政府递交了《加权公民：红皮书》。"红皮书"宣布，"白皮书"侵害了印第安人的身份，印第安人特殊身份不能被同化，《印第安法》和印第安事务部门不能被废除，印第安事务也不该让渡给省政府管理，因为在历史上印第安人条约的对象是英王和联邦，而非省政府。"差异对待与实际的平等不可分开，法律上对印第安人的定义必须保持，我们相信，要想成为一个好的、有用的加拿大人，我们首先应该是个优秀、幸福和能干的印第安人。"① "红皮书"坚称："对于我们条约印第安人而言，没有什么比我们的条约、土地和后代的幸福更为重要的了。我们仔细研究了政府白皮书的内容，我们的结论是它让我们绝望而不是给了我们希望。"② "加拿大应该保护多元，应该鼓励各民族的文化。印第安文化非常古老，是组成加拿大这块多元面料的彩线。我们需要我们的后代去学习我们的（生活）方式、历史和习俗及传统。"③ "如果想要印第安人得到公正对待，那么维持印第安人的法律地位是必要的。……正义要求印第安人的特殊历史、权利和状况得到承认。"④ "红皮书"援引联邦1966—1967年《豪松报告》⑤，要求"印第安人应被视为加权公民，除了平常的公民权利和责任，他们作为加拿大社会的宪章成员应享有一定的额外权利"⑥。

在印第安人的反对下，特鲁多和克雷蒂安的态度发生了转变。1970年6月，特鲁多不无遗憾地表示："如果加拿大的白人和印第安人不想要这个

---

① Leslie C. Green, Canada's Indians: Federal Policy, Government of Albert, 1969, pp. 4 – 5.
② William Wuttunee, *Ruffled Feathers*, Calgary: Bell Books, 1971, p. 41.
③ Peter R. Geber, "Canadian's Indians: From 'Bands' to 'First Nations'", Alfred Pletsch, *Ethnicity in Canada-International Example and Perspectives* (Kanada Project Ⅲ), Marburg/Lahn: Geographisches Institut der Universität, 1985, p. 84.
④ Edward M. Bennett, "Indian and Federal Government Relationship in Canada: Constitution and the Mental Well-being of Indian People in Northern Ontario", Alfred Pletsch, *Ethnicity in Canada-International Example and Perspectives* (Kanada Project Ⅲ), 1985, p. 72.
⑤ Harry B. Hawthorn, *A Survey of Contemporary Indians of Canada*, Ottawa: Indian Affairs Branch, 1966 – 1967. 全文见：http://caid.ca/HawRep1b1966.pdf。
⑥ Edward M. Bennett, "Indian and Federal Government Relationship in Canada: Constitution and the Mental Well-being of Indian People in Northern Ontario", Alfred Pletsch, *Ethnicity in Canada-International Example and Perspectives* (Kanada Project Ⅲ), Marburg/Lahn: Geographisches Institut der Universität, 1985, p. 72.

提议，我们也不会强行把它塞进他们的喉咙。"① "他们想待多久，我们就把他们留在贫民窟多久。"② 1971年3月17日，时任印第安事务和北方发展部部长让·克雷蒂安在女王大学公开正式宣布"白皮书"不再实施，表示放弃了印第安人身份的完全公民化。从初衷来说，特鲁多和克雷蒂安颁布"白皮书"，旨在带领印第安人走出保留地和被监护臣民的地位，让印第安人成为现代公民，但对于印第安人来说表示"白皮书"却侵害了他们的历史条约权利，名为公民平等实则为另一种同化。"白皮书"的目标看似美好，但所反映的是"公众中白人自由主义者的要求，而不是印第安人的要求"③。"白皮书"的完全公民之说不但没有换来印第安人的欢呼，反而引发了印第安人对完全公民化的反感。1969年6月，在发布"白皮书"的新闻发布会上，安大略布拉福德地区的一名易洛魁人保留地的女性质问克雷蒂安："我们比你们更早来到这里，你怎么能来这里让我们成为公民？"④ 同年，为了解印第安人对"白皮书"的想法，加拿大政府还举行了一些座谈会和听证会，但"在所有的会谈中，印第安人都更强烈地表达了自身事务自治的愿望"⑤。比如一名叫戴维·寇彻纳的酋长就在议会表示，"白皮书""背离了这样一个事实，那就是如果印第安人想变为这个国家的平等公民，那也应该是他们愿意这样做，而不是被告诉这样做才行"⑥。更为关键的是，完全公民化在印第安人眼中无异于"对文化的灭绝和对条约的废弃"⑦。"白皮书"颁布后，阿尔伯塔印第安协会主席哈罗德·卡迪纳尔出版了《不公正的社会：加拿大印第安人的悲剧》一书，讽刺特鲁多建设"公正社会"有名无实，批评加拿大政府"竟然有脸让印第安人帮着实施让加拿大印第安人文化永远灭绝的计划，这真是奇怪的政府和奇怪的心理"⑧。

---

① Sally Weaver, *Making Canadian Indian Policy*: *The Hidden Agenda* 1968-1970, Toronto: University of Toronto Press, 198, p. 182.
② "The White Paper", https://www.thecanadianencyclopedia.ca/en/article/the-white-paper-1969.
③ S. Weave, *Making Canadian Indian Policy*, Toronto: University of Toronto Press, 1981, p. 196.
④ Lawrence Martin, *Chrétien*: *The Will to Win*, Toronto: Lester Publishing, 1995, p. 195.
⑤ Government of Canada, *House of Commons Debates*, Ottawa: Queen's Printer for Canada, 1969, p. 11139. 也可参见 http://www.nlc-bnc.ca/obj/s4/f2/dsk2/ftp01/MQ39879.pdf。
⑥ Government of Canada, *House of Commons Debates*, Ottawa: Queen's Printer for Canada, 1969, p. 11139. 也可参见 http://www.nlc-bnc.ca/obj/s4/f2/dsk2/ftp01/MQ39879.pdf。
⑦ William Wuttunee, *Ruffled Feathers*, Calgary: Bell Books, 1971, p. 38.
⑧ Harold Cardinal, *The Unjust Society*: *The Tragedy of Canada's Indians*, Edmonton: Hurtig, 1969, p. 161.

第二章 自由主义模式下加拿大国家认同的奠基（1945—1971）

"现在是我们的同胞加拿大人考虑'公正社会'承诺的时候了，这个和文化灭绝一样的方案又一次背叛了加拿大印第安人。'白皮书'只是简单伪装的同化项目而已。"① 针对特鲁多要废除《印第安法》和印第安事务部门的计划，卡迪纳尔表示，"重建、审查和更新"相关条约权益没有问题，但决不能将其从根本上废除，否则就是灭绝印第安民族的文化。② 卡迪纳尔还认为，特鲁多和克雷蒂安只是将野蛮屠杀印第安人的口号"唯一好的印第安人是死了的印第安人"改成了"唯一好的印第安人是非印第安人"，无法"带领印第安人到达应许之地"③，印第安人酋长戴维·寇彻纳称："特鲁多先生所指的'公正社会'一定是建立在相互尊重、体谅、理解、正直及良好的信念之上的。这一政策根本没有反映出这一点。"④ 就像特鲁多后来提到"白皮书"时所反思的："我们可能怀有'小我'的自由主义者和白人的偏见，认为平等意味着同样的法律适用于每个人，这就是为什么我们说'最好让我们废除《印第安法》，让加拿大的印第安公民变得和其他公民一样，让我们使这些印第安人能够如就每个其他的加拿大人一样处置他们自己的土地，让我们保证印第安人能够从政府获得与所有加拿大人一样的权利、教育、健康等'。然而，我们知道在这一进程中我们过于理论化了，可能没有充分关注实际影响或充分理解（印第安人）。"⑤

总之，"白皮书"的流产标志着"加拿大联邦的同化政策化为废墟"⑥。以此事件为标志，加拿大政府废除原住民身份、让其成为与白人无异的完全公民的尝试成为幻想。自由主义关于公民权利一律平等的主张未能超越原住民族群身份，以完全公民身份为基础的加拿大认同并未取得对族群认同的优势。也正是以"白皮书"事件为开始，加拿大原住

---

① Harold Cardinal, *The Unjust Society: The Tragedy of Canada's Indians*, Edmonton: Hurtig, 1969, p. 1.
② Harold Cardinal, *The Unjust Society: The Tragedy of Canada's Indians*, Edmonton: Hurtig, 1969, p. 166.
③ Palmer, Bryan, *Canada's 1960s: The Ironies of Identity in a Rebellious Era*, Toronto: University of Toronto Press, 2009, pp. 403, 407.
④ Goverment of Canada, *House of Commons Debates*, Ottawa: Queen's Printer for Canada, 1969, p. 11139. 也可参见 http://www.nlc-bnc.ca/obj/s4/f2/dsk2/ftp01/MQ39879.pdf。
⑤ S. Weave, *Making Canadian Indian Policy*, Toronto: University of Toronto Press, 1981, p. 185.
⑥ Alan C Cairns, "Aboriginal Peoples in the Twenty-first Century: A Plea for Realism", Chad Gaffield and Karen L. Gould, *The Canadian Distinctiveness into the XXIst Century*, International Canadian Studies Series, Ottawa: University of Ottawa Press, 2000, p. 136.

民对族群权利的诉求进入了一个新的阶段。一方面，印第安民族主义越进一步唤醒，全国范围的印第安民族主义更加普遍。如果"没有共同反对有关原住民及条约的政府政策，加拿大原住民就不可能在全国范围内团结和凝聚起来"。另一方面，印第安人牢牢坚持以历史条约赋予的原住民特权为基础，争取民族集体权利与普遍公民权的兼得。1985年，让·克雷蒂安在其自传《肺腑之言》中写道："从'白皮书'以后，关于废除保留地的陈旧、夸张辞藻或特别的法律就再没有付诸使用过，因为印第安人要保留它。"[1]

二 魁北克省民族分离主义的出现

20世纪60年代，自由主义模式之下公民权利得到实现，但基本公民权利的获得并不意味着族群权利和地位的根本改善，也未带来法裔对加拿大认同的提升。据法裔总理皮埃尔·特鲁多所言，法裔加拿大人应该接受普遍的公民身份，所谓建国民族的"特殊地位是兜售给魁北克人民和加拿大人的最大智力骗局"[2]。特鲁多总理认为，要增强法裔对加拿大的认同，必须改变魁北克人偏执于魁北克认同的状况："我们所需要的是一个替代的理想，那就是在更大视野下将魁北克融入泛加拿大认同之中，或者说至少（让魁北克人）感到魁北克是整个加拿大不可分割的一部分。"[3] 但事实证明，加拿大自由主义公民权利的建构并没有解决法裔对魁北克省主权地位的诉求，法裔对加拿大的国家认同并未因公民权利的普遍获得而得到提升和加强。

1. 自由主义模式下魁北克省的经济与文化弱势

公民权利的建构主要侧重于个体权利的平等化，并不关注族群等群体间的经济差距。"二战"前，魁北克省整体上是一个农业为主的社会，经济发展程度远落后于安大略省和不列颠哥伦比亚省等以英裔为主的省份，这导致了法裔的不满。据统计，1955年，魁北克省钢铁制造、交通运输等

---

[1] Jean Chrétien, *Straight from the Heart*, Toronto: Key Porter Books, 1985, p. 58.
[2] 王建波、曹新群：《国家认同构建中的加拿大教训（1968—1984）——以魁北克问题为视角》，《河南社会科学》2012年第1期。
[3] Kenneth McRoberts, "English Canada and Quebec: Avoid the Issue", www.yorku.ca/robarts/projects/lectures/pdf/rl_mcroberts.

第二章　自由主义模式下加拿大国家认同的奠基（1945—1971）

重工业在产值上仅相当于安大略省的30%，产能远落后于安大略省。[1] 1961年，蒙特利尔市的《新闻界》（La Presse）对读者进行了一项问卷调查，其中89%的人认为他们在民事服务中没有受到和英裔同样的公平对待，96%的人认为说英语的加拿大人控制着加拿大的工商业。[2] 1950年，在人均收入上，加拿大人均GDP按100计算的话，安大略省、不列颠哥伦比亚省及魁北克省的人均GDP之比约为130.7∶124.1∶93.1，魁北克省明显落后于两个最大的以英裔为主的省区。[3] 1961年，魁北克省人平均实际收入约为安大略省的80%。[4] 同年，在魁北克省的工业企业中，法裔与英裔等其他群体年收入分别为6500加元和8400加元，差距高达1900加元。[5] 20世纪60年代后期，魁北克省千万加元以上产值的企业有165家，但其中只有26家为法裔所有。英裔在魁北克省的人口虽然只是少数，但掌控着相当大比重的资本市场、现代轻工制造业与出口贸易，法裔企业仅在劳动密集型制造业中占有一定优势。[6] 显然，魁北克省经济上相对于英裔的落后对英法裔族群关系的融洽和法裔对加拿大的认同是不利的。在文化上，公民个体权利的普遍授予并不能改变法裔的弱势地位。"二战"前，在盎格鲁-撒克逊文化的包围和主宰下，魁北克省以"天主教+法语+乡村生活"为特色的法裔文化被压制，使得魁北克省与加拿大其他省区在文化上区别开来，"文化孤岛"的色彩十分浓厚。[7] "二战"结束后，第三次工业革命在魁北克省以不可阻挡的态势迅速扩展。"工业化把世世代代将魁北克与加拿大其他部分区别开来的保护性篱笆削弱了"。[8] 工业化蕴含的

---

[1] Michael D. Behiels, *Prelude to Quebec's Quiet Revolution: Liberalism vs. Neo-Nationalism*, 1945–60, Montreal: McGill-Queen's University Press, p. 10.

[2] *La Presse*, March 18, 1961, Marcel Rioux, *Quebec's New Look: An Interpretation*, Ottawa: Canadian Association for Adult Education, Pamphlet no. 15, April 1961, p. 10.

[3] Josh Gutoskie and Ryan Macdonald, Income Growth per Capita in the Provinces since 1950, https://www150.statcan.gc.ca/n1/pub/11-626-x/11-626-x2019009-eng.htm.

[4] Pierre Fortin, "Quebec's Surprising Economic Performance", https://inroadsjournal.ca/quebecs-surprising-%E2%80%A8economic-performance/.

[5] Michael D. Bethels, *Quebec Since 1945*, Toronto: Copy Clark Pitman, 1987, p. 57.

[6] Kenneth McRoberts, *Quebec: Social Change and Political Crisis*, Toronto: McClelland and Stewart, 1988, p. 71.

[7] 文化孤岛指的是在某个主流文化中存在的非主流文化，非主流文化如同孤岛一样存在。

[8] ［加］克赖顿：《加拿大近百年史》，山东大学翻译组译，山东大学出版社1972年版，第72页。

现代性将公民个人主义、世俗文化和城市文化的公民社会普遍带到魁北克省。尤其是1960—1966年让·勒萨热代表自由党在魁北克省期间，积极推动了被称为"寂静革命"的世俗化和现代化行动，快速的现代化和彻底的世俗化促进了这里的深层变革。信教人数从1960年的60%降至1970年的30%，24岁以下信教者降至12%。[1] 传统的"天主教+法语+乡村生活"特性的法裔文化遭到削弱。

2. 法裔分离主义政党的普遍建立

随着"二战"结束至20世纪60年代的工业化和"寂静革命"的深入，魁北克省以法裔工商业为主和以知识分子阶层为代表的法裔民族主义力量崛起，他们主张凸显法裔特色，要求把魁北克省从加拿大分离出去的呼声不断出现。魁北克法语分离主义首先表现在一系列分离主义政治组织的建立上。1947年，魁北克市成立了早期民族主义组织"魁北克人国家行动"，以"推动和捍卫法语、魁北克主权和民族的荣耀"为宗旨。20世纪60年代，非洲和牙买加等法语殖民地普遍独立，魁北克省法裔分离主义也相应高涨。"魁北克人"这样一个凸显魁北克地方属性的称呼随着"寂静革命"的展开逐步取代"法裔加拿大人"，成为魁北克省法裔的普遍自称。1960年9月，魁北克独立社会主义者行动和国家独立联盟在魁北克市成立，鼓吹以非暴力不合作的方式争取魁北克和平独立。1964年，国家独立联盟升格为省级政党，并于1966年在魁北克省大选中推出了自己的候选人。

在分离主义政党普遍建立和壮大的同时，这些政党的分离主义思想逐步走向深入和系统化。1961年，《加拿大评论者》(*Canadian Commentator*)杂志刊发了国家独立联盟副主席、生物化学博士马塞尔·沙皮特题为《魁北克从加拿大脱离》的文章，文中宣称魁北克省有民族自决的权利，魁北克省退出加拿大是历史的必然。"正如墨西哥是一个单一西班牙语的主权国家一样，加拿大其他省区，如果它们乐意的话，也可以变成一个单一的英语国家。依次类推世界上有一百多个这样单一语言的主权国家。魁北克省只有获得主权才能（作为国家）签订任何条约、参与任何谈判和加入任何共同体。"[2]1962年，马塞尔·沙皮特出版专著《为什么我是分离主义

---

[1] Fitzmaurice, *Quebec and Canada*: *Past, Present and Future*, New York: St Martin's Press, 1985, p. 60.

[2] Marcel Chaput, "The Secession of Quebec from Canada", in Paul Fox ed., *Politics: Canada-Recent Readings*, New York Toronto and London: McGraw-Hill Company of Canada Ltd, 1962, p. 41.

第二章 自由主义模式下加拿大国家认同的奠基（1945—1971）

者》，进一步系统阐述了他的独立思想。沙皮特在书中指出，加拿大自治领建立在武力和屈服的基础之上，自治领使法裔成为少数民族，压抑了法裔的特性，给法裔带来了灾难，号召法裔实现独立。作者认为，解决魁北克问题总体上有五种道路："完全同化或英语化""清晰整合""省级自治""真正的联邦""独立"。只有完全独立才能彻底解决法裔的民族生存问题，才能把法裔从自卑和颓废解放出来，因为完全同化意味着法裔继续做"二等公民"，"清晰整合"意味英法裔地位继续失衡，而"省级自治"和"真正的联邦"也只是羔羊和狼的联合，也无法保证魁北克的地位和权益。沙皮特指出，魁北克省根据《联合国宪章》第1条第2款，有权选择独立，独立后法裔将不再是少数民族，将一洗历史屈辱，走向稳定和繁荣。①《为什么我是分离主义者》如同法裔独立的宣言书，受到了独立主义拥护者的欢迎。这本书在20世纪60年代卖出了4万多本，对魁北克省法裔独立主义的发展起到了推动作用。② 在此之前，无论是自由派还是保守派，大多数魁北克民族主义者认为，只有通过改革才能实现魁北克更好的未来，而在这本书之后，几乎所有政党都调整他们关于魁北克政治地位的论述，将独立视为更为现实的选择。

1967年11月18—19日，以加拿大广播公司节目主持人、魁北克省议会自由党议员及内阁部长雷那·莱维斯克为首的400名法裔民族主义者在蒙特利尔市发起了和联邦建立"主权联合运动"，宣扬魁北克省要独立建国，但同时要和加拿大保持紧密的经济联系。1968年1月，莱维斯克以《魁北克的抉择》为名出版了自己对魁北克独立的设想。该书正文有两大部分："一个必须缔造的国家"和"一个行得通的国家"。该书主要讲述了魁北克人的个性、历史以及"寂静革命"以来魁北克民族主义的发展等，莱维斯克在书中提出，百年以来加拿大的联邦框架具有局限性，号召魁北克省完全拒绝加拿大的联邦制，建议建立一个主权的魁北克国，实现魁北克的完全自由，其后魁北克可以以欧洲经济共同体等为蓝本，将其与加拿大其他地区联系起来，与之成立货币联盟和共同市场。③ 该书的出版

---

① Jacques Hébert, *Why I Am a Separatist*, Toronto: Ryerson Press, 1962.
② Marcel Chaput, *Pourquoi je suis séparatiste* (in French), Montréal: Bibliothèque québécoise, 2007, p. A3.
③ Rene Levesque, *An Option for Quebec*, Toronto: McClelland & Stewart, 1968.

受到了法裔民族主义者的热捧，出版后几周内法语版就卖出了5万本。①1968年10月1日，以该书的主张为基础，"主权联合运动"在魁北克市召开首届全国会议，并联合另一个于1967年成立的、主张独立的组织"国民大会党"组成了新的民族主义组织魁北克人党，由民族主义领袖雷那·莱维斯克任党主席，提出通过民主手段实现魁北克省的独立是该党奋斗的目标。魁北克人党党徽是一个中间被红色箭头穿透的蓝色圆圈，意味魁北克省（红色箭头）打破了殖民主义（蓝色圆圈）枷锁，显示了其突出的独立色彩。

20世纪60年代后半期，魁北克省的独立主义倾向还得到了法国一些人士的支持。1967年7月23日，在出席1967年世博会和加拿大自治领成立一百年活动期间，戴高乐抵达魁北克市，他的车队前往蒙特利尔市时被热情的人群包围，人群中有些人高喊着分裂主义的口号。1967年7月24日晚，戴高乐在蒙特利尔市市政厅的阳台上突然对欢呼的人群高喊"自由魁北克万岁"，并赢得了雷鸣般的欢呼。对"自由魁北克"的强调被怀疑与"二战"时期法国被占领期间戴高乐的"自由法国"口号有特意的关联。对此，皮尔逊总理在电视上警告戴高乐，他的声明"加拿大人民无法接受"。新任命的司法部部长皮埃尔·埃利奥特·特鲁多问道："如果加拿大总理喊出法国的'布列塔尼归布列塔尼人'，法国人的反应会是什么？"② 但是，由于魁北克省与法国的历史渊源以及"二战"后戴高乐崇高的威望，"自由魁北克"这个口号"像一颗火星落进魁北克充满反英情绪的火药桶里"，③ 对魁北克民族主义产生了深远的影响。

3. 魁北克省民族政府的反联邦主义改革

20世纪60年代，在民族主义情绪的推动下，魁北克省政府不分党派，进行了诸多带有民族主义倾向的改革。在让·勒萨热自由党政府期间（1960—1966），为避免英裔对魁北克省经济的主导，自由党政府把原本属于英裔加拿大人的数家较大的私营电力公司收归省有，并将这些公司合并为魁北克水电公司。1964年，魁北克省政府成立了同样为省属的魁北克钢

---

① Graham Fraser, *René Lévesque and the Parti Québécois in Power*, Montreal: McGill-Queen's Press, 2001, p. 366.
② Thomas S. Axworthy, General De Gaulle and "Vive le Québec libre", https://www.thecanadianencyclopedia.ca/en/article/de-gaulle-and-vive-le-quebec-libre-feature.
③ 封永平：《当代加拿大宪法危机探析》，硕士学位论文，河北师范大学，2002年。

第二章 自由主义模式下加拿大国家认同的奠基（1945—1971）

铁公司、矿业开发公司、森林回收与开发公司及石油开采公司。1944—1959年，在杜普莱西担任总理期间，魁北克遭遇了福利建设赤字，但还是拒绝了联邦政府向魁北克省提供优惠贷款和财政援助魁北克省的提议。1964年，联邦政府同意魁北克省自愿决定是否接受联邦财政拨款的要求，自行在本省增税以取得等量补偿。1965年，魁北克省退出了联邦统一的退休金计划，以牺牲联邦补贴为代价换得了更多掌握本省税收及经济的权利。在文化上，以加拿大国家铁路公司雇用法语职员比重不足引发的危机为开端，保证法语的独特地位被提到了魁北克省政府的任务清单之上。1962年11月，总部位于蒙特利尔市的加拿大国家铁路公司总裁唐纳德·戈登被联邦议会铁路委员会要求解释为什么公司的17位副总裁中没有讲法语的人。戈登回答说，法裔加拿大人不具备在加拿大国家大学担任高级管理职位所需的能力。他的声明在魁北克引起了愤怒和抗议。蒙特利尔大学的学生在学生会主席、后来的魁北克人党领袖及魁北克总理伯纳德·兰德里的带领下，在伊丽莎白女王酒店的加拿大国家公园总部前示威，并焚烧戈登的雕像。关于戈登事件，在《责任报》的总编安德烈·劳伦多的提议下成立一个皇家委员会，调查魁北克对其在加拿大地位的不满。受戈登事件的刺激，同时也是为了应对魁北克的整体"寂静革命"，时任加拿大总理莱斯特·B. 皮尔森于1963年7月创立了双语和双文化皇家委员会，[①] 由法裔安德烈·劳伦德和英裔戴维森·邓顿担任联合主席，"调查和报告加拿大双语和双文化主义的现状，并对应采取什么步骤在两个创始种族平等伙伴关系的基础上发展加拿大联邦提出建议"。[②] 接下来的两年里，双语和双文化皇家委员会在加拿大各地举行了几次公开听证会。该委员会在1965年出具的初步报告强调了加拿大社会文化和语言的两面性，并建议让法语成为加拿大官方语言，在法语少数族裔占当地人口10%或更多的地区设立双语区，父母能够让他们的孩子在有足够需求的地区用他们选择的语言上学。

在外交上，让·勒萨热自由党政府同样提出了相当强硬的主权诉求。1965年，魁北克省政府和法国签订了教育协议，在巴黎成立了第一个海外

[①] G. Laing, Celine Cooper, "Royal Commission on Bilingualism and Biculturalism", July 24, 2019, https://www.thecanadianencyclopedia.ca/en/article/royal-commission-on-bilingualism-and-biculturalism.

[②] "Gertrude Laing, 1905–2005", https://www.ucalgary.ca/lib-old/SpecColl/laing.htm.

代表团。1965年4月12日，魁北克省副总理、省教育部部长保罗·热兰·拉儒尔在蒙特利尔发表了一个被称为"热兰—拉儒尔主义"的演说，声称魁北克省的主权不仅在联邦之内，也适用于对外关系。魁北克省有权在文化、教育、卫生等方面和他国单独签约，而联邦无权对其进行监管或者限制。"无论国内外，魁北克都决心在当今世界上占据一个适当的地位。"① 联邦政府总理保罗·马丁对此予以了坚决反驳，坚称省政府没有资格突破联邦行使外交权力，魁北克省和联邦政府在外交事务上产生了激烈的矛盾。

随后，以魁北克省"要么平等要么独立"（Égalité ou indépendance）为口号，民族联盟党领导人丹尼尔·约翰逊赢得了1966年的选举，成为魁北克省的总理（1966.6—1968.9）。在任期间，他提出了改革加拿大宪法的建议，宣称联邦制和现行宪法是对魁北克省的限制，联邦制如果不能满足魁北克省的改革，魁北克省将退出联邦。1968年，即丹尼尔·约翰逊之后，民族联盟党总理让-雅克·贝特朗主导的政府（1968.10—1970.5）通过了第90号法案，废除了立法委员会，并将立法议会改名为"国民议会"，与较为尖锐的"寂静革命"民族主义相一致。1969年9月9日，在魁北克省的要求下，特鲁多联邦政府颁布已经拖延许久的《官方语言法》，宣布英语和法语为加拿大议会和政府的官方语言，在法律上比所有其他语言享有优先地位，要求所有联邦机构应提供英语或法语服务，② 法裔的独立主张在一定程度上得到了满足。

4. 法裔极端分裂势力的暴力行动

在通过民主选举手段谋求独立的同时，以暴力手段实现民族独立也是法裔分离主义者的主张之一。在这方面，具有代表性的组织是成立于1963年2月的极端民族主义组织魁北克解放阵线，该党认为法裔饱受英裔的殖民统治，号召法裔为了民族利益用武力反抗压迫者。在该党的宣传中，法裔是在社会、政治和经济上饱受压迫的民族，是被英国和渥太华主宰的民族。它指责渥太华无论是在经济政策、国防政策、金融信贷，还是在移民政策和刑法等方面都独占了全部权利，而"联邦政府无论是在宪法上还是

---

① Louis Balthazar, "The Quebec Experience: Success or Failure?", Francisco Aldecoa and Michael Keating, eds., *Paradiplomacy in Action: The Foreign Relations of Subnational Governments*, London: Frank Cass, 1999, p. 161.
② Nelson Wiseman, *In search of Canadian Political Culture*, Vancouver: UBC Press, 2007, pp. 97–98.

第二章 自由主义模式下加拿大国家认同的奠基（1945—1971）

在实际中，完全站在了盎格鲁-撒克逊帝国主义的一边，它主宰了整个国家"。宣言批判了英裔对法裔的经济剥削："我们出力，他们攫取利润。在文化上，我们的人口占80％，英语却流行在诸多领域。法语正逐渐沦为民间传说，英语正成为人们的工作语言。盎格鲁-撒克逊人对我们的轻慢一如既往，诸如'像白人那样说话'（Speak White①，意指说英语才是体面白人所为）、愚蠢的法裔'之类的说法非常普遍。……殖民者将我们视为下等人（Inferior Human Beings）……只有全面的革命才是让独立的魁北克成为现实的必要力量。民族革命在本质上不容许妥协，这是强过殖民主义并战胜它的唯一途径。"该宣言在最后号召法裔起来反抗："魁北克的爱国者，武装起来！革命的时刻到了！不独立，毋宁死。"②

为实现纲领目标，魁北克民族解放阵线从1963年到1970年制造了200多起恐怖袭击事件，造成7人死亡，计划袭击的目标包括了蒙特利尔英语区邮箱、军械库、帝国商业银行蒙特利尔总部、联邦政府书店、麦吉尔大学、蒙特利尔市长的住宅、省劳动部以及蒙特利尔伊顿百货公司等。1969年2月，民族解放阵线在蒙特利尔证券交易引爆炸弹，导致27人受伤。③ 1970年年初，23名涉嫌进行炸弹恐怖袭击的解放阵线成员被加拿大警方逮捕，并移送司法机关，其中犯罪严重者被判处124年监禁。此举遭到解放阵线的报复。1970年10月5日，解放阵线绑架了英国驻蒙特利尔贸易专员詹姆斯·克罗斯，并以此为要挟，要求加拿大及魁北克省政府释放23名涉恐"政治犯"，通过广播发布解放阵线独立主义宣言，并提供价值50万加元的黄金以及一架运送他们前往古巴或阿尔及利亚的飞机。为应对危机，警方一边加紧搜捕解放阵线人员，一边和绑架者谈判，几家法语报纸及加拿大广播公司也发表了解放阵线的宣言。10月10日，魁北克省移民和劳工部部长皮埃尔·拉波特被解放阵线另一支行动小组绑架，局

---

① "Speak White"源于1968年魁北克作家米歇尔·拉隆德所写的一首法语诗歌，意在讽刺英裔在语言上的傲慢。Kathy Mezei, "Bilingualism and Translation in/of Michèle Lalonde's 'Speak White'", *The Translator*, Volume 4, Number 2, 1998: Special Issue, Translation and Minority, pp. 229-247.

② Claude Savoie, *La Veritable Historie du F. L. Q.* (Montreal 1963), English translation, Janet Morchain, *Mason Wade, Canada's Crises in French-English Relations 1759-1980*, Markham, ON: Fitzhery & Whiteside, pp. 159-160.

③ Andrew McIntosh and Celine Cooper, "October Crisis, Oct. 2020", https://www.thecanadiancyclopedia.ca/en/article/october-crisis.

势更加恶化。10月13日，联邦总理特鲁多在渥太华部署军队，他以坚定的口吻向媒体表示维护社会安定的决心。10月15日，魁北克省政府请求联邦军队支援，联邦政府援引《战争措施法》将1000名士兵部署到蒙特利尔的关键地点，并加紧逮捕嫌疑分子。16日，魁北克省进入紧急戡乱状态，解放阵线被认定为非法组织，加入其中被视为犯罪。为拯救人质，魁北克省政府宣布将释放5名解放阵线囚犯，并保证这两人安全离开加拿大，但10月17日人质之一拉波特仍然被勒死。12月3日，另一名被绑架者詹姆斯·克罗斯的所在地点被侦破。经双方谈判，5名恐怖分子被送往古巴。12月28日，参与绑架和杀害拉波特的3名魁北克解放阵线成员被警方逮捕，"十月危机"得以解除。"十月危机"是魁北克省独立政党通过暴力手段实现独立目标的一个尝试，造成了社会的动荡，民主手段追求独立的道路转而受到更多的支持。

三 少数族裔民族文化身份的觉醒

根据女王大学金里卡教授对自由主义的论述，民族和族裔在集体权利诉求取向上有着根本的差异。前者的诉求除了普遍公民权利，往往对民族自治乃至主权有着不同程度的追求，而族裔尤其是少数族裔通常追求的是平等的普遍公民权利，以便以平等身份参与国家政治及社会生活。从"二战"结束到20世纪60年代末，加拿大完成了公民权利的去族群化，公民权利无差别地赋予了所有族群成员。公民地位的提高首先鼓励了少数族裔向加拿大移民，使得非英法裔加拿大人的数量明显增加。1951—1961年，移民加拿大的黑人人数从1.8万人增至3.21万人。[①] 1951—1971年，意大利裔从15.22万人增至74.80万人，[②] 华裔从5.82万人增至11.89万人，[③] 在1941年加拿大总人口中，英裔、法裔和其他族裔移民的比重分别为

---

① Royal Commission of Bilingualism and Biculturalism, *The Bilingualism and Biculturalism Commission Report*, *Cultural Contribution of the Ethnic Groups*, Book Ⅳ, Ottawa: Privy Council Office 1970, p. 31, https://publications.gc.ca/collections/collection_2014/bcp-pco/Z1-1963-1-5-4-1-eng.pdf.

② Bruno Ramirez, *The Italians in Canada*, Ottawa: Canadian Historical Association with the Support of Multiculturalism Program of Canadian Government, 1989, p. 8.

③ Samuel P. S. Ho and Ralph W. Huenemann, *China's Open Door Policy: The Quest for Foreign Technology and Capital*, Vancouver: UBC Press, 1984, p. 60.

第二章 自由主义模式下加拿大国家认同的奠基（1945—1971）

50%、30%和20%，1961年则变为44%、30%和26%。[①] 与英法裔移民相比，来自欧洲的非英法裔移民虽然和英法裔一样都属于基督教文化圈，在种族和肤色上也有接近之处，但在文化上有着明显的区别，来自亚非拉的少数族裔与英法裔的差异则更为突出。

移民规模扩大的同时，"二战"后少数族裔移民的结构也发生了重大变化。"二战"以前，加拿大非英法裔移民以农民和一般劳工为主。"二战"结束后，伴随着第三次科技革命在加拿大的开展，加拿大对技术移民更为青睐，非英法移民的经济状况、文化教育程度和技术专业化程度明显提升，甚至就连接收的难民也是如此。1956—1958年大约有3.75万匈牙利难民被加拿大接收，其中"仅一小部分可以被视为劳动阶级"[②]。少数族裔，尤其是白人少数族裔与英法裔之间的经济收入也相差无几，甚至持平。1961年，加拿大非农业领域就业男性的年均收入约为4414加元，其中英裔约为4852加元、法裔约为3872加元。与之相比，德裔约为4207加元、意大利裔约为3621加元、犹太裔约为7426加元、乌克兰裔约为4128加元。[③] 1967年，加拿大成为世界上第一个对移民实行素质积分制度的国家，对移民素质的要求更进一步，受过良好教育、拥有专业技能，通晓英语和法语的技术移民开始呈现增多的趋势。1968—1969年，进入加拿大的1.2万名捷克斯洛伐克难民中的专业人士和技术人才比重高达33%。[④] 与普遍遭受种族主义公然歧视的早期劳工移民不同，"二战"后的新移民大多没有被法律排斥在公民权之外的情形，对在新土地上发扬母族文化的期待比早期以劳工为主的移民更为强烈，而不是仅仅满足于法律条文上平等的公民权利。

20世纪60年代初，加拿大政府也感受到了少数族裔对自身母族文化

[①] Paul Yuzyk, "Canada: A Multicultural Nation", *Canadian Slavonic Papers/Revue Canadienne des Slavistes*, Vol. 7 (1965), p. 23.

[②] Gerald E. Dirks, *Canada's Refugee Policy*, Montreal and London: McGill-Queen's University, 1977, pp. 203 – 204.

[③] Royal Commission of Bilingualism and Biculturalism, *The Bilingualism and Biculturalism Commission Report*, *Cultural Contribution of the Ethnic Groups*, Book IV, Ottawa-Ontario: Privy Council Office 1970, p. 40, https://publications.gc.ca/collections/collection_2014/bcp-pco/Z1 – 1963 – 1 – 5 – 4 – 1 – eng.pdf.

[④] C. Michael Lanphier, "Canada's Response to Refugees", *International Migration Review*, Vol. 15, No. 1/2, Refugees Today (Spring—Summer, 1981), p. 114.

权利的诉求。1963年7月，皮尔逊政府发起的双语和双文化主义皇家委员会及其行动虽然受到法裔的欢迎，但引起了少数族裔对加拿大政府厚此薄彼的不满。以乌克兰族裔为例，1963年11月在议会就双语和双文化政策举行的听证会上，乌克兰民族主义组织乌克兰加拿大委员会主席伊西多·林卡声称双语和双文化不能代表所有加拿大人，认为该政策实际上并没有考虑500万文化上不同的少数族裔。林卡也认为，双文化一词的使用将加拿大人分为"两类，即第一类和第二类加拿大人"，这是不公正的。[1] 对于英法裔建国民族的称号，"加拿大裔乌克兰公民认为他们也是一个创始族裔，因为在很大程度上有乌克兰人建造了铁路，而且是乌克兰人在加拿大西部最难以到达的地区找到了定居点"[2]。

随着非英法裔少数族群规模的增加，联邦政府逐渐认识到双语和双文化背景下非英法裔被排斥的尴尬局面。1965年，加拿大双语和双文化委员在调研双语和双文化主义对少数族裔影响的报告中指出，双语和双文化正在无形中使得少数族裔遭受文化危机。1967年，经过约两年的调研，加拿大联邦政府双语和双文化委员会专门针对非英法裔在加拿大社会的地位发布了调查报告，即《双语和双文化委员会报告（第四卷）——其他族裔的贡献》，高度肯定了非英法族裔的地位和贡献，对其文化权利给予认可。报告指出，语言文化不同的族群的存在是加拿大社会不可忽略的特性，是加拿大国家文化不可分割的一部分，其价值超越了族群差异。它丰富了加拿大的社会文化，"只会让主流文化从这些他者的文化中获益"，《报告》指出，让少数族裔文化存在是所有加拿大人引以为荣的事，少数族裔"应该永远拥有一个基本的人权，即保护他们的语言和文化权利"。《报告》认为，有充足的理由去关注少数族裔在文化上的贡献，并在此基础上提出建议，"以便我国的文化、社会、经济和政治机构能够就其他文化群体的合法期望做出回应，为他们在繁荣的、充满生机的加拿

---

[1] Daniel Jesse Westlake, *Building Multiculturalism: The Contribution of the Ukrainian-Canadian Community to a Re-Thinking of Canadian Identity*, Thesis of Master Degree, Carleton University, August 2010, p. 12.

[2] 听证时另一位乌克兰裔发言人BM. Belash 语。Daniel Jesse Westlake, *Building Multiculturalism: The Contribution of the Ukrainian-Canadian Community to a Re-Thinking of Canadian Identity*, Thesis of Master Degree, Carleton University, August 2010, p. 12.

第二章　自由主义模式下加拿大国家认同的奠基（1945—1971）

大提供充分发展的机会"。① 从此，尊重少数族裔的文化权利成为加拿大官方的共识和政策趋向。

小　结

"二战"后至1971年为加拿大寻求多族群国家认同的奠基时期，在此期间，加拿大政府以自由主义为原则，在法律上积极打破种族主义，赋予各族群无差异的民权、政治权和社会福利权等普遍公民权利，族群成员的语言、族群、宗教及文化背景不再成为获取平等的普遍公民权利的障碍。加拿大人在法律面前一律平等，享有同等公民待遇，成为加拿大族群治理的基本原则。相对于"二战"结束之前加拿大种族主义横行的局面，自由主义是加拿大历史的巨大进步，加拿大人对加拿大的国家认同在这一时期得以奠基。不过，自由主义对种族主义的否定并不意味着国家认同的无虞。在很大程度上，自由主义并不能超越或取代族群认同，族群认同特别是非英裔族群的国家认同依然有着相当大的挑战。究其原因，与以下几点有着密不可分的关系。

其一，自由主义以公民个体而非族群为组成国家的基本元素的特点注定了对族群地位的"善意忽视"。在自由主义模式中，族群身份被视为是与公民身份无关的"私事"。在自由主义原则下，个人权利本位、一人一票、少数服从多数的民主体制注定了加拿大英裔的相对多数的优势地位。无论是国家制度、主流文化、价值观等都是以英裔为主导建构起来的，少数族群在多数原则下通常表现为被动的接受者，尽管少数族群个体公民也能平等参与这个国家政治和社会的治理和运行，但在根本上只是加拿大民主政治的补充，并不能改变"英裔主体国家"的决策和走向。无论是经济生活水平、政治代表程度，还是社会地位及文化地位，仍旧处于弱势局面。恰如1965年加拿大著名社会学家、卡尔顿大学教授约翰·波特在其

---

① Royal Commission of Bilingualism and Biculturalism, *The Bilingualism and Biculturalism Commission Report*, *Cultural Contribution of the Ethnic Groups*, Book Ⅳ, Ottawa-Ontario: Privy Council Office 1970, p. 14, https：//publications. gc. ca/collections/collection_2014/bcp-pco/Z1－1963－1－5－4－1－eng. pdf.

专著《直立的马赛克：加拿大社会阶级和权力分析》中所指出的，加拿大族群马赛克结构是直立的，而非平面放置的，在整体上少数族群特别是有色少数族群仍然处于社会的下层。① 这种弱势地位在被赋予了平等的普遍公民权利的情境下更为突出，反过来促使少数族群更加关注本族群的处境，对本族群的认同在自由主义的社会氛围下更为突出。

其二，无差异公民身份的普遍授予无法超越或取代族群身份。从根本上讲，公民是一个政治概念，自由主义强调的是公民个体人人平等，并无差别地享受国家赋予的公民权利。与之相比，族群身份是一个社会概念，反映的是人的文化属性，包含着族群成员对自身所属族群及其文化的认可和依恋。前者解决的是公民之间平等的问题，后者则是关注族群内部成员间有别于他族的共性。作为国家公民，公民权利的授予自然有助于族群成员对所生活国家的好感，满足了他们对政治平等的期待。然而，作为族群成员，政治上的平等不等于族群身份认同得到了充分满足，也不会取代族群成员对本族群的文化认同和眷恋。公民身份与族群身份好比两条相近相连的铁轨，它们始终是平行的，无法彼此代替。在受多数族群压迫和歧视的社会里，少数族群自我认同始终存在。在公民平等的环境中，少数族群对自身的认同同样是存在的。甚至凭借平等公民身份所带来的平等参与国家事务的机会，比如投票、结社、建党和游行示威，少数族群的自我身份认同会被进一步唤醒和表达出来。就像这一时期的原住民和法裔，他们固然获得了平等的个体公民权利，但他们的族群认同并未因此削弱，相反他们建立了一系列民族主义组织，且民族主义诉求更为强烈。少数族裔在获得平等公民权利之后，因为得以更自由地参与加拿大社会，对自身族群的文化诉求也得以充分表达和彰显。

其三，公民身份的统一性无法解决族群利益的多样性和彼此间的矛盾。自由主义以一个基本的假设作为前提，即无差别公民权利的授予会使不同族群可以被整合为同质的国家公民，从而对国家形成超越族群差异的公民认同。这一逻辑看似美好，但却忽略了一个基本事实，那就是国家与社会并非仅仅是由个体公民组成的，族群也是其基本的组成单位。自由主义却忽视了族群的客观存在及其利益的复杂性与多元性。在公民至上的社

---

① John Porter, *The Vertical Mosaic: An Analysis of Social Class and Power in Canada*, Toronto: University of Toronto Press, 1965.

第二章　自由主义模式下加拿大国家认同的奠基（1945—1971）

会中，主流文化所导致的单一认同无法满足族群的多元化需求，容易造成族群间的矛盾与摩擦。鉴于此，威尔·金里卡提出了差异公民身份的原则，主张少数族群的身份认同和特殊的集体权利应当得到包容和保护。[①] 多族群是多元社会存在和发展的基础，"在文化多元的社会中，需要不同的公民身份来保护文化共同体免受不必要的解体"。[②] 在和国家共同体关系上也是如此，少数族群在语言文化政策、族群自治、政治参与以及国家未来走向等各方面的话语权难以和多数族群竞争，而这些单靠自由主义原则是无法妥善解决的。

其四，自由主义原则在加拿大实施并不具备美国那样"化众为一"的先天历史条件。与加拿大马赛克式的族群结构不同，美国被称为族群的"大熔炉"。"二战"结束后到20世纪60年代，美国以黑人民权运动为代表的种族主义也受到了自由主义的激烈批判，对黑人区别对待的种族隔离成为历史，公民财富和教育等方面的公民权利与族群身份脱离了关系。"美国保持了民族的、族裔的、种族的和宗教的中立"[③]，其族群认同对美国认同的冲击并不像同时期的加拿大那样明显。究其原因，从历史上看，主要在于"二战"前像加拿大英法族裔、原住民那样严重的族群分裂在美国基本上没有发生，地域上的"马赛克"现象并不突出，自由主义传统比加拿大更为强大。独立战争开始后，美国的革命者作为不列颠的移民无法从异族压迫的角度批判大英帝国。相反，革命者用以团结13个殖民地对抗英帝国的只能是自由主义。南北战争中，奴隶制被废除，自由主义开始普遍为美国社会所接受。相较于美国，加拿大自治领是在英帝国、英裔、法裔、原住民之间妥协的基础上成立的，保留了诸多族群分立的传统，这有碍于加拿大向自由主义社会的转变，尤其突出的是，历史上美国自由主义大熔炉社会是在盎格鲁-撒克逊移民占据主体民族地位和新教文化占绝对优势的前提下建立的。随着领土的扩张，19世纪末时两洋之间的印第安人、墨西哥人、欧洲非英裔移民都被纳入了美国的版图，但美国这种版图的扩张并不是像加拿大英裔与印第安人及法裔那样通过各族群的妥协而

---

① Will Kymlica and Wayne Norman, eds., *Citizenship in Diverse Societies*, Oxford: Oxford University Press, 2000, pp. 1–41.
② ［美］贝斯·J.辛格：《实用主义、权利和民主》，王昌守等译，上海译文出版社2001年版，第118页。
③ Michael Walzer, *What It Means to be An American*, New York: Marsilio Publisher Corp, 1992, p. 9.

成。相反，美国在扩张过程中采取了盎格鲁－撒克逊人在占据当地主体人口地位之前绝不建州的策略。美国"历史上州政府边界的划定和它们加入联邦的时间都经过了精心安排，以确保以英语为母语的人可以在美国联邦的 50 个州中都占据多数"。这样，美国没有出现魁北克省那样与联邦分庭抗礼的地方政府，也没有以印第安人自治或以其他欧洲移民为主体建立的州。由此，自由主义偏重个体公民权利而轻视族群集体权利的原则在美国得到了更为普遍的接纳。①

总而言之，加拿大的自由主义相对于种族主义的过往而言是巨大的历史进步，但鉴于族群认同的客观存在和它对族群身份的相对轻视，自由主义并不能化解或根除不同族群间的利益差异、冲突以及它们与国家间的矛盾，公民身份更不能取代或超越族群身份而单独存在。鉴于此，在坚持个体普遍公民权利平等原则的同时，如何适当满足少数族群的权利诉求、如何妥善处理不同族群间的权利关系、如何实现族群身份和公民身份的和谐共存成为加拿大进一步进行族群治理必须解决的问题。

---

① ［加］威尔·金里卡：《少数的权利：民族主义、多元文化主义和公民》，邓红风译，上海译文出版社 2005 年版，第 12 页。

第三章　多元文化主义模式下加拿大国家认同的塑造（1971—1995）

当今世界多数国家已经处于公民国家的发展阶段，但族群身份对国家建构的影响依然深刻，成为国家是否可以稳定发展的重要因素。正如霍拉斯·卡伦教授所说："人们可以或多或少地改变自己的衣服、自己的政治观点、自己的伴侣、自己的宗教信仰和自己的哲学信念，但改变不了自己的来源。一个爱尔兰人永远是爱尔兰人，一个犹太人永远是犹太人……爱尔兰人和犹太人是天生的事实，而公民和教会成员则是文明的产物。"①"二战"结束至20世纪60年代，加拿大高举自由主义公民身份旗帜，试图以不分族群的普遍公民身份超越族群身份来构建所有族群都认同的加拿大。事实证明，这一模式"公民障目，不见族群"，作为双刃剑在20世纪60年代后对加拿大国家认同的不利的一面日渐显现，尊重和包容少数族群认同与权益的多元文化主义得到越来越多的关注。从20世纪70年代初到20世纪90年代初，在自由主义的基础上，多元文化主义在加拿大成为建构国家认同的不二法则，对加拿大国家认同及族群身份产生了深远影响。

第一节　多元文化主义思潮在加拿大的普遍兴起

相对于种族主义，自由主义主张族群只是个人"私事"，无论个人族

---

① ［美］塞谬尔·亨廷顿：《我们是谁：美国国家特性面临的挑战》，程克雄译，新华出版社2005年版，第109页。

群身份有何种差异，都应该享有受国家保护的、无差异的平等公民权利。这无疑是"二战"结束至 20 世纪 60 年代欧美多族群社会治理原则的巨大进步，对于否定和批判种族歧视、保障各族群公民个体的平等权利效果显著。不过，自由主义有着无法克服的内在局限，即在强调公民个体为国家组成要素的同时，漠视或低估了族群同样也是国家要素这一客观事实所产生的影响。事实证明，在多族群的加拿大，自由主义公民身份与族群群体身份之间存在着无法彼此替代或者相互超越的鸿沟。尤其是在 20 世纪 60 年代后期开始，两者之间的裂痕与矛盾越发凸显，在坚持自由主义的同时，多元文化主义思潮在加拿大兴起。

一 原住民民族主权运动的高涨

"二战"后原住民，包括印第安人、梅蒂人和因纽特人，各自的民族主义经历了一个由觉醒到不断壮大的过程。20 世纪 60 年代开始，原住民民族主义抬头，各类原住民民族主义组织纷纷成立。1961 年，大温尼伯格地区的印第安人率先成立了土著印第安人协会，他们的目标是"推动印第安人的团结，改善加拿大印第安世系，增进印第安人和非印第安人间的理解"[①]。1967 年，温哥华地区原住民女性组成"红色力量土著联盟"，要求政府归还原住民的主权地位。1969 年，身份印第安人和登记印第安人还成立全国性的组织"全国印第安民族兄弟会"。这些组织为原住民表达群体的利益诉求提供了有力的通道。以红色力量土著联盟为例，该组织在 1969 年 1—3 月通信中，向联邦政府提出了 8 项要求，集中体现了印第安人对打破种族压迫、在主权层面实现民族自主，乃至实现独立的诉求。这 8 项诉求包括：

> 1. 除非我们能决定自己的命运，否则我们不会获得自由。因此，我们想要有权力决定我们的保留区和社区的命运，我们要想在保留地和社区获得权力，并有权力掌控我们的生活，就必须废除《印第安法》，必须摧毁殖民办公室（印第安事务处）。

[①] E. Pattersonand I. Pallmer, *The Canadian Indians: A History Since 1500*, Don Mills: Collier-MacMillan Canada Ltd., 1972, p. 177.

第三章　多元文化主义模式下加拿大国家认同的塑造（1971—1995）

2. 这个种族主义政府抢劫、欺骗和残暴对待我们，并对我族无数人民的死亡负有责任。我们觉得没有义务以税收支持这个政府。因此，我们希望政府停止以税收的形式向我们收取金钱。

3. 加拿大的历史是由这片土地的压迫者和入侵者书写的。他们的谎言在今天的教育系统中被制造出来。由于没有揭露加拿大这个堕落社会的真实历史，学校助长了对我们的持续压迫。因此，我们想要一种教育，教给我们真正的历史，并揭露这个社会的种族主义价值观。

4. 在这个国家，印第安人和梅蒂人只约占人口的3%，然而我们却占了大小监狱囚犯数量的大约60%。因此，我们希望立即结束种族主义警察对我族人民的不公正逮捕和骚扰。

5. 当被带到这个国家的法庭上时，红种人不可能指望从白人法官、陪审员和法院官员那里得到公正的审理。因此，我们希望从土著社区或具有土著血统的民族中选出陪审团来审判土著居民。同时，我们希望那些被不公正地关押在这个国家监狱里的兄弟姐妹们获得自由。

6. 有关捕鱼、狩猎、诱捕猎物、财产权和特权的条约被这个政府打破了。在某些情况下，我族人民没有与政府签订条约，他们失去的土地没有得到补偿。因此，对于我们的人民来说，我们希望得到公平的补偿。此外，我们希望政府尊重这些条约中的条款，因为它们是至高无上的，不容任何立法所侵犯。

7. 掠夺这个国家自然资源的大型工业公司、企业以及它们的政府，要对我们资源的灭绝负责，这些资源是我们衣食住所依赖的。因此，我们希望立即结束这种剥削，并从这些窃取者那里得到补偿。我们希望政府把给外国的援助转给包括印第安民族在内的地区，这样我们就可以开始迫切需要的有关住房、农业和工业合作社的项目。我们要为红种人的利益而不是为白人企业精英的利益来开发我们剩余的资源。

8. 白人的权力结构用尽了一切可能的方法来摧毁我们的精神以及反抗的意志。他们把我们分为身份和非身份印第安人，把我们分成美国人和加拿大人、梅蒂人和印第安人。我们充分认识到他们的"分而治之"策略及其对我族人民的影响。

红种人力量是反抗的精神。

红种人力量是我们的骄傲。

红种人力量是对人民的爱。

> 红种人力量就是我们团结起来为解放而战。
> 红种人力量就在现在！①

1969年5月，在印第安人拒绝联邦政府旨在让原住民完全公民化的"白皮书"后，印第安民族意识进一步成熟，以"第一民族"身份争取民族自治的运动此起彼伏。1971年，由阿尔伯塔省梅蒂斯协会、萨斯喀彻温省梅蒂斯协会、曼尼托巴省梅蒂斯联合会和不列颠哥伦比亚省非身份印第安人协会的领导人组成的加拿大土著委员会成立。② 1972年，全国印第安兄弟会等民族主义组织发起了"印第安人教育由印第安人管理"运动，要求联邦政府推动原住民教育自治，以保证原住民孩童学习民族历史与文化。③ 1975年7月，西北区印第安人兄弟会大会代表甸尼族印第安人发布《甸尼民族地位宣言》声讨殖民主义在北美的罪恶："新大陆同世界上其他地方一样，也经历过殖民主义和帝国主义。其他民族占领了这块土地——往往是用武力——外国政府也把自己置于我们的人民之上，古老的文明和生活方式被摧毁。"宣言支持亚非民族独立运动，坚称"我们所寻求的是在加拿大国内的独立和自决"④。1980年12月，百余位印第安大酋长齐聚渥太华，签署了《第一民族宣言》。宣言宣告，印第安人才是北美大陆的主人："我们是这块土地最早的民族……造物主给了我们自治和自决的权力……是其他任何民族无法夺去的。"⑤ 两年后，在不列颠哥伦比亚省举行的全国印第安兄弟会上，与会酋长们宣布成立第一民族大会。第一民族大会由一位全国大酋长领导，任期3年，酋长下设由10名地方酋长组成的执行委员会。在组织上，全国印第安兄弟会为第一民族大会的行政秘书处。全国印第安兄弟作为法人机构，主要负责与联邦政府签订从资金安排

---

① "Native Alliance for Red Power-Eight Point Program（1969）", https：//mgouldhawke. wordpress. com/2020/10/05/native-alliance-for-red-power-eight-point-program-1969/.
② 1993年改称"原住民议会"。
③ National Indian Brotherhood/Assembly of First Nations, Indian Control of Indian Education, "Policy Paper Presented to Minister of Indian Affairs and Northern Development", http：//64.26.129.156/calltoaction/Documents/ICOIE. pdf.
④ "1975 Declaration of Dene Nationhood", https：//www. canadahistory. ca/sections/documents/native/Dene%20Declaration. html.
⑤ Tom Flanagan, *First Nations? Second Thoughts*, Montreal &Kinston：McGill-Queen's University Press, 2008, pp. 75 - 76.

第三章　多元文化主义模式下加拿大国家认同的塑造（1971—1995）

到租赁等法律协议。第一民族大会每年至少召开两次，第一民族大会作为"协商会议"，主要任务是推动在加拿大宪法中巩固第一民族自治的权利，并使政府和民众更多地接受现行宪法对土著人和条约权利的承认，在缔结条约、原住民权利、土地和资源等问题上捍卫原住民利益，并负责游说议员、内阁部长和高级政府官员，以确保其立场在制定政府政策时得到考虑。第一民族大会的成立是印第安人自治斗争的重要产物，是"第一民族"自称正式使用的重要标志。

几乎在印第安人民族主义组织建立的同时，梅蒂人、因纽特人民族主义组织也纷纷建立，其中涉及梅蒂人集体权利的组织主要有：1965年成立的安大略省梅蒂人和无身份印第安人协会、1967年成立的曼尼托巴梅蒂人联合会以及1983年成立的不列颠省路易·瑞尔梅蒂人协会等。此外，为了联合各地梅蒂人力量，1983年还成立了梅蒂人全国性组织——梅蒂人民族委员会；而牵涉因纽特人事务和权利的组织则有加拿大因纽特人联盟（1971）、北魁北克因纽特协会（1971）、拉布拉多因纽特人协会（1973）、基特梅特（Kitikmeot）因纽特人协会（又称基瓦廷，Keewatin）和巴芬地区因纽特人协会等。此后，为了进一步争取自治，1976年，因纽特人向加拿大联邦政府首次提出成立努纳武特自治领地，并于1979年成立跨国的因纽特民族事务委员会，联合格陵兰岛—阿拉斯加—加拿大三地因纽特人共同争取自身权益。

在民族主义组织的支持下，20世纪80年代印第安人、梅蒂人和因纽特人呈现了联合争取民族土地权利和自治权利的趋势。1981年，3000多名原住民会聚渥太华国会大厦前面，要求在新宪法决议案中将原住民的权利明确加进去。1982年，第一民族大会应邀参与了众议院印第安自治问题特别委员会并参与了宪法讨论。1983—1987年，加拿大印第安人、梅蒂人及因纽特人民族组织一起召开了4次原住民宪法会议，呼吁赋予他们土地权、自治权等多项民族权利。[①] 1985年，在1871—1921年和殖民者签订过11个土地条约的印第安族群酋长们组成了草原条约民族联盟，以维护他们的条约立场，并确保联邦政府履行历史条约中关于原住民权利的条款。正如汤姆·弗拉纳根教授所指出那样的："原住民的领导人对本民族的地位

---

① ［加］迪克·加尔诺：《印第安人——加拿大第一民族的历史、现状与自治之路》，李鹏飞、杜发春编译，民族出版社2008年版，第425页。

提出了更高的要求，他们希望与英法裔民族一样享有'建国群体'或'建国民族'的地位。"①

对于原住民在普遍公民权利之外追求特殊集体权利，秉承公民个体至上的自由主义者往往持反对的态度，甚至将其与美国黑人民权运动相类比，反对原住民追求自治而自我隔离。这种观点貌似为原住民考虑，但却忽略了两国历史背景的截然差异。在美国，黑白隔离是白人种族主义歧视的产物，黑人追求公民权利的平等，因为黑白隔离明显违背了公民平等的原则。而在加拿大，原住民追求自治是在维护既有的历史权利，是为了保护自身的文化，追求的是公民普遍权利之上的加权，这被原住民视为是正当的。1973年，律师迈克尔·格罗斯认为，印第安人作为历史上北美土地的主人，有着自己独特的语言、文化、宗教信仰和土地，把他们强行纳入与他们不同的白人社会，是不正义的。他认为，取消印第安人的自治与对黑人隔离同样都是有违公正的。② 在1976年的一次关于多元文化主义的会议上，来自阿尔伯塔省印第安协会的代表——克里夫·林克莱特义正词严地为原住民土地和自治权辩护，他认为祖祖辈辈构建的历史和忠诚已深深地扎根这片土地，必将世世代代传承下去。③ 1984年，詹姆斯·戈斯内尔也如此表达了原住民争取自身民族权利的正义性，主张印第安人才是不列颠哥伦比亚的所有者。④ 1977年，乔治斯·伊拉斯谟则从身份认同的视角探讨原住民自治的必要性，他认为"印第安人的身份"是被欧洲殖民者所建构的，是被强加的。⑤ 上述人士的观点对多维度理解原住民的身份认同无疑具有重要的意义。

在学术界，对原住民加权身份的支持也在20世纪70年代后成为一种潮流。1967年，受联邦政府委托，以不列颠哥伦比亚大学哈利·霍桑教授

---

① Tom Flanagan, *First Nations? Second Thoughts*, Montreal & Kinston: McGill-Queen's University Press, 2008, p. 74.
② [加] 威尔·金里卡:《自由主义、社群与文化》，应奇、葛水林译，上海译文出版社2005年版，第140页。
③ William Metcalife, *Understanding Canada, A Multidisplinary Introduction to Canadian Studies*, New York and London: New York University Press, 1982, p. 393.
④ Globe and Mail, 30 April, 1984, Paul Tennant, *Aboriginal Peoples and Politics—The Indian Land Question in British Columbia*, 1849–1989, Vancouver: UBC Press, 1990, p. 13.
⑤ Georges Erasmus, "We the Dene", Mel Watkins, Ed, *Dene Nation—the Colony Within*, Toronto: University of Toronto University Press, 1977, pp. 178–179.

第三章 多元文化主义模式下加拿大国家认同的塑造（1971—1995）

联合50余位社会科学界人士就身份印第安人问题展开为期两年的调研，调研报告中提出的一系列印第安人的"附加权利"在社会上引起轩然大波。① 最终该调研报告被特鲁多政府所拒绝，但在社会上产生了深远影响。② 20世纪八九十年代，加拿大学术界涌现一系列声援原住民加权的著述，掀起了对原住民加权身份的大讨论。这些著述中具有代表性的有金里卡教授的《自由主义、社群与文化》、阿兰·凯恩斯教授的《公民身份、差异和多元化》、③ 勒罗伊·小熊等主编的《自决之路：加拿大印第安人与加拿大国》、④ 曼诺·博尔特等主编的《追求公正：原住民族及其权利》、⑤ 罗宾逊和奎宁的《加拿大对印第安人的宪法灭绝》、⑥ J.安东尼与曼诺·博尔特的《冲突中的政府：加拿大省区与印第安民族》、⑦ 博伊斯·理查森的《鼓声：印第安国家的愤怒和复兴》⑧ 及弗兰克·卡西迪盖等著的《原住民的自决》。⑨ 1989年，金里卡在其著作《自由主义、社群与文化》中主张少数族群自治权、文化权及特别代表权等与个体公民差异的集体公民权必须要得到保护："在一个多元文化的社会中，需要有区别的公民身份，以保护文化群体不受非自愿解体的影响。"⑩ 阿兰·凯恩斯呼吁给予原住民普遍公民权加集体权利的"加权公民"的地位。爱丽丝·马琳·杨也认

---

① Alan C. Cairns, "Aboriginal Canadians, Citizenship, and the Constitution", Alan C. Cairns, Douglas E. Williams, *Re-configurations: Canadian Citizenship and Constitutional Change: Selected Essays*, Toronto: McClelland & Stewart, 1995, p. 243.
② Sally Weaver, *Making Canadian Indian Policy: The Hidden Agenda 1968 – 1970*, Toronto: University of Toronto Press, 1981, pp. 53 – 56.
③ Alan Cairns, *Citizenship, Diversity, and Pluralism: Canadian and Comparative Perspectives*, Montreal: McGill-Queen's University Press, 1999. p. 96.
④ Leroy Little Bear, Menno Boldt, and J. Anthony Long, *Pathways to Self-Determination: Canadian Indians and the Canadian State*, Toronto: University of Toronto Press, 1984.
⑤ Menno Boldt and J. Anthony Long, eds., *The Quest for justice: Aboriginal Peoples and Aboriginal Rights*, Toronto: University of Toronto Press, 1985.
⑥ E. Robinson and H. Quinney, *The Infested Blanket: Canada's Constitution-Genocide of Indian Nations*, Winnipeg: Queen House, 1985.
⑦ J. Anthony Long and Menno Boldt, *Governments in Conflict: Provinces and Indian Nations in Canada*, Toronto: University of Toronto Press, 1988.
⑧ Boyce Richardson, *Drumbeat: Anger and Renewal in Indian Country*, Toronto: The Assembly of First Nations and Summerhill Press, 1989.
⑨ Frank Cassidy, *Aboriginal Self-Determination*, Lantzville: Oolichan Press, 1991.
⑩ Will Kymilica, *Liberalism, Community, and Culture*, Oxford: Clarendon Press, 1989, p. 152.

为，在一个健康的社会机体中，多元化符合公平正义，单一化公民身份模式是行不通的。"坚持要求公民个人放弃自己的特殊倾向和过去，转而支持大一统的观念，只会强化特权。"[1] 还有学者从其他角度声援了原住民享有自治权的正当性。比如，有学者认为，原住民为国际法下的民族，自然而然地享有自决权。[2] 还有学者从原住民价值观上进行了论证，指出原住民信守的不是自由主义价值体系而是多元文化主义价值观，其对集体主义的尊奉胜过对个体主义的重视。[3] 作为族群，他们和个体公民一样有合理的道德要求。[4] 在历史上，"在绝大多数印第安人的一生中，基本上都会遇到这样的情形，即告知自己是不被接受的，只能以监护人倡导的特殊方式改变自我"，这样的情形必须被改变。[5] 总之，20 世纪 70 年代至 90 年代初，赞同加拿大原住民群体加权权利成为加拿大社会较普遍的共识，对原住民谋求自身集体权利起到了积极作用。

二 魁北克省民族主义政党的壮大

如前一章所述，伴随着 20 世纪 60 年代"寂静革命"的进行，魁北克省涌现出了诸多主张独立的组织和政党，初步形成民族主义联合的力量，魁北克省政府也采取了一些颇具民族主义倾向的措施。20 世纪 70 年代以后，形势发生重大转变。经过重新整合，魁北克人党等独立主义政党的力量开始迅速壮大，魁北克省分离主义或称独立主义势力得到了空前的壮大。

---

[1] Iris Marion Young, "Policy and Group Difference: A Critique of Ideal of Universal Citizenship", Ronald Beiner ed, *Theorizing Citizenship*, New York: State University of New York Press, 1995, p. 183.

[2] Sanders D, "The Re-emergence of Indigenous Questions in International Law", *Canadian Human Rights Yearbook*, 1983, p. 21 – 25; Leslie Green, Aboriginal Peoples, "International Law and the Canadian Charter of Rights and Freedoms", *Canadian Bar Review*, 1983, Vol. 61, p. 346.

[3] Roger Gibbins and J. Rick Ponting, "An Assessment of the Probable Impact of Aboriginal Self-Government in Canada", Alan Cairns and Cynthia Williams, eds., *The Politics of Gender, Ethnicity and Language in Canada*, Toronto: University of Toronto Press, 1983, p. 216; Frances Stevenson, "Liberal Democracy and Group Rights: the Legacy of Individualism and its Impact on American Indian Tribes", *Political Studies*, Vol. 27, 1979, pp. 431 – 432.

[4] Menno Boldt and J. Anthony Long, "Tribal Philosophies and the Canadian Charter of Rights and Freedoms", *Ethnic and Racial Studies*, Vol. 7, Iss. 4, 1984, pp. 478 – 493.

[5] Neol Dyck, *What is the Indian "Problem"*? St. John's, NF: Institute of Social and Economic Research, 1991, p. 27.

第三章 多元文化主义模式下加拿大国家认同的塑造（1971—1995）

1970年4月，魁北克省举行新一届省大选，主张独立的魁北克人党在选举中初露头角。罗伯特·布拉萨领导的魁北克自由党、现任总理让－雅克·伯特兰领导的国家联盟、雷纳·莱维斯克领导的魁北克人党等几大政党投入竞选。在这次选举中，魁北克人党的竞选局面非常被动。首先，仍然掌握魁北克主要经济命脉的英裔对魁北克人党的独立政策感到不满。一些英裔大财团故意制造一些经济动荡，以影响形势。例如，在大选前几天，由英裔资本主导的蒙特利尔皇家信托公司使用几辆卡车将该公司的证券从蒙特利尔转移到多伦多。公司声称这是客户的要求，但客观上造成了市场恐慌，舆论担忧一旦魁北克省分离，将导致大量英裔资本撤出。① 其次，国家联盟与魁北克自由党提出的竞选策略更能满足民生之需，也更为稳健平和。魁北克人党在选战中主打民族主义情怀，企图以魁北克省独立换取选票支持。国家联盟则在舆论宣传中将魁北克人党形容为古巴式的革命分子，宣传选择魁北克人党就是选择动荡。自由党的纲领突出经济建设和福利待遇。布拉萨在批评魁北克独立意味着经济衰败的同时许诺说，如果自由党上台，将创造10万余就业机会。最后，自由党以约44%的得票率，获得国民议会约65%的席位胜选。不过，尽管面临如此多的竞选不利因素，魁北克人党仍然获得了约23.06%的选票（只计算法裔得票率则约为28.7%），在国民大会获得了7个席位，显示了其在省内正在上升的政治地位。②

不过，事态的发展证明，1970年魁北克人党的受挫是暂时的。随后5年魁北克省政治形势发生了重大变化，最终促成了魁北克人党上台执政。其一，"十月危机"的发生造成了魁北克省社会的分裂，增强了法裔对联邦政府的不满。"十月危机"虽然平息，但代价是人质皮埃尔·拉波特被害和社会的动荡。"显然，特鲁多的策略失败了。它不但没有统一加拿大，反而使加拿大比以前更加分裂。"③ 由于对联邦不满，一些民族联盟党成员和吕西安·布沙尔等自由派名人加入了魁北克人党，加强了该党的力量。其二，1972年，运输设备公司保罗·迪马雷斯解雇法裔民族主义者事件，

---

① "The Front de libération du Québec Menifesto", p. 1, Note. 3, http://faculty.marianopolis.edu/c.belanger/quebechistory/docs/october/documents/FLQManifesto.pdf
② Rene Peter Desbaratas, *A Canadian in Search of Country*, Toronto: McClelland and Stewart, 1976, p. 182.
③ Kenneth McRoberts, *Misconceiving Canada: the Struggle for National Unity*, Toronto: Oxford University Press, 1997, p. 245.

引发了法裔民族主义的强烈反对。当年，该公司收购了《通讯》报，解雇了具有法裔民族主义倾向的员工。此举引发了蒙特利尔市工人的罢工，但自由党政府颁布了一项政策，要求工人重返工作岗位，并派遣警察逮捕没有重返工作岗位的工会领袖。8 名示威者在与警方的冲突中受伤或死亡。这一行动导致了法国人对魁北克自由党政府深深的失望。在 1973 年省选中，魁北克人党一举拿下了约 30% 的选票，位居最大反对党。其三，经过两次大选后，魁北克人党对独立纲领进行了策略调整，迎合了中间选民的期待。1974 年，魁北克人党在莱维斯克的领导下宣布了一项新的决议。他声称他不会在就职后自动宣布独立。相反，他将首先与联邦政府进行谈判。如果谈判失败，该省将进行独立公投。这一策略吸引了大量摇摆不定的中间选民。此外，1973—1976 年的魁北克省自由党政府时期，由于詹姆斯水电站的巨额支出、1974 年中东石油危机的影响以及 1976 年蒙特利尔奥运会导致的沉重债务，魁北克省的经济非常低迷，这为魁北克人党创造了一个机会。在 1976 年 10 月魁北克的大选中，魁北克人党适时打出了经济吸引牌。提出一旦当选，其将对 65 岁以上老年人提供免费医疗，致力于缩小贫富差距并保护工会利益和补贴农业发展，维护金融稳定，继续推进重点产业国有化政策。经过激烈竞争，魁北克人党取得了选举胜利，在国民大会 110 个席位当中获得 71 个席位。在此之后，魁北克人党在省内成为最有影响的政党，其在 1981—1994 年 4 次魁北克省选中，3 次胜选执政，剩余一次则以第二大党地位雄踞国民大会。在得票率上，1970 年魁北克人党得票率约为 23.1%，1976 年时约为 41.37%，到 1981 年则增至 49% 以上。如果统计法裔对省内所有民族主义政党的支持率，1976 年省选中法裔约有 50% 投票支持民族主义政党，1981 年这一数据则增长到 60% 左右，显示了魁北克省独立主义倾向的加剧。①

在联邦层面，20 世纪 80 年代以后，主张魁北克省独立的政党的影响力也呈现更强的态势。1983 年 5 月，由原魁北克人党成员、环境部部长马塞尔·尼格领导的魁北克民族主义党成立。在 1984 年联邦大选中，魁北克民族主义党团在 74 个选区推出候选人竞选联邦众议院席位，开创了魁独政党争取联邦议员席位的先例。1991 年，不主张魁北克省独立的魁北克

---

① "Estimated Vote for Nationalist Party or Cause, Francophone Qubecers, 1970 - 1998", http://faculty.marianopolis.edu/c.belanger/quebechistory/stats/NATIONAL.HTM.

第三章　多元文化主义模式下加拿大国家认同的塑造（1971—1995）

自由党和保守党也开始分化，来自这两党的一些众议员，在魁北克人党成员、省环境部部长卢西恩·布沙尔的领导下，组建了一个新的分离主义的联邦政党——魁北克党团。在 1993 年联邦大选中，魁北克党团一举获得约 184.6 万选票，在 75 个选区赢得 54 个代表席位，在全国获得约 13.5% 的选票，在魁北克省获得约 49.3% 的选票，显示了局势的严峻。①

三　少数族裔文化权利诉求的提出

自由主义强调个体公民权利至上，否定了族群身份与公民身份的根本关联。"二战"结束至 20 世纪 60 年代末，少数族裔尽管获得了与英法裔无二的普遍公民权利，但在文化上与英法裔相比，仍然处于弱势地位，甚至与英法裔在文化上发生矛盾。如前文所述，1963 年双语和双文化政策颁布后，造成了少数族裔的强烈反感。1964 年，加拿大基督徒和犹太协会在温尼伯格举行第六次会议，会上阿尔伯塔大学社会学教授查尔斯·赫伯特发表演讲，指出加拿大虽然以英语、法语为主要通用语言，但加拿大并不是一个双元文化的社会，而是多元文化的社会。同年，保罗·沃兹克教授在参议院就加拿大的双语双文化政策发表演讲，在讲话中保罗·沃兹克严厉批评了皮尔逊政府推崇的双语双文化政策，他对其他族裔群体被排斥在双元文化之外的境遇深表担忧。他说："首先，我在任何字典里都找不到'双文化'这个词，这是一个运用不当的词。事实上，加拿大从来就不是双文化的。印第安人和爱斯基摩人在人类历史上一直与我们同在。英国人是多元文化的——英格兰人、苏格兰人、爱尔兰人、威尔士人。随着其他民族的定居，他们现在几乎占了加拿大人口的三分之一。事实上，加拿大已经成为多文化国家……如果双文化主义在结论上合乎逻辑……那么所有的加拿大人要么成为英裔，要么成为法裔，这是不可能的。我相信这不是我国人民所期望的目标。"② 在此基础上，1965 年，他于加拿大斯拉夫人协会年会上正式提出了"加拿大多元文化主义"的政治构想。根据保罗·

---

① 根据下列网址查询计算：魁北克党团网站：www. blocquebecois. org；加拿大选举局网站：http://www. elections. ca/.
② Library and Archives Canada Blog, "The Reactions of the Third Group to the Royal Commission on Bilingualism and Biculturalism", Nov. 28, 2019, https://thediscoverblog.com/tag/royal-commission-on-bilingualism-and-biculturalism/.

沃兹克的论述，加拿大可以实行双语主义，但双文化主义对加拿大而言有诸多危害："只能造成分裂。……我们的公民需要一个包容所有人、强调团结、包罗万象的加拿大身份……在文化领域和宪法意义上，不同族裔对加拿大生活方式的贡献和法裔是相似的。这些族裔在保存他们文化中最优秀部分的同时，让加拿大人更加认识到一个新的原则，即多元化的统一的价值。换言之，就是用多样化实现统一作为'政府治理的规则'的文化价值。"① 作为乌克兰裔，他的远见卓识某种程度上体现了这一时期少数族裔追求自身文化认同的诉求，对以后加拿大政府族群治理原则的走向产生了重要影响，被誉为加拿大的多元文化主义之父。②

在联邦政府层面，20世纪60年代末，多元文化主义而非双元文化主义成为政府族群治理的新趋向。联邦政府在1960年年初成立了国家双语和双文化委员会来研究处理危机的对策。该委员会在1965年提出报告，认为双元文化政策是解除魁北克省危机的办法。1968年，特鲁多担任加拿大总理，其政策发生了很大变化，他坚决反对双文化政策，认为问题的核心是双语言权而非双文化权。1969年9月，联邦政府经过6年的调研后颁布了《官方语言法》，正式将英语和法语列为加拿大的官方语言。根据该法，英语与法语同时为加拿大的官方语言，享有平等的地位与权利。该法律旨在将法裔对双文化主义的要求局限在法语的层面，但语言作为文化的载体，双语主义和双文化主义有着不可分割的联系，对双语的支持在很大程度上意味着对双文化的赞同。由此，《官方语言法》一出台就引起了大部分非英法裔的反感。在非英法裔看来，他们虽为少数，却和多数族群一样是加拿大建设的参与者，在世界大战、国家经济文化发展中贡献了自身的力量，理所应当享有相应的文化权利，而双语双文化主义的存在无疑剥夺了他们文化的尊严与客观存在。"加拿大没有双文化，过去没有，将来也不会。……加拿大是一个多元文化的国家。"③ 在少数族裔关于集体文化

---

① Paul Yuzyk, "Opening Address: Canada: A Multicultural Nation", Miriam Verena Richter, *Creating the National Mosaic: Multiculturalism in Canadian Children's Literature from 1950 to 1994*, New York: Brill Rodopi, 2011, pp. 36-37.
② "Yuzyk Remembered As Father of Multiculturalism", http://www.yuzyk.com/yuz-tribute1.shtml
③ Library and Archives Canada Blog, "The Reactions of the Third Group to the Royal Commission on Bilingualism and Biculturalism", November 28, 2019, https://thediscoverblog.com/tag/royal-commission-on-bilingualism-and-biculturalism/.

第三章 多元文化主义模式下加拿大国家认同的塑造（1971—1995）

权利呼声的压力下，1969年10月，皇家双语和双文化委员会出版了其报告的第四卷，该报告将非土著、非英法裔族群称为"第三力量"，对他们在加拿大的文化贡献从社会学、历史学等角度进行了阐述和认可。委员会建议那些拥有充分公民权利和平等参与加拿大体制结构的族裔群体"融入"（而不是同化）加拿大社会。①

报告指出："我们依然可以说，加拿大有着诸多有明确认同感的文化族群，在任何方面都不削弱国家统一的基础上，他们想要保持他们的语言和文化传承。他们有自己的协会、俱乐部、教堂和宗教组织；他们拥有自己的学校，通过他们的新闻媒体来表达他们的集体看法。有的还组成了非常活跃的组织，如加拿大犹太人协会、加拿大波兰人协会。这些组织就像这些族群的发言人一样，可以使用他们祖先的语言，尽可能地为自我族群文化的存续创造一个有利的环境。如果否定他们的存在，那就等于对加拿大的现实闭目塞听。"②"没有什么可以阻止非英裔、非法裔血统的群体在被融入加拿大生活后，仍然对他们的母族文化保持依恋。这应该被鼓励，因为社会作为一个整体，可以从中受益。……抵达加拿大后，他们更热衷于享受那些被他们丢在母国的东西，在接触新价值观、新习俗的过程中，他们（母国）的文化传承在他们眼中具有更宝贵的价值。这种传承包括丰富的思想、情感、艺术表达，民俗只是其中的一个方面。对于那些非英裔、非法裔出身的群体，有些人会毫不犹豫地接受双语政策，但断然抵制双文化主义。他们认为加拿大有两种官方语言，但在根本上却有多种文化。"③"官方语言——英语和法语——不应以任何方式限制使用其他语言的权利，无论这些权利是否已经存在或将来是否可能会增加。其他语言在加拿大的个人关系和团体活动实际上被使用是完美的。它们作为学术科目在教学中

---

① Royal Commission on Bilingualism and Biculturalism, *Report of the Royal Commission on Bilingualism and Biculturalism*, Book Ⅳ: *The Cultural Contribution of the Other Ethnic Groups*, Ottawa: Queen's Printer, 1970, pp. 10-11.

② Royal Commission on Bilingualism and Biculturalism, *Report of the Royal Commission on Bilingualism and Biculturalism*, Book Ⅳ: *The Cultural Contribution of the Other Ethnic Groups*, Ottawa: Queen's Printer, 1970, p. 8.

③ Royal Commission on Bilingualism and Biculturalism, *Report of the Royal Commission on Bilingualism and Biculturalism*, Book Ⅳ: *The Cultural Contribution of the Other Ethnic Groups*, Ottawa: Queen's Printer, 1970, p. 12.

被教授，在私人教导和宗教服务中使用，是合理的。"①

在以上态势下，如何平衡英法裔文化与少数族裔文化的地位，以及如何保护少数族裔的族群认同成为加拿大公民主义社会面临的时代之问。鉴于族群和谐与国家稳固的需要，只对法裔进行语言上和文化上的安抚是不充分的，加拿大政府承认多元文化的存在和发展权，对少数族裔移民集体文化权利的诉求给予积极回应成为历史之必然。

第二节　多元文化主义对非英裔族群认同的包容

如前文所述，自由主义模式旨在通过公民权利的普遍赋予，来解构或超越族群身份，将族群身份变为个人私事，从而增进各族群对国家爱的认同。事实证明，在族群成员个体获得普遍公民权利之后，其对自我所属族群的认同依然存在，甚至族群身份认同和对族群权利的要求，反过来有威胁公民对国家认同的趋势。正如1968年，加拿大联邦总理皮埃尔·特鲁多在纪念梅蒂人瑞尔起义时所谈道的："我们绝不能忘记，长远地看，民主取决于多数如何对待少数。当它有公民被剥夺权利的时候，整个国家都会受难，因为这会让我们所有人——它的公民，置于险境。"② 面对该困境，从1971年到20世纪90年代初，加拿大政府将族群主义对族群权利的包容引进了国家认同的建构中。

一　原住民加权公民身份的授予

1. 对土地权利（Land Title）的认可

1867年加拿大自治领成立后，随着西进运动的展开，1871—1921年，英国殖民者以女王的名义和原住民签订了11个土地出让条约，在

---

① Royal Commission on Bilingualism and Biculturalism, *Report of the Royal Commission on Bilingualism and Biculturalism*, Book Ⅳ: *The Cultural Contribution of the Other Ethnic Groups*, Ottawa: Queen's Printer, 1970, p. 13

② "A Speech by Pierre Elliot Trudeau", http://www.nbu.bg/PUBLIC/IMAGES/File/departamenti/4ujdi%20ezitsi%20i%20literaturi/11.pdf.

第三章 多元文化主义模式下加拿大国家认同的塑造（1971—1995）

安大略省西北部、加拿大北部和大草原地区获得了大片原住民土地，供定居者和工业使用，而只给原住民留下了小规模的保留地和预留地。1973年到20世纪90年代初，原住民自治权利首先在土地确权上获得突破。

在加拿大西部，原住民土地确权运动开始于1969年。当年，平民合作联盟党员、不列颠哥伦比亚省立法院议员弗兰克·阿瑟·考尔德、尼斯加民族部落委员会弗兰克·亚瑟·考尔德代表尼斯加民族部落委员会对不列颠哥伦比亚省政府提起诉讼，要求省政府宣布认可该省土地所有权，此案被称为"考尔德诉不列颠哥伦比亚省"案。经过冗长的审理，1973年1月31日，加拿大最高法院首次裁定，原住民对土地的所有权在北美殖民之前就存在，他们有权继续拥有和使用传统的土地。加拿大高等法院裁决的过程以及这一裁定为原住民土地权的重新确定打开了大门，提供了判例依据。由此，1974年，加拿大在联邦政府内部成立土著索赔办公室，专门处理原住民土地的确权问题。

在加拿大东部，1971年詹姆斯湾开发公司开发魁北克省北部詹姆斯湾水电建设项目是加拿大东部原住民追求自身土地权的开始。当时，魁北克省启动了詹姆斯湾水电建设项目，随后采矿、林业和其他资源开采相继展开，但该项目没有征求当地印第安与因纽特原住民的意见，遭到了克里人和因纽特人的激烈反对。为维护自身土地权益，魁北克印第安人协会起诉了魁北克省政府。1973年11月15日，魁北克省高等法院颁布禁令，规定在该省与土著民族谈判达成协议之前，禁止在所涉及地区进行水电开发。经过长达一年的谈判，最终于1974年11月达成《詹姆斯湾和魁北克北部协议》①。该协议规定：因纽特人放弃魁北克省北部地区约98万平方千米的土地使用权，同意开展詹姆斯湾水电站项目。作为妥协条件，省邦政府同意魁北克省北纬55度以北地区归属因纽特人。协议将魁北克省北部的土地分为三类：第一类为因纽特人和克里人保留的土地，面积约1.4万平方千米；第二类为共享土地，属于魁北克省所有，其中的狩猎、捕鱼和捕获权保留给因纽特人和克里人土著人民，森林、采矿和旅游发展的管理权归魁北克省政府和原住民共享，但开发前必须征得附近原住民的同意和对其补偿，总面积7万—8.2万平方千米；第三类为魁北克省政府专权管理

---

① 1975年11月该协议正式签订。

的土地,不必征得原住民的同意,总面积约90.8万平方千米。此外,为补偿原住民,魁北克省政府、加拿大联邦政府以及魁北克省水电公司同意给予原住民约2.25亿加元的经济补偿,相关补偿金由克里补偿委员会、因纽特人马基威特公司和纳斯卡皮印第安人开发公司共同管理用于原住民区域的开发和投资。①

20世纪70年代后半期至20世纪80年代,加拿大对原住民土地的确权取得了更大进展。1976年,加拿大联邦印第安人与北方发展事务部宣布,今后将通过承认印第安人等原住民的条约权和与土地权等特别历史权利来提升原住民对加拿大的认同。② 1976年年底,印第安保留地数量从200个增加到2230个,分属于573个村落社。1977年3月,确认的保留地面积达40.3945万公顷。③ 到1982年年初,有14项具体的土地确权赔偿案得到解决,资金总计1790万加元,土地规模达12000英亩。④ 1982年,新宪法正式承认了《1763年皇家宣言》《1—11号土地条约》和原住民的法律地位。⑤ 1986年,加拿大政府宣布了土地权确权新原则,规定原住民保留地的权利包括一定范围内完全的土地所有权,管理相关资源、公园、遗址等的管理权、收益权以及主张有关经济补偿的权利。只要主张土地权利的原住民群体对其主张的领地范围在自治领成立以前排他性有效占有且目前仍以传统的生产生活方式使用之,经与省邦政府协商,就可以被承认并授予相应的土地权利。在上述原则的指导下,两年内有12项因涉及原住民土地和资源被非法使用而得以补偿或纠正的事例。⑥ 在西北区,经过13年的谈判,加拿大将西北7.2万平方千米的土地归还给了甸尼印第安人和梅蒂人。此举使得甸尼印第安人和梅蒂人"获得了价值数十亿加元的石油和天然气储量的控制权"和"未来20年5亿加

---

① 协议全文见 Grant Council of the Crees, http://www.gcc.ca/pdf/LEG000000006.pdf。
② James S. Friders, *Native People in Canada: Contemporary Conflicts*, Scarborough, Ontario: Prentice-Hall Canada Inc., 1983, p. 10, p. 225.
③ Statistics Canada, *Canada Handbook*, Ottawa: Minister of Supply and Services, 1979, p. 47.
④ 丁见民:《二战后加拿大土著民族政策的演变》,《中国社会科学报》2011年4月25日,http://www.mzb.com.cn/html/report/212026-1.htm。
⑤ "Constitution Act 1982, Section 35", https://sencanada.ca/content/sen/committee/421/APPA/Briefs/ConstitutionAct_2017-09-19_e.pdf.
⑥ 刘军编著:《加拿大(第三版)》,社会科学文献出版社2015年版,第49页。

元现金"。① 马尔罗尼声称："此原则一旦彻底贯彻，将会为生活在那里的人民和服务于他们的政府之间建立起一种更密切、更健康的新关系。"② 在加拿大中部，1985 年，阿尔伯塔省政府通过了 18 号动议，承诺该省将相关原住民定居点的所有权给予梅蒂人。③ 1990 年，阿尔伯塔省议会通过《梅蒂人安置法》，设置了 8 个梅蒂人安置地，对于安置地的石油、天然气和其他地下资源，原住民有权和省政府分享收益。④ 截至 1990 年，加拿大累计建立了 2242 个原住民保留地，面积合计达 260 万公顷。⑤

2. 地方民族自治区的相继建立

在保留地扩大的同时，原住民建立地方行政自治区的诉求也取得了一些成效。

1983 年 3 月 15—16 日，加拿大政府召开了由加拿大省邦总理与第一民族大会、因纽特人全国事务委员会以及梅蒂人全国委员会等原住民组织代表（共 366 人）参加的"土著宪法问题省邦总理会议"，主要就原住民土地权、特殊权利以及原住民自治政府的经费分担、服务项目等进行讨论。在会议结束时，除魁北克外的所有代表团都签署了《1983 年土著权利宪法协定》。《协定》规定 1982 年宪法应加以修正，在 1987 年 4 月 17 日之前再举行两次总理会议。⑥ 会议对原住民自治持开放讨论的态度，凸显了加拿大政府对原住民自治的重视。在此基础上，1983 年秋，印第安事务和北方发展常务委员会时任主席基思·潘能发布《委员会关于印第安人自治的报告》，提出了允许原住民自治的原则方案。报告使用"第一民族"来称呼印第安人，认为他们是近代以来殖民政策的受害者。印第安人"从自由的、自给自足的第一民族"成为依赖白人、社会混乱的族群都是近百

---

① "The Northern Rights, A land deal and A Glimpse of Provincehood", https：//archive.macleans.ca/article/1988/9/19/the-northern-rights.
② 张友伦主编：《加拿大通史简编》，南开大学出版社 1994 年版，第 325 页。
③ René R. Gadacz, "Métis Settlements", https：//www.thecanadianencyclopedia.ca/en/article/metis-settlements.
④ "Metis Settlements Act, RSA 2000, c M – 14", http：//www.canlii.org/en/ab/laws/stat/rsa – 2000 – c-m – 14/latest/rsa – 2000 – c-m – 14.html.
⑤ 严庆：《冲突与整合：民族政治关系模式研究》，社会科学出版社 2011 年版，第 238 页。
⑥ Canadian Intergovernmental Conference Secretariat, *First Ministers' Conferences* 1906 – 2004, Ottawa：Canadian Intergovernmental Conference Secretariat, 2004, pp. 76 – 77, https：//scics.ca/wp-content/uploads/2016/10/fmp_e.pdf.

年来几乎完全由政府控制的结果。① 该委员会建议重新建构第一民族与加拿大其他地区的关系,在印第安区域建立基于"印第安自治"的第三级政府。"印第安人必须控制自己的事务,迫切需要一种尊重印第安第一民族多样性、权利和传统的新关系。"② 报告认为,自治意味着第一民族政府在其自治区内将几乎拥有全部的立法权、政策颁布权、执法权和裁决权。"我们希望原住民保留并行使目前加拿大各省所拥有的大部分权利和管辖权,以及原住民的其他一些特殊权利。第一民族政府必须发展司法系统,根据每个第一民族的需要和习惯建立法律、机构和程序。"③ 1984年3月5日,《潘能报告》交付众议院表决,尽管只获得少数票支持,但该报告进一步推动了社会舆论对原住民自治问题的关注。原住民"不宜被列入一般的公民类别"更是成为社会普遍的共识。④

在原住民的积极争取下,1984年6月14日,加拿大众议院通过了《克里—纳斯卡皮法》。按照该法令规定,克里人与纳斯卡皮人分别组成市级的民族自治政府,可以拥有市级的行政权、地方立法权、部分司法权,可在特殊形势下出售土地、从私人机构贷款、采取措施确保经济活力等。⑤ 1984年《克里—纳斯卡皮法》作为加拿大第一个授权原住民成立自治政府的法律,为之后原住民自治区的普遍建立提供了法律先例。在西部,经过长达15年的拉锯谈判,最终于1986年5月通过《赛切尔特印第安部落自治法》,允许原住民建立市级自治政府,自主管理财政,行使部分司法权及土地、教育、福利保健等层面的立法权。根据随后赛切尔特自行制定的《赛切尔特法》,相关自治权利得到进一步细化。⑥

20世纪90年代以后,原住民自治区域得到进一步延伸和扩展。在

---

① Keith Penne, House of Commons, Special Committee on Indian Self-Government, *Report of the Special Committee on Indian Self-Government in Canada*, Ottawa: Queen's Printer, 1983, p. 13.

② Keith Penne, House of Commons, Special Committee on Indian Self-Government, *Report of the Special Committee on Indian Self-Government in Canada*, Ottawa: Queen's Printer, 1983, p. 14, p. 41.

③ Keith Penne, House of Commons, Special Committee on Indian Self-Government, *Report of the Special Committee on Indian Self-Government in Canada*, Ottawa: Queen's Printer, 1983, p. 63.

④ Alan C. Cairns, *Citizens Plus: Aboriginal Peoples and the Canadian State*, Vancouver: UBC Press, 2000, p. 172.

⑤ *Naskapi and the Cree-Naskapi Commission Act* (S. C. 1984, c. 18), https://laws-lois.justice.gc.ca/eng/acts/C-45.7/page-1.html#h-112662.

⑥ Sechelt Indian Band Self-Government Act (S. C. 1986, c. 27), https://laws-lois.justice.gc.ca/eng/acts/s-6.6/.

1990—1992 年的夏洛特顿宪法会议上，除了魁北克省外，省邦政府就原住民自治权达成了共识，尽管《夏洛顿特协定》最后以流产告终。1990 年，阿尔伯塔省与梅蒂人签订《梅蒂人安置法》，授权 8 个梅蒂人安置地政府组成自治市级别的联合政府，除了行政自治，还在土地、狩猎、伐木等方面授予其立法权。1993 年 5 月，加拿大联邦政府、育空地区政府及育空第一民族会议共同签署了《总体性最终协定》，该协定的第 24 章"育空地区印第安人自治"专门规定了各个第一民族政府的权力、权限和责任。第一民族现在土地的使用、管理及收益，语言、文化、保健、福利、商业及教育等领域等方面享有自治权。① 依据以上协定，1994 年 5 月，加拿大联邦、育空地区及育空第一民族会议同育空地区达成《育空地区第一民族自治法》，赋予 7 个部族相应的自治权，②《自治协定》第 16 章"一般法律的适用"第 19 款第 1 条规定，若第一民族政府制定的法律与育空地区法律相抵触，则以第一民族政府制定的法律为优先。③ 加拿大原住民部分自治形式如表 3.1 所示。

表 3.1　　　　　　　　加拿大原住民自治形式举例

法律文件	自治来源	自治形式	自治权力	自治层次
《克里—纳斯卡皮法》（因纽特人、克里人、纳斯卡皮人，1984 年）	原住民土地权利声明；联邦和魁北克省邦立法确认	因纽特人为民族公共政府；克里人和纳斯卡皮人为民族政府和村落社自治政府	行政权、部分司法权及省议会下部分立法权	自治市联合政府
《赛切尔特印第安部落自治法》（赛切尔特人，1986 年）	与土地权利不直接相关，系与不列颠省政府协商而成	民族政府与村落社自治政府	行政权、部分司法权及部分立法权（土地、教育、福利保健）	自治市单一政府

---

① *Umbrella Final Agreement between the Government of Canada*, https://www.rcaanc-cirnac.gc.ca/eng/1297278586814/1542811130481.
② *Yukon First Nations Self Government Act*, S.C., 1994, https://laws-lois.justice.gc.ca/eng/acts/Y-2.6/. 迄今，共有 11 个部族签署了该协定，"Nations", https://cyfn.ca/nations/。
③ "*Yukon First Nations Self Government Act*, S.C., 1994", https://laws-lois.justice.gc.ca/eng/acts/Y-2.6/.

续表

法律文件	自治来源	自治形式	自治权力	自治层次
《梅蒂人安置法》（梅蒂人，1990年）	土地权利声明；与阿尔伯塔省政府协商而成	民族政府，由8个安置地组成联合型的村落社政府，但其管辖权可扩至安置地以外的族人	行政权由省府授予；在土地、狩猎、伐木等方面有部分立法权，部分法律与省法相同	相当于自治市的联合政府

注：民族政府是指族群集体公民权利仅限于本民族人，包括村落社自治政府和自治市，前者由一个或数个村落社组成，其议会享有对村落社内部财政、土地等事务的自决权，后者类似于省级政权下的自治市；公共政府是指非本民族居民也享有族群公民权利，如努纳武特区；联合政府是指由不同原住民村落社联合组成的政府，单一政府则是由单一村落社组成的政府。

资料来源：Minister of Indian Affairs and Northern Development, "The Governance of Canada's Approach to Implementation of the Inherent Right and Negotiation of Aboriginal Self-Government 1995", http：//www.ainc-inac.gc.ca/pr/pub/sg/plcy.

3. 原住民教育权的自主

20世纪70—90年代，收回教育自主权运动日益成为原住民自治和维护自身文化认同的重要标志。1969年是全国原住民教育的真正分水岭。随着"白皮书"的失败，印第安人掀起了反对寄宿学校、要求教育自治的运动。1969年开始，温哥华市一些保留地和寄宿学校的印第安人率先开始了要求废除印第安寄宿学校的运动。他们高举着"寄宿学校是监狱""结束文化灭绝"等标语，批判英裔政府的强制同化教育政策，"寄宿学校和教育政策不能自主，导致了（印第安）家庭和社区生活被摧毁。寄宿学校完全是将印第安人置于监狱的基地，是我们土地上的贫民窟"。[①] 1972年，全国印第安人兄弟会发表了《印第安人控制印第安教育》的宣言，要求政府赋予印第安人教育自治权。[②] 1988年，第一民族大会发布《传统与教育：面向未来的愿景——第一民族对教育的管辖声明》，再次强调了《印第安人控制印第安教育》的基本原则，要求以原住民自治为基础，将教育责任下放给第一民族部落，赋予其类似于省级学校董事会的权利，并向原

[①] Waubageshig, *The Only Good Indian*: *Essays by Canadian Indians*, Toronto: New Press, 1972, p.65.

[②] Jerry P. White and Julie Peters, "A Short History of Aboriginal Education in Canada", p.23, https：//ir.lib.uwo.ca/cgi/viewcontent.cgi?article=1421&context=aprci.

住民学校提供资金。[1]

在印第安人的要求下，20世纪八九十年代印第安人在自主管理民族教育方面取得了显著成就。1980年，印第安人村落社主管的学校为100所，之后呈现连续增长的趋势，十年之后达300所。[2] 1985年，约77.2%的印第安人孩童在加拿大省属或联邦普通学校上学，约22.8%在印第安人所述的当地村落社读书。[3] 1987年，在条约印第安人所属的幼儿园、小学和中学就读的原住民学生共有76192人。[4] 1991—1992年，印第安教育的自主化更为突出，有多达47%的印第安学生在印第安人自管学校上学。[5] 为支持印第安人自主管理中小学教育，1973年联邦政府的拨款为730万加元，1988年时则达8990万加元。[6] 最后，为避免原住民因为贫困等原因无法接受高等教育，加拿大政府还逐步提升了对原住民大学生的资助额。受资助的原住民学生数在1969年时为300余人，十年之后则翻了几倍，为2500人之多。[7] 1988年，加拿大政府专门拨付给印第安大学生的奖学金就达1亿加元，平均每个学生有奖学金7500加元，足以支撑其完成学业。[8]

二 魁北克省准国家地位的提升

1. 魁北克省独尊法语政策的实施

1969年加拿大《官方语言法》颁布后，魁北克省对本省的官方语言，

---

[1] Assembly of First Nations, National Indian Brotherhood, "Tradition and Education: Towards a Vision of the Future, a Declaration of First Nations Jurisdiction Over Education", pp. 40-44, p. 30, p. 43, https://www.afn.ca/uploads/files/education/7._1988_december_afn_tradition_and_education-_a_declaration_on_fn_jurisdiction_over_education.pdf.
[2] 邹岱妮：《加拿大原住民自治体制与教育政策研究》，硕士学位论文，台湾政治大学，2009年。
[3] 姜梵主编：《加拿大文明》，中国社会科学出版社2001年版，第331页。
[4] 丁见民：《二战后加拿大土著民族政策的演变》，《历史教学》（下半月刊）2010年第2期。
[5] Department of Indian Affairs and North Development, Basic Department Data, Ottawa: Minster of Public Works and Government Services Canada, Feb, 2002, p. 28.
[6] 阮西湖：《加拿大印第安人教育事业的发展——1988年5月12日至6月14日赴加拿大考察报告之一》，《民族研究》1989年第1期。
[7] James S. Friders, Native People in Canada: Contemporary Conflicts, Scarborough, Ontario: Prentice-Hall Canada Inc., 1983, p. 172.
[8] 刘军编著：《加拿大》，社会科学文献出版社2010年版，第51页。

特别是法语的使用情况进行了调研。1974 年，魁北克省法语语言和语言权利情况调查委员会颁布了有关魁北克省在公共服务、工作场所和经济活动中法语使用情况的《根德隆报告》，该报告长达 1.5 万页，对法语在魁北克省的地位表示了较为强烈的担忧，建议魁北克省政府加强法语的使用。随后，魁北克省自由党罗伯特·布拉萨执政的魁北克省政府接受了建议，在 1974 年颁布了旨在强调法语地位的《魁北克官方语言法》。该法共 123 条，对魁北克省法语独尊的地位给予了法律上的保护。该法规定：

第 1 条：法语是魁北克省的官方语言。

第 6—17 条："公共行政语言"原则上是法语，但允许使用英语。官方文本和文件可随附英文本，若非本法规定的例外情况，以法语文本为准；如果市政府或学校机构所管理的人员中至少有 10% 是讲英语的，若其惯例是用英语起草正式文本和文件，则必须同时用法语和英语起草；政府机构应仅以法文名称命名；法语和英语是市政和学校机构内部交流的语言；公共行政部门工作人员必须在官方语言的使用上合格；法院以英文宣读的判决须翻译成法语。

第 18—23 条：必须在所有公共档中使用法语，但也可以制作英文版本。公用事业和专业公司发出的面向公众的通知、通讯、表格和印刷品必须使用法语，包括票据和提单。

第 24—29 条：法语是工作语言，法语是劳资关系的语言。雇主必须用法语起草发给员工的通知、通讯和指示；工商企业必须取得证明本企业法语使用情况达标的法语项目证书方可营业。

第 30—39 条：涉及公司名称、合同、产品标签、餐厅菜单、广告牌和公共标牌，其法语名称必须醒目。

第 40—44 条：法语是学习机构的正常语言，教学语言应为法语；不得增加英语教育，现有英语公立学校仅限于对这种语言有良好英语基础的儿童进行教学。儿童若不能证明自己有良好的英语能力，必须学习法语。[①]

《魁北克官方语言法》对法语的尊崇遭到了魁北克省英语人士的不满。

---

① "Official Language Act; Bill 22", https://www.uottawa.ca/clmc/official-language-act-1974.

第三章 多元文化主义模式下加拿大国家认同的塑造（1971—1995）

1974年7月19日，麦吉尔大学法律系对法案提出质疑，宣布英语也是魁北克的官方语言。包括系主任弗兰克·斯科特、联合国《世界人权宣言》起草人约翰·彼得斯·汉弗莱、欧文·科特勒和另外4名法律教师表示，鼓吹该法第一条规定法语是"魁北克省的官方语言"是一种误导，因为它暗示英语不是魁北克省的官方语言，违反了《英属北美法》第133条和联邦《官方语言法》。然而，英语人士的抗议并没有得到积极回应，魁北克省反而变本加厉。1976年，以魁北克省独立为目标的魁北克人党在省选中胜出，强调独尊法语关乎魁北克省的生死存亡。"我们要建设的魁北克，本质上应是法兰西民族的魁北克，大多数人口应该是法裔，这一特征在工作场所、通信及国家中要十分明显……使用法语不仅仅是（为了）避免外部势力对法裔的支配，也伴随和意味着法裔多数重新掌握魁北克经济的杠杆。"① 为实现上述目标，魁北克省国民大会首先在法语地位上采取了行动，于1977年8月26日通过了比《魁北克官方语言法》更推崇法语霸权的《魁北克法语宪章》，该法俗称《101法》，实际上把法语作为魁北克的唯一语言，规定"每个人都有权要求民政部门、保健服务和社会服务部门、公用事业企业、专业部门、雇员协会和所有在魁北克省做生意的企业用法语与他交流"。法语为立法机构、法院、民政、劳务雇佣关系、工商企业活动的必须语言，所有公文和公务活动必须使用法语，交通标识、发票等也必须用法语，用双语的广告和企业名称必须大比例突出法语字号；到魁北克省的新移民必须入读法语学校。严格限制法语家庭子女入读英语校，限制英语加拿大公民子女接受英语教育。② 在1971年以前，魁北克省的英语人口，虽然受法裔分离主义的影响，但整体上是增长的。《魁北克官方语言法》和《魁北克法语宪章》颁布后，增长趋势停滞。1971年魁北克省约有9.2万英语人口③。1975年下半年、1976年、1977年，从魁北克省离开的英语人口连续增加，在3个年度分别达2.8万人、3万人和5万人。④ 1971

---

① Ramsay Cook, *Watching Quebec*, *Selected Essays*, Montreal, Kinstoon London and Ithaca: McGill-Queen's University Press, 2005, p. 31.
② *The Charter of the French Language in Quebec*, http://www.legisquebec.gouv.qc.ca/en/showdoc/cs/C-11.
③ 李宪荣：《加拿大的英法双语政策》，http://mail.tku.edu.tw/cfshih/ln/paper07.htm#14.
④ Robert Bothwell, Ian M. Drummond and John English, *Canada Since 1945: Power, Politics and Provincialism*, Toronto: University of Toronto Press, 1989, p. 381.

年，据统计英语魁北克人约有88.8万人。① 在法语霸权的打击下，以及出于1970年10月危机和魁北克人党的选举优势引起的政治恐慌，魁北克省省内英裔与法裔间的仇恨加剧。1971—1986年，近20万说英语人士离开了魁北克省，离开的人中有很大一部分是只会说一种语言且拥有高薪工作的英裔。② 1977年，有报纸刊登了两个英裔模样的人从一堵墙边走过的漫画，墙上用英语标注着："说法语，英国狗。"③ 1982年，还有报纸刊登了类似的漫画：两个英裔模样的人在墙角秘密接头，一个用法语偷偷告诉另一个说："我知道有个地方我们可以说英语。"④

无疑，《魁北克官方语言法》和《魁北克法语宪章》对法语的独尊几乎剥夺了魁北克省英语加拿大人的语言空间，这被英语魁北克人视为语言专制，引起了英语人士的强烈抗议。1974年《魁北克官方语言法》颁布后，魁北克省60万说英语的居民联名向联邦总理特鲁多请愿，要求撤回该法，以"恢复我们作为加拿大公民用自己的语言工作和教育子女的基本权利"⑤。1979年和1982年，加拿大最高法院认定，在魁北克省立法、司法以及市政机关中取消英语或规定广告限用法语，以及废除英语移民子女就读英语学校违反了宪法中英法语同为官方语言的规定。1987年12月，魁北克省上诉法院也认定，在商业标志上限定用法语的政策违反了《权利与自由宪章》。随后，1988年12月，魁北克自由党政府提出《178号法案》，对《魁北克官方语言法》做了少许修订，允许用于非牟利的宗教、政治、意识形态或人道主义用途的室外招牌使用双语，室内广告也可以使用英法双语。⑥ 1993年6月，魁北克省自由党政府引入《86号法案》，对《魁北克法语宪章》做了个别修订，允许私人公司招牌在法文标识相对醒目的前提下使用双语标注。不过，这些举措并未改变法语独霸的局面，宪

---

① Robert Bothwell, Ian M. Drummond and John English, *Canada Since* 1945: *Power*, *Politics and Provincialism*, Toronto: University of Toronto Press, 1989, p. 364.
② "English-Speaking Quebecers", https://www.thecanadianencyclopedia.ca/en/article/english-speaking-quebecer.
③ Robert Bothwell, Ian M. Drummond and John English, *Canada Since* 1945: *Power*, *Politics and Provincialism*, p. 365.
④ John Saywell, *Canada*: *Pathways to the Present*, Revised edition, Toronto: Stoddart, 1999, p. 115.
⑤ Joseph Elliot Magnet, *Official Languages of Canada*: *Perspectives from Law*, *Policy and the Future*, Cowansville, Québec: Les Editions Yvon Blais, 1995, p. 37.
⑥ "Bill 178", http://solon.org/constitutions/Canada/English/misc/bill_178e.html.

第三章　多元文化主义模式下加拿大国家认同的塑造（1971—1995）

法中双语制的国策流于形式。

2. 魁北克省移民挑选权与准外交权的获得

1968年11月，魁北克省成立了自己的移民、多元与包容部，以防止法语在魁北克社会中随着法裔加拿大人出生率的下降而失去其主导地位，并吸引法语国家的移民到魁北克省。① 1971年，魁北克省和联邦政府签订《郎-克鲁捷协定》，允许魁北克省向加拿大驻外使馆派出代表，接受魁北克省意向移民咨询。1975年，通过《安德拉斯-卞维纽协定》，联邦允许魁北克省对移民申请者面试，并向签证官提出建议。1978年2月，联邦和魁北克省签署的《卡伦-库托协定》又赋予了魁北克省独立选择移民的决策权，但这些移民仍须得到渥太华的批准。1991年2月，政府出台《加拿大与魁北克关于外国人移民和临时入境的协定》，给予了魁北克省独立挑选、审查移民申请者的权力，而且联邦为魁北克省移民在省内的融合提供联邦转移资金。

在外交层面，作为省级单位的魁北克省在20世纪70年代后，获得了某些只有主权国家才能拥有的权力。1971年，魁北克省作为单独成员加入了法国国家组织。1981年，魁北克省参加了法语国家教育问题国际大会，而这通常按规格也是由加拿大联邦作为代表参加才可以。1984年，魁北克省在对外机构名称上做出改革，将处理与外部关系的政府间事务部提升为具有主权意涵的国际关系部，成为西方国家省级政府中少有的例外。1960—1985年，魁北克省和外国中央政府和准中央级政府签署了230个双边和多边协议，进一步彰显了自己准国家的地位。② 1985年，经联邦总理马尔罗尼认可，魁北克省与加拿大一起加入了法语国家和政府首脑会议。1992年，魁北克省国际关系部规模已经从建立时的224人，骤增5倍，达到1017名，在全世界设立了23个代表机构，进一步强化了魁北克省的准国家地位。③

---

① Il y a 50 ans, le Québec se dotait d'un ministère de l' Immigration, https://ici.radio-canada.ca/nouvelle/1133281/quebec-ministere-immigration-politique-archives.
② Louis Balthazar, "Quebec's International Relations: a Response to Needs and Necessities," in Brian Hocking, *Foreign Relations and Federal States*, London: Leicester University Press, 1993, pp. 147-152.
③ 陈志敏：《二元民族联邦制与对外关系：加拿大魁北克省的国际活动研究》，《太平洋学报》2000年第3期。

3. 联邦政府对魁北克省宪法地位的安抚

《1982年宪法》通过，但魁北克省政府并没有签署。对此，联邦政府在立场上采取了安抚策略，以期换取魁北克省对联邦的向心力。1987年，加拿大联邦总理布莱恩·马尔罗尼的保守党政府开始积极争取所有省份，以承认魁北克省的独特性为基础修改宪法，即在宪法层面将说法语的魁北克省视为加拿大内部与众不同的一个存在。1987年6月，在联邦总理马尔罗尼召集各省区总理出席的联席会议上，包括魁北克省自由党总理罗伯特·布拉萨在内，各位总理在魁北克省的米奇湖达成了《米奇湖协议》，它的目的是通过把加拿大联邦的一些权力下放给魁北克省换取它对联邦新宪法的支持，协议宣布魁北克省为"加拿大内独特的社会"，对魁北克省具体做了以下权力让渡：承认魁北克省独立挑选移民的权力，认可魁北克省以法语文化为标准来对魁省之内的少数族群进行族群整合；魁北克省参与最高法院关于来自魁北克省大法官的任命；授予魁北克省对加拿大宪法修正案具有一票否决的权力；赞同提升魁北克省对联邦财政花费的限制权。按照《米奇湖协议》达成的共识，只要各省议会都通过该协议，即可生效。[①] 结果，在《米奇湖协议》进入表决时，纽芬兰、新不伦瑞克与曼尼托巴等英语省议会投了反对票，1990年该协议失败。

20世纪80年代末到20世纪90年代初，苏联原加盟共和国出现独立潮，魁北克省分离主义备受鼓舞，加大了争取独立的力度。1990年，魁北克人党制定了宣布继续追求独立的《主权宣言》，宣布魁北克省有权像世界上其他国家那样取得独立地位。此宣言引起了联邦政府的忧虑。为从宪法上解决魁北克省和联邦在主权上的争执、维护联邦统一，1992年8月，马尔罗尼再次召集各省总理就修宪、魁北克省特殊权力、原住民问题等展开讨论，最后在爱德华王子岛城市夏洛特顿达成了《夏洛特顿协议》。为获得魁北克省对联邦和宪法的认同，协议对魁北克省的独特地位给予了认可；支持魁北克省对联邦机构改革及其他全国重要事务有一票否决权；同意众议院席位要保证魁北克省占四分之一以上的份额。按照会谈约定，鉴于《米奇湖协议》未能被所有省区议会通过而破产，《夏洛特顿协议》改以各省全民公决的方式进行表决，若各省都通过，则《夏洛特顿协议》自

---

① Patrick Boyer, *Direct Democracy in Canada—The History and Future of Referendum*, Toronto: Dundurn Press 1992, p. 152.

动生效。

很明显，以上两个协议是联邦政府为了安抚魁北克省保留在联邦之内的产物，协议对魁北克省历史上和现有的特殊权力和地位给予了认可，带有浓厚的妥协和对魁北克省主动让步的意义。然而，由于民族主义高涨等原因，魁北克省反而觉得自己想要拥有更大权力的诉求并未得到满足，而其他省对魁北克省的特殊地位也多有不满。在《夏洛特顿协议》协议中，魁北克省在草案上签了字，但在随后限时两年的公投中，多数魁北克人认为协议没有满足自身诉求，公投未能在魁北克省通过，而加拿大其他省份则认为魁北克省拥有的特殊权利太大、太多，除了在新不伦瑞克、纽芬兰、西北区、爱德华王子岛等省区获得过半数民众的支持，其他省区都对《夏洛特顿协议》表示了拒绝。尽管如此，联邦的姿态显示了对魁北克省特殊地位的包容和接受，《夏洛特顿协议》本身是联邦政府对魁北克省特殊准国家地位的妥协与退让。

三 少数族裔文化权利的被认可

1969年，加拿大皇家双语和双文化研究委员会出版了《双语和双文化委员会报告（第四卷）——其他族裔的贡献》，深入讨论了非土著、非法国和非英国民族对丰富加拿大文化的贡献。委员会建议那些享有充分公民权和平等参与加拿大体制的族裔群体应该"融入"，而不是被同化到加拿大社会。这些建议导致了1971年多元文化主义政策的出台。[①] 1971年10月8日，特鲁多总理就《双语和双元文化委员会报告》中关于尊重和保护少数族裔移民文化的建议在加拿大众议院做出回应。他在演说中指出，在双语政策的背景下，必须保护少数族群的语言与文化等权利。他指出："我们相信，文化多元正是加拿大认同的本质所在。每一个族裔群体都有权在加拿大的背景下保有和发展自己的文化和价值观。可以说我们有两种官方语言，但并不是说我们有两种官方文化，没有一种文化比另一种文化更'官方'。多元文化主义政策必须是对所有加拿大人的。……不能对英法裔采取一个政策，对土著居民采取另一个政策，对其他族裔采取第三种

---

① Laurence Brosseau and Michael Dewing, "Canadian Multiculturalism", https://lop.parl.ca/sites/PublicWebsite/default/en_CA/ResearchPublications/200920E#a2-2-2.

政策，没有一个族群比另一个更优越。"① 多元文化主义政策的目标有三：协助文化群体保留及培育其对所属族群的认同；协助族群平等和全面参与加拿大社会机构；促进所有加拿大文化群体之间的创造性交流并协助移民掌握至少一种官方语言。② 特鲁多的演说得到了当时众议院各政党议员的普遍支持。第一大反对党保守党党首罗伯特·斯坦菲尔德表示："政府宣布保存和提升我们国家境内诸多文化传统的原则将会备受欢迎。……我们所要的是公正对待所有加拿大人和承认这个国家的文化多元性。"新民主进步党党首戴维·刘易斯对多元文化主义思想进行了赞叹，认为其"是对我们加拿大文化生活、官方双语主义和多元文化主义两面性的深层理解，我们党热烈支持总理提出的这些原则"。社会信用党的戴维·考埃特也深表赞赏："我绝对相信，所有加拿大人都认同总理所阐释的立场。……我们在加拿大需要的是一个属于所有加拿大人的，属于我们国家所有族裔群体的伟大国家。"③ 多元文化主义政策的出台标志着加拿大国家认同建构模式的根本转变——从以个体公民为基础，淡化族群身份的普遍公民主义转向承认族群为加拿大社会的基本组成元素，从公民为基本单位的文化同化转向了以族群文化共存为基础的反文化同化，多元文化主义成为确保所有加拿大人"文化自由"④ 的最佳方式。从此，尊重少数族群的多元文化权利成为加拿大的基本国策，从文化方面开启了维护少数族裔集体权利的大门。

1971年加拿大多元文化主义国策颁布到1982年加拿大新宪法实施，是加拿大多元文化主义从形成走向成熟的时期。为推进多元文化主义政策落实，1971—1974年，联邦政府宣布：资助少数族群间的文化交流、新移民培训等活动，支持有关单位开展多族群文化活动；帮助非英法裔移民孩子学习加拿大官方语言，制订支持非英语、非法语语言的教学与广电节目

---

① http：//www.canadahistory.com/sections/documents/Primeministers/trudeau/docs-onmulticulturalism.htm.
② Laurence Brosseau, Michael Dewing, Canadian Multiculturalism, https：//lop.parl.ca/sites/PublicWebsite/default/en_CA/ResearchPublications/200920E#a2-2-2.
③ Edward H. Lipsett, *Brief to the Special Joint Committee of the Senate and the House of Commons on the Constitution Submitted by Canadian Consultative Council on Multiculturalism*, Dec18, 1980, pp.3-4.
④ "Canadian Multiculturalism Act", https：//www.thecanadianencyclopedia.ca/en/article/canadian-multiculturalism-act.

第三章　多元文化主义模式下加拿大国家认同的塑造（1971—1995）

的计划；支持族群问题研究项目，资助族群历史类著述的出版。[1] 为切实执行发展多元文化的政策，1972 年，加拿大成立多元文化专门委员会，负责在国务秘书的指导下贯彻有关规划，实施相关资助。1973 年，多元文化主义部成立（1991 年与公民部合并），其地位有所提升。同时，为了广泛听取各族群对实施多元文化主义政策的意见并向政府提出相关建议，加拿大还设置了由 100 名族群人士组成的多元文化主义协商委员会，[2] "由足以胜任者组成一个机构提出建议，以保证所有加拿大人都参与这个国家的文化发展。委员会将评估所有文化背景加拿大人的需求，据此给出建议以促进他们之间良好关系的发展"[3]。

　　20 世纪 80 年代是加拿大多元文化主义的制度化时期。在联邦法律层面，随着 1982 年《加拿大权利和自由宪章》的出台，多元文化主义成为加拿大宪章层次的国家原则，比如：公民不论族群出身享受法律的平等保护和平等福利（第 15 条）；母语不是加拿大官方语言的移民，有权利在中学阶段和小学阶段学习母语（第 23 条）；"应以与保护和加强加拿大人的多文化遗产相一致的方式加以解释"。这一规定对于将多元文化主义纳入加拿大社会的更广泛框架至关重要。它授权法院在最高级别决策时考虑加拿大多元文化的现实，帮助法院平衡个人和族群之间的权利。1984 年 3 月，众议院有色少数专门委员会发布了对有色少数族群的调查报告[4]，提出 80 条建议来保护少数族群文化免受歧视，包括加拿大加快制定《多元文化主义法》。根据这样一份报告，《多元文化主义法法案》于 6 月被提交到加拿大众议院交付讨论。尽管因为皮埃尔·特鲁多当月离职，议会未来得及讨论，却为法律制定提供了方向。1984 年，加拿大再度举行大选，各大政党为争夺少数族群的选票，都积极表态赞同出台多元文化主义相关的立法。最终，胜出的保守党马尔罗尼政府接过了推动制定多元文化主义立法的重任。马尔罗尼上台后兑现了诺言，积极和内阁进行调研，推动设立了众议院多元文化主义常务委员会。并在 1985 年联邦和省区总理会议上

---

[1] 寻找加拿大丛书编辑组编：《加拿大文化的碰撞》，吉林教育出版社 1992 年版，第 27 页。
[2] 多元文化主义协商委员会后改为加拿大族裔文化委员会。
[3] Edward H. Lipsett, *Brief to the Special Joint Committee of the Senate and the House of Commons on the Constitution*, Ottawa: Canadian Consultative Council on Multiculturalism, Dec 18, 1980, p. 2.
[4] Equality Now: Report of the Special Committee on Visible Minorities in Canadian Society, https://eric.ed.gov/?id=ED271520.

对立法进行深入商讨。终于，1988年7月，《多元文化主义法》在联邦议会通过，该法强调，各个族群为加拿大作出了重要历史贡献，多元文化主义是加拿大社会的基本特征，种族、族群文化的多元性是塑造加拿大未来的宝贵力量，在联邦政府的决策过程中起着不可分割的作用，各族群存续和分享文化遗产是不可被剥夺的自由。加拿大政府有责任增进多元文化主义与双语主义的和谐，鼓励加拿大的社会、文化、经济和政治机构尊重加拿大的多文化特性。《多元文化主义法》还规定，将在5年内拨款1.92亿加元作为实施相关多元文化主义的项目经费。① 此后，加拿大众议院于1991年通过了《加拿大传统语言机构法》，并设立加拿大传统语言研究院，负责在加拿大各地促进保留和使用少数族群语言，比如：通过公共教育促进少数语言的学习；向公众提供有关少数语言资源的资料；制订提高少数语言教学质量的计划；协助制订学习少数语言的标准；就少数语言的各方面进行研究。②

在地方各省区，1974年，萨斯喀彻温省率先颁布本省《多元文化主义法》，宣布承认每一个社群都有权保留其身份、语言、传统艺术和科学，有权保存不同的文化。随后，在1975年，该省政府在首府里贾纳市成立了多元文化委员会负责协助省府总理推动省内族群平等以及多元文化主义活动。以此为开端，曼尼托巴省于1984年通过了《曼尼托巴跨文化理事会法案》。根据该法案，委员会的任务是通过该省负责民族文化事务的部长，就教育、人权、移民安置、媒体和通信以及文化遗产向政府提出建议。1992年夏天，曼尼托巴省立法机关通过了一项新的省多元文化法案。新法案设立了一个多元文化秘书处，其作用是"确定、优先考虑和实施行动，以促进在曼尼托巴省实现一个成功的多元文化社会"③。1990年《阿尔伯塔多元文化主义法》颁布，该法设立了一个多元文化主义委员会，负责就尊重多元文化主义的政策和项目向政府提供建议。与之配套，还设立了一个多文化基金，为相关多文化项目和服务提供资金赞助。

到1993年，除了魁北克省和西北地区，加拿大所有省份都先后接纳了联邦多元文化主义的原则、政策，加拿大多元文化主义的全国普及基本

---

① "Canadian Multiculturalism Act", http://laws-lois.justice.gc.ca/PDF/C-18.7.pdf.
② https://www.canlii.org/en/ca/laws/stat/sc-1991-c-7/latest/sc-1991-c-7.html.
③ Laurence Brosseau, Michael Dewing, "Canadian Multiculturalism", https://lop.parl.ca/sites/PublicWebsite/default/en_CA/ResearchPublications/200920E#a2-2-2.

第三章 多元文化主义模式下加拿大国家认同的塑造（1971—1995）

完成。在魁北克省，1981年魁北克人党正式拒绝联邦多元文化主义政策。魁北克省政府提出了旨在"文化融合"、名为"做魁北克人的多种方式"政策。该政策认为多元文化主义是针对外来少数族裔移民的，如果在魁北克省实施等于降低了法裔作为建国民族的地位，该政策主要目标是在法裔文化占支配地位的前提下"确保文化社群及其独特性的维持和发展，使讲法语的魁北克人认识到文化社群对我们共同遗产的贡献，并最终促进文化社群在魁北克社会的融合，特别是在文化社群代表人数特别少的部门"①。

第三节 多元文化主义对加拿大国家认同的推动

各族群在保持自身特性的同时又对加拿大抱以强烈的国家认同是族群主义的愿景之所在。对此，1957—1963年担任加拿大总理的约翰·迪芬贝克曾以多元文化主义的花园的生动比喻描绘了这一目标。"我将加拿大比作一个花园。马赛克是静止的，其中的每一块都是独立的，与别的块儿相分开。加拿大不是这样的国家。加拿大也不是大熔炉，大熔炉是摧毁每一个个体元素后形成的完全不同的新元素。许多最结实、最艳丽的花从许多地方移植到花园里，在新的环境里依然保留着它们最好的样子，就像在本土那样被喜爱和被赞美。"② 在多元文化主义的构想中，族群的自我认同被包容，各族群之间和谐共处，共生于"加拿大花园"之中。客观地说，多元文化主义通过对族群集体权利让步，在一定程度上满足了不同族群对自我认同的诉求，为加拿大国家认同的建构创造了较为包容的社会氛围。

一 各族群间文化包容度的扩大

在多元文化主义模式下，族群集体权利得到国家的承认和保护，各族

---

① "Multiculturalism", https://www.thecanadianencyclopedia.ca/en/article/multiculturalism.
② Anna Galan, ed., *Multiculturalism for Canada*, Edmonto: High Eve Book Bindery LTD., 1979, p. 6.

群共存于加拿大社会得到了广泛的认可,相应地,各族群之间相互的了解和包容得以提升。"宽容是根深蒂固的国家特性,宽容的社会是一个所有公民和所有群体都能坚持自己的权利和实现自身抱负的社会。"[1]

在族群包容方面,最典型的例子是允许锡克教教徒皇家骑警巴尔泰·辛格·迪隆穿戴本民族服饰而不是统一骑警制服的事件。迪隆出生于马来西亚,16岁时(1983年)移民不列颠哥伦比亚省。1987年,皇家骑警开始实施平权行动政策,允许有色少数族裔加入骑警。1988年,迪隆向皇家骑警求职被接受,但他拒绝遵守皇家骑警禁止缠头巾、面须刮干净的要求。作为一名锡克教教徒,迪隆声称宗教义务要求他留胡子、戴头巾,以多元文化权利为理由请求皇家骑警同意自己保持锡克教装束。这起案件在全国各地引发了激烈的辩论和抗议。支持迪隆的人认为,加拿大应为满足移民的需要而做出牺牲。反对者则认为,皇家骑警制服具有统一性,不该因种族或宗教原因而发生变化。最后该案件诉诸联邦法院,在审理期间,高达15万加拿大人署名支持保持皇家骑警的威严,反对向个别教派低头,但锡克教宗教领袖以英国在"二战"时期允许锡克兵包头巾为例力主证明自身要求的合理性。最终,1990年3月,经司法部裁定,锡克教教徒骑警佩戴锡克教头巾被宣布为合法。[2] 当时的布莱恩·马尔罗尼进步保守党政府也对此表示支持,允许皇家骑警女警穿长裤,赞同锡克教男教徒蓄胡子和戴头巾。面对反对群体的不满和上诉,1996年,加拿大人权委员会、联邦法院和加拿大最高法院均认定政府的决定合法。

与锡克教教徒类似,犹太人在加拿大的被包容和被接受程度也发生了根本性变化。在20世纪70年代以前,犹太人虽然作为公民在形式上享有普遍公民权,但在文化上仍受到刻板的偏见的影响。比如,1964年,甚至有人在多伦多多个地区散发反犹太主义的传单。[3] 在多元文化主义政策颁布后,大多数加拿大人对该政策表现了积极的肯定与赞赏态度。根据约克

---

[1] 加拿大国务秘书卢西恩·布沙尔1988年7月1日语,"Stephane Dion's Letter to Premier of Quebec", MrLucien Bouchard, *Stephane Dion, Straight Talk on Canadian Unity*, Montreal and Kingston: McGill-Queen University Press, p. 190。

[2] "Baltej Singh Dhillon-Making History: A Sikh Canadian Hero", http://www.canadiansikhheritage.ca/files/Baltej%20Singh%20Dhillon.pdf.

[3] James W. ST. G. Walker, "Human Rights in A Multicultural Framework: Defining Canadian Citizenship, 1945–1970", *Canadian Issues*, February 2002, p. 33.

第三章 多元文化主义模式下加拿大国家认同的塑造（1971—1995）

大学1987年的抽样调查，约68%的人认为犹太人关心非犹太人，约55%的人反对犹太人爱贪小便宜、爱显摆的看法，约63%的人同意犹太人对加拿大文化有重要贡献。[①] 1991年，加拿大智库安格斯·雷德研究集团针对加拿大多元文化关系做了一次调查，结果显示，绝大多数加拿大人对族群包容持积极支持态度，比如，约87%的人赞同在教育、健康和司法中排除族群歧视，约76%的人承认文化差异是社会的基础，约84%的人赞同帮助不同种族住在一个社区。[②]

不同族群相互通婚的变化也反映了多元文化的包容性。1968年，对于黑人和白人之间结婚，有约52%的加拿大人持反对态度。[③] 1971年，约76%的加拿大夫妻是同族内结婚，其中犹太人同族婚配率高达91%，法裔、英裔、亚裔略低，但也大约占到了86%、81%和81%。[④] 伴随着多元文化主义的深入，加拿大社会对不同族群通婚的包容程度进一步加深。根据盖洛普和安格斯·雷德研究集团的民意调查，1968年约53%的加拿大人对"您同意/不同意白人和非白人之间的婚姻吗？"这一问题给出了否定的答案，而到了1991年，只有约15%的加拿大人认为不同族群之间的通婚是个"坏主意"。[⑤] 对于黑人和白人通婚，在20世纪60年代以前是少见的。1975年，有约57%的人认可黑白通婚，到1995年，这一比重升至81%。认可白人与印第安人、因纽特人及梅蒂人通婚的比重从75%升至84%，与亚裔移民通婚从67%升至83%。[⑥] 1996年，在加拿大的全国人口普查关于族群血统的统计中，两个族群混血或者多个混血者，大约占了全

[①] York University Institute of Behavioral Research in 1987，采访人数：2080人，参见 Jeffrey G. Reitz and Raymond Breton, *Prejudice and Discrimination in Canada and the United States: A Comparison*, in Vic Satzewich, *Racism and Social Inequality in Canada, Concepts, Controversies and Strategies of Resistance*, Toronto, 1998, p. 53.

[②] 周维萱：《多元文化主义下的族群关系——以美、加、新三国为分析对象》，博士学位论文，台湾师范大学政治学研究所，2005年。

[③] Will Kymlicka, *Finding Our Way—Rethinking Ethnocultural Relations in Canada*, Toronto: Oxford University Press, 1998, pp. 19 – 20.

[④] Thomas J. Abernatby, Status Integration and Ethnic Intermarriage in Canada, in Peter S. Li, B. Singh Bolaria, *Racial Minorities in Multicultural Canada*, Toronto: Garamond Press, pp. 97 – 98.

[⑤] Rhoda E. Howard-Hassmann, "Canadian as an Ethnic Category: Implications for Multiculturalism and National Unity", *Canadian Public Policy/Analyse de Politiques*, Vol. 25, No. 4, Dec., 1999, pp. 526 – 527.

[⑥] 刘军编著：《加拿大》，社会科学文献出版社2010年版，第45页。

部人口总数的36%，这反映了加拿大不同族群之间通婚得到普遍接受。①

二　少数族群被同化压力的缓解

在自由主义对公民权利的建构中，族群身份被"善意忽略"，不再是阻碍个体公民获取平等公民权利的障碍。这种主张看似公正，但在英裔作为主体民族的前提下，少数族群出身的公民被英裔主体文化同化的压力依然强大。而多元文化主义则弥补了自由主义对族群地位、权利及文化重视的不足，它以包容的态度接纳了少数族群的集体权利诉求，相对缓解了少数族群被同化的压力。

少数族群人口规模的变化是观察少数族群面临的被同化压力大小的一个参考指标。如果少数族群被给予更多的认同和包容，被同化压力更小，所遭受的直接或隐形的歧视相对更少，那么他们就更容易倾向于认同自身族群并以所属族群为荣。以原住民对自我族群身份的认同变化为例，在英裔种族主义阶段，原住民身份面临着被同化和被解构的压力，族群身份成了他们参与加拿大政治和社会的阻力，他们只有放弃原住民身份才能被英裔主导的现代"文明"所接纳。实际上，一些原住民对自身族群身份及文化认同处于被限制、被剥夺的状态，有的原住民还会刻意隐瞒自身身份。在多元文化主义阶段，原住民无论是普遍公民权还是族群加权，都获得了较为充分的尊重，比自由主义阶段更乐于凸显自身的族群身份。相应地，自我认同为原住民的人口带来了明显的提升。1951年，自报为原住民身份的人口约为16.6万人，1961年约为22万人，1971年约为31.3万人，1981年约为49.1万人，1991年则约为100.3万人，其中在1971—1981年和1981—1991年，原住民的人口增长率呈现成倍增加的趋势，前一个阶段的增长率约为57%，后一个阶段的增长率则高达104%。② 原住民这种规模的人口增长率并非单纯的自然增长。在很大程度上，它和原住民普遍公民权，尤其是族群集体的加权公民身份带给原住民地位的提升有着密切关系，加权公民身份的授予，既满足了原住民对普通公民权利的诉求，又

---

① Abu-Laban Yasmeen and Christina Gabriel, *Selling Diversity: Immigration, Multiculturalism, Employment Equity and Globalization*, Peter-borough: Broadview Press, 2002, p. 14.
② Statistics Canada, "Population Reporting Aboriginal Ancestry (Origin), Canada", http://www12.statcan.ca/english/census01/products/analytic/companion/abor/canada.cfm.

第三章　多元文化主义模式下加拿大国家认同的塑造（1971—1995）

保证了自身族群文化和权利受到足够的尊重，承认和确定自身原住民身份可以得到更多的机会和优待。

少数族裔移民受益于多元文化主义政策的包容氛围，20世纪70年代以后其移民规模增长显著。1970年，加拿大总人口中只有不足1%为有色少数族裔，多伦多作为有色少数族裔聚居地，有色少数人口所占比重也不超过3%。[①] 到1986年，加拿大总人口中有色少数人口占比增至6.3%左右。在加拿大几个主要城市中，移民的多元化比重也更加突出，多伦多和温哥华的有色少数人口比重约占17%，蒙特利尔作为法裔文化突出、不承认多元文化主义的城市，有色少数人口比重也达到了7%，足见多元文化主义对族群多元化结构的影响。[②] 1991年，加拿大自认为具有英裔血统、法裔血统的加拿大人所占比重分别约为29%和23%，非英法族裔所占比重显著提升。[③] 1991—1996年，加拿大总人口中有色少数族裔所占比重从9.4%升至11.2%。[④] 1960年，加拿大有色少数仅为30万人。之后，由于平等移民权的获得和多元文化主义政策的鼓励，到1985年，有色少数人口增至100万人。[⑤] 再以亚裔人口比重为例，1957年亚裔人口仅约占加拿大年度移民数的1.3%，1967年约为9.3%，1977年增至21%，到1987年则增至44.3%。[⑥] 据统计，1968年来自亚非拉的移民占了年度移民人数的26%，1972年则占了41%，到了1987年则在连续增长中增至70%。[⑦]

[①] Jeffrey G. Reitz and Rupa Banerjee, "Racial Equality, Social Cohesion and Policy Issues in Canada", in Keith G. Banting, Thomas J. Courchene and F. Leslie Seidle, eds., *Belonging? Diversity, Recognition and Shared Citizenship in Canada*, Montreal: Institute for Research on Public Policy, 2007, pp. 1 – 2.

[②] Multiculturalism and Citizenship Canada, *What Is It Really About?* Ottawa: Supply and Services Canada, 1991, p. 28; p. 33.

[③] Russel Lawrence Barsh, "Canada's Aboriginal Peoples: Social Integration or Disintegration?", *The Canadian Journal of Native Studies*, 1994, p. 5, http://www3.brandonu.ca/cjns/14.1/barsh.pdf.

[④] Justice Canada, "Cultural Diversity in Canada: The Social Construction of Racial Difference", http://www.justice.gc.ca/eng/pi/rs/rep-rap/2002/rp02_8 – dr02_8/p4.html.

[⑤] John Samuel and Kogalur Basavarajappa, "The Visible Minority Population in Canada: a Review of Numbers, Growth and Labour Force Issues", *Canadian Studies in Population*, Vol. 33.2, 2006, p. 243.

[⑥] Rand Dyck, *Canadian Politics* (Concise Third Edition), Toronto: University of Toronto Press, 2006, p. 83.

[⑦] J. S. Fridres, "Changing Dimensions of Ethnicity in Canada", in V. Satzewich eds., *Deconstructing a Nation: Immigration, Multiculturalism and Racialism in 90's Canada*, Halifax: Fernwood Publishing, 1992, p. 59.

当然，少数族裔人口规模的显著增加，不完全是多元文化主义使然，但至少多元文化主义的普遍原则对少数族裔形成了无形的吸引力，便利了少数族裔在加拿大的生活与工作，缓和了他们作为少数被强制同化的压力。相应地，少数族裔对加拿大的接受度有所提升。

三 少数族群政治话语权的增强

参与国家政治生活是公民的基本权利和义务。一般来说，公民参与国家政治的积极性越高，在其中的话语权越强，通常就意味着公民对国家的责任心和认同感越强烈。随着多元文化主义原则下加拿大政府对各族群不同集体权利的认同和保护，以及与之伴随的加拿大社会对少数族群包容度的扩大，少数族群的政治参与度及其在代议机构中的代表性比以往明显增强。

从自治领成立到1964年，非英法裔、非原住民出身的少数族裔联邦众议员有97位，其中以德国裔、乌克兰裔和犹太裔移民为主。[1] 20世纪60年代中后期以后，众议院中少数族裔议员的比重开始明显增加。1965年，9.4%的众议员来自少数族裔，到1988年时这一比重增至16.3%，其中各有色少数族裔的比重同期从0.8%增至2%。[2] 1993年，少数族裔众议员比重增至18%，其中有色少数者约占4.4%。[3] 1971年，境外出生的非英裔众议员约占众议员总数的4.5%，20年后则增至8.1%。[4] 以华裔为例，战后华裔当选众议员的人数呈持续增长趋势。[5] 其中，陈卓瑜曾在1993年之后四度入选众议院，并进入克雷蒂安政府内阁担任亚太外交方面的国务秘书，成为首位进入联邦内阁的华裔人士。在省市层面，祖籍广东

---

[1] Royal Commission on Bilingualism and Biculturalism, *Report*, Vol. 4, Ottawa: Queen's Printer, 1970, p. 272.

[2] Alain Pelletier, "Politcis and Ethnicity: Representation of Ethnic and Visible-Minority Group in the House of Commons", Megyery Kathy ed., *Ehnocultral Groups and Visible Minorities in Canadian Politics: The Question of Access*, Vol. 7 of Research Studies for Royal Commission on Electoral Reform and Party Financing, Toronto: Dundurn press, 1991, pp. 129 – 130.

[3] Yasmeen Abu-laban, "Challenging the Gendered Vertical Mosaic: Immigration, Ethnic Minorities, Gender, and Political Participation", Joanna Everitt and Brenda O'Neill, eds., *Citizen Politics-Research Theory in Canadian Politica Behaviour*, Toronto: Oxford University Press, 2002, p. 272.

[4] Iren Bleared, *Becoming a Citizen: Incorporating Immigrants and Refugees in the United States and Canada*, Berkeley: University of California Press, 2006, p. 61.

[5] 朱柳：《加拿大华人参政新篇章》，《侨务工作研究》1997年第4期。

的余宏荣（Bill Yee）于1982年成为温哥华市议会上第一位华裔议员。1984年，曾于1974年入选联邦众议院议员的李桥栋出任不列颠哥伦比亚省自由党党首。1987年，祖籍广东的黄景培在安大略省成功当选省议院议员，并在省政府中担任部长职务。1988—1995年，林思齐担任了长达7年的加拿大不列颠哥伦比亚省省督，是加拿大历史上首位华人省督。

因为加拿大多元文化主义对提升多族群和谐和包容产生的积极效果，20世纪70年代以后，欧美发达国家开始效仿加拿大对本国的族群政策进行包容性改革，少数族群的集体权利得到不同程度的认可和保护。1972年，美国威斯康星阿米什教派经联邦法院授权，他们的孩子可以在8年级后不再上学。1990年，美国给予了部分印第安人保留地自治权，保留地总数达278块，最大的一块为5.3平方千米的纳瓦霍印第安人保留地。[1] 1973年，同样曾经为自治领的澳大利亚也宣布推行多元文化主义政策。[2] 在欧洲，20世纪80年代后期，某些欧洲国家也将保护少数族群权利写入了法律。1999年，在蒙特利尔市举行的联邦主义国际研讨会上，当时的美国总统克林顿称赞道："在共同繁荣和相互理解方面，加拿大是我们的榜样。加拿大向世界展现了该怎样以同情之心平衡自由。"[3]

第四节 多元文化主义塑造加拿大国家认同的局限

1971—1995年，加拿大在坚持普遍公民权平等的基础上，以多元文化主义为原则完成了多族群公民身份的构建，试图通过公民权利和族群权利之间的妥协与平衡来实现族群认同和国家认同的和谐共生。如上文所述，这种妥协的确在国家权利和社会包容层面部分避免了自由主义一刀切所带来的弊端，对非主体族群的权利起到了维护的作用，为多族群加拿大的认同创造了条件。不过，实现公民权利和族群权利的妥协与平衡并非轻而易

---

[1] 严庆：《冲突与整合：民族政治关系模式研究》，社会科学文献出版社2011年版，第238页。
[2] 王丽芝：《神话与现实——对加拿大多元文化主义政策的再思考》，《世界民族》1995年第1期。
[3] "Stephane Dion's Letter to Premier of Quebec", MrLucien Bouchard, Stephane Dion, *Straight Talk on Canadian Unity*, Montreal and Kigston: McGill-Queen University Press, p. 190.

举。20世纪八九十年代，加拿大族群权利呈现不断增强的趋势，加拿大的国家认同出现被族群认同弱化、侵蚀乃至超越和分化的势头，这引起了加拿大社会有识之士的普遍忧虑。具体而言，这一时期族群认同对国家认同的威胁主要包括：原住民自治权与联邦主权的背离；法裔民族主义与联邦主义的对立；少数族裔认同与加拿大认同的失衡。

一 原住民自治权与联邦主权的矛盾

1. 原住民传统权利与普通法的冲突

承认和保护原住民自治权旨在使原住民权利免受主体族群的侵害。然而，在现实中，这种自治权的赋予在界限上是较难划分和把握的。比如，在法律层面，原住民和省邦政府在普通法与原住民自治区效力合法性问题上存在分歧，原住民对省邦普遍的自由主义法律体系不予认同。在联邦政府看来，原住民自治必须以联邦宪法为前提，以遵循联邦法律为原则，《权利与自由宪章》的内容和精神也应该完全适用于原住民。与之相反，原住民则自认为本族的自治并非一般性的自治，主张原住民自治应具有省政府的同等地位乃至更高的主权地位，比如在本民族土地和文化上，原住民应具有完全的管理权，应不受干扰地实施本族的法律制度。[①] 由此，在省邦普通法与原住民传统法之间存在着一个潜在的冲突。在这方面，以下几个案例尤其具有代表性。

案例一：罗纳德·斯派洛捕鱼权案

1984年5月，加拿大温哥华穆斯奎姆族人罗纳德·斯派洛因为使用超大渔网捕鱼违反《联邦渔业法》第61条被捕，因为他使用的长达82米的渔网超过了食品捕捞许可证所允许使用渔网长度（45米）的上限。罗纳德·斯派洛案起初在不列颠哥伦比亚省省法院审理，法官裁定对罗纳德的指控成立。法院裁定，《1982年宪法》规定了对现有权利的保护，但捕鱼权利作为一种历史习俗，不属于特定的条约权利。罗纳德·斯派洛对使用大渔网捕鱼的事供认不讳，但却拒绝承认自己违法，因为在他看来他不过是按《1982年宪法》第35条的原则，来行使自己作为原住民的正当权利

[①] 丁见民：《二战后加拿大的土著民族自治政策及存在问题》，《山东师范大学学报》（人文社会科学版）2007年第6期。

罢了。由此，罗纳德·斯派洛提出上诉，但不列颠哥伦比亚省上诉法院判定上诉人证据不足，并支持了省法院关于罗纳德·斯派洛有罪的判定。罗纳德·斯派洛对此表示不服，该案最终被呈递至加拿大最高法院。1990年，联邦法院9名大法官对此案反复审定，依据联邦宪法支持了罗纳德·斯派洛的诉求。联邦大法官布莱恩·迪克森对判决依据做了解释。他认为，《1982年宪法》第35条关于原住民"现有"权利的规定，不能仅仅理解为当下，历史上原住民拥有的传统渔猎权等应该被认可和保护。最高法院在裁决中确认了穆斯奎姆族人确实拥有祖传的捕鱼权——这一权利持续了数百年并且没有证据显示已经被宪法废除或消失，由此罗纳德·斯派洛的诉求理应得到支持。① 罗纳德·斯派洛案在很大程度上被认为是加拿大原住民权利的重大胜利。这项裁决规定了对《1982年宪法》第35条的解释准则，并确认了向土著人民提供某些保障的宪法义务。该案例引发了加拿大社会对原住民权利与一般公民权利之间的关系的思考。

案例二：小唐纳德·马歇尔捕鱼权案

该案例是加拿大土著条约权利的里程碑式的裁决案。1993年8月，正值新斯科舍省渔季休养禁捕期间，该省东部布雷顿角岛上一个叫小唐纳德·马歇尔的印第安米科马克族人，不顾禁令，擅自网捕了多达210千克的鳗鱼，然后售出。② 小唐纳德·马歇尔擅自捕鱼而售的行为随后被加拿大渔业与海洋部禁渔期监管人员发现，渔业与海洋部以无执照捕售、违反禁渔期规定为据向新斯科舍省法院提起诉讼。小唐纳德·马歇尔则以自己的行为已经预先被本部落酋长允许且这是原住民历史条约权利为由，认为自己并未违法。③ 1996年，省法院以违反联邦法名义判处小唐纳德·马歇尔有罪，但加拿大最高法院于1999年9月推翻了省法院对马歇尔的判决。最高法院依据《1982年宪法》第35条规定，承认了历史上英王与米科马克等族群签订的《和平友好条约》中承诺的狩猎和捕鱼权利有效，判决米科马克族人小唐纳德·马歇尔有权在淡季捕捞。这一判决引起了非原住民的不满。为抗议法院对米科马克人的支持，当地非原住民与印第安人发生

---

① Jane Allain and Jean-Denis Fréchette, Canada Parliament, "The Aboriginal Fisheries and the Sparrow Decision (BP341e)", http://www.parl.gc.ca/Content/LOP/ResearchPublications/bp341-e.htm.
② Heather Conn, "Marshall Case", https://thecanadianencyclopedia.ca/en/article/marshall-case.
③ Ken Coates, *The Marshall Decision and Native Rights*, Montreal: McGill-Queen's University Press, 2000, pp. 3-4.

了冲突。1999年10月3日，约150艘渔船驶往米洛米奇海湾，抗议米科马克人捕虾者在反季节捕捞龙虾，①引发了原住民与非原住民关于是否遵守禁止反季节捕捞的对抗。

案例三：史蒂夫·波利猎杀驼鹿案

1993年10月22日，史蒂夫·波利和他的儿子罗迪去索尔特北部的一个地区打猎，射杀了一头公驼鹿。史蒂夫·波利在驼鹿的耳朵上贴了一个标签，并在上面写了日期和地点。他还写了一份简短的声明，解释这是他在冬天猎获的肉，并添加了他的签名和安大略省梅蒂人号码。同一天晚些时候，两名护林员来到了波利的住所，声称波利缺少有效的安大略省户外狩猎卡或许可证，擅自猎杀违反了1990年《渔猎法》第46、第47条关于没有许可的情况下禁止捕猎黑熊、北极熊、北美驯鹿、鹿、麋鹿或驼鹿等动物的规定。波利对指控拒不认罪，坚称《1982年宪法》第35条授予了他们狩猎的权利，再次引发了原住民权利和公民普通法冲突的思考。此案争论不断，一直到2003年，最高法院审定史蒂夫·波利无罪，原住民权利超越普通法最终被确定了下来。②

案例四：约瑟夫·皮特斯诉坎贝尔人身伤害案

原住民自治意味着对治理区域内的原住民享有相当的统管权。为维护本民族特质的延续，原住民自治区往往会对民族内成员采取管束政策。这种管束，在某些情况下存在着为维护民族传统而侵犯了族内成员公民权利的可能。在这方面，不列颠哥伦比亚省温哥华岛的原住民约瑟夫·皮特斯案例堪称典型。1988年2月，在家的约瑟夫被一群男子抓走并关押到一个空屋子殴打了4天。约瑟夫被允许离开后，对袭击、殴打和非法拘禁自己的这群人提出民事诉讼。此案件看似平常，但由于暴力拘禁约瑟夫的那群人和约瑟夫本人都是海岸萨利什人，该案件演变成了联邦普通法与原住民习惯法的冲突。按照海岸萨利什人原住民的风俗，对约瑟夫的拘禁和折磨是该族宗教仪式"冬舞"的内容，且也是为了帮约瑟夫戒除酗酒。根据该仪式，无论被拘禁者是否同意，都必须被禁闭、折磨和禁食，直到被拘禁者"听到他保护神的圣歌"。由此，在不列颠哥伦比亚省法庭上，几名被

---

① "The Marshall decision CBC News Online" May 9, 2004, https：//www.cbc.ca/news2/background/fishing/marshall.html.
② "The Metis Hunting Rights Case：R. v. Powley", http：//ojen.ca/wp-content/uploads/Powley-English.pdf.

第三章 多元文化主义模式下加拿大国家认同的塑造（1971—1995）

告面临指控拒不认罪，坚称自己不过行使了原住民传统的文化权利。1992年，经过反复审理，不列颠哥伦比亚省高等法院作出了裁定，决议不对被告进行惩罚。[1]

以上案例，尤其是约瑟夫案例在加拿大原住民与联邦关系史上具有重要地位，它显示了加拿大原住民自治权和主流社会法律体系的矛盾，以及公民权利和族群权利的冲突，折射了加拿大原住民自治权与联邦主权的对峙。为防止族群权利对公民权利的侵害，特别是确保原住民自治位于联邦主权之下，约瑟夫案判定之后，加拿大司法界对原住民自治权与普通法之间的矛盾进行了讨论，部分人士要求加拿大最高法院对《1982年宪法》中的原住民权利再解释。对此，有法官做出回应："'冬舞'是原住民的权利，在不列颠确认对温哥华岛主权之前它就已经存在，但在我看来，使用强力、袭击和不正义的行为在英国法实施之后就不能再存在，这些行为与英国法是对立的。"法官认为，因为同样也是公民，"原住民个体成员的自由和民权并不臣属于其所属民族的集体权利"，不能因为其族群身份就否认其公民权利的正当性。[2] 如威尔·金里卡所坚称的，承认和保护少数族群的权利不等于违背公民权利原则。不能因为维护一个族群的存续和权利，就允许它对另一个群体进行压迫，也不能放任它在自己内部违反公民原则去压迫自己的成员。[3]

2. 原住民对多元文化主义的拒绝

作为国策，加拿大多元文化主义的初衷并非仅限于少数族裔，而是想将全国范围内的所有民族和族裔都纳入，在双语主义背景下促进国家认同。尽管多元文化主义原则上也主张，原住民文化是多元文化的一个组成部分，倡导国家和社会维护原住民文化的存续和发展。然而，对于原住民而言，多元文化主义却是不可接受的。其一，原住民大多认为多元文化主义多见于语言教学、艺术作品展览、历史纪念等较为外显的层面，不足以保护原住民文化。在双语主义的支配下，原住民文化处于极为边缘的地

---

[1] Claude Denis, "Aboriginal Rights in/and Canadian Society: A Syewen Case Study", *International Journal of Canadian Studies*, 14, Fall 1996, p. 14.

[2] Claude Denis, "Aboriginal Rights in/and Canadian Society: A Syewen Case Study", *International Journal of Canadian Studies*, 14, Fall 1996, pp. 17 – 18.

[3] [加] 威尔·金利卡：《多元文化的公民身份——一种自由主义的少数群体权利理论》，马莉、张昌耀译，中央民族大学出版社2009年版，第275页。

位，乃至以原住民语言为媒介的节目或传媒在加拿大中极为罕见，更谈不上依靠多元文化主义来挽救原住民文化的弱势。其二，对自治区的原住民而言，自己是具有主权属性的民族，而非族裔，接受和实施多元文化主义则是将其身份矮化，只会把民族身份降格为少数族裔。[1] 原住民作为最早的移民，坚持认为自己才是北美的主人。比如，《米奇湖协议》在1991年破产后，第一民族大会就提出应该把第一民族的50多种语言一并列为官方语言。原住民传统的文化与加拿大主流文化存在着巨大的差异，如果不对其进行充分的保护，那么就有可能遭受"中子弹爆炸"那样的毁灭："它摧毁了人们的灵魂，让人们变为行尸走肉。被卷入入侵文化和语言的压力，尤其对我们的孩子们来说，如炸弹爆炸一样强大。"[2] 1984年，基于对原住民语言岌岌可危的感慨，加拿大有民族学家指出，也许16年后加拿大53种土著语言会消逝50种。[3] 而加拿大统计局的数据也在一定程度上佐证了这种忧虑。1996年，加拿大原住民中母语为原住民语言且仍能与之交流者仅约占原住民的29%，[4] 这种窘况加深了原住民对多元文化主义的反感与抵制。

3. 城市原住民对加权公民地位缺失的不满

按是否居住在保留地，加拿大原住民可以分为保留地原住民和非保留地原住民，其中非保留地原住民又可以分为城市原住民和农村原住民两类。在"二战"结束时，据统计只有不到105个原住民生活在城市。"二战"后，随着城市化进程的扩展，城市原住民规模迅速扩大。1966年，在保留地内外登记居住的比重分别为80.5%和19.5%，1986年，比重为68.1%和31.9%。[5] 1951年，在加拿大12个主要城市中，仅有3062个梅蒂人。1971年后，城市梅蒂人数量显著增加，1971年为2.7万余人，1996年则为3.4万

---

[1] Yasmeen Abu-Laban and Daiva Stasiulis, "Ethnic Pluralism Under Siege: Popular and Partisan Opposition to Multiculturalism", *Canadian Public Policy*, Vol. 18, No. 4, 1992, p. 36.

[2] "中子弹爆炸"的说法来自于罗斯玛丽·库布塔纳（1982年），此人在1991年出任加拿大因纽特人联盟主席。参见 eutron Bomb Speech, https://inuitbroadcasting.ca/neutron-bomb-speech/。

[3] Royal Commission on Aboriginal Peoples, *Aboriginal Peoples in Urban Centres: Report of the National Round Table on Aboriginal Urban Issues*, Ottawa: Minister of Supply and Services Canada, 1993, p. 70.

[4] Statistics Canada, "Aboriginal peoples of Canada: A Demographic Profile", pp. 8–9, http://www12.statcan.ca/english/census01/Products/Analytic/companion/abor/pdf.

[5] Statics Canada, "Aboriginal Peoples Survey, 2001", James S. Frideres Rene R. Gradacz, *Aboriginal Peoples in Canada*, (7th edition), Toronto: Pearson Prentice Hall, 2004, pp. 157–158.

第三章 多元文化主义模式下加拿大国家认同的塑造（1971—1995）

余人。① 另据统计，1996 年，城市原住民达到 3.9 万余人，② 70% 的无身份印第安人、30% 的加拿大身份印第安人、30% 的梅蒂人以及 20% 的因纽特人长期生活在加拿大各城市。③ 原住民移居城市，远离了保留地和农村社会，除了免税权的其他权利，诸如保留地权、渔猎权都难以被切实赋予。而且，依据 20 世纪 80 年代与原住民的谈判原则，加拿大政府只与条约原住民或者保留地的原住民进行确权谈判，生活在城市的原住民远离传统生活区且相当一部分不属于条约印第安人、身份印第安人等原住民的后裔，"城市原住民享受不到联邦政府给予保留地或原村落社的服务和待遇，也得不到所居住省给予的其他居民的待遇"④，"绝大多数的省政府还是将他们视为普通大众的一部分"⑤。在面临经济困境和被歧视的双重压力下，城市原住民基本脱离故土，面临土著文化延续和融入所在城市的双重挑战，在族群身份与公民身份之间面临着"我是谁"的认同尴尬境地。

为妥善处理城市原住民的权利问题，1992 年 6 月加拿大原住民皇家委员会专门举办了一场针对城市原住民的全国城市原住民事务圆桌会议，会场设在了原住民较为集中的阿尔伯塔省埃德蒙顿市，来自加拿大原住民居民较多的 9 个城市的 200 多名学者、社区领袖、政治家，在会上围绕城市原住民相关问题展开讨论。1993 年，会议报告印刷出版，对城市原住民面临的窘境予以了充分揭示，指出："在过去的三十年间原住民正在迅速地城市化，故乡贫困的经济、低劣的住房和有限的教育机会以及社会问题使他们背井离乡来到城市，寻找更好的教育、工作和保健。"⑥ 时任曼尼托巴省议员、来自温尼伯格原住民委员会的代表艾瑞克·罗宾逊在会上对城市

---

① Statics Canada, "Aboriginal Peoples Survey, 2001", James S. Frideres Rene R. Gradacz, *Aboriginal Peoples in Canada*, (7th edition), Toronto: Pearson Prentice Hall, 2004, p. 162.
② "Aboriginal Populations in Canadian Cities", https://www.aadnc-aandc.gc.ca/DAM/DAM-INTER-HQ-AI/STAGING/texte-text/rs_re_pubs_cmapop_PDF_1353606366564_eng.pdf.
③ 周维萱：《多元文化主义下的族群关系——以美、加、新三国为分析对象》，博士学位论文，台湾师范大学政治学研究所，2005 年。
④ Royal Commission an Aboriginal Peoples, *Report of the Royal Commission on Aboriginal Peoples: Looking Forward, Looking Back*, Vol. 1, Ottawa: Supply and Services Canada, 1996, p. 538.
⑤ Royal Commission an Aboriginal Peoples, *Report of the Royal Commission on Aboriginal Peoples: Looking Forward, Looking Back*, Vol. 1, Ottawa: Supply and Services Canada, 1996, pp. 5 – 6.
⑥ Royal Commission on Aboriginal Peoples, *Aboriginal Peoples in Urban Centres: Report of the National Round Table on Aboriginal Urban Issues*, Ottawa: Minister of Supply and Services Canada, 1993, p. 2, http://publications.gc.ca/site/eng/9.809225/publication.html.

原住民被忽略的状况表示不满。他说:"印第安事务部屡屡声称他们不服务于保留地以外的任何条约原住民。我们想说,这是错误的,我们仍然认为我们的条约权是'可移动的',(印第安事务部)应该向他们提供服务,即使他们身在温尼伯格这样的城市里面。我们的人们……已经明白,我们经常被视为第三或第四等公民。"与会的主要进行开发协助的加拿大执行服务组织的负责人也表示,印第安事务和北方发展部给予的开发资助无法惠及城市原住民,建议政府做出调整,因为"那些保留地之外的梅蒂人和印第安人长者无家可归,也没有针对他们的服务。他们是被隔离的,因为当前能够照顾和安慰他们的服务没有将他们纳入"①。加拿大原住民皇家委员会也承认:"城市原住民并没有像保留地的印第安人或者是社区的因纽特人那样从联邦政府得到一样的服务和福利……其次,在一些省的项目中,原住民比其他居民更难获得成功。"②

同样,城市原住民还面临着难以适应主流文化的困境和文化认同上的尴尬境况。1993年,围绕着原住民的城市就业问题,温哥华第一民族就业培训项目的负责人曾向加拿大原住民委员会表示,原住民到城市以后,大多没有办法摆脱传统文化的影响,对现代的城市生活难以适应。③ 为帮助城市原住民就业,1972年,加拿大在主要城市建立了帮助原住民的全国友好中心协会,但根据协会主席戴维·沙特朗的看法,城市原住民失去了保留地等屏障,在城市面临着巨大的文化压力:"像加拿大文化被美国文化威胁一样,城市中的原住民文化受到威胁,由此原住民文化也需要受到保护。我们的文化在我们民族的内心。如果没有原住民的历史意识、原住民仪式和传统,我们不会是一个完整的民族,我们的社群会丧失力量。"④

---

① Royal Commission on Aboriginal Peoples, *Aboriginal Peoples in Urban Centres*: Report of the National Round Table on Aboriginal Urban Issues, Ottawa: Minister of Supply and Services Canada, 1993, p. 2, http://publications.gc.ca/site/eng/9.809225/publication.html.

② Royal Commission an Aboriginal Peoples, *Report of the Royal Commission on Aboriginal Peoples*: Looking Forward, Looking Back, Vol. 1, Ottawa: Supply and Services Canada, 1996, p. 538.

③ Evelyn J. Peters, "First Nations and Métis People and Diversity in Canadian Cities", in Keith Banting, Thomas J. Courchene and F. Leslie Seidle, *Belonging? Diversity, Recognition and Shared Citizenship in Canada*, 2007, p. 230.

④ Evelyn J. Peters, "First Nations and Métis People and Diversity in Canadian Cities", in Keith Banting, Thomas J. Courchene and F. Leslie Seidle, *Belonging? Diversity, Recognition and Shared Citizenship in Canada*, 2007, p. 230.

第三章　多元文化主义模式下加拿大国家认同的塑造（1971—1995）

二　法裔民族主义与联邦主义的对立

1. 魁北克省对多元文化主义政策的拒绝

多元文化主义出台之初在于回应非英法裔少数族裔移民对于自身族群文化权利的诉求，但随着20世纪80年代多元文化主义法制化和机制化的推进，多元文化主义被赋予适用于全体加拿大人的意义。然而，多元文化主义并非受所有加拿大人欢迎。对联邦多元文化主义政策的反对在魁北克省最为强烈。对于魁北克省的法裔，特别是对于其中的民族主义者来说，接受多元文化主义意味着魁北克人的自我矮化，意味着民族尊严被压制。"这种不安在很大程度上是由于他们认为这是联邦当局对省内部事务的又一次干预。许多人倾向于认为多元文化主义是一种策略，目的是将魁北克人的独特社会地位降低，使之处于讲英语的加拿大人的统治之下。因此，多元文化主义被视为试图淡化法语在加拿大的存在，威胁说英语和说法语的加拿大人的双重伙伴关系。对许多魁北克人来说，以多元文化平等的名义将讲法语的加拿大人的权利降至与其他少数族裔同等地位的想法不符合加拿大两个建国民族之间的特殊契约。"[①]

1971年，多元文化主义政策一经颁布就遭到了魁北克省社会的直接批评，当时的魁北克省总理罗伯特·布拉萨坚称，多元文化主义政策不适合这个法裔占多数的省份。魁北克法语报纸《责任报》的出版人克劳德·瑞安警告说，联邦多元文化主义政策挑战了法裔对自身创始民族或建国民族地位的坚持。[②] 1976年民族主义者雷纳·莱维斯克开始担任魁北克省总理，其对多元文化主义政策的态度更为反感和不屑，坚称如果实施多元文化主义政策，其结果将是魁北克身份认同的模糊化。[③] 很大程度上，为了有效将双语文化主义和多元文化主义的影响抵御在外，魁北克省才在20世纪70年代颁布了独尊法语的《22号法》和《101号法》。20世纪80年代后，魁北克省进一步强化移民法语化，推动法语文化前提下加拿大各族

---

① Marc Leman, "Canadian Multiculturlism", 2006, http://publications.gc.ca/Collection-R/LoPB-dP/CIR/936 - e.htm.

② "Multiculturalism", https://www.thecanadianencyclopedia.ca/en/article/multiculturalism.

③ Vic Satzewich, *Race and Ethnicity in Canada: a Critical Introduction*, Toronto: Oxford University Press, 2010, p.166.

群的整合。如前文所述,在总理雷纳·莱维斯克的领导下,1981年魁北克省文化交流部颁布了《做魁北克人的多种方式》,明确坚持了法裔文化的主体地位。① 为贯彻这种以法语为中心的文化融合原则,魁北克省文化社群与融合部公布了专门的行动计划《魁北克人:一个和每一个》。行动计划的目标之一仍然是坚持法语主导下的统一民族文化。"对魁北克省政府来说,确认我们社会的法语性质的愿望与承认我们文化遗产的多元性是分不开的。"② 1986年,魁北克省政府发表了《跨文化和跨种族关系宣言》,该宣言谴责种族主义和种族歧视,承诺政府"鼓励所有人充分参与魁北克的经济、社会和文化发展,不论肤色、宗教、民族或民族出",但强调魁北克法语文化的主体地位是反对种族主义和种族歧视的前提。在此基础上,魁北克省于1990年年底颁布了《移民和融合政策白皮书》,提出了消融多元文化主义的跨文化主义政策。"白皮书"强调了以下原则:魁北克省是一个讲法语的社会;魁北克省是一个民主社会,每个人都期望为公共生活作出贡献;魁北克省是一个多元社会,在民主框架内尊重各种文化的多样性。③ 与多元文化主义相比,魁北克省跨文化主义并不否认文化多元性的存在,但在根本上,它一再强调的是法语单文化的主导或支配地位,更强调各族群文化在法裔文化旗帜下聚合。也就是说,跨文化主义的本质在于建构以法语文化为主体的社会,法语及法语文化的优越地位是不容置疑的首要前提,形成具有法语文化共性的共同体是其目的所在。

伴随反多元文化主义在魁北克省的流行和跨文化主义的提出,20世纪八九十年代的魁北克社会对多元文化主义政策表现了更强烈的批评。魁北克省的民族主义学者,如朱利安·哈维和舍利娜·拉贝尔就认为,多元文化主义对魁北克省而言,其影响是负面的,其结果可能会导致法裔建国民族地位的减弱,会导致魁北克法裔沦为少数民族。④ 1990年,法裔人士克

---

① "Multiculturalism", https://www.thecanadianencyclopedia.ca/en/article/multiculturalism.
② "Du plan d'action du gouvernement du Québec concernant les communautés culturelles", http://bilan.usherbrooke.ca/bilan/pages/evenements/20244.html.
③ Laurence Brosseau, Michael Dewing, "Canadian Multiculturalism", https://lop.parl.ca/sites/PublicWebsite/default/en_CA/ResearchPublications/200920E#a2-4-6.
④ Abu-Laban Yasmeen and Daiva Stasiulis, Ethnic Pluralism under Siege: Pupular and Partisan Opposition to Multiculturalism, *Canadian Public Policy*, 27 (4), 1992, p. 367.

第三章　多元文化主义模式下加拿大国家认同的塑造（1971—1995）

里斯蒂安·杜福尔在《加拿大对魁北克人的挑战[①]》一书中更是以售卖选票的策略直斥多元文化主义政策，认为其一旦在魁北克省实施，其结果只能是魁北克的少数族裔化。[②] 1992 年，卡尔顿大学政治学教授阿布拉班·亚斯名和社会人类学教授迪瓦·斯塔休里斯在其合著的文章《围攻下的民族多元主义：多元文化主义的大众与党派对立》中对此表示认同，也指出多元文化主义会让法裔丧失建国民族的地位，将会削弱法裔对自身民族性的抱负。[③] 1994 年，反多元文化主义者内尔·贝森巴斯在其《出卖幻想》一书里对法裔的这种心理予以了论述，指出民族主义在其抵制多元文化主义中扮演了重要作用。[④] 1995 年，多伦多大学政治学教授、加拿大皇家学会院士约瑟夫·凯恩斯的专著《魁北克民族主义公正吗？以英语加拿大为视角》也对此做了解读，他认为双语主义与多元文化主义的矛盾，以及多元文化主义与法裔建国民族之间的冲突是法裔对多元文化主义抵触的主要因素。[⑤]

鉴于多元文化主义在魁北克省受到的抵制和消解，20 世纪 90 年代中期，多元文化主义在魁北克省的失败成为注定的现实。1995 年 4 月，魁北克人党众议员克里斯蒂安·加侬在众议院对多元文化主义在魁北克省的失败表示支持，赞同对省内少数族群以法文化进行整合："整合是个长期的、多维度的、不同于同化的接纳过程。在这一过程中，（法语作为）共同语言的知识和使用是魁北克社会的基本驱动力。"克里斯蒂安引用当时魁北克省副总理支持一元文化的主张指出："魁北克省不会使用公共钱袋去资助文化差异。我们的政府反对多元文化主义，虽然魁北克省政府也承认魁北克省的族裔是多元的。"[⑥] 正如渥太华大学副教授斯蒂芬·莱维斯克所说，与历史、土地等因

[①] Christian Dufour, *A Canadian Challenge le defi quebecois*, Halifax, N.S. and Lantzville, B.C.: The Institute for Research on Public Policy and Oolichan Books, 1990.

[②] Vic Satzewich, *Race and Ethnicity in Canada: a Critical Introduction*, Toronto: Oxford University Press, 2010, p. 166.

[③] Abu-Laban Yasmeen and Daiva Stasiulis, "Ethnic Pluralism under Siege: Popular and Partisan Opposition to Multiculturalism", *Canadian Public Policy*, 27 (4), 1992, p. 367.

[④] Neil Bissoondath, *Selling Illusions: The Cult of Multiculturalism in Canada*, Toronto: Penguin Group, 1994, p. 40, p. 60.

[⑤] Joseph H. Carens, *Is Quebec Nationalism just?: Perspectives from Anglophone Canada*, New York: McGill-Queen's Press, 1995, p. 67.

[⑥] Christiane Gagnon, "Bloc Quebecois: Integration Rather than Multiculturalism", Andrew Cardozo and Louis Musto, eds., *The Battle over Multiculturalism: Does It Help or Hinder Canadian Unity?* Ottawa: Pearson-Shoyama Institute, 1997, pp. 44–45.

素相比较而言，语言更能带来民族和国家的归属感，"共同的血液和族裔难以造就社会凝聚力或民族性，但是一种共同语言下的教育体系却能造就'故乡'"，所以他主张魁北克省跨文化主义以法语及法语文化为媒介。①可以说，在法裔民族主义的推动下，魁北克省单一文化主义在跨文化主义的形式下形成了与多元文化主义对峙的局面。以建构单一法语文化和单一魁北克认同为根本和终极目标，魁北克跨文化主义在实质上反映了法裔对英裔文化及少数族群文化的排斥，以及和联邦文化关系的疏远。

2. 魁北克省法裔与联邦宪法谈判的失败

1867年的《英属北美法》是加拿大主要的宪法文件之一。但作为自治领，加拿大对修宪却长期没有自主权，根据《英属北美法》，加拿大宪法条款的修改需要征得英国议会的同意。即使在1931年《威斯敏斯特法案》授予加拿大和其他英联邦国家完全平等的立法权后，加拿大仍没有取得最终的修宪主权。20世纪60年代，约翰·迪芬贝克和莱斯特·皮尔森总理试图向英国收回宪法主权，但没有得到魁北克省的支持，最后未能在联邦取得共识。

特鲁多总理上台后，正值魁北克省法裔民族主义普遍高涨时期。在特鲁多看来，法裔之所以对联邦缺乏认同，在相当程度上源于法裔对1867年《英属北美法》的不认同。为强化联邦权威，特鲁多决定把宪法主权从英国收回，然后进行修宪给魁北克省合理的地位，重构英法裔、魁北克省和其他省区的关系，以实现联邦再造。1971年6月，特鲁多总理在西海岸维多利亚市主持召开制宪会议对相关事宜进行讨论，与会者分别讨论了加拿大人的政治权利、语言权利、国家司法系统及修宪规则，最后达成了《维多利亚宪章》。宪章第二部分第10条承认加拿大的官方双语制度，第11条允许安大略省、魁北克省、新斯科舍省、新不伦瑞克省、曼尼托巴省、爱德华王子岛和纽芬兰的议会和立法机构实行双语制度。第24—33条涉及最高法院任命。国家司法部分第25条将3名法官必须来自魁北克省的要求宪法化。该宪章制定了一个修改方案，并计划赋予联邦政府和两个最大的省——安大略省和魁北克省否决权。②《维多利亚宪章》颁布后，

---

① Vic Satzewich, *Race and Ethnicity in Canada: a Critical Introduction*, Toronto: Oxford University Press, 2010, p. 169.
② "Constitutional Conference-Victoria (1971)", https://www.canada.ca/en/intergovernmental-affairs/services/federation/constitutional-conference-victoria-1971.html.

第三章 多元文化主义模式下加拿大国家认同的塑造（1971—1995）

在魁北克省遭遇了激烈的批评，魁北克省总理罗伯特·布拉萨认为《维多利亚宪章》对魁北克省不利，认为联邦给予的权利没有达到魁北克省的期望，随后搁置并否决了该宪章，导致该宪章宣告失败。

为争取魁北克省的支持，特鲁多政府于1978年再次召开省邦总理会议，提出新的宪法修正草案，包括：《权利与自由宪章》并入宪法，以联邦院取代参议院，以任命制和选举制各占50%的方法确定代表，增加西部省份代表名额；改革联邦大法官制度，法官总数在9人基础上增加2名，其中魁北省增加1名。为增加该草案被各省接受的可能，根据达成的意见，该草案一旦被各自省议会否决，还可以由各省付诸公投。然而，联邦进一步的让步并未换得魁北克省的妥协，魁北克省对联邦宪法采取了冷漠与拒绝的态度，要求对联邦宪法给予魁北克省准国家地位，给予魁北克省联邦否决权和更多语言权利，遭到联邦拒绝。面对宪法谈判的僵局，1979年11月，魁北克人党政府就与联邦关系问题提出了自己的主张，即《魁北克与加拿大新协定》白皮书。白皮书提出以"主权—联系"原则来切割加拿大主权权力给魁北克省，即魁北克省与加拿大其他地区在民族平等的基础上谈判签署新关系协议，赋予魁北克省制定法律、征税和建立国外关系的专有权，同时魁北克省与加拿大保持经济联系，包括使用共同货币。1980年2月18日，联邦自由党在众议院赢得多数席位，联邦主义者特鲁多再次当选总理，宣布加拿大在任何情况下都不会就主权联合进行谈判。对此，魁北克人党表示不满，随即在3月省内大选后，筹划以省内公投方式建立魁北克省与加拿大的"主权—联系"关系。5月20日，魁北克省举行公投，约83%的魁北克人参加了投票，148.82万的投票者支持进行"主权—联系"谈判（约占40.5%），反对者为217.20万人（约占59.5%）。[①]

1980年的魁北克省公投引发了严重的宪法危机和联邦危机，为对宪法和联邦制进行深入改革，以换取魁北克省对宪法和联邦的承认，1980年8月，特鲁多再次召集各省区总理参加总理会议，在温尼伯格就宪法回归和修宪问题进行了广泛讨论。1981年11月，有9个省区对宪法回归和新宪法内容持赞同态度，魁北克省表示拒绝。鉴于魁北克省的反对态度导致的

[①] "1980 Referendum on Sovereignty-Association", http://faculty.marianopolis.edu/c.belanger/quebechistory/stats/1980.htm.

宪法收回和改革久拖不下，特鲁多最后采取了绕过魁北克省的做法。他向联邦议会提交了一份宪法回归草案，该草案以参众两院的名义向英王要求单方面收回宪法，并在宪法中附上《权利与自由宪章》。结果此举遭到了魁北克省的坚决反对，认为绕过魁北克省收回宪法或修宪违反了宪法。在这种情况下，特鲁多采取合纵连横的方式，说服了原本赞同魁北克省立场的曼尼托巴省和纽芬兰省，于1981年4月21日晚，在魁北克省不在场的情况下，成功说服其他9省区就宪法收回和修改模式达成共识，即9省区一致同意：大部分宪法条款的修改应征得三分之二以上的省区同意，同意的人口要占到50%以上，但若修宪涉及众议员席位、官方语言、最高法院以及修宪模式等内容，必须征得所有省份同意才可变革。由于这一共识绕过了魁北克省，直到1981年11月6日，魁北克省才得知了具体的内容，魁北克省对9省协议拒不认同，并将达成协议的4月21日夜称为"长刀之夜"，意为讽刺联邦与其他省区在共同倾轧魁北克省。

　　9省区会议后，加拿大采取了通过议会而非所有省区一致同意的模式向英国请求收回宪法，1982年3月，英国和加拿大达成协议，宪法正式回归加拿大，加拿大在宪法意义上成为完全独立国家。然而，对于新宪法，魁北克省继续表示反对，拒绝在上面签字，因为在魁北克省法裔民族主义者眼中，新宪法并未正式和充分表达法裔的特殊地位及其作为建国民族的权利诉求。比如，魁北克省实际的法语一元文化地位、社会整合、移民吸收及外交自主等并没有得到新宪法的明确承认和保护，多元文化主义对魁北克省的主权侵害没有被提及，魁北克省要求的单独修宪权也没有被满足。魁北克省民族主义者甚至将新宪法的通过迁怒于特鲁多，认为他作为法裔人却不为魁北克省的权益考量，指责特鲁多愚弄了魁北克人，抱怨他在1980年魁北克省公决前夜关于改革联邦制的郑重承诺其实只是谎言。①

　　在《1982年宪法》通过后，联邦政府并未放弃继续争取魁北克省的承认。1984年以马尔罗尼为首的保守党上台执政，马尔罗尼在魁北克省7岛市发表谈话，表示要和魁北克省达成协议，争取魁北克省接纳《1982年宪法》。1985年，布拉萨领导的自由党在魁北克省击败主张独立的魁北克人党上台。应马尔罗尼政府的邀请，布拉萨带着一份接受宪法的最低要求

---

① Pierre Fournier, *A Meech Lake Post-Mortem: Is Quebec Sovereignty Inevitable?*, Kingston & Montreal: McGill-Queen's University Press, 1991, pp. 4–6.

第三章 多元文化主义模式下加拿大国家认同的塑造（1971—1995）

清单来到渥太华参加谈判。布拉萨提出了接受了5个条件，包括：承认魁北克省在联邦的独特地位；扩大魁北克省在移民事务上的权力；参与任命加拿大最高法院大法官；限制联邦在经费开支领域上的权力；赋予魁北克省宪法单独的否决权。1987年4月30日，马尔罗尼召集各省区总理在米奇湖开会，接受了魁北克省的要求，达成了《米奇湖协议》。各方同意，在3年时间内以上5个条件经众议院和各省议会同意即可成为法律，但是由于魁北克省省内分离主义情绪高涨，尤其是魁北克省保障法语霸权地位的《178号法》颁布后，其他省对魁北克省的同情趋于减弱，曼尼托巴省率先否决了《米奇湖协议》，纽芬兰议会也取消了对该协议的表决。1990年6月，《米奇湖协议》批准期限结束，魁北克省总理布拉萨宣布不再寄望于10个省区和联邦政府的共同协议，声称在联邦政府拿出有力提案之前，魁北克省将一直搁置认同宪法问题。

《米奇湖协议》的失败标志着拉拢魁北克省融入联邦的失败，魁北省民族主义政党放弃与联邦妥协，转向直接争取独立的道路。1990年，魁北克人党以强烈的措辞发布了关于魁北克省前途的《主权宣言》。在这份宣言中，联邦制度被比喻为"铁链"："我们必须打破对我们来说很糟糕的联邦制度铁链，这一制度总是让我们的民族利益屈服于另一个多数民族。"[1] 1990年5月，新的分离主义政党——魁北克党团成立。与魁北克人党不同，魁北克党团主要参与联邦选举，旨在联邦层面维护和增进魁北克省的权益，在长远上"以使魁北克省成为一个拥有主权的、多元的、面向世界的国家为目标"[2]。这样，魁北克人党和魁北克党团分别在省内和联邦形成掎角之势，进一步对加拿大联邦主权形成威胁。

在《米奇湖协定》失败后，魁北克省面临着严峻的宪法危机。针对此，1990年9月4日，魁北克省成立了"魁北克政治和宪法前途委员会"，即"巴姆兰-康博委员会"来研究本省独立后的宪法问题。该委员会由36名成员组成，包括2名主席、10名自由党议员（包括总理）、7名魁省下议院议员、4名工会成员、4名商界人士、3名魁北克联邦议员（来自魁

---

[1] Parti Quebecois, *la souveraineté*, Montreal: Services de communications du parti Quebecois, 1990, in Robert J. Jackson and Doreen Jackson, *Politics in Canada: Cultures, Institutions, Behavior and Public Policy*, Toronto: Pearson Prentice Hall, 1994, p. 269.

[2] Robert J. Jackson and Doreen Jacson, *Stand Up for Canada: Leadership and Canadian Political Crisis*, Scarborough: Prentice-Hall, 1992, pp. 201 – 202.

北克省代表的每个政党）、1名平权党（魁北克省一个讲英语的政党）议员、2名市议员和3名合作社、教育和文化界人士。委员会工作于1990年11月6日开始，1991年1月23日结束，在11个行政区域举行了为期9周的公开听证会。55位专家被要求指出魁北克省的"主要宪法问题"，哪些权力应该从联邦国家收回、哪些应该分享，以及应该与加拿大保持何种经济伙伴关系。委员会还听取了235个个人或团体的意见，并审查了607份简报，其中大部分对从加拿大脱离出去持赞同态度。关于魁北克省以外讲法语的人，报告批评了英语在社会环境中的主导地位，这限制了讲法语社区的发展。鉴于其他省份对魁北克省独立的不赞同，该委员会建议魁北克省于1992年6月或10月进行公投，公投成功后成立专门委员会，分别研究建国方式以及和加拿大如何相处的问题。1991年3月，原本倾向于联邦主义的魁北克自由党通过了一份堪称反对联邦制的《阿莱尔报告》，该报告声称：需要取消联邦参议院；联邦只负责国防、海关、发行货币、财政平衡及共同债务管理，其他9项权力归联邦和省政府共有；修宪需要包括魁北克省在内的50%以上的人口投票同意。①

针对《米奇湖协议》流产后魁北克省游离于宪法之外意图独立的严峻局面，1991年马尔罗尼委任前总理克拉克为宪法事务部部长，委派他打破魁北克问题的僵局，缔结新的宪法协议，争取魁北克省对《1982年宪法》的支持。在克拉克主持下，联邦成立了4个委员会，召集9个英语省份、两个北方区及4名原住民代表参加了新一轮宪法谈判。1992年8月，经过联邦与各省区、第一民族大会、因纽特人及梅蒂人全国组织谈判，最终在安德华王子岛首府夏洛特顿签署了《夏洛特顿协议》。该协议规定林业、矿业、自然资源和文化政策为省级管辖范围，联邦政府保留对加拿大广播公司和国家电影委员会等国家文化机构的管辖权。作为最核心的内容，该协议提出了"加拿大条款"，该条款承认魁北克省是加拿大境内的一个独特社会，保证魁北克省在众议院至少拥有四分之一的席位，但也承认法治、议会和联邦制度、加拿大原住民自治权、官方语言法、文化和种族多样性、个人和集体权利等。"加拿大条款"颁布后，魁北克省的主要政党当即表示反对，因为它们认为该协议没有赋予魁北克足够的权力。最终，尽管协议对魁北克省做出了让步，但在关于联邦和魁北克省是否批准协议

---

① "Allaire Report", https://www.thecanadianencyclopedia.ca/en/article/allaire-report.

第三章 多元文化主义模式下加拿大国家认同的塑造（1971—1995）

的全民公决中，反对票分别达到54.3%和56.7%，协议最终流产。①

3. 魁北克省法裔对"加拿大人"身份的不认同

20世纪70年代以后魁北克省法裔民族主义高涨以及独立运动此起彼伏，魁北克省法裔整体上与联邦、英裔日渐疏远，对自身"加拿大人"或"法裔加拿大人"身份认同趋于淡漠。依据麦吉尔大学社会学教授莫瑞斯·皮纳德等学者的研究，1970年，在魁北克省和联邦发生冲突时支持谁的问题上，有15%的魁北克省法语人士表态支持联邦，40%的人则选择支持魁北克省。② 1983年4月，卡尔顿大学新闻学院组织学生就加拿大认同问题，电话访谈了1275名加拿大人，结果显示，各省区平均有73%的加拿大人首先认同"加拿大人"公民身份，17%首先认同所在省区，8%对加拿大和所在省区保持同样认同。与之相比，魁北克省受访者首先认同加拿大的比重为50%，远低于安大略省（93%），仅仅高于1949年加入联邦的纽芬兰省（42%），首先认同本省区的比重也相对较高（34%），仅低于纽芬兰省（47%）和爱德华王子岛省（38%），远高于不列颠哥伦比亚省与萨斯喀彻温省（14%）、曼尼托巴省（11%）、安大略省（5%），突出反映了魁北克省对加拿大认同的相对薄弱。③

1987年《米奇湖协议》失利后魁北克省法裔对自身所属族群和魁北克省的认同更为强烈，对加拿大的态度则更为疏远。根据盖洛普公布的民调数据，1989年、1990年魁北克省人认同"加拿大不会分裂"者低至43%和41%。④ 按照蒙特利尔大学政治学教授皮埃尔·马丁和理查德·纳多综合相关民调数据的联合研究，1969年，魁北省法裔只认同自身为魁北克人者的比重约为20%，1977年升至约40%，20世纪90年代则持续保持在60%以上。⑤ 加拿大约克大学政治学教授在其论文《魁北克：省份、国

---

① 杨令侠：《夏洛特顿协议》，https：//www.zgbk.com/ecph/words?SiteID=1&ID=208026.
② Robert J. Jackson and Doreen Jackson, *Politics in Canada*：*Culture*，*Institutions*，*Behavior and Public Policy*, Toronto：Pearson Education Canada, 1994, p. 99.
③ Roger Gibbins, *Conflict and Unity*：*An Introduction to Canadian Political Life*, Nelson：Nelson Canada, 1994, p. 190.
④ "Canadian Constitutional Crisis", https：//ropercenter.cornell.edu/sites/default/files/2018-07/36100.pdf.
⑤ Pierre Martin and Richard Nadeau, "Understanding Opinion Formation on Quebec Sovereignty", in Jonanna Everitt and Breda O'nell, Citizen Politics：Research and Theory in Canadian Political Behaviour, 2001, p. 147.

家，还是独特社会》中也对此表达了关注，他在文中援引民调数据指出，1990年魁北克省仅仅认同自身魁北克人身份而不认同自身"加拿大人"或"法裔加拿大人"身份者的比重高达59%。他认为，20世纪90年代后法裔主权化的民族主义膨胀是魁北克省社会的突出特征。① 1990年11月至1991年6月，围绕着原住民地位、联邦与省区关系、多元文化主义等问题，由著名印第安人政治学家基思·斯派塞担任主席，马丁·布赖恩·马尔罗尼联邦政府设立了"加拿大未来之公民论坛"，邀请相关各界学者、政府官员及族群组织对加拿大未来进行讨论，该论坛援引民间智库研究发布的报告，约有45%的魁北克省人赞同魁北克省从加拿大脱离出去，而赞同加拿大所有省区一律平等者仅约占25%。② 1992年2月，盖洛普的民调数据显示，约有61%的魁北克省人要求联邦给予魁北省超越其他省区的特权。③ 1992年4月至8月底《夏洛特敦协议》进入最后谈判阶段，魁北克省和联邦的关系一度缓和，法裔民族独立主义暂时略有收敛。1992年4月，盖洛普的民调数据显示，在回答是否相信"加拿大不会分裂"问题上，约有43%的魁北克人表示同意。虽然该数据并不理想，但却比1991年的数据有所好转。④ 7月，加拿大安格斯·雷德民调公司的数据也证明，在英语加拿大省约有62%的人支持联邦与魁北克省达成某种妥协，约有30%的人赞同如果妥协不成魁北克省可脱离。魁北克省持赞同妥协者（55%）也明显多过赞同妥协不成独立者（38%）。⑤ 同月，加拿大最大的法语新闻杂志《时事》报道，只认同自己是魁北克人的比重在魁北克省超过了一半，认同是加拿大人的比重（30%）和对魁北克省人与加拿大人身份同时认同的比重（20%）合计达到50%。⑥ 另据当时蒙特利尔市场研究

---

① Kenneth McRoberts, "Quebec: Province, Nation, or Distinct Society?", in Whittington M. S. & Williams G., eds., *Canadian Politics in the 1990s*, Toronto: Nelson Canada 1995, pp. 95 – 96.

② Keith Spicer (Chairman), *Citizens' Forum on Canada's Future, Report to the People and Government of Canada*, Ottawa: Minsiter of Supply and Serveices, 1991, p. 159.

③ "Canadian Constitutional Crisis", https://ropercenter.cornell.edu/sites/default/files/2018 – 07/36100.pdf.

④ "Canadian Constitutional Crisis", https://ropercenter.cornell.edu/sites/default/files/2018 – 07/36100.pdf.

⑤ "Canadian Constitutional Crisis", https://ropercenter.cornell.edu/sites/default/files/2018 – 07/36100.pdf.

⑥ Will Kymlicka and Wayne Norman, "Recent Work on Citizenship Theory", 1992, p. 40.

第三章　多元文化主义模式下加拿大国家认同的塑造（1971—1995）

及民意调查在魁北克省进行的类似民调统计，赞同妥协谈判留在联邦与赞同魁北克分离的比重分别约为44%和38%，前者比重占有微弱优势（其他为态度不确定者）。[1]

随着《夏洛特顿协议》受挫，魁北克省法裔的民族独立情绪被煽动和激化，昙花一现的缓和局势走向终结。1993年10月，加拿大举行新一届联邦大选，在魁北克省所有的75个联邦众议院席位中，成立不久的民族主义政党魁北克党团一举赢得了其中的54个席位，成为举足轻重的关键反对党。1994年，在魁北克省省选中，魁北克人党也获得了同样的胜利。"选举时围绕着民族特异性的持续动员与严峻的内外主权压力使魁北克形成了一种准公民身份的态势，这种身份甚至在地位上超过了正式的加拿大公民身份。"[2] 1994年12月，魁北克人党政府提出的《关于魁北克主权的法案》在魁北克省国民议会通过，主张在魁北克省举行是否独立的全民公决，然后再和联邦政府谈判争取独立。1995年6月，魁北克人党、魁北克党团与魁北克民主行动党达成一致，就魁北克人公投是否赞同魁北克省独立并和加拿大其他部分保持正常的政经合作关系进行第二次公投。1995年9月7日，魁北克省议会通过《魁北克未来法案》，提议赋予国民议会宣布魁北克为"主权国家"的权力，拥有"通过所有法律、征收所有税收和缔结所有条约的独家权力"，[3] 该法案还论述了成立宪法委员会起草新宪法、魁北克省现有边界、魁北克省公民身份的建立、加元的使用以及现行法律和社会福利的延续等问题。10月30日，在《魁北克未来法案》的基础上，魁北克人党组织了全省公民就"在要求和加拿大重建经济和政治伙伴关系后，你是否赞成魁北克成为主权国家"进行全民公决。公投期间，莱格市场民调在魁北克省对827名法裔人的抽样统计表明，只认同和首先认同自身魁北克人身份者分别约占29.4%和28.5%，合计57.9%，而同时认同自己魁北克省人和加拿大人身份者占比约为28%，只认同自己加拿大人身份者仅约占6%，而与之相比非法裔则几乎都优先认

---

[1] Robert J. Jackson and Doreen Jackson, *Politics in Canada: Culture, Institutions, Behaviour and Public Policy*, Scarborough, Ontario: Prentice-Hall, 1994, p. 99.

[2] Louis Balthazar, "The Dynamics of Multi-ethnicity in French – speaking Quebec: Towards a New Citizenship", Jean Laponce and Safran William., eds., *Ethnicity and Citizenship, the Canadian Case*, London: Frank Cass Publishers, 1996, p. 91.

[3] "An Act Respecting the Future of Quebec", https://www.sfu.ca/~aheard/bill1.html.

同加拿大。① 公投结束后，数据显示，投票率高达93.5%，魁北克省12个选区中有8个赞成票比重超过一半。② 赞成独立者占比约为49.4%，对联邦主权完整形成了严峻威胁。

三 少数族裔认同与加拿大认同的失衡

按照特鲁多总理1971年在众议院的讲话，加拿大多元文化主义政策的宗旨在于通过双语主义框架下对文化群体的承认和保护来"帮助所有文化群体克服全面参与加拿大社会的文化障碍"，是"为了国家团结，创造性地推动所有加拿大文化群接触和交流"。③ 在世界上，加拿大多元文化主义政策也曾被澳大利亚和欧洲称为"对种族领域和民族关系的杰出贡献"④。然而，在现实中，如前文所述，由于原住民和魁北克省拒绝接受多元文化主义，实际上多元文化主义在很大程度上成为只适用于少数族裔移民的政策。虽然多元文化主义被加拿大政府寄希望于在"加拿大背景之下"在所有族群范畴内推进，但并未明确阐述什么才是"加拿大背景"，也没有系统推进共同背景的战略，这导致了多元文化主义实际上对加拿大共同认同的解构。

1. 少数族裔国家认同的碎片化

所谓马赛克，即每个文化群体都保留着独特的身份，仍然作为一个整体为国家作出贡献。这一概念最早出自约翰·穆雷·吉本于1938年出版的《加拿大的马赛克：一个北方国家的形成》，该书对加拿大移民结构的多元化作了分析⑤。1965年，加拿大社会学家约翰·波特在《垂直马赛

---

① Leger and Leger Poll of October 23 – 26, 1995, "Self-identification of Quebec Francophones", in Kenneth McRoberts, *Misconceiving Canada: the Struggle for National Unity*, Toronto: Oxford University Press, 1997, p. 247.
② Robert Boily ed., *L'Année politique au Québec*, 1995 – 1996, Montreal: Fides, 1997, p. 134, p. 232, pp. 119 – 143.
③ http://www.canadahistory.com/sections/documents/Primeministers/trudeau/docs-onmulticulturalism.htm.
④ A. Fleras and J. Elliott, *Multiculturalism in Canada*, Scarborough, ON: Nelson Canada, 1992, p. 2.
⑤ John Murray Gibbon, *Canadian Mosaic: The Making of a Northern Nation*, Toronto: McClelland & Stewart, 1938.

第三章　多元文化主义模式下加拿大国家认同的塑造（1971—1995）

克：加拿大社会阶级和权力的分析》中以文化马赛克描述了加拿大多族群社会的特征，指出加拿大多族群社会呈现竖式马赛克的等级结构，即各族群实际上被等级化，平放式的马赛克并不存在。[①] 20 世纪 70 年代后，随着多元文化主义政策的出台，加拿大族群结构的阶级化有所缓解，但国家认同的马赛克化情况却趋于严重，少数族裔对加拿大认同的族群分化日益明显。《加拿大族裔研究》1982 年刊登的一篇文章称，有民意调查显示，1974 年有 59% 的加拿大人认同自身的加拿大人身份，仅认同自身为某族群和认同自身为某族裔加拿大人的比重分别为 23% 和 18%。1980 年，另一份民意调查显示，48% 的埃德蒙顿受访者和 30% 的温尼伯格的受访者仅认同自身加拿大人身份，而两城市倾向于认同自身为某族群人或者某族群加拿大人者合计则分别为 45%（37%＋8%）和 60%（50%＋10%）。[②] 这反映出在多元文化主义背景下，加拿大人国家认同被族群分化。"加拿大不能给你提供完整的认同，只能给你一些零散碎片式的认同。这里有太多不同的地区、太多的族群和太多的文化。"[③] "连字符化的加拿大人"，即族群化了的加拿大人，成为加拿大社会少数族裔移民国家认同突出的特点。

伴随着少数族裔移民对加拿大认同的分化，多元文化主义政策以牺牲统一为代价促进族群文化多样性的内涵在加拿大引发了分歧，多元文化主义政策的捍卫者则认为，它告诉移民，他们不必在保护自己的文化遗产和参与加拿大社会之间做出选择。但 20 世纪 80 年代后期以来，批评多元文化主义政策伤害加拿大认同的观点更为多见，批评者认为它强调的是不同之处，而不是加拿大的价值观，移民在努力适应其他文化的过程中，加拿大的文化和象征正在被丢弃。1990 年，加拿大政府政策研究智库弗雷泽研究所移民事务研究专家马丁·科拉克特指出，多元文化主义不利于移民融入加拿大主流文化，它支持族群保持母国文化，鼓励新移民把对故土的效忠带到加拿大社会，不利于加拿大的文化整合。[④] 1993 年，加勒比裔魁北

[①] John Porter, *The Vertical Mosaic: An Analysis of Social Class and Power in Canada*, Toronto: University of Toronto Press, 1965.
[②] Leo Driedger, "Charlene Thacker, and Raymond Currie, Ethnic Identification: Variations in Regional and National Preferences", *Canadian Ethnic Studies*, 14 (1982), pp. 57 – 68.
[③] Reed Scowen, *Time to Say Goodbye: The Case for Getting Quebec Out of Canada*, Toronto: McClellan & Stewart, 1999, p. 87.
[④] 《加国多元文化政策贻害移民?》，《环球华报》2006 年 3 月 21 日，www.gcpnews.com/viewer.php?aid＝563&cid＝1064&pid＝3.

克作家内尔·贝森巴斯的一篇文章认为，一些加拿大人是顽固的君主主义者，一些人是亲美的，还有一些人是讲法语的，这让人感到不安。更糟糕的是，"在这种分裂之外，现在必须加上我们多元文化主义政策积极鼓励的一系列新的分裂……鼓励大规模地保留过去"，不仅使移民不可能全心全意地致力于新土地及其理想和愿景，而且还鼓励他们从原籍国带入种族、宗教和政治仇恨。结果导致这些移民没有把过去的敌人看作加拿大的同胞，他们生活在"怀疑、疏远、蓄意破坏、人身攻击和死亡威胁之中——这是我们寻求保护、促进和分享的多元文化遗产的另一个方面"。[①]而且正如内尔·贝森巴斯所指出的，多元文化主义可以使"从其他地方来到这里的人们，希望可以保持他们原来的样子、个性和做事的方式、看待世界的方式，希望可以保留被时间冻结的东西……"这样的后果是主流加拿大人发现很容易与新加拿大人疏远。[②]

尼尔·比松达斯在他1994年出版的《出卖幻象：加拿大多元文化崇拜》一书中，对政府的多元主义文化政策提出了批评。他的书重申了他对政府促进文化多样性所造成的潜在分裂性的担忧。在内尔·贝森巴斯看来，政府鼓励种族差异导致移民采取一种与主流文化分离的"心理"，通过培养一种内向的心态，使不同种族背景的加拿大人之间产生隔阂，从而将种族群体隔离在不同的飞地。团结和凝聚力正在被一种分离、加深误解和敌意的哲学所牺牲，并使一个群体在权力和资源的竞争中与另一个群体对立。他批评多元文化主义并未切实推动族群间相互文化交流，相反，助长了分裂和对少数族裔的妥协，弱化了加拿大人作为公民对国家的向心力和团结力，制造了族群文化飞地。在他看来，多元文化主义依赖于刻板印象，以一种温和的文化隔离形式确保各族裔群体保持其独特性，其作用不过是把一个已经分裂的国家引向进一步的分裂。"这是令人绝望的悲哀，许多年后，他们只把加拿大视为工作之地，更悲哀的是，他们的孩子继续用外国人的眼光看待加拿大。多元文化主义……有助于鼓励这种态度，它

[①] N. Bissondath, "A Question of Belonging: Multiculturalism and Citizenship", Wiliam Kaplan, *Belonging: The meaning and future of Canadian citizenship*, Montreal & Kingston: McGill-Queen's University Press, 1993, p. 375, pp. 376-377.

[②] N. Bissondath, "A Question of Belonging: Multiculturalism and Citizenship", Wiliam Kaplan, *Belonging: The meaning and future of Canadian citizenship*, Montreal & Kingston: McGill-Queen's University Press, 1993, p. 372, p. 379.

第三章 多元文化主义模式下加拿大国家认同的塑造（1971—1995）

宣扬我们之间的分歧，而不是鼓励接纳；它正将我们带入一种根深蒂固的分歧，以至于我们面临着一个多重孤独的未来，没有一个中心概念来约束我们。"①

总之，在20世纪90年代，多元文化主义缺乏对共性的重视，导致了加拿大人对国家认同的分裂，族群化加拿大人成为较为普遍的现象。② 多元文化主义过多强调族群文化差异使得多元族群背景下本就难以整合的国家认同更为艰难。③ "宽容"已经取代"忠诚"，成为加拿大身份的试金石，④出现了"族裔民族主义将胜过公民民族主义"的危险。⑤

2. 少数族裔民族认同与加拿大认同的错位

多元文化主义虽然宣扬维护各族群文化的共存，但在根本上是在以盎格鲁－撒克逊文化为主题这一前提下进行的。在加拿大，英语作为官方语言一家独大，英国殖民者奠定的价值观被视为加拿大主要的立国原则，英裔史在客观上被视为国家的主体历史。对于英裔而言，"二战"后其国家认同对象从英国转向加拿大，英裔族群的族群文化认同和作为公民对加拿大的国家认同在很大程度上是合为一体的，其族群文化和加拿大主流文化也多是契合的，并没有与母国斩断文化血脉的痛苦。少数族群则与之不同，加拿大取代英国成为国家认同建构的对象，并未改变他们族群文化与主流文化的差异和矛盾的一面。相应的，少数族裔自身族群认同也和加拿大国家认同之间存在着错位或冲突，对于自己是"某族群加拿大人"还是"加拿大人"，存在着"我是谁"的认知困惑。

一些采访少数族裔移民的口述材料也反映了移民的这种对自我身份的困惑性。1985年，蒙特利尔的视听制作协会出品了一部名为《蒙特利尔的意大利咖啡》的关于意大利裔加拿大人的纪录片。该纪录片里有一

---

① Neil Bissoondath, *Selling Illusions: The Cult of Multiculturalism in Canada*, Toronto: Penguin Group, 1994, p. 90, p. 133, pp. 138 – 139, p. 192.
② Christina Gabriel, *Recasting Citizenship: the Politics of Multiculturalism Policy in Canada*, Ph. D. Dissertation, York University, 1997, p. 237.
③ Sei Pao, *Canadian: Multi-cultural ism Concept Lost on Many Newcomers*, Forum on Multiculturalism in Municipalities, Vancouver: Vancouver Publishing House, 1996, p. 72.
④ Richard Gwyn, John A., *The Man Who Made Us What We Are*, Calgary: Vintage Canada, 2008, p. 365.
⑤ Andrew Cohen, *The Unfinished Canadian: The People We Are*, Toronto: McClelland & Stewart, 2008, p. 162

段记录了一位叫托尼的受访者在认同意大利和认同加拿大之间的矛盾心态。托尼说:"当我和父母在一起的时候,我讨厌一切具有意大利意味的东西。但当我离开家,我却时刻维护所有意大利式的东西。我是谁?在我工作和生活的多伦多,他们说我属于某个'族裔'。当我去蒙特利尔看我父母的时候,他们却说我不是意大利人。她说我所做的和我的生活方式都不是意大利式的。那么,我是谁?"① 托尼的困惑相当具有代表性,如同白马非马的诡辩说一样,什么样的人才是"加拿大人"、族群认同与加拿大认同之间如何平衡与相互包容是该问题的核心所在。1994年,加拿大约克大学教育系教授詹姆斯·卡尔等人主编的对少数族裔的采访录《谈论不同:文化、语言与认同的邂逅》,集中反映了少数族裔在认同上的纠结。其中,一名叫苏珊·朱迪斯·西珀的犹太裔女孩说:"我作为一个出生在此的英语犹太人,对于新魁北克人来说,却只是一个他者。这种外来者的感觉比我母亲那个时代更为微妙和隐蔽。对犹太人外显的歧视已经废除,但替代它的却是升级版的排斥和他者的社会结构。……我读法语大学、听法语的广播、看法语新闻和电影、交说法语的朋友,其他一切也是法语的,但并不被认可为魁北克人,这也许是我的族群背景的缘故。"② 一个名叫艾德里安·夏德的黑人,其祖先是18世纪从美国移民到加拿大的,按理说他应该是一个地地道道的加拿大人,但实际上他所遭遇的却并不是如此。在他的叙述中,因为加拿大通常被视为白人国家,黑人等非白人经常被视为外来者,类似如下与白人对话中将他以及黑人视为他者的情形常有出现。问:"你来自何方?"答:"加拿大。"问:"哦,你是在这儿出生的,你父母呢?"答:"加拿大。"问:"你祖父母呢?"答:"也是加拿大。"问:"哦,不,我是说你们这些族人从哪来?"答:"美国。"问:"你是加拿大人,但你的头发怎么不一样?"答:"我不是白皮肤加拿大人。"③ 还有一位来自匈牙利的女性移民这样说:"我想称自己加拿大人,但不被许可,因为我的名字包含着匈牙利色彩,所以我是一名匈牙利人……和一个带着盎格鲁-撒克逊名字的白人结婚,

---

① Paul Tana (Director), *Café Italia Montreal*, Montreal: ACPAV Productions, 1985.
② James E. Carl and Adrienne Shadd, *Talking about Difference: Encounters in Culture, Language and Identity*, Toronto: Between The Lines, 1994, pp. 18 – 19.
③ James E. Carl and Adrienne Shadd, *Talking about Difference: Encounters in Culture, Language and Identity*, Toronto: Between The Lines, 1994, pp. 10 – 11.

第三章　多元文化主义模式下加拿大国家认同的塑造（1971—1995）

我才能变成一个真正的加拿大人。"① 1998年6月，加拿大著名女作家、美裔加拿大人卡罗·希尔兹在中国威海召开的中国加拿大研究会第8届学术年会上指出，加拿大多元文化主义导致的混乱无序是客观的现实，加拿大人的马赛克化使得加拿大人觉得自己不是加拿大人。② 鉴于此，众议员李·莫理循代表所属的改革党甚至直斥"联邦多元文化主义部是一个制造分裂的部门"，因为多元文化主义政策的实施，"加拿大正在被前所未有地分裂为各个种族、语言和文化行列。我们有英裔、法裔、原住民、华裔和其他一群带连字符的国民，但很明显就是没有共性的加拿大人"。③

对于多元文化主义导致加拿大国家认同南辕北辙的倾向，2006年，多伦多大学地理与新闻系副教授米内莱·迈锡尼曾这样举例批判多元文化主义背离了增强加拿大认同的初衷："来自意大利或索马里的人来加拿大不是为了做一个意大利人或索马里人，而是为了做加拿大人，但荒唐的是，实际上这个新国家却告诉他们，他们必须保持其意大利裔加拿大人、索马里裔加拿大人或其他族裔加拿大人的身份，而不是变成'加拿大人'。"④ 连字符化让加拿大人变成"带有族群背景的加拿大人"而非"加拿大人"。米内莱·迈锡尼在其研究中访谈了几个来自不同族群的年轻人来说明这种冲突。其中，一个22岁的半白人血统的大学生扎勒这样说道："很简单，我不愿只说自己是加拿大人。因为当别人问我是什么人的时候，我说是加拿大人这一事实并不能让他们觉得满意。……做一个加拿大人，不去管种族身份是不可能的。"一位26岁的混血加拿大人克缇这样表述自己的困惑："我想说我讨厌被问来自哪里。我说我是加拿大人，他们总是说'不不不，但是你来自哪里'，然后我告诉他们我父母不同的祖籍地，他们才会说'哦，你是加拿大人'。"⑤ 蒙特利尔大学族群研究中心教授丹妮尔·朱托指出："尽管共同体的定义已经从文化上转变到区域为基础，但

---

① James E. Carl and Adrienne Shadd, *Talking about Difference: Encounters in Culture, Language and Identity*, Toronto: Between The Lines, 1994, p. 29.
② Carol Shields, "A View from the Edge of the Edge", *ACSC News Letters*, Vol. 58, 1998, pp. 31 – 32.
③ Della Kirkham, "The Reform Party of Canada, Discourse on Race, Ethnicity and Equality", V. Satzewich, *Racism & Social Inequality in Canada*, Toronto: Thompson Educational Publishing, 1998, p. 255.
④ R. Gwyn, *Nationalism Without Walls*, Toronto: McClelInd & Stewart, 1996, p. 234.
⑤ Minelle Mathni, "Canadian Multicultural Policy and Mixed Race Identities", Sean P. Hier, B. Singh Bolaria, *Identity and Belonging: Rethinking Race and Ethnicity in Canadian Society*, 2006, pp. 168 – 169.

我认为如今发展的公民身份仍然是文化归属单一理念的反映。"[1]

3. 少数族群对加拿大认知的弱化

国家认知，通常是指公民对诸如国家人文、地理、经济、历史等基本国情的认识与理解。多元文化主义对加拿大的共同文化的建构不足"纵容"了族群对加拿大认知的淡漠。正如在1991年"加拿大未来之公民论坛"召开期间，一位来自不列颠哥伦比亚省里士满的一个代表团所说："我们通常赞成庆祝我们的文化遗产……但是，我们必须保持加拿大第一……我们必须有一个强大的核心。"[2] 1997年7月1日，在多元文化主义政策实施了26年之后，加拿大著名智库安格斯·雷德研究机构公布了之前对1024名18—24岁年轻加拿大人的国情问卷结果，参加调查者约有三分之一回答不出加拿大在何时建立的联邦，约有五分之二错误地认为加拿大在两次世界大战中与英法俄作战，没人能回答出历史上加拿大责任政府是如何建立的。约有37%的人不知道加拿大首任总理为约翰·亚历山大·麦克唐纳，而在魁北克省，这一数据同比为28%。与之相反，知道威尔弗里德·劳里埃是首任法裔联邦总理的魁北克人却达79%，而这一比例在英裔化的新不伦瑞克省只有33%左右。[3] 1997年年底，在首部《加拿大公民身份法》实施50周年之际，安格斯·雷德研究机构对1350名加拿大人进行抽样调查，围绕加拿大国情提出了20个问题，结果多数受访者的回答属于不及格的水平。有的回答者甚至不知道加拿大周围三大洋的具体名称、不知道联邦建立的年代、不知道总督和英国女王的关系。更荒唐的是，在"二战"纪念日问题上，居然有的人错以为袭击珍珠港的国家是加拿大。[4]

1997年，加拿大历史学家、约克大学历史系犹太史与劳工史研究专家欧文·奥拜洛对多元文化主义削弱加拿大共同认知的态势发出感叹："和美国不一样，加拿大人没有民族性，没有具有辨识度的文化，没有独一无二的认同……最近我们才有了自己的国歌，但根据最近的一项调查，绝大

---

[1] Juteau Danielle, "The Citizen Makes an Entrée: Redefining the National Community in Quebec", *Citizenship Studies*, No. 6, 2002, p. 441.

[2] Keith Spicer (Chairman), *Citizen's Forum on Canada's Future: Report to the People and Government of Canada*, Ottawa: Supply and Services Canada, 1991, p. 85.

[3] *Global and Mail*, 1 July 1997, in Ruth Sandwell, *To the Past: History Education, Public Memory, and Citizenship in Canada*, Toronto: University of Toronto Press, 2006, p. 24.

[4] Ruth Sandwell, *To the Past: History Education, Public Memory, and Citizenship in Canada*, Toronto: University of Toronto Press, 2006, p. 24.

第三章 多元文化主义模式下加拿大国家认同的塑造（1971—1995）

多数加拿大人不知道国歌的歌词是什么。"[1] 正如加拿大史学家杰克·格拉纳茨坦因对多元文化主义的负面影响所批评道的："加拿大历史已被杀死。"杰克·格拉纳茨坦因认为，一些研究表明，加拿大人对其历史的了解越来越少，无法通过相关的基本测试。他主张，加拿大的孩子们应该被教授一个共同的加拿大历史，一个没有经过修饰的、没有去掉缺陷的加拿大历史。[2] 对于移民族裔，杰克·格拉纳茨坦因不赞成过分强调族群多元文化，他主张移民应当积极融入加拿大社会。"因为移民已经来到了一个新的社会，他们必须接受它的方式并适应它的规范，……尽管他们可以随心所欲地保留本国文化，但他们也必须为此付出代价。"他坚持认为，政府应该"通过提供移民所需的文化知识，让他们尽快成为加拿大公民，并在我们的社会中茁壮成长"[3]。格拉纳茨坦因认为，虽然文化差异需要得到最基本的尊重，但通过彻底的文化相对主义来保留少数族裔群体的文化将是灾难性的。他主张教授学生更多关于加拿大的历史和西方的文化，他说："加拿大的文化或文明是西方的，我们没有理由为此感到羞耻，也没有理由不希望我们的学生学习关于它的知识。"[4] 杰克·格拉纳茨坦因先后任约克大学、西安大略大学、皇家海军学院教授，加拿大国际事务研究院研究员，战争博物馆馆长和董事长，在加拿大史学界享有崇高的威望，他的话具有相当的代表性。

与格拉纳茨坦因持类似看法的还有加拿大卡尔顿大学新闻与传播学院的教授安德鲁·科恩，他在其专著《未完成的加拿大人：我们所属的民族》中批评加拿大人总体上对自己的历史缺乏关注，指出了一种令人不安的趋势，即忽视广泛的历史而狭隘地关注特定的地区或群体。正如杰克·格拉纳茨坦因和多伦多大学历史学教授迈克尔·布利斯所主张的那样，加拿大的学术史学家已经停止撰写本国政治史和国家历史。"不只是学校、

---

[1] Irving Abella, "Multiculturalism, Jews, and the Forging of a Canadian Identity", Cardozo, Andrew, and Louis Musto, eds., *The Battle Over Multiculturalism: Does It Help or Hinder Canadian Unity?* Ottawa: Pearson-Shoyama Institute, 1997, pp. 78 – 81.

[2] J. L. Granatstein, *Who killed Canadian History?* Toronto: Harper-Collins Publishers, 1998, pp. 92 – 93, p. 103.

[3] J. L. Granatstein, *Who killed Canadian History?* Toronto: Harper-Collins Publishers, 1998, pp. 84 – 85.

[4] J. L. Granatstein, *Who killed Canadian History?* Toronto: Harper-Collins Publishers, 1998, pp. 101 – 102.

博物馆和政府让我们失望，专业的历史学家，他们的书籍和期刊也让我们失望。他们更喜欢写劳工史、妇女史、民族史、地区史等，往往带有委屈感或受害感。当然，这种历史有它的位置，但我们的历史已经变得如此专门、如此分割、如此狭窄，我们在一个有故事需要被倾听的国家错过了它的故事。"[1]

小　结

在现代社会中，公民身份往往既具有政治性，又具有社会性。在基本由单一民族组成的国家，绝大多数公民的以上两种身份是重合的，对所属民族的效忠在很大程度上与对所属国家的忠诚相一致，因为所属的国家是所属民族自然而然发展的结果。然而，在多族群国家，如果没有对多族群政治共同体的妥善建构，那么族群认同和国家认同很容易因失衡而发生错位，甚至发生冲突，导致国家动荡和分裂。20世纪60年代末到20世纪90年代初，随着原住民民族意识觉醒和自治运动的兴起、魁北克省分离主义政党的壮大以及少数族裔自身文化意识的觉醒，无视族群背景、以公民个体为本位的自由主义建构国家认同的模式受到诟病，既尊重公民权利又对族群身份、族群认同予以让步和妥协的多元文化主义成为时代之必然。面对新的形势，加拿大政府审时度势，协商、谈判或被迫，对原住民自治权、魁北克省准国家地位以及少数族裔族群文化权利，做出了不同程度的妥协与让步，实现了在自由主义基础上非英裔族群的"加权化"，完成了国家认同模式由自由主义向多元文化主义的过渡。

近代以来，西方资本主义民族国家大部分是以个体公民为本位的，加拿大多元文化主义模式的推行超越了自由主义对少数族群的公民同化，纠正了自由主义重个体、轻群体的偏颇之处，试图在求同存异中扩大族群包容度，为各族群更广泛地参与加拿大社会创造和谐条件。不过，维持公民身份与族群身份的平衡在现实中是非常困难的。在多元文化主义的模式

---

[1] Andrew Cohen, *The Unfinished Canadian: The People We Are*, Toronto: McClelland & Stewart, 2007, p.84

第三章 多元文化主义模式下加拿大国家认同的塑造（1971—1995）

中，加拿大非英裔获得了普遍公民身份之上不同程度的加权族群身份，但对国家的认同也造成了不同程度的削弱和背离。在原住民方面，对多元文化主义的尊重给予了原住民自治的半主权地位，但自治权与联邦主权如何区分、哪些原住民群体可以自治、族群自治权与个体公民权如何界定，这些问题都没有得到妥当的解决，这在很大程度上导致了自治权与国家主权及普遍公民权的摩擦和冲突。在法裔方面，联邦对魁北克省准国家地位的主权让渡主要体现在官方语言选择、移民接纳及外交分权等层面。魁北克省的准国家地位未能改善魁北克省与英语省区的疏远。在少数族裔方面，多元文化主义政策没有解决族群认同对共同认同分解和虚化的弊端，加拿大社会缺乏营造各族群共同文化的氛围，导致了"加拿大"和"加拿大人"形象的模糊化。

在多族群国家，族群认同是一个族群得以生存和不断发展的前提条件，而共同的国家认同则是多族群和平共处的心理保证。在多族群社会，各族群历史和文化的差异作为一种客观存在，对其忽视或企图消灭的做法都是与现代自由民主相违背的。不过，正如美国纽约城市大学、怀俄明大学社会学教授菲利克斯·格罗斯所指出的，公民在社会中接受共同原则、共享核心价值观是公民国家建构的必要前提。而有着共同原则和共同价值观，族群多元文化才有存续和壮大的空间。[①] 伦敦政治经济学院民族问题研究教授安东尼·史密斯也认为："如果各族群想维持自己的文化，必须发展出一种统一的文化与语言，以促进社会的平等与政治团结。"[②] 安东尼·史密斯是著名的民族研究者，他的专著《民族认同》阐述了民族认同理论，认为民族认同既包含文化上的认同，也包括政治上的认同，不仅仅来自天生的血缘关系，更来自后天的多元融合和塑造，反对将民族认同极端化。[③] 鉴于多元文化主义模式引发的负面效应，非英裔族群对加拿大国家认同出现碎片化、薄弱化与模糊化的趋势，加拿大政府有必要做出相应改革，以扭转加拿大共同认同孱弱的局面。

[①] [美]菲利克斯·格罗斯：《公民与国家——民族、部族和族属身份》，王建娥、魏强译，新华出版社2003年版，第228、236页。

[②] Joseph H. Careens, *Culture Citizenship and Community: A Contextual Exploration of Justice as Evenhandedness*, New York: Oxford University Press, 2000, p.63.

[③] [英]安东尼·史密斯：《民族主义：理论、意识形态、历史》，叶江译，上海人民出版社2006年版。

第四章 跨文化主义模式下加拿大国家认同的重塑（1995—今）

加拿大多元文化主义建构多族群国家认同具有自身难以克服的两面性。多元文化主义之下，族群文化差异得到加拿大官方的保护和社会的接纳。然而，多元文化主义重族群而轻国家的趋向在客观上也"纵容"了族群身份对公民身份的挤压，引起了加拿大跨文化主义者对国家认同的普遍忧虑。在跨文化主义者看来，多元文化主义过于强调保护不同文化群体的差异性，造成了群体文化自我隔离的合法化和群体认同的分散化，导致了族群间"我们"与"他们"的分裂。为遏制多元文化主义所导致的加拿大认同的分散和虚化，20世纪90年代初，尤其是1995年魁北克省第二次独立公投发生后，加拿大联邦政府以跨文化主义为导向对多元文化主义进行深度改革。改革多元文化主义模式，缓解其对国家认同的侵蚀、削弱与分化成了这一时期加拿大政府多族群治理的重心所在。

第一节 多元文化主义向跨文化主义的转变

20世纪90年代初，族群认同的膨胀与国家认同的弱化开始引起加拿大政府的关注和忧虑。1990年11月至1991年1月，围绕重新建构原住民地位、魁北克省地位以及多元文化主义等问题，马丁·布赖恩·马尔罗尼联邦政府设立了"加拿大未来之公民论坛"，重点讨论了如何改进加拿大国家认同的建构模式，以增强加拿大向心力。该论坛邀请了12名来自政界、学术界及商界的知名人士分别作为论坛主持人，在全国各地征求加拿

第四章 跨文化主义模式下加拿大国家认同的重塑（1995—今）

大人对加拿大未来国家政策走向的意见。论坛引发了加拿大人的广泛关注，有多达 40 万人次以电话、信件、讨论等方式参与了论坛（约 11.2% 来自魁北克省）。① 根据委员会同年 6 月提交的《加拿大未来之公民论坛：给加拿大政府的报告》，大多数论坛参与者对"纵容"族群认同表示了担忧。报告指出大多数加拿大人赞同如下立场：原住民有资格享有"加权公民"地位，但不能弱化共同价值对国家建构的重要性；魁北克省的文化和语言差异应该被承认，但其省权不能超越联邦主权；官方双语制度会造成文化分歧而且代价高昂；教育制度和媒体在促进国家团结方面做得不够；任由联邦机构被削弱是对国家象征冷漠。② 报告认为，不反对原住民与魁北克省建立"有差别的社会"，但这种差别必须建立在"都市化的、消费主义的、世俗性质的，符合工业化和官僚体系的"基础之上。③ 这个报告的出台，是加拿大官方着手改革多元文化主义模式的先声。以此论坛为起点，加拿大多族群治理开始转向跨文化主义模式。

如前文所述，跨文化主义源自 20 世纪 80 年代末 90 年代初的魁北克省，本是魁北克省为了维护英法双语双文化而拒绝联邦多元文化主义的产物。"视魁北克文化为中心，在尊重多元文化的情况下，将其他少数族裔融入一个共同的公共文化（即法语文化）"是魁北克省跨文化主义的基本特征。④ 魁北克省跨文化主义的目的是通过多数群体和各少数群体之间的文化间交流实现社会和经济一体化，实现省内对少数族群的整合。在加拿大联邦层面，伴随着 20 世纪 90 年代以来族群认同对国家认同的强力挤压，尽管联邦并未放弃多元文化主义，也并未公然宣称将跨文化主义写入联邦多族群治理的文件，但实际上在 20 世纪 90 年代初以后，其多族群国家认同建构模式的跨文化主义倾向已经非常明显。

---

① "Spicer Commission", https://www.constitutionalstudies.ca/2019/07/spicer-commission/; "Citizens's Forum on Canada's Future", http://publications.gc.ca/site/archivee-archived.html?url=http://publications.gc.ca/collections/collection_2014/bcp-pco/CP32-57-1991-eng.pdf.
② Keith Spicer (Chairman), *Citizen's Forum on Canada's Future: Report to the People and Government of Canada*, Ottawa: Supply and Services Canada, 1991, pp. 34-44.
③ [加] 威尔·金里卡：《少数的权利：民族主义、多元文化主义和公民》，邓红风译，上海译文出版社 2005 年版，第 7 页。
④ Jonathan Montpetit, "Quebec Group Pushes 'Interculturalism' in Place of Multiculturalism", *The Globe and Mail*, March 7, 2011.

一 联邦政府对原住民自治原则的再界定

对于联邦而言,原住民权利的承认是以认可联邦主权为前提的。按照欧洲殖民者的宣传,原住民在历史上部族林立、语言千差万别,彼此内部分散零落,并未在加拿大形成过主权国家。然而,在大多数原住民看来,自己才是加拿大土地上的主人,原住民享有民族自治权是理所当然的,而不是联邦政府恩赐的,联邦主权甚至不被他们所承认。在多元文化主义模式下,原住民具有主权倾向的自治权被基本认可,原住民"异于加拿大主流社会且与其相分离",但在具体实践中,有的原住民权利与联邦主权发生矛盾,加剧了原住民与加拿大认同的疏远。[1] 如何处理加拿大法律和宪法与原住民传统法的关系?原住民的土地权范围与自治权该如何划定?城市原住民是该被鼓励为普通公民还是以某种方式保留其原住民权利?身份印第安人、无身份印第安人、条约和非条约印第安人相互权利又该如何区分?原住民自治往往出现以族群文化传统的名义,限制乃至伤害族群内个体公民权的现象,如何在维护原住民自治权的同时,又不违背主流价值观和普通法?诸如此类的问题,在多元文化主义模式下成为加拿大政府建设公民国家、塑造加拿大认同中的难题。

在《加拿大未来之公民论坛:给加拿大政府的报告》颁布后,加拿大联邦政府率先将原住民国家认同建构问题提上了日程。1991年9月,加拿大联邦政府根据报告中的建议,颁布了《共享的价值:加拿大认同——关于共塑加拿大未来的规划》。该文件承认"早在欧洲人到来之前,这片土地就是土著居民的家园。土著语言、传统和文化不断发展壮大,土著民族在加拿大历史上发挥的突出作用是加拿大身份的重要组成部分[2]……土著人民自治的权利应得到宪法的承认"[3]。但该文件同时强调,自治权不可以

---

[1] House of Commons, *Hansard*, November 5, 1998, p. 39. http://hansard.millbanksystems.com/lords/1998/jun/05/public-interest-disclosure-bill.

[2] Privy Council of Canada, *Shared Values: The Canadian Identity-Shaping Canada's Future Together Proposals*, Ottawa: Minister of Supply and Services, 1991, p. 6, https://primarydocuments.ca/shaping-canadas-future-together-proposals.

[3] Privy Council of Canada, *Shared Values: The Canadian Identity-Shaping Canada's Future Together Proposals*, Ottawa: Minister of Supply and Services, 1991, p. 7, p. 12.

第四章 跨文化主义模式下加拿大国家认同的重塑（1995—今）

突破和高于宪法和联邦主义的基本原则，加拿大政府"承认加拿大不同土著人民的不同情况和需要，在加拿大宪法框架内行使（土著民族权利），但必须遵守《加拿大权利和自由宪章》"[1]。该文件援引加拿大前总理洛里埃的如下呼吁，号召加拿大人关注加拿大共同的认同："我满怀信心地呼吁全体加拿大人民支持加拿大主义政策，这使我们的国家变得伟大。……围绕着一套核心的共同价值观，加拿大公民尊重多样性，使我们所有人都丰富多彩。许多加拿大人对自己的社群有着深深的忠诚……因为我们知道自己属于一个伟大的国家，因为我们是加拿大人。"[2] 该文件出台后，在联邦框架下重新规范原住民自治权以塑造其对加拿大热爱，成为加拿大联邦政府考虑的重要问题。

1995年8月10日，加拿大联邦政府印第安事务与北方发展部颁布了《原住民自治：加拿大政府关于原住民谈判与固有权利的实施办法》，对原住民自治原则给予了更清晰的规范。在该文件中，联邦政府继续承认《1982年宪法》第35条对原住民自治地位的规定。在权力划分上，规定原住民自治权包括"政府结构的建立、内部体制及选举、成员资格、婚姻事务、儿童领养及福利、原住民语言文化与宗教、原住民教育与健康及社会福利、原住民司法与警察体系、原住民财产权、土地与自然资源管理、农林渔猎、公共设施与基础建设、商业执照，原住民土地上商业的管理和运行"，联邦政府可以就以上原住民内部权利和原住民进行谈判并划定原住民自治区。不过，这些自治权并非无限制、无原则的，原住民行使以上自治权有着根本的前提，那就是：原住民自治不得突破加拿大宪法的框架，《权利与自由宪章》作为全国的基本原则同样适用于原住民自治权；联邦政府对原住民自治权的财政资助只是对现有权利类型，而不会增加新的权利。同时，原住民自治区不得违背联邦法和省区法，在地位上，加拿大联邦法及省级法优于自治区法及自治政府。此外，如果原住民在离婚、劳工、刑法实施、监禁与假释、环境保护、渔业共管等事务上的本地法与联邦、省区普通法发生冲突，应以联邦和省区权威为准。更关键的是，有关加拿大主权、国防和外交及其他事关国家利益的重大事务归联邦管辖且

---

[1] Privy Council of Canada, *Shared Values*: *The Canadian Identity-Shaping Canada's Future Together Proposals*, Ottawa: Minister of Supply and Services, 1991, p. 7.

[2] Privy Council of Canada, *Shared Values*: *The Canadian Identity-Shaping Canada's Future Together Proposals*, Ottawa: Minister of Supply and Services, 1991, p. 1.

拒绝任何妥协。① 上述原则清晰地界定了联邦及省与原住民的关系，即原住民自治不得逾越地方自治这一根本前提，自治权在联邦乃至省级政府和议会的授权下、在遵循加拿大主权唯一的前提下才具有合法性，这奠定了此后原住民自治和相关权益授予的基本原则。

二 联邦主义对遏制魁北克省独立的呼声

魁北克省的特殊地位具有历史必然性。正如联邦总理约翰·麦克唐纳在1865年所说的："我一直认为，如果我们同意只有一个政府和一个议会，那将是最好的，也是我们所能采用的最强大的政府体系，但是我们发现了这样的体系不可能得到'下加拿大'人民的同意，因为他们的语言、民族性和宗教与大多数人不同。因此，我们被迫得出这样的结论：我们必须设计一种联合制度，在这种制度中，独立的省组织将在某种程度上得到保留。"② 在多元文化主义主导阶段，魁北克省的特殊地位得到了进一步的强化，法裔民族主义不断膨胀，导致魁北克省分离之心日盛，使得加拿大联邦统一遭遇了前所未有的挑战，两次独立公投几乎将加拿大逼到分裂的边缘。

1. 魁北克省分离主义依然是加拿大认同的最大威胁

1980年和1995年魁北克省先后两次就独立问题举行全民公决，表明了法裔分离主义形势的空前严峻。魁北克省的独立公投虽然均以失败告终，但是魁北克省的分离主义并未就此消散。在1995年独立公投失利之夜，时任魁北克省总理的法裔政治家、经济学家乔克斯·帕里佐发表演说："我们（法裔）中的60%投了赞成票。我们是败了，但是败给了金钱和一些其他族裔的投票。"③ 这也就是说，在他看来，如果不是其他族裔投反对票，独立公投赞成票的比重就超过了半数，就有可能会成功。1995年独立公投后，乔克斯·帕里佐引咎辞职，卢西恩·布沙尔接任魁北克人党

---

① Canada Government, *The Government of Canada's Approach to Implementation of the Inherent Right and the Negotiation of Aboriginal Self-Government*, https://www.rcaanc-cirnac.gc.ca/eng/1100100031843/1539869205136.

② Privy Council of Canada, *Shared Values: The Canadian Identity-Shaping Canada's Future Together Proposals*, Ottawa: Minister of Supply and Services, 1991, p. 4.

③ Ronald Rudin, "From the Nation to the Citizen: Quebec Historical Writing and the Shaping of Identity", Robert Adamoski, Dorothy Chunn and Robert Menzies, eds., *Contesting Canadian Citizenship: Historical Readings*, Toronto: University of Toronto Press, Higher Education Division, 2002, p. 103.

第四章　跨文化主义模式下加拿大国家认同的重塑（1995—今）

党首并担任魁北克省总理。乔克斯·帕里佐声称，等机会来临时，魁北克以后还会再次举行独立公投："我们将会有我们自己的国家。"① 来自魁北克党团的众议员苏珊娜·特伦布莱也对英裔表示："我们会在第三次公投中打败你们。"② 除了法裔政治家，在普通法裔中的分离主义倾向也没有因公投失败就偃旗息鼓。1997年的相关民调数据显示，魁北克省人当中有59%只认同自己为魁北克人，29%认为自己首先是魁北克人，其后才是加拿大人，认为魁北克人和加拿大人两种身份同时兼具者则只有28%。③ 1998年，魁北克省法裔中有63%视自己为魁北克人，有26%视自己为法裔加拿大人，仅有11%认同自己只是加拿大人。④ 1997年，针对拉瓦尔大学法裔学生的一项国家认同倾向调研显示，多数学生将英法裔关系史视为法裔反对英裔统治和同化的斗争史。⑤

2. 英法裔联邦主义者赞同遏制魁北克省分离主义

在威胁加拿大统一的国家认同的同时，魁北克省独立公投就像楔子一样扎在了加拿大多族群社会，魁北克省的分离主义首先招致了英语加拿大人的反感和英法裔的对立，导致一些英语加拿大人心生厌倦，造成了英法裔在魁北克问题上的撕裂。在1995年魁北克省公投之后，少数英语加拿大人一度表现出"干脆让魁北克省独立出去算了"的情绪。1995年11月1日至2日，安格斯·里德集团、索瑟姆公司对魁北克省内外的英裔进行了一个样本容量为1807人的民调，结果显示，近三分之一的加拿大人——包括47%的魁北克省人和26%居住在魁北克省以外的人——赞同"从长远来看，如果魁北克省简单地从加拿大其他地区分离出来会更好"。讲英语的加拿大人受访者中甚至有32%的人表示他们"宁愿看到魁北克离开也

---

① John Saywell, *Canada: Pathways to the Present*, Revised Edition, Toronto: Stoddart, 1999, p. 108.
② William Johnson, "Federalists in Quebec Find Their Voice", *The Global and Mail*, November 13, 2007.
③ Micheline Labelle and Francois Rocher, "Debating Citizenship in Canada: the Collide of Two Nation-building Projects", Pierre Boyer, Linda Cardinal and David John Headon, eds., *From Subjects to Citizens: A Hundred Years of Citizenship in Australia and Canada*, Ottawa: University of Ottawa Press, 2003, p. 270.
④ Micheline Labelle and Francois Rocher, "Debating Citizenship in Canada: the Collide of Two Nation-building Projects", Pierre Boyer, Linda Cardinal and David John Headon, eds., *From Subjects to Citizens: A Hundred Years of Citizenship in Australia and Canada*, Ottawa: University of Ottawa Press, 2003, p. 270.
⑤ Jocelyn Letourneau, *La production Historienne*, Paris: L'Harmattan, 1997, pp. 30–32.

不愿做出任何让步"。当被问及如果就同样的问题举行另一次公投,他们将如何投票时,49%的人表示同意独立,42%的人表示反对。① 联邦政党加拿大改革党认为,魁北克省只是加拿大的一个省,所有的省都应该是平等的,加拿大不应不惜一切代价避免魁北克省走向分裂,加拿大可以在没有魁北克省的情况下继续存在。②

不过,整体而言,虽然情绪上反感法裔分离主义,但是联邦之内大部分英语加拿大人仍然希望魁北克省继续留在加拿大联邦。面对英法裔撕裂的局面,更多的英裔表达了维护联邦统一的意愿,公投失败后也有部分法裔魁北克人对是否留在联邦表达了更现实的看法。正如加拿大知名作家、英裔联邦主义者康拉德·布莱克所说:"若是少了魁北克省,加拿大的特性又在何处?和美国的区别又在哪里?"③ 在魁北克省内部更是如此,在1995年独立公投中,以英语为母语或者母语既非英语也非法语的魁北克省人,有95%的人投了反对票。④ 在1995年11月1日至2日安格斯·里德集团、索瑟姆公司的民调中,当受访者被问及联邦政府现在应该怎么做时,39%的受访者表示,他们希望看到联邦政府"坐到谈判桌前,努力就修改宪法达成协议,包括魁北克省在内的所有省份都能同意"。32%的人希望联邦政府采取一些行政和政治改革魁北克省的担忧,而27%的人表示,他们希望看到联邦政府暂时搁置这些问题,转向其他问题。在魁北克省,人们对宪法谈判的渴望最为强烈,52%的受访者选择了这一方案。⑤ 1996—1998年,法裔众议员斯蒂芬·莫里斯·迪翁就联邦主义发表系列演说,呼吁魁北克省遵循联邦主义。斯蒂芬在20世纪七八十年代间曾支持魁北克省独立,甚至加入魁北克人党支持该党竞选,1980年公投失利和

---

① "Canadians' Reaction To The Quebec Referendum: Canadians Take a Mixed view of the Outcome of Monday's Referendum", November 5, 1995, https://www.ipsos.com/en-ca/news-polls/canadians-reaction-quebec-referendum.
② Preston Manning, *The New Canada*, Toronto: Macmillan Canada, 1992, p. 8.
③ Conrad Black, "Canada's Continuing Identity Crisis", *Foreign Affairs*, Vol. 74 No. 2, March/April 1995, p. 110.
④ Mario Cardinal, *Breaking Point: Quebec, Canada, The 1995 Referendum*, Montreal: Bayard Canada Books, 2005, p. 405.
⑤ "Canadians' Reaction To The Quebec Referendum: Canadians Take a Mixed view of the Outcome of Monday's Referendum", November 5, 1995, https://www.ipsos.com/en-ca/news-polls/canadians-reaction-quebec-referendum.

1990 年《米奇湖协议》流产后转向支持联邦主义，1996—2003 年担任联邦政府间事务部部长。1996 年 1 月 25 日他在发表题为"重振加拿大的信心"的演讲时称："如果加拿大非常不幸而分裂，我们魁北克人和其他省的加拿大人必然会首当其冲付出代价，因为否定了加拿大，魁北克省的多数者会发现很难真正获得少数者的支持。……联邦政府也是魁北克人的政府。魁北克省人将其文化和聪明才智带到联邦是非常重要的，因为我们属于一个联邦是事实，我们不能仅从联邦中获利，也要以我们的力量帮助联邦。我为自己身为魁北克省人和加拿大人而自豪……魁北克人和其他省的加拿大人必须携手进入下个世纪，变得更强大。"[①] 1997 年 4 月 4 日，在对美国州政府委员会组织发表演讲时，斯蒂芬·莫里斯·迪翁再次强调联邦主义对加拿大和魁北克的重要性："这不是零和游戏，因为在加拿大范围内我们都是赢家，如果我们的国家分成十个自顾自的共和国，那么加拿大就不会拥有今日的巨大优势。"[②]斯蒂芬·莫里斯·迪翁的话饱含着浓厚的联邦主义情绪，表明了法裔联邦主义者对独立公投的反感。

3. 大多数魁北克省原住民反对法裔分离倾向

根据 1991 年的全国普查数据，魁北克省部分或者完全具有原住民血统的居民约 13.76 万人，其中声称只有原住民血统者约 5.69 万人。[③] 对于魁北克省独立，省内原住民绝大多数持反对态度。相比于加拿大联邦对原住民权利的包容，魁北克省原住民对法语和法文化在省内的独尊地位非常担忧，他们害怕一旦魁北克省独立，原住民自身的文化会受到法裔更强力的挤压和同化，甚至担忧一旦魁北克省独立，省内原住民的保留地也可能会被法裔剥夺。1995 年 10 月 30 日魁北克省独立公投前夕，在大酋长马修·库恩·康姆的领导下，克里人发表声明，未经他们的同意不应将他们或他们的领土并入独立后的魁北克省，如果魁北克省有权离开加拿大，那么克里人也有权选择将他们的领土留在加拿大，因为他们自认为是加拿大

---

① Stéphane Maurice Dion, *Straight Talk*, *Speeches and Writings on Canadian Unity*, Montreal and Kinston: McGill-Queen University, p. 14.

② Stéphane Maurice Dion, *Straight Talk*, *Speeches and Writings on Canadian Unity*, Montreal and Kinston: McGill-Queen University, pp. 4 – 5, p. 46.

③ Jill Wherrett, Political and Social Affairs Division, Government of Canada Publications, "Aboriginal Peoples and the 1995 Quebec Referendum: A Survey of the Issues", endnote 1, Feb. 1996, https://publications.gc.ca/Collection-R/LoPBdP/BP/bp412 - e.htm#A.%C2%A0%20Aboriginal%20Perspectives（txt）.

公民。魁北克省单方面宣布独立将违反人权、民主和同意的基本原则。如果继续分裂，克里人认为他们将通过加拿大法院寻求保护。1995年10月，在魁北克省独立公投之前，魁北克省克里人大会发布了《主权不公正：将詹姆斯湾克里人和克里人领土强行纳入主权魁北克》的宣言，坚称："从国际、加拿大和土著法律和实践的角度来看，强行将克里人纳入任何未来（独立的）魁北克省都将缺乏有效性和合法性。"克里人还认为，在加拿大或国际法中，没有任何规定可以确保魁北克省目前的边界将成为一个具有主权意涵的边界。10月24日，魁北克省克里人自行组织了公投，结果显示，在6380名合格选民中，约77%的人参加了这次公投，96.3%的人支持留在加拿大。在魁北克省独立公投后，大酋长马修·库恩·康姆在联邦众议院表态支持维护加拿大国家统一与领土完整，呼吁联邦总理承诺，一旦魁北克省独立，联邦负有保护克里人留在加拿大的责任。[①]

与克里人一样，魁北克省的因纽特人也对魁北克省脱离联邦持坚决反对态度。因纽特人于1995年10月29日举行了先期的内部投票，针对"你是否同意魁北克成为主权国家"这一问题，大约75%的合格选民参与投票，其中约有96%的人给出了否定的回答。因纽特人认为，他们有权继续保持加拿大公民身份，并将魁北克省北部留在加拿大境内。[②]除了克里人和因纽特人，魁北克省的其他原住民基本上也持相似立场，只有卡纳塞克、卡纳瓦克和阿克韦森的莫霍克人例外。[③]总体而言，魁北克省原住民大多数不赞同魁北克省从加拿大分离出去。1995年魁北克省独立公投当日，在参与投票的11万原住民中，赞成独立者约占37.4%，反对独立者则高达62.1%。[④]根据加拿大政府的官方数字，参加魁北克省全民公决的原住民中有95%以上投了反对票。[⑤]

[①] Jill Wherrett, Political and Social Affairs Division, Government of Canada Publications, Aboriginal Peoples and the 1995 Quebec Referendum: A Survey of the Issues, February, 1996, https://publications.gc.ca/Collection-R/LoPBdP/BP/bp412-e.htm#A.%C2%A0%20Aboriginal%20Perspectives (txt).

[②] Jill Wherrett, Political and Social Affairs Division, Government of Canada Publications, Aboriginal Peoples and the 1995 Quebec Referendum: A Survey of the Issues, February, 1996, https://publications.gc.ca/Collection-R/LoPBdP/BP/bp412-e.htm#A.%C2%A0%20Aboriginal%20Perspectives (txt).

[③] "Les autochtones sont des adversaires acharnés de la souveraineté," *Le Droit*, 9 November 1995.

[④] John Saywell, *Canada: Pathways to the Present*, revised edition, Toronto: Stoddart, 1999, p. 108.

[⑤] Jill Wherrett, Political and Social Affairs Division, Government of Canada Publications, Aboriginal Peoples and the 1995 Quebec Referendum: A Survey of the Issues, February, 1996, https://publications.gc.ca/Collection-R/LoPBdP/BP/bp412-e.htm#A.%C2%A0%20Aboriginal%20Perspectives (txt).

第四章　跨文化主义模式下加拿大国家认同的重塑（1995—今）

三　加拿大社会对少数族裔融合的共识

多元文化主义政策在出台之初，旨在解决少数族裔的集体文化诉求。随着多元文化主义的发展，20世纪80年代中期，加拿大试图使多元文化主义适用于所有族群，但结果遭到了原住民和魁北克省的强烈反对，最终在实质上沦为主要适用于少数族裔移民的政策。正如上一章所述，多元文化主义政策的实施在起到积极作用的同时，实际上也引发了少数族裔对加拿大认同的虚化、分化和异化。随着加拿大认同危机的凸显，20世纪90年代后多元文化主义政策面临新的挑战，民间和精英舆论对多元文化主义政策的反感更加强烈。

1. 社会公众对多元文化主义解构国家认同的反思

伴随着多元文化主义的负面效应的显现，多元文化主义政策在加拿大社会的被接受程度在20世纪90年代初急转直下。按照知名社会学教授马丁·马格的关于公众对多元文化主义态度的研究，1985年，抽样民调数据显示，约有56%的加拿大人偏爱马赛克模式，28%的加拿大人更赞同美式大熔炉模式。1995年，这一态势发生逆转，前者降为44%，后者则升至40%。[1] 从1990年11月到1991年7月，"加拿大未来之公民论坛"委员会进行了一项名为"加拿大大家庭还要合舟共济吗？"的问卷调研。[2] 结果显示，加拿大公众舆论对国家认同的支持超过了对族群多元认同的关注。"整体上，我们支持为我们的文化遗产而庆祝，但我们必须将加拿大置于最前面……我们必须有个强大的核心。"[3] "从（论坛）参与者那里，我们最常听到的声音就是他们期待能终结'连字符化的加拿大人'现象……我们的公民只想做加拿大人，而非带有连字符符号的某某族裔加拿大人。"论坛报告指出，多元文化主义否定和模糊了加拿大人的身份认同："因为他们总被问他们根在何处……你们多元文化主义的后果就是没有人是加拿

---

[1] Martin N. Marger, *Race and Ethnic Relations: American and Global Perspectives* (5th Edition), Belmont: Wadsworth, 1999, p. 495.
[2] Keith Spicer (Chairman), *Citizen's Forum on Canada's Future: Report to the People and Government of Canada*, Ottawa: Supply and Services Canada, 1991, pp. 16 – 22.
[3] Keith Spicer (Chairman), *Citizen's Forum on Canada's Future: Report to the People and Government of Canada*, Ottawa: Supply and Services Canada, 1991, p. 85.

大人。相反,他们维持着来加拿大之前的自己,'加拿大'仅仅意味着货币单位或护照。"① 根据论坛公布的统计数据,论坛上关于多元文化主义的讨论小组上约有45%的人对多元文化主义持消极评价,约有60%的公民来信,有近80%的热线电话批评多元文化主义带来的负面后果,对多元文化主义持完全肯定者合计仅约占3%,这一悬殊对比突出地反映了加拿大社会舆论对多元文化主义国策消极作用的普遍忧虑。②

论坛委员会建议加拿大联邦政府改变对多元文化主义的偏重,加强培育少数族裔移民对加拿大的国家意识。论坛委员会认为,多元文化主义应该鼓励加拿大人接受和融入主流文化,在保障消除歧视、宣扬平等的文化活动之外,应该大大减少对多元文化主义活动的财政拨款。③"(论坛)绝大多数参与者告诉我们,向我们提醒,强调出身背景的不同不如强调我们的共同性更能建构国家的统一,……他们并不看重联邦政府众多的多元文化主义项目,因为这些项目花费高,又容易引发分裂,这些项目提醒加拿大人他们出身的不同,而不是提醒他们有着共同的标识、社会及未来。"④

除了以上官方报告,加拿大非政府组织的民调也揭示了加拿大舆论对多元文化主义解构加拿大认同的担心。1991年,安格斯·里德研究所对全加拿大的抽样问卷调查结果显示,受访者中认同多元文化主义使加拿大文化丰富多彩的占77%,认为其有利于增进族群团结的占63%。⑤ 然而,也有46%的受访者认为多元文化主义鼓励移民的母国文化认同,实际上移民"应改变他们的行为规范,以便更像我们"⑥。从1990年开始,安格斯·里德研究所的研究人员格里·比勒领导的研究小组用3年时间在15个国家就它们对加拿大多元文化主义的看法进行了问卷调查,有13个国家主要

---

① Keith Spicer (Chairman), *Citizen's Forum on Canada's Future*: *Report to the People and Government of Canada*, Ottawa: Supply and Services Canada, 1991, p. 88.
② Keith Spicer (Chairman), *Citizen's Forum on Canada's Future*: *Report to the People and Government of Canada*, Ottawa: Supply and Services Canada, 1991, p. 162.
③ Keith Spicer (Chairman), *Citizen's Forum on Canada's Future*: *Report to the People and Government of Canada*, Ottawa: Supply and Services Canada, 1991, p. 129.
④ Progressive Conservative Party, *Resolution Guide from the 1991 General Meeting and National Policy Conference*, August 6 – 10, 1991, Peterborough: Broadview Press1994, p. 8.
⑤ Multiculturalism and Citizenship Canada, *Multiculturalism*: *What is it Really About*? Ottawa: Minister of Supply and Services Canada, 1991, p. 1.
⑥ Iren Bleared, *Becoming a Citizen*: *Incorporating Immigrants and Refugees in the United States and Canada*, Berkeley: University of California Press, 2006, p. 143.

第四章　跨文化主义模式下加拿大国家认同的重塑（1995—今）

表达了肯定态度，但在随后对不列颠哥伦比亚省600名居民的抽样问卷中，大多数被问者则表示在多元文化主义和文化同化之间他们更偏重于后者，即主张少数族裔移民应该主动靠近加拿大传统文化。① 1993年12月14日，德西玛研究集团在加拿大《环球邮报》公布的民调结果显示，有72%的受访者同意，多元文化主义促进了各族群的自我认同，但也导致少数族裔加拿大趋同性的不足。"加拿大人更希望移民接受加拿大的价值观和生活方式，以实现社会的趋同化，加拿大多元文化主义须让位于美国式的文化同化。"② 1995年，在魁北克省独立公投后，加拿大另一著名民调公司环境研究集团的调查结果显示，加拿大公众对多元文化主义的支持度在1989年尚为63%，此后持续下滑，至1995年支持度仅为50%。③ 在多元文化主义负面影响的压力下，加拿大一些传媒甚至开始重新强调以自由主义对族群进行整合，反对族群加权公民身份。1995年11月4日，《环球邮报》社论指出："我们反对因肤色、语言、宗教和背景差异而对人们区别对待的观点。我们认为，所有加拿大人都该被视为完全的公民。我们反对那种认为一个加拿大人比另一个加拿大人更纯粹的观点，不管他或她的祖先可以上溯多远。我们支持每一个人都平等地享有凭借自身德行取得成功的机会。我们反对族裔民族主义。……我们支持公民民族主义，在公民民族主义之下，不同背景的人能够团结在共同公民身份的伞盖之下，组成平等者的社会。我们的民族主义是现代的民族主义：自由、适宜、包容、不分肤色，这才是加拿大应向来自世界其他国家的数百万移民所展示的。"④

2. 学术界与政治界关于改革多元文化主义的共识

随着多元文化主义对国家认同方面所产生的负面影响的显现，20世纪90年代初以后，主张限制乃至废除多元文化主义、重新恢复英裔文化同化的呼声在加拿大的学术界成为一个潮流。1990年，曾于约克大学任教的著名商业人士威廉·盖尔德纳在其专著中指出，多元文化主义过于强调自然

---

① Grey Byle, Augus Reid, Canadians, Grey Byle & Augus Reid Study, *Forum on Multiculturalism in Municipalities*, Vancouver: Vancouver Publishing House, 1996, p. 63.
② Jack Kapica, "Canadians Want Mosaic to Melt, Survey Finds: Respondents Believe Immigrants Should Adopt Canada's Values", *The Globe and Mail*, December 14, 1993.
③ Donna Dasko, "Canadian Public Attitudes toward Multiculturalism and Bilingualism", http://www.queensu.ca/cora/_files/diversity_dasko.pdf
④ "Giving Voice to the Canadian Idea", *The Globe and Mail*, November 4, 1995, p. D6.

差异，需要被废除，因为它正在破坏这个国家的核心价值观和生活方式，容易滋生敌意和恐惧。[1]"英式文化和政府制度就是这样一种解决办法，加拿大的和平发展直到最近才证明了这一点。只有在我们的英国统治体制下，才有希望消除这些难以调和的血腥分歧。"[2] 这本书在出版后销量超过6万册，发行4个月后跃登加拿大排行榜的榜首，反映了加拿大人对多元文化主义的疑虑和反思。[3] 莱斯布里奇大学社会学教授雷金纳德·毕比在其专著中也指出，多元文化主义导致了不统一，造成了独特的"马赛克碎片"现象。"对自己群体的关注越多，就会使人与人更疏远、更引起反感。"[4] 他认为，加拿大这样的国家，通过多元文化主义、双语主义等政策以及保障个人权利来维护文化的多元化，固然促进了共存，但如果随后没有国家层面的共同目标、没有共存感，那么多元主义本身就会令人沮丧，会形成马赛克癫狂症。[5] 受魁北克省第二次公投引发国家认同危机的影响，20世纪90年代后期加拿大学界对多元文化主义的修正性的反思更进一步。其中，1998年，加拿大著名的多族群研究学者、女王大学金里卡教授指出，社会团结的基础"不是共同的价值观，而是共同的身份认同……人们通过自问认同谁、觉得能与谁团结在一起，来决定他们想与谁共享一个国家"。[6] 金里卡是少数族群集体权利的积极呼吁者，在他稍早的专著中曾力主给予少数族群特殊的集体权利以使文化共同体免受解体。[7] 显然，他此时对共同身份的强调是他对之前立场的某种修正。

在学术界呼吁改革多元文化主义之时，加拿大一些政党也加入了呼吁改革的大合唱。1987年，加拿大改革党一成立就对多元文化主义持批评的态度乃至提出废除多元文化主义国策与联邦多元文化主义部。该党认为族

---

[1] William D. Gairdner, *The Trouble with Canada*, Toronto: General Paperbacks, 1990, pp. 392 - 393.
[2] William D. Gairdner, *The Trouble with Canada*, Toronto: General Paperbacks, 1990, p. 395.
[3] "William Gairdner", https://williamgairdner.ca/about/.
[4] Reginald W. Bibby, *Mosaic Madness: The Poverty and Potential of Life in Canada*, Toronto: Stoddart Publishing, 1990, pp. 10 - 11.
[5] Reginald W. Bibby, *Mosaic Madness: The Poverty and Potential of Life in Canada*, Toronto: Stoddart Publishing, 1990, pp. 103 - 104.
[6] Will Kymlicka, *Finding Our Way: Rethinking Ethnocultural Relations in Canada*, Oxford: Oxford University Press, 1998, p. 17.
[7] Will Kymlicka, *Multicultural Citizenship: A Liberal Theory of Minority Rights*, Oxford: Oxford University Press, 1995, p. 109

第四章 跨文化主义模式下加拿大国家认同的重塑（1995—今）

群文化背景及其传承是个人私事，加拿大政府不需介入。政府应该鼓励、支持各族群积极融入加拿大"民族文化"之中。① 改革党宣布反对目前由政府资助的双语和多元文化主义项目。改革党声称，创建双语国家的努力没有奏效，政府支持的多元文化主义创造了"连字符化的加拿大人"，即"某某族群加拿大人"身份，而不是单一的加拿大人身份。② 1992年，改革党提出带有向英裔同化色彩的主张，即"移民应该被整合到加拿大主流生活之中"。1993年、1995年、1996年，改革党连续发布政策，呼吁废除多元文化主义政策。1992年、1996年，该党提出反对加拿大人"连字符化"。③ 1994年10月18日，加拿大改革党众议员李·莫里森在众议院辩论中展示为推行多元文化主义的财政拨款数字后，措辞严厉地指责多元文化主义"浪费我们的税收""鼓励族群贫民窟化""弱化了人的共性"。其在辩词中引用部分少数族裔移民期望主动融入加拿大的言论，批评多元文化主义不利于提升少数族裔的国家认同："加拿大需要的不是强调差异的政策，而是在允许表达自我认同的同时，推动符合共同目标和共同价值的政策。"④ 1995年4月5日，来自阿尔伯塔的独立众议员克利福德·布赖特克罗伊茨在众议院辩论中，代表改革党呼吁联邦取消对多元文化主义的资助，他表示："这并不是说我不喜欢这些群体，我反对的是政府政策，不是这些群体。因为自从政府开始资助这些项目，许多社群被切分了，摩擦和仇恨加重了，还产生了对国家、对政府施舍的依赖。"布赖特克罗伊茨的发言得到了一些其他议员的赞同，独立众议员詹·布朗当即表示："政府该减少资助联邦多元主义文化项目，将文化维护的责任转给个人。"他指出，多元文化主义用纳税人的钱资助群体文化项目，意在保护少数族群多元化的基础上，推动他们对加拿大生活的全面平等参与，但事与

---

① Abu-Laban Yasmeen and Daiva Stasiulis, "Ethnic Pluralism under Siege: Popular and Partisan Opposition to Multiculturalism", *Canadian Public Policy*, 27 (4), 1992, p. 373.
② Harold Troper and Morton Weinfeld, eds., *Ethnicity, Politics, and Public Policy: Case Studies in Canadian Diversity*, Toronto: University of Toronto Press, 1999, p. 257, p. 271.
③ John Carlaw, "Unity in Diversity? Neoconservative Multiculturalism and the Conservative Party of Canada", p. 8, https://www.ryerson.ca/content/dam/centre-for-immigration-and-settlement/RCIS/publications/workingpapers/2021_1_Carlaw_John_Unity_in_Diversity_Neoconservative_Multiculturalism_and_the_Conservative_Party_of_Canada.pdf.
④ Lee Morrison, "Statements in the House", Oct. 18, 1994, http://openparliament.ca/politicians/6518/?page=60#?page=54.

愿违，结果却导致了"加拿大人仍然搞不清楚多元文化主义是什么，在做什么"①。

加拿大主要政党自由党和进步保守党中也出现了要求限制多元文化主义的力量。1991年，自由党众议员约翰·农齐亚塔就曾代表自由党在众议院说道，多元文化主义起到了与初衷背道而驰的作用。他表示："今天，多元文化主义政策已不再有效和合适。当前，这一政策实际上是分裂性的……是有歧视性的。……我认为现在是停止分割非英法裔加拿大人的时候了。"② 同年，加拿大保守党召开党员大会，通过了废除多元文化主义政策及其部门的建议案。该党称加拿大联邦应着力于在各族群间"培育一个共同的认同，忠诚于加拿大的理想"③。建议案也受到来自保守党党内的批评与反对。如时任加拿大多元文化主义部部长的保守党党员格里·维纳就批评这一决议并不能代表保守党众议员中的多数，同时这次会议缺乏少数族裔代表的意见，所以对该决议抱以保留态度。④ 最后，考虑到竞选需要，为了争取少数族裔的选票，保守党废除多元文化主义政策的建议案最后并未转化为该党执政时的政策，但作为一种姿态，这对督促政府对多元文化主义政策进行适度修正起了促进作用。

第二节　跨文化主义导向对多族群认同的整合

"整合"作为一个社会学词汇，有着多重含义。按照剑桥词典的解释，"整合"主要是指"一个群体加入另一个不同的群体或者与之相混合的过

---

① 以上两人发言参见 Jan Brown, "Independent MP: Culture as an Individual Responsibility", in Andrew Cardozo & Louis Musto, eds., *The Battle over Multiculturalism, Does it Help or Hinder Canadian Unity*? Ottawa: PSI Pub, 1997, p. 60, p. 62, p. 65.
② Abu-Laban Yasmeen and Daiva Stasiulis, "Ethnic Pluralism under Siege: Popular and Partisan Opposition to Multiculturalism", *Canadian Public Policy*, 27 (4), 1992, p. 376.
③ Abu-Laban Yasmeen and Daiva Stasiulis, "Ethnic Pluralism under Siege: Popular and Partisan Opposition to Multiculturalism", *Canadian Public Policy*, 27 (4), 1992, p. 374.
④ Vic Satzewich and Nikolaos Liodakis, *Race and Ethnicity in Canada, a Critical Introduction*, Toronto: Oxford University PressSecond Edition Edition, 2010, pp. 163 – 164.

程"①。按照麦克米伦词典的解释,该词主要是指"使某人成为某群体或社会的成员并完全参与到其相关活动之中",比如新成员融入当地社区;还指"多个对象相互连接或者结合起来组成一个行之有效的单元或者系统"。②从族群的角度看,族群整合主要是指族群移民积极参与移入国的政治活动,在经济上融入当地的就业市场,加入相关的公民社会体系,融合度越高则越能体现其对国家的认同。③鉴于多元文化主义模式引发的加拿大认同问题频仍,自20世纪90年代初以来,特别是魁北克省第二次独立公投结束后起,加拿大联邦政府开始以跨文化主义为导向对多元文化主义进行修正,以缓和族群认同对国家认同的侵蚀与压力,尽管加拿大政府并未将这一改革取向写入政府文件公然进行宣扬。

一 对原住民加权公民身份的收紧

1. 严限原住民自治权限范畴

原住民与联邦政府在自治权范围方面存在着较大的分歧。前者将自治权视为自身与生俱来的权利,而后者则坚持原住民自治来自联邦政府和省政府的授权,认为原住民权利不得损害联邦主义权威和普遍公民权利。在联邦政府颁布《原住民自治:加拿大政府关于原住民谈判与固有权利的实施办法》之后到2008年,联邦已经完成了17项有关原住民的自治协定。④这些协定对原住民的自治权给予了积极的认可与保护,但同时,无一例外地都强调了原住民自治权服从于联邦与省区权威且不得与普通法发生冲突,这其中最具代表性的是努纳武特地区与不列颠哥伦比亚省尼斯加印第安人自治区的设立,前者是原住民形式上省级自治改革的代表,后者是省以下原住民自治改革的典型。

努纳武特区成立于1999年,是当前加拿大联邦中以因纽特人为主的

---

① "Integration", https://dictionary.cambridge.org/dictionary/english/integration.
② 麦克米伦出版公司编:《麦克米伦高阶英汉双解词典》,杨信彰译,外语教学与研究出版社2005年版,第1095页。
③ Will Kymlicka, "The Current State of Multiculturalism in Canada and Research Themes on Canadian Multiculturalism 2008 – 2010", http://www.cic.gc.ca/english/resources/publications/multi-state/index.asp.
④ "First Nations in Canada", https://www.rcaanc-cirnac.gc.ca/eng/1307460755710/1536862806124#chp6.

省级自治区域。努纳武特地区的建立可以追溯到20世纪七八十年代因纽特人民族主义的高涨。经过长期的谈判，1990年4月，联邦、西北地区政府与因纽特人组织腾加维克联盟（前身是加拿大因纽特人联盟）签订协议，同意就努纳武特地区是否从西北地区交给因纽特人自治进行全区投票。1992年5月，公投在努纳武特区域获得通过。1993年5月25日，加拿大联邦政府、西北地区与努纳武特腾加维克联盟三方正式签订了《努纳武特土地声索协议》，明确认可了因纽特人对有关土地、水和相关资源的所有权及使用权，向因纽特人提供经济补偿和参与经济机会的途径，鼓励因纽特人自力更生和使其享有文化及社会福利。[1] 以《努纳武特土地声索协议》为依托，1993年6月，加拿大议会通过了《努纳武特法》，授权在加拿大西北地区东部筹建以因纽特人为主的努纳武特地区，面积约达210万平方千米。该法规定了努纳武特地区的区域范围、行政专员、立法议会、司法、官方语言、财政、土地等机构及制度，授予了因纽特人行政自治权、部分司法权及部分立法权。经过6年筹备，重点对西北地区相关立法进行修订、颁布和废除后，1999年4月，努纳武特地区及其公共政府正式建立。

努纳武特地区的设立吸取了魁北克省法裔分离主义的教训，贯彻了1991年9月《共享的价值：加拿大认同——关于共塑加拿大未来的规划》和1995年《原住民自治：加拿大政府关于原住民谈判与固有权利的实施办法》的基本精神，将因纽特人自治完全置于联邦宪法框架下。努纳武特在级别上相当于省，但在实质权利上相当于一般的自治市政府。在权力关系上，努纳武特土地所有权在法律上属于联邦和加拿大女王，联邦和自治区享有同等的管理权力，在遵守联邦法的前提下，努纳武特区可以自行制定部分区内法。此外，努纳武特地区允许联邦在区内开采石油、天然气等矿产资源。[2] 可以说，自治是在加拿大的既有框架内的自治，并没有超越国家而享有国际意义的主权，土著居民是加拿大公民大家庭的一员。努纳武特地区在原住民自治权与联邦主权之间寻找了一个平衡点，维护了联邦主权和联邦法高于原住民自治的权威。

---

[1] Nunavut Land Claims Agreement Act, https：//laws-lois. justice. gc. ca/eng/acts/n－28.7/page－1. html#h－370423.

[2] *Nunavut Agreement*, http：//www. tungvik. com/site-eng/nlca/nlca. htm.

第四章 跨文化主义模式下加拿大国家认同的重塑（1995—今）

与努纳武特区类似，不列颠哥伦比亚省尼斯加自治也遵循了同样的路径。尼斯加是北美印第安族群之一，长期居住在纳斯河流域一带，2000年时人口约6100人。① 20世纪70年代以后，伴随着原住民民族主义的兴起，该族群一直致力于收回自身传统土地。土地申诉在被不列颠哥伦比亚省政府拒绝后，尼斯加将省政府告到联邦最高法院，最终调解无果。1990年，尼斯加人、联邦与不列颠哥伦比亚省政府三方转而形成谈判机制，由三者共同协商解决尼斯加人诉求。经过长期的交涉，1998年8月4日，尼斯加部落理事会、联邦政府和不列颠哥伦比亚省政府的代表签署了《尼斯加最终协定》，2000年该协定开始正式实施。根据该协定，尼斯加人收回纳斯河谷下游约1992平方千米土地及其矿产、森林的所有权、捕鱼权等权利。另外，尼斯加人享有在文化和语言、公共工程、交通和运输管理、土地使用和婚姻仪式等事项上的立法权。然而，与之前不同的是，尼斯加人的土地权和自治是以明确服从省邦权威与向世俗主义开放为前提的。其一，除了区域内族群构成的差异，尼斯加人自治政府属于公共政府，并非尼斯加人所独享，在性质与制度上与不列颠哥伦比亚省内其他地方政府一样，需要省政府授权，需要分担省区税收。其二，联邦和省法律大于自治法。尼斯加人内部治理不能仅仅依据传统法，在涉及族内纠纷等问题上传统法与省邦法有冲突，以后者为准，传统法不得违背省邦法律与公民权利。其三，现在资本与市场体制之下，原住民传统的集体所有制被解构。根据《尼斯加最终协定》，印第安人拥有合法开发利用土地的权利，但是这种开发并不局限于传统的非商业化的使用，尼斯加人可以出让由条约所得的任何一部分土地的使用权，这一条款瓦解了印第安人传统的集体所有制，为其土地进入市场提供了法律依据。②

伴随着《尼斯加最终协定》的颁布，整个尼斯加族群争取土地权利及自治的模式被普及全省，进而在很大程度上了影响了全加拿大的印第安人类似的权利诉求。可以说，《尼斯加最终协定》"以白人与印第安人在殖民地时期的关系为依据，以国内法为指导，实现印第安人参与族群政治进程、重构自身权利体系的目标。""《尼斯加最终协定》具有非凡的意义。这是尼斯加人与政府签订的首个条约。它不仅填补了不列颠哥伦比亚省近

---

① "Nisga'a Constitution", https：//nnigovernance.arizona.edu/nisgaa-nation-constitution.
② Nisga'a Final Agreement Act, https：//laws-lois.justice.gc.ca/eng/acts/N-23.3/.

百年来没有土著条约的空白，并且重新定义了联邦—省—原住民之间的关系。"在联邦、省及原住民三者关系上，在承认和保护原住民土地自治权的基础上，加拿大国家权威重新得以维护，"印第安人的部分特权被清晰地终止或修改了"[①]。在此之后，尼斯加模式成为加拿大省区内大多数原住民自治的模板。

2. 严限原住民历史领地确权标准

在多元文化主义模式下，原住民占有保留地与安置地，并在以上土地上享有渔猎、耕种等权利，但围绕着原住民土地权具体标准如何确定、原住民土地权与普通法的关系、原住民在所属土地上权利范围及权力行使方式都存在争议。1996—1997年，加拿大通过"范·德·皮特案""熏制公司案"和"格拉斯通案"，不列颠哥伦比亚省吉特克桑印第安人、威特苏威登印第安人等权利诉讼案判决，澄清了原住民土地权的授予原则与内容，扫清了关于原住民土地权利模糊不清的争论。

在"范·德·皮特案""熏制公司案""格拉斯通案"三个诉讼案件中，加拿大联邦法院主要就原住民在已有土地上是否享有商业性渔猎权做出了判决。"范·德·皮特案"的发生经过是这样的：1987年9月11日，斯托洛印第安人史蒂芬和查尔斯·吉米在温哥华附近奇利瓦克市印第安人土地上捕获了红鲑鱼。两人都持有合法的捕鱼许可证，但根据《印第安法》所捕获鱼类不可用于商业销售。但是查尔斯·吉米的伴侣萝西·范德皮特没有遵守这一传统规则，将鱼以10条50美元的价格卖给了非原住民玛丽·露丝丁，结果被告上了省法院。省法院裁定，范德皮特出售鱼类的权利不受第35条的保护，因为出售鱼类并不构成"现有"原住民权利。范德皮特随即上诉至最高法院，最高法院在调查之后，裁定虽然捕鱼构成原住民权利，但出售此类鱼则不然。此举等于对原住民商业性开发所属土地的权利进行了法律限制。[②]

与本案类似，在格拉斯通案中，不列颠哥伦比亚省黑尔楚克印第安人威廉姆和唐纳德·格拉斯通兄弟被指控因擅自出售鲱鱼卵而违反《联邦渔业法》。兄弟俩援引《1982年宪法》第35条为自己辩护，声称他们有权

[①] 杨令侠、徐天：《20世纪70年代以来加拿大印第安人土地权利建构——以尼斯加族为例》，《历史教学》（下半月刊）2017年第5期。
[②] Supreme Court of Canada, R. v. Van der Peet, 1996, 2 S. C. R. 507, https：//scc-csc.lexum.com/scc-csc/scc-csc/en/item/1407/index.do.

第四章 跨文化主义模式下加拿大国家认同的重塑（1995—今）

出售鲱鱼卵。在审判中，他们出示的证据表明，鲱鱼卵贸易是黑尔楚克印第安人在欧洲人之前就有的生活方式。最后，首席大法官拉默支持了格拉斯通兄弟的诉求。此后，联邦高等法院还就梅蒂人身份标准及土地权利依据给予了细致规定。如前文所述，梅蒂人史蒂夫·波利与其子因无证射杀麋鹿被告，二人在法庭上辩解说作为原住民，享有执照豁免权，请求法庭判处无罪。经过冗长审理，2003年加拿大联邦高等法院对此案做了判决，但意义更为深远的是，该判例确定了梅蒂人的身份标准，即除了自我认定为梅蒂人，梅蒂人身份还要满足两个条件：证明自己的祖先来自历史上的梅蒂人群体；其身份被梅蒂人社区承认。无疑，该标准为以后梅蒂人的身份确定提供了法律依据，避免了梅蒂人身份的随意化和梅蒂人权利的任意化，是加拿大在司法上对原住民权利的重要进展。

对于原住民新主张的土地权，加拿大联邦政府主要通过1997年不列颠哥伦比亚省吉特克桑、威特苏威登和德尔加目库三个村落社的印第安人土地诉讼案，对原住民土地声索权予以了严格限制，进一步明确了承认原住民土地权利的基本标准。1984年开始，伴随着原住民民族主义的觉醒和加强，不列颠哥伦比亚省51位原住民世袭酋长代上述村落社向联邦提出土地权利诉讼，要求联邦在不列颠哥伦比亚省西北部授予他们133块总面积达5.8万平方千米的土地，并要求联邦政府承认他们在这些土地上拥有司法自治权与渔猎权等权利。1991年，经过不列颠哥伦比亚省法院审理，原住民败诉，依据是在1871年不列颠哥伦比亚省加入联邦之前，以上原住民已经丧失了对所主张土地的控制权。三个村落社印第安人对判决结果不服，旋即上诉到不列颠哥伦比亚省上诉法院。法院推翻原判，裁定以上印第安人土地权并未在1871年前丧失并承认其相应土地权利受到《1982年宪法》保护，但驳回了印第安人关于在所主张土地上行使自治权的要求。最后，此案被印第安人上诉到了加拿大最高法院。1997年1月，联邦最高法院审理后做出终审判决，声称以上主张土地权利的印第安人所举证的口述史证据不足，并且卡里尔·塞卡尼与尼斯加等印第安人作为诉讼案相关利益人没参加诉讼，因此不做具体的结案，改为要求双方继续谈判解决争议。联邦最高法院指出，据1867年《英属北美法》第91条的内容，联邦议会拥有印第安人和保留地事务的立法管辖权，印第安人等原住民的土地权转移只能是转交或卖给英王，并且其并非永远享有土地权。联邦许可印第安人使用无人土地，但当政府基于充分理由和正当目的，比如为了维护公共利益、资源开发，以及尽到与印第安人谈判和咨询的责任，当双方达到足够的善意契合就可以变更和废除印第安人的土地权。① 印第安人若要恢复或取得土地权，必须自证其在1846年英国统治前就占据所主张的土地且其后一直未中断地持续占有。这一判例进一步限定了原住民土地权利，增加了原住民提供历史证据的难度，将原住民声索土地权利的最终裁决权牢牢抓在了联邦的手里。

另外，这次判决针对印第安人土地使用权的具体内容，从法律上做了详细的解释。加拿大最高法院判定，印第安人"对土地的排他性占有和使用"，除了包含文化习俗等传统事务，还拥有矿业开采之类的土地开发权。不过，印第安人获得土地权有两个基本前提。其一，印第安人的土地权不得自我授予，而应由联邦授予，或者依据法院判决，或者依据历史条约谈判。印第安人如果想通过法院主张新的土地权，必须自己证明在白人殖民者到来之前就已经独立占有所主张的土地且这种独占持续至今没有中断。② 其二，印第安人对土地的权利原则上是以遵循其历史文化传统为基础的，土地权利的利用不能超越历史上的使用方式或危及原住民传统的文化存续方式，比如传统的自给自足式的渔猎。以上判决在表面上看似合理，但在实际上严重限制了原住民取得新的土地权的道路，比如原住民要想获得土地，必须就早期的、排他性的和持续性的占有自我举证，这对于没有信史只有口耳相传传说的原住民而言无疑是困难的。而且，即使取得土地，土地的开发使用也不能超越严格的用途限制。与普通土地权不同，原住民使其实现土地所有权只属于原住民集体所有，除了卖给联邦政府不可以自由买卖。③

3. 援助原住民使其实现经济的现代化

在以法律框架限制原住民权利的同时，加拿大政府也对原住民采取了经济安抚策略。1990年，蒙特利尔市附近发生了莫霍克印第安人抗议奥卡市在争议土地上扩建高尔夫球场的事件，莫霍克族印第安人阻断公路和大桥以示抗议，结果发生骚乱，导致1名警察丧生，两千名士兵前去维持秩

---

① Delgamuukw v. British Columbia, 3 SCR, 1997, 1010, 1081 DLR, http：//www.ualberta.ca/~esimpson/claims/gitksan.htm.
② Supreme Court of Canada, "*Delgamuukw v. British Columbia*, 1997, 3 S.C.R.1010", 1997, p.89, http：//www.canlii.org/en/ca/scc/doc/1997/1997canlii302/1997canlii302.html.
③ BC Treaty Commission (1999：3), "A Lay Person's Guide to Delgamuukw", www.bctreaty.net/files/pdf_documents/delgamuukw.pdf.

序。奥卡危机结束后（1991年8月），加拿大政府根据首席法官布莱恩·迪克森的建议，成立了原住民皇家委员会对原住民和非原住民关系进行调查。为充分了解原住民的心声，原住民皇家委员会7名委员中有4名为原住民，委员会2名联合主席分别为第一民族大会前议长乔治·伊拉斯姆斯和魁北克上诉法院大法官勒内·杜索。经过约5年的调查，2000多人参与了听证，委员会进行了350多项主题研究，于1996年11月在魁北克市颁布了《皇家原住民委员会报告》。报告指出，原住民在教育、就业、收入、住宿等方面十分落后，"已经陷入了一个无休止的怪圈——家庭暴力、教育失败、贫困、健康情况恶劣、暴力活动猖獗"[1]。加拿大必须重构加拿大原住民与非原住民之间的关系，尊重原住民的自决权、土地权、历史与文化，必须大幅度增加加拿大南部第一民族的土地拥有量，鼓励土著政府建立反映自身文化价值的机构，建立原住民大学，支持原住民教育自治。同时，报告还建议，在15年内拨款20亿加元来帮助原住民解决卫生、教育、就业和住房问题。针对此报告，联邦政府在1998年发布了一项声明，对过去的错误深表遗憾，承诺提供3.5亿加元用于支持原住民社区医疗和寄宿学校医疗问题。[2]

进入21世纪后，原住民在社会、经济上落后的局面并未得到根本缓解。2000年，各省保留地原住民中，高中及高中以上学历者的最高占比不及32%，城市原住民中，最高占比只有约22%。[3] 2001年，15岁以上的原住民青少年大约只有52%完成中学教育，比其他族群平均值低了17%。[4] 2001年，大约44%的土著居民（20—24岁）没有高中毕业，而非土著加拿大人的这一比例为19%。此外，原住民患2型糖尿病的可能性大约是非原住民的3倍，自杀率大约是非原住民的3—11倍。[5] 据加拿大智库加拿大政

---

[1] Joan Kendall, "Circles of Disadvantages: Aboriginal Poverty and Underdevelopment in Canada", *American Review of Canadian Studies*, Summer, 2001, p. 43.

[2] Report of the Royal Commission on Aboriginal People, https://www.bac-lac.gc.ca/eng/discover/aboriginal-heritage/royal-commission-aboriginal-peoples/Pages/introduction.aspx.

[3] Evelyn J. Peters, "First Nations and Métis People and Diversity in Canadian Cities", in Keith Banting, Thomas J. Courchene and F. Leslie Seidle, *Belonging? Diversity, Recognition and Shared Citizenship in Canada*, 2007, p. 251, p. 258.

[4] 范微微：《多元文化社会中的国家认同：20世纪70年代以来加拿大公民教育研究》，博士学位论文，吉林大学，2011年。

[5] "Kelowna Accord", https://www.thecanadianencyclopedia.ca/en/article/kelowna-accord.

策改革研究中心2010年的研究,1996年、2001年和2006年,原住民人均收入分别为12003加元、16036加元和18962加元,分别比非原住民低了9428加元、9045加元和8135加元。① 2001年,加拿大10个主要城市原住民贫困率平均约为37.21%(非原住民约为16.16%),里贾纳、萨斯卡吞甚至超过50%。② 2006年,约60%的印第安人生活在贫困线以下。③

为解决原住民经济落后的局面,2005年11月,加拿大自由党联邦政府、省政府与5个全国性原住民组织④经过18个月的协商,在不列颠哥伦比亚省基洛纳市达成了为期10年的《基洛纳协议》。该协议承诺在5年内提供50亿加元,用于资助原住民保健、教育、住房、基础设施及经济开发等。比如,在5年内拨款13亿加元将婴儿死亡率、青年自杀率、儿童肥胖和糖尿病降低20%。投入约18亿加元,到2016年将原住民高中毕业率提高到加拿大的平均水平。拨款2亿加元降低土著人口的失业率。拨款16亿加元提升原住房和基础设施。拨款1.7亿加元用于"关系和问责"。该文件颁布后,在2006年,《基洛纳协议》投入6亿加元用于改善原住民卫生、教育和住房问题。⑤ 2008年,在自由党保罗·马丁等党领袖的积极推动下,《基洛纳协议实施法》得以通过。

二 对魁北克省的安抚与限制

1. 联邦对魁北克省的经济与政治安抚

所谓安抚手段主要包括经济安抚和政治安抚。联邦政府对魁北克省的

---

① "Income Gap Persists for Aboriginal Canadians", http://www.cbc.ca/news/canada/story/2010/04/08/aboriginal-income-disparity.htm
② Evelyn J. Peters, "First Nations and Métis People and Diversity in Canadian Cities", Keith Banting, Thomas J. Courchene and F. Leslie Seidle, eds., *Belonging? Diversity, Recognition and Shared Citizenship in Canada*, 2007, pp. 210 – 211, p. 216
③ Daniel Wilson and David Macdonald, Canadian Centre for Policy Alternatives, "The Income Gap between Aboriginal Peoples and the Rest of Canada", April, 2010, p. 8, http://abdc.bc.ca/uploads/file/09%20Harvest/Aboriginal%20Income%20Gap%20ccpa.pdf.
④ the Assembly of First Nations (AFN), the Inuit Tapiriit Kanatami (ITK), the Métis National Council (MNC), the Congress of Aboriginal Peoples (CAP), and the Native Women's Association of Canada (NWAC).
⑤ Tabitha Marshall, "Kelowna Accord", *The Canadian Encyclopedia*, 10 September 2021, Historica Canada, http://www.thecanadianencyclopedia.ca/en/article/kelowna-accord.

第四章　跨文化主义模式下加拿大国家认同的重塑（1995—今）

经济安抚最早开始于联邦政府在财政上给予魁北克省的财政转移支付。自20世纪70年代以来，联邦政府拨付的财政转移支付一直占了魁北克省财政收入的20%以上。① 魁北克省第二次独立公投前后，加拿大联邦政府采取了更多的积极措施来支持原住民的财政。1994年，魁北克省的大学学费约为1668加元，相比安大略省的大学学费低了约65%，两者的巨大差距是因为联邦对魁北克省的转移支付。② 1995年第二次公投之后，面对魁北克省依然存在的分离主义，加拿大联邦政府于1998年宣称，假若魁北克省固执己见要求独立，须先归还联邦政府转移支付的1060亿美元，按魁北克省人口算，人均达到14627美元左右。此外，联邦政府将不再为魁北克省支付联邦退休金。③

在政治层面，魁北克省的独特地位得到了联邦的进一步确认。1995年12月1日，在魁北克省第二次独立公投1个月之后，加拿大联邦议会通过1项议案，宣布承认"魁北克省是加拿大内部的独特社会"，规定：其独特性不在于政治主权，而在于"法语人口为多数、不同的文化及法律传统"④。1997年2月，加拿大总检察长也在向联邦最高法院提交的报告中，提出魁北克省作为语言少数族群，可以在联邦范围内享受相关特权。⑤ 在联邦层面，魁北克省独立公投后，魁北克党团并没有完全放弃支持独立的立场。2006年1月，其领袖吉利斯·杜塞普代表该党向议会提交议案，要求议会承认魁北克省为独立主权国家。为与魁北克党团妥协，时任总理哈珀提出了一个被称为"加拿大内部之国"的议案，即以坚持加拿大联邦主权为前提，承认魁北克省委语言文化上独特的民族。2006年11月，加拿大众议院以266:16票的绝对优势通过哈珀的议案。哈珀政府的目的在于将魁北克省自认为国家的诉求严格限制在文化和社会范畴，并不赋予其主权含义："魁北克成为了一个加拿大的国中之国吗？我们的答案是'是

---

① 于福坚：《加拿大是如何化解魁北克危机的》，《中国民族报》2009年11月13日。
② Jason Kirby, Martin Patriquin and Colin Campbel, "Quebec in Deep Economic Trouble", Maclean's March 19, 2007, http://www.thecanadianencyclopedia.com/articles/macleans/quebec-in-deep-economic-trouble.
③ 阮西湖：《20世纪后半叶世界民族关系探析》，民族出版社2004年版，第9页。
④ Brian O'Neal, "Political and Social Affairs Division, Distinct Society: Origins, Interpretations, Implications", http://www.parl.gc.ca/Content/LOP/ResearchPublications/bp408-e.htm.
⑤ Quebec Government, "Québec's Political and Constitutional Status-An Overview", 1999, pp.31-32, http://www.saic.gouv.qc.ca/publications/documents_inst_const/statut-pol_en.pdf.

的'。但魁北克是一个独立的国家吗？不是，从来都不是。"① 哈珀政府的议案没有完全满足魁北克党团的要求，但也是对法裔的巨大让步，属于文化上对魁北克省的重大安抚。

2. 联邦对魁北克省独立的正当性的否定

与加拿大自身独立经历了和英国长期的妥协以及英国的主动授予不同，魁北克省两次独立公投都是在加拿大联邦不支持的前提下进行的。公投的时间、程序、内容都是魁北克省一手设置。加拿大《1982年宪法》第91—92条对各省区和联邦权力做了划分，国家疆域的变动必须经联邦和省一致同意，并且在议会获得三分之二以上的省区支持方可进行变更，但问题在于魁北克省并不承认《1982年宪法》，也未在宪法上签字，这使得宪法对魁北克省的约束力大打折扣。1991年，加拿大高等法院曾判定魁北克省《101号法》独尊法语违反宪法，魁北克省迫于压力稍作了让步，颁布了《86号法》(1993年)，但只是象征性地小修小改。可以说，尽管联邦政府向来反对魁北克省的独立倾向，但只能被动地被牵着鼻子走，未能从法理上限制之。鉴于此，在第二次独立公投后，联邦政府急切地想在法理层面寻找限制魁北克省分离的宪政依据。鉴于《1982年宪法》缺乏针对如何处理分裂问题的具体条款，在加拿大历史上也没有处理分裂国土的法理先例，让·克雷蒂安政府于1996年9月30日就魁独问题向加拿大最高法院提请裁定咨询意见，当中包含三项问题：其一，根据加拿大宪法，魁北克省议会或政府是否有权单方面促成魁北克省脱离加拿大？其二，根据国际法，魁北克省议会或政府是否有权单方面促成魁北克省脱离加拿大？在这点上，国际法是否有容许魁北克省议会或政府单方面促成魁北克脱离加拿大的自决权？其三，若加拿大国内法律与国际法在魁北克省议会或政府是否有权单方面促成魁北克省脱离加拿大的问题上有所冲突，在加拿大国内何者优先？

为准确阐述以上问题，联邦高等法院专门邀请了一批国内外著名法学专家齐聚渥太华。以帕特里克·莫纳汉和南希·科特为代表的法学家们在系统地研究89个国家的宪法后，指出几乎不存在允许境内地区或族群任意分离出去的条款的国家宪法，即使允许，也是设置了极其苛刻的

---

① 田辉、田曙：《加总理：魁北克是"国中之国"》，新浪新闻，2006年11月29日，https://news.sina.com.cn/w/2006-11-29/022510632305s.shtml。

第四章 跨文化主义模式下加拿大国家认同的重塑（1995—今）

条件。① 法学家小组成员、来自剑桥大学的詹姆斯·克劳福德教授深入解读了联合国关于民族自决问题的 1514 号和 2625 号决议后，指出联合国是在坚持道义性的前提下承认民族独立，其前提为：遭遇殖民主义统治；被外国占领、被外国托管；被种族主义政权压迫。而魁北克省的情形不属于这三者中的任何一个。而且这两项决议也对国家统一和主权完整做出了保护性的规定，蓄意破坏国家统一也属于违反联合国宪章的行径。詹姆斯·克劳福德认为，1992 年联合国《保护民族、宗教语言少数族群的宣言》与 1993 年的《日内瓦宣言》的主要精神与目的是支持少数民族在主权国家框架下的自治，并非支持其谋求独立，从而去分裂主权国家。② 法学家们的以上立场否定了"一战"以来对"一个民族，一个国家"（One Nation, One State）的民族主义思想的极端化解读，为加拿大联邦在法理上限制魁北克省分离主义提供了法律依据。③ 在以上讨论基础上，1998 年 8 月，加拿大联邦最高法院完成《魁北克脱离联邦咨询意见》，指出魁北克省为联邦的一部分，其独立不受加拿大宪法保护。至于魁北克省民众的独立诉求，民众有表达的权利，也可就此与联邦开展谈判和协商，但没有资格未经联邦同意就自行宣布独立，因为这会侵害其他省区和少数族群的利益，魁北克省必须在联邦共同利益之下考虑自己的民族利益。对于国际法层面的问题，最高法院重申詹姆斯·克劳福德提出的独立前提，明确指出魁北克省并不符合其中任何一个前提且魁北克省已经享有参与国家政治的充分自由，无资格诉诸独立。比如，1867—1998 年，加拿大 22 位总理中，法裔总理就占了 7 位。联邦最高法院认为国际法法理没有支持法裔宣布独立，并且与国内法在法理上没有冲突与相互矛盾的地方。通过以上宪法性法理解释，魁北克省自我宣布独立的合法性被否定，在法理上维护了国家统一。

---

① Patrick J. Monahan and Michael J. Bryant with Nancy C. Côté, "Coming to Terms with Plan B: Ten Principles Governing Secession", CD Howe Institute Commentary, p. 83, http://www.cdhowe.org/pdf/Monahan.pdf.

② James Crawford, "State Practice and International Law in Relation to Unilateral Secession", Report to Government of Canada concerning unilateral secession by Quebec, 1997, http://www.tamilnation.org/selfdetermination/index.htm.

③ "一战"结束后，美国总统威尔逊提出被压迫"民族自决"，列宁也提出"一个民族，一个国家"的类似立场，促进了"一战"后国际秩序的重构和被殖民族的解放，但在某些多民族国家也引发了分裂和动荡。

为了将以上法理解释法律化，2000年6月，经联邦政府提案，加拿大联邦议会通过了明确限制魁北克省独立的首部专门立法——《明晰法》。该法明确指出：第一，省级区域必须清晰地向公众说明，其谋求独立的目与独立的后果，才能向联邦众议院提出以公民投票表决的方式，决定是否独立。独立公决合法与否，由联邦众议院在30天内确定，如果是大选年则需要将确定期限延长到50天。第二，省区独立公决必须在公民独立投票中获得明显多数同意独立，才可以和联邦投票商讨独立事务。至于明显多数的认定，不是以得票是否过半来确定，而是由联邦众议院综合赞成票、投票率以及"众议院认为该考虑的情况或因素"来确定。第三，省区独立公决的赞同票得到众议院达到清晰多数的认定后，该省区还必须与联邦各省区进行谈判，在众议院表决时得到各省区席位三分之二以上的赞同，并完成宪法中有关联邦条款的修改后，才有被允许独立的可能。另外，要求独立的省区在宣布独立前，必须划分好联邦债务分割的比例、明确划分好边界与切实保障原住民等族群的利益。① 很明确，《明晰法》以联邦主义、民主政治、宪政主义、族群平等等宪法原则为基础，对魁北克省独立进一步限制。《明晰法》颁布后，魁北克省议会试图通过制定《魁北克自决问题基本权利和特别权利法》进行反制，然而魁北克省如果想要独立，就必须按照联邦法《明晰法》规定的程序，跨过重重障碍才有可能开启独立之门。即使全部的魁北克省人赞同独立，也必须和其他省区进行旷日持久的协商和谈判、赢得几乎所有省区支持才行，而这根据以往各省区之间的复杂关系，从理论上来说取得一致的可能性微乎其微。时任政府间事务部部长史蒂芬·迪翁认为："《明晰法》草案的通过，保障了加拿大永远不会在混乱中被分裂。"②

3. 统一战线对魁北克省独立倾向的牵制

魁北克省二度独立公投后，争取联邦其他省区和非法裔族群组成一起反对魁北克省独立的统一战线，是加拿大联邦政府遏制魁北克省独立倾向的又一重要战略（又称C计划③）。1996年2月，克雷蒂安总理再度发表

---

① An Act to Give Effect to The Requirement for Clarity As Set Out In The Opinion of the Supreme Court, http://laws-lois.justice.gc.ca/eng/acts/C-31.8/page-1.html.
② 《从法理上堵住分裂漏洞 在现实中维护国家统一 各国立法打击分裂势力》，http://news.xinhuanet.com/taiwan/2005-03/16/content_2704504.htm.
③ Alan C. Cairns, "Looking Into the Abyss: The Need for a Plan C", C. D. Howe Institute Commentary, No. 96, September 1997, pp. 1-32, http://www.cdhowe.org/pdf/cairns.pdf.

第四章 跨文化主义模式下加拿大国家认同的重塑（1995—今）

讲话，强调魁北克省独立与否不是魁北克省自己的事情，应该让全体加拿大人而非仅仅由魁北克省说了算。"让 200 万人的一个省毁掉一个 3000 万人口的国家，而其他 9 省的人没有一点发言权，这不是一种磋商，加拿大再也不能这样搞下去。"[1] 同年，加拿大联邦议会制定并通过《宪法否决法》，对修宪附上了较为严格的前提条件，只有魁北克省、安大略省、不列颠哥伦比亚省同意修宪，并且大西洋省（新斯科舍省、新不伦瑞克省、爱德华王子岛省、纽芬兰和拉布拉多省）、大草原省（曼尼托巴省、萨斯喀彻温省和阿尔伯塔省）同意修宪的人口达到 50% 以上，修宪才可以启动。[2] 1997 年 9 月，除谢绝与会的魁北克省，其他各省区在卡尔加里召开会议，磋商修宪并公布《卡尔加里宣言》。与会总理承认魁北克省具有其独特性，也赞同将多元文化主义作为加拿大的国策。《宣言》认可魁北克省国民大会有发展法裔独特语言文化及民法的权利，同时主张基于省区平等的原则，联邦法律若赋予某省权利，也应该利益均沾地同样给予其他省区。11 月，安格斯·雷德研究所的民意调查结果显示，受访者中赞同宣言观点的约占 62%，反对宣言的约为 30%，另外尚约有 7% 的人对宣言没有明确的看法。而在魁北克省，支持和反对的受访者分别约为 59% 和 30%。此外，加拿大广播公司的问卷结果显示，即使是在魁北克省，受访者中也有高达 80% 的人赞同宣言，只有约 18% 的人持反对立场。[3]

在将其他省区联合起来之外，加拿大联邦也将魁北克省内部的原住民和非英裔、非法裔族群视为可团结的反对该省独立的势力。据 1981 年的统计结果，魁北克省总人口约为 643.84 万，其中法语人口约占 82.4%（530.701 万人）。同比，魁北克省内英语人口约占 11%（70.61 万）、意大利语人口约占 2.4%（13.37 万）、德语人口约占 0.4%（2.41 万）、乌克兰语人口约占 0.2%（1.08 万），合计约 13%，属于关键少数。[4] 此外，因纽特人、印第安人等原住民，人数虽然有限，却因为分布在魁北克省大半区域内，成为该省一支不容忽视的力量。他们坚称魁北克省属于原住民，不赞同魁北克省独

---

[1] 黎国：《魁北克问题及其对加拿大的影响》，《世界经济研究》1996 年第 5 期。
[2] An Act Respecting Constitutional Amendments, https://laws-lois.justice.gc.ca/eng/acts/C-36.7/page-1.html.
[3] "Calgary Declaration", http://uni.ca/initiatives/calgary_e.php.
[4] The State of Minority-language Education in the Provinces and Territories of Canada, *A Report of the Council of Ministers of Education Canada*, Jan 1983, p. 17.

立,所以在其第一次独立公投时,非法裔族群基本投出反对票①,第二次独立公投时绝大多数原住民没有参加公投。10月26日,印第安人自行组织了关于是否赞成魁北克省独立的先期公民投票,有约96.3%的人选择不赞同魁北克省独立。② 从民族平等的角度看,如果法裔可以提出魁北克省独立,那魁北克省内的原住民和英裔也可以提出从魁北克省内独立出去。加拿大总理让·克雷蒂安明确表示:"如果魁北克是可以分离的,那么魁北克同样也是可以分裂的。"③ 加拿大政府充分利用了少数族群对魁北克省独立的反感,"以法裔之道还治法裔之身",通过《明晰法》保障少数族群权利,从而牵制了魁北克法裔独立力量,维护了加拿大国土的完整性。

三 对少数族裔融入加拿大的强化

1. 以公民身份法规改革强化移民融入

面对多元文化主义所导致的加拿大认同问题,加拿大联邦政府在20世纪90年代初以后开始着力加强移民对加拿大的认同。为帮助移民融入加拿大,加拿大政府采取了多种措施。在语言方面,1992年加拿大联邦政府公民身份与移民部开始执行"新移民语言教学"项目和"英语为第二语言"项目,由联邦政府资助官方或民间机构对新移民进行免费的官方语言培训,这些课程不仅教授语言,更强调通过加拿大式的教学内容,鼓励移民主动接受并融入加拿大。④ 1993年6月,加拿大参议院社会事务、科学与技术常务委员会公布了《加拿大公民身份:分担的责任》,提出对1977年公民身份法进行大幅度的修改。1994年6月,众议院公民身份和移民常设委员会的报告《加拿大公民身份:归属感》,对移民的"归属感"给予了强调。1995年,公民身份与移民部制作了加拿大第一份官方移民指南性

---

① 王建波、曹新群:《国家认同构建中的加拿大教训(1968—1984)——以魁北克问题为视角》,《河南社会科学》2012年第1期。
② 朱毓朝:《魁北克分离主义的挑战与近年来加拿大联邦政府在法律和政策上的应对》,《世界民族》2007年第4期。
③ "Ottawa Endorses Québec Partition", https://www.thecanadianencyclopedia.ca/en/article/ottawa-endorses-quebec-partition.
④ Tracey Derwing, Kama Jamieson and Murray J. Munro, "Citizenship Education for AdultImmigrants: Changes Over the Last Ten Years", *The Alberta Journal of Educational Research*, Vol. 44, No. 4, Winter 1998, p. 384.

第四章　跨文化主义模式下加拿大国家认同的重塑（1995—今）

用书《加拿大一览》，以支持新移民尽快了解与融入加拿大。申请加拿大籍者，必须参加关于加拿大国情问题的移民考试，成绩合格者才能入籍。1996年，加拿大公民身份与移民部颁布新的政策，规定移民入籍者必须"忠于加拿大、忠于加拿大女王和她（在加拿大）的代表、遵守加拿大的法律、尊重公共财产与私人财产、关心加拿大遗产和支持加拿大的信念"[1]。同年，该部颁布《寻求新移民整合的新方向》，提出整合新移民原则：加拿大作为移民国家包容新移民文化，但新移民也要适应和融入加拿大；官方语言是加拿大社会整合新移民的核心工具；新移民自立自足为加拿大贡献力量弥足珍贵；新移民认同和分享加拿大社会的内在原则、传统、自由平等价值观。[2] 1997年，加拿大新的公民身份与移民部部长约翰逊·肯尼上任后，"认同加拿大"进一步被作为遴选移民的标准。1998年1月，由罗伯特·特伦佩担任主席的加拿大立法评估咨询团发布了关于加强移民加拿大认同的《特伦普报告》。该报告提出了172条建议，建议提高对请求入籍的新移民在加拿大生活时间、经济收入、掌握官方语言的能力以及对加拿大认知程度的要求，以鼓励积极和负责的公民身份。[3]

在以上条件促动下，1999年1月，自由党政府向议会提交了主张进一步强化移民准入标准的《63号法案：加拿大公民身份法》。在议会讨论中，公民身份与移民部强调，移民申请归化时：必须已具备足够时长的永久居住身份；必须忠诚于加拿大；必须证明对加拿大知识、价值观与官方语言的掌握已经达到较高的程度。[4] 其后，在加拿大议会通过的《1999年公民身份法》中，以上原则在条文里得到了充分体现。新的《公民身份法》还对《1977年公民身份法》里的公民宣誓内容做了修改，将原来"我将效

---

[1] Michelin Labelle, François Rocher, "Debating Citizenship in Canada: the Collide of Two Nation-building projects", Pierre Boyer, Linda Cardinal, David headon, *From Subjects to Citizens: a Hundred Years of Citizenship in Australia and Canada*, Ottawa: University of Ottawa Press, 2004, p. 266.

[2] Shiva S. Halli and Leo Driedger, eds., *Immigrant Canada, Demographic, Economic, and Social Challenges*, Toronto: University of Toronto Press, 1999, p. 55.

[3] Shiva S. Halli and Leo Driedger, eds., *Immigrant Canada, Demographic, Economic, and Social Challenges*, Toronto: University of Toronto Press, 1999, p. 267.

[4] House of Commons, *Debates*, No. 52, 18 Feb., 2000, http://openparliament.ca/debates/2000/2/18/martin-cauchon-1/. 议案全文参见 Submission on Bill C – 63 – Citizenship of Canada Act, https://www.cba.org/CMSPages/GetFile.aspx?guid=38c23f26-a5f6-4336-a268-ab4f5f411888。

忠于加拿大女王伊丽莎白二世陛下、她的后嗣和继任者,并将切实遵守加拿大的法律,履行作为加拿大公民的责任"改为了"我宣誓效忠和拥护加拿大及加拿大女王伊丽莎白二世。我承诺尊重我们国家的权利和自由,捍卫我们的民主价值观,忠实地遵守法律和履行自己作为加拿大公民的责任和义务",将对加拿大的国家认同和归属感置于更突出的地位。①

进入21世纪,面对更大的移民潮,加拿大联邦政府的移民归化标准进一步收紧。2000年2月,加拿大执政党自由党的发言人安德鲁·泰力迪在加拿大众议院辩论公民身份时,再度强调整合新移民国家认同的必要性。他指出公民身份:"不只是一张纸,不只是填表时需要核对的空格,也不只是国际旅行的便捷途径。……我们的'公民身份法'是所有可称为加拿大人的人们的基础。它包含了加拿大人关于做加拿大人意味着什么的共识。"② 2005年,华裔出身的遗产部部长陈卓愉发表讲话,呼吁强调共同公民身份而非差异才是终极目标:"我们需要尊重多元,但同时也应该被视为平等的公民。"③ 2007年1月,加拿大总理斯蒂芬·哈珀在加拿大历史上第一次建议成立一个名为"加拿大认同"的新部门,任命杰森·肯尼担任多元文化主义和加拿大身份国务秘书。2009年4月,加拿大议会再度修改公民身份法,规定:在海外出生且父母中一方为加拿大公民的孩子,无权自然得到加拿大公民身份。④ 11月,为加强移民对加拿大国情的认知,公民及移民部制定了新版入籍指导用书《了解加拿大:公民的权利与责任》,规定拟入籍者必须对加拿大的历史、政治、族群等基本国情及文化有所了解,必须接受加拿大的价值观和公民责任。同时,该书提到了加拿大军队历史及国殇纪念日的意义,其目的在于提升移民对加拿大的了解并加强其对加拿大的认同。2011年7月19日,加拿大政府以申请材料造假为据,将1800余名移民的公民身份一次性取消,而在《1946年公

---

① The Ctizenship Act of Canada 1999, http://www.parl.gc.ca/About/Parliament/LegislativeSummaries/bills_ls.asp?lang=F&ls=C63&Parl=36&Ses=1#I. The Oath.
② House of Commons, *Debates*, No.52, 18 Feb, 2000, http://openparliament.ca/debates/2000/2/18/martin-cauchon-1/.
③ Iren Bleared, *Becoming a Citizen: Incorporating Immigrants and Refugees in the United States and Canada*, Berkeley: University of California Press, 2006, p.142.
④ Citizenship and Immigration Canada, "Changes to Citizenship Rules As of April 2009", http://www.cic.gc.ca/english/citizenship/rules.asp#understand.

民身份法》执行期间仅有不到70人被取消公民身份。① 正如加拿大公民身份与移民部部长所言:"我们必须保证公民身份的价值,必须采取措施限制那些轻视它的人。"②

2. 以共同文化项目筑牢加拿大认同

伴随着20世纪90年代初加拿大社会舆论对多元文化主义解构国家认同的批评,加拿大移民文化建设的重点从支持文化多元化,逐渐转到宣扬共同文化与加拿大共享的公民认同。

为提高政策的执行力,加拿大有意调整相关机构的设置。1991年在多元文化主义部的基础上组建多元文化主义与公民身份部,作为"维护加拿大文化主权和推进加拿大认同"的部门。1993年,自由党政府决定在加拿大联邦政府内增设加拿大遗产部,并将多元文化主义项目放在遗产部之下,多元文化主义与公民身份部则相应地撤销。之后,在金·坎贝尔保守党政府时期(1993.06—1993.11),加拿大多元文化主义和公民身份部被列为遗产部助理部长主管的次级部门。③ 1993年年末,自由党政府再度执政后,多元文化事务继续归加拿大遗产部管理。"在生而为加拿大人和入籍加拿大人之间构建一个共同的纽带……除了权利,更强调责任。"④ 1996年,加拿大联邦政府委托布莱顿市场调研公司评估多元文化主义对加拿大的作用与影响。其研究成果《布莱顿报告》称加拿大实施多元文化主义的宗旨是保护多元族群的文化权利,但基本目标更应该是"认同、参与和公正","加拿大遗产部应该避免那些与认同、参与、公正无关的行动,以免削弱加拿大的架构"。⑤ 根据该报告,加拿大联邦政府宣布改革多元文化主义项目,提出以"社会公正、认同和公民参与"为基石,构建"包容和有

---

① "Ottawa Targets 1800 in Citizenship Crackdown", CBC News, July 20, 2011, http://www.cbc.ca/news/ca.
② Speaking Notes for The Honourable Jason Kenney, P. C., M. P. Minister of Citizenship, Immigration and Multiculturalism, http://www.cic.gc.ca/english/department/media/speeches/2011/2011-12-12.asp.
③ Ministerial Press Release, 25 June 1993, Christina Louise Gabriel, *Recasting Citizenship: The Politics of, Multiculturalism Policy in Canada*, Ph. D. dissertation, York University, 1997, p. 225.
④ Christina Louise Gabriel, *Recasting Citizenship: The Politics of. Multiculturalism Policy in Canada*, Ph. D. Dissertation, York University, 1997, p. 76, pp. 242-243.
⑤ Abu-Laban Yasmeen and Christina Gabriel, *Selling Diversity: Immigration, Multiculturalism, Employment Equity and Globalization*, Peterborough: Broadview Press, 2002, p. 113.

凝聚力"的社会。具体而言，所谓"社会公正"是指建设一个尊重、包容、平等及公正的加拿大；"认同"旨在让不同背景的加拿大人在心理和情感上归属和依恋加拿大；"公民参与"则是指推动公民积极参与社区和加拿大建设。① 按照这份报告的阐述，以上目标不是强制同化，也非有计划的隔离，而是重在整合加拿大境内的多元文化，培养富有责任感、拥有共同文化价值认同的公民，造就一个尊重历史、拥抱现在和面向未来的加拿大。②

在改革多元文化主义的共识之下，加拿大政府连续削减了对加拿大多元文化主义的资助，加大了对国家认同项目的投入。1998—2001 年，加拿大遗产部对有关加拿大认同项目的财政拨款大约是对多元文化主义项目拨款的 7.5 倍，对官方语言项目的拨款大约是对多元文化主义项目拨款的 3.7 倍③。仅仅加拿大遗产部于 1999—2000 年为加拿大国庆节日的拨款预算就达到 540 万加元，其中约 65% 给了魁北克省。④ 2005—2006 财年，为支持族群整合与安置，加拿大联邦政府增加对其财政预算拨款，并称将在其后的 5 年间持续提高财政投入，预计将拨款预算增至 2.98 亿元。⑤

很明显，魁北克省第二次独立公投后的加拿大多元文化主义在呈现相当明显的收缩趋势的同时，族群整合的倾向愈发显现，传统的多元文化主义呈现整合型多元文化主义的特征。⑥ 对此，2015 年，加拿大全球事务研究所和环境研究所研究员、曾任加拿大多元文化主义和公民身份部主任的安德鲁·格里菲斯曾在报纸上撰文指出，加拿大多元文化主义政策在出台之初的重点在于促进文化平等、"赞美差异"和鼓励族群马赛克。然而，

---

① Abu-Laban Yasmeen and Christina Gabriel, *Selling Diversity*: *Immigration*, *Multiculturalism*, *Employment Equity and Globalization*, Peterborough: Broadview Press, 2002, p. 114.
② Andrew Cardozo & Louis Musto, eds., *The Battle over Multiculturalism*, *Does it Help or Hinder Canadian Unity*? Ottawa: PSI Pub, 1997, p. 14.
③ Department of Canadian Heritage, "Canadian Heritage: 1998 – 1999 Estimates – A Report on Plans and Priorities", http://iog.ca/sites/iog/files/ethnic.pdf.
④ Michelin Labelle, François Rocher, "Debating Citizenship in Canada: the Collide of Two Nation-building Projects", Pierre Boyer, Linda Cardinal and David headon, *From Subjects to Citizens*: *a Hundred Years of Citizenship in Australia and Canada*, Ottawa: University of Ottawa Press, 2004, p. 269.
⑤ Irene Bloemraad, *Becoming a Citizen*: *Incorporating Immigrants and Refugees in the United States and Canada*, Berkeley: University of California Press, 2006, p. 251.
⑥ Annual Report on the Operation of Canadian Multiculturalism Act, 2007 – 2008, https://www.susinpom.com/file/annual-report-on-the-operation-of-the-canadian-multiculturalism-act-2007 – 2008.

第四章　跨文化主义模式下加拿大国家认同的重塑（1995—今）

20 世纪 90 年代后加拿大多元文化主义发生转折，更多地表现为"公民多元文化主义"、整合型多元文化主义及强调社会凝聚力。面对鼓励族群差异政策带来的信仰和文化冲突，加拿大多元文化主义"凝聚力更多，而包容性更少"，强调更多的是共同的价值观、公民责任和文化"趋同"。[1]

3. 以公民教育培育共同国家意识

20 世纪 90 年代后，"连字符化的加拿大人"现象饱受批评，国家共同认同的缺乏成为加拿大公民教育关注的重要内容。[2] 1993 年 5 月，加拿大政府出版的《公民教育公报》颁布，宣布加拿大公民教育应在着力强化加拿大的共同认同。第一，推动基于加拿大历史、人文地理、社会等知识的公民认知教育，推动相关知识的研究。《公报》称"加拿大人必须了解我们自己——我们的历史、文学和哲学——如果我们打算在世界经济舞台满怀自信地发挥作用"。第二，致力于帮助公民参与加拿大政治与社会，扫除公民参与在文化方面的障碍，培养公民的读写能力、参与意识及能力，使公民掌握"学会表达不满，发挥自我政治参与的能力"。第三，展开公民社会意识和文化价值观方面的教育，让民众作为公民积极履行公民责任，懂得民主原则、相互包容，学会尊重和保护公共利益。第四，提升公民保护环境的意识和拓展国际视野。[3] 这份文件以培养公民对国家的认同、增强国家凝聚力为核心，重在提升公民责任意识、公民参与能力，是对之后加拿大公民教育的重要指针。加拿大联邦议会图书馆研究处也发布了报告。报告提出加强公民教育对加拿大至关重要："良好公民教育不仅会对政治和政府产生影响，而且对社区和志愿活动、社会和国际和谐也很重要。虽然这一直是加拿大教育工作者的一般目标，但在过去，教育的这一方面并没有得到足够的正式关注。家庭、教会和学校都受到信赖，向年轻人灌输忠诚和遵守职责的原则，这些原则被认为是良好公民的主要组成部分。然而，在当今迅速变化的世界中，这种公民身份的传统方法是否适当

---

[1] Andrew Griffith, "The Conservative Legacy On Multiculturalism: More Cohesion, Less Inclusion", https://policyoptions.irpp.org/2015/10/29/the-conservative-legacy-on-multiculturalism-more-cohesion-less-inclusion/.

[2] Osborne Ken, "Education is the Best National Insurance: Citizenship Education in Canadian Schools, Past and Present", *Canadian and International Education*, 25 (2), 1996, pp. 31 – 58.

[3] Helen McKenzie, Political and Social Affairs Division, *Citizenship Education in Canada*, Ministry of Supply and Services Canada, Ottawa: Canada Communication Group, 1993, pp. 4 – 10, p. 18, http://publications.gc.ca/Collection – R/LoPBdP/BP/bp326 – e.htm.

受到了质疑，有证据表明加拿大和国外对这一主题重新产生了兴趣。"① 1994年，"加拿大有效公民身份委员会"发布《21世纪加拿大公民教育：危机与挑战》的报告，主张加拿大的公民身份教育应该着重培养积极公民，以提升社会凝聚力和增强公民的国家认同。

为增强公民对加拿大的认知和认同，加拿大还利用媒体加强了公民教育。在这方面，最典型的例子是加拿大历史纪录片《加拿大：人民的历史》的制作和播出。2000年10月至2001年11月，加拿大广播公司播出了英法双语制作的17集大型加拿大历史纪录片《加拿大：人民的历史》，每集近两个小时，几乎原景再现了加拿大自殖民时代到20世纪90年代的历史。该纪录片受到了加拿大公众热烈的欢迎。2001年，该纪录片获得加拿大电影电视学院颁发的三项双子奖、哥伦布国际电影电视节克里斯奖。加拿大历史协会授予了该剧及其执行制片人加拿大总督历史奖中的"大众媒体：皮埃尔·博尔顿奖项"。② 联邦政府也随后增加了对加拿大广播公司的资助。该纪录片的推出和受欢迎程度集中体现了当时加拿大公民教育的转型及其成果。

第三节 跨文化主义整合加拿大国家认同的成效

21世纪之初，虽然有的学者还称加拿大为"没有认同的国家、一个总是自我疑惑的国家"，③ 乃至断言其提升国家认同的有关项目是失败试验，以致加拿大"对自身身份的不确定比对自己在世界上身份的不确定更为严重"。④ 但整体而言，近些年来，各族群对加拿大的共同认同虚化、弱化、散化的局面逐渐得到了缓解，国家安定统一的局面得到了一定程度的巩固。

---

① Helen McKenzie, Political and Social Affairs Division, *Citizenship Education in Canada*, Ministry of Supply and Services Canada, Ottawa: Canada Communication Group, 1993, p. 1.
② https://www.canadashistory.ca/explore/awards/2017-governor-general-s-history-awards-recipients.
③ Phillip Resnick, *The European Roots of Canadian Identity*, Peterborough: Broadview Press, 2005. p. 13.
④ Michael Bliss, "Has Canada Failed?" *Literary Review of Canada* 14 (2), 2006, p. 5.

第四章　跨文化主义模式下加拿大国家认同的重塑（1995—今）

一　原住民与联邦政府的关系趋于缓和

在联邦主权至上的原则基础上，跨文化主义导向的族群治理模式试图在族群身份和公民身份之间划出一条清晰的界线，从而避免原住民对联邦的疏离，提升原住民对加拿大的情感认同。然而，实际上由于历史文化观念不同、传统有异与现实利益的考量，原住民的族群身份与公民身份之间的整合并非一蹴而就。就自治权而言，原住民与加拿大联邦的主张存在根本性的差异。联邦政府主张原住民自治应该纳入地方自治的框架，其权力应从属于联邦政府或省级政府且不得违反宪法。[①] 20 世纪 90 年代以来，联邦政府对原住民自治权的规范和限制，就是期望实现原住民民族主义与联邦主义的和解、增强原住民的加拿大认同。

1. 原住民与联邦政府关于寄宿学校历史问题的和解

"二战"后，寄宿学校是加拿大原住民与联邦政府产生冲突的重要原因之一。为消解寄宿学校对原住民与联邦关系的负面影响，加拿大政府积极寻求与原住民达成广泛的文化和解。2007 年，加拿大联邦政府开始实施《印第安寄宿学校和解协议》，这是加拿大历史上规模最大的集体诉讼和解协议。该协议的核心内容是设立加拿大真相与和解委员会，调查加拿大印第安人寄宿学校制度对原住民学生及其家庭的影响，促进前学生及其家庭、社区和所有加拿大人之间的和解。2007—2015 年，加拿大联邦政府大约提供了 7200 万加元，支持委员会展开调查。2008—2014 年，委员会大约听取了 6500 人的证词，从寄宿学校、教会和政府机构查阅了大批档案，整理了 500 多万份记录。[②] 为促进与原住民和解，加拿大真相与和解委员会主办了 7 次全国性的和解对话。[③] 2008 年 6 月，时任加拿大联邦总理斯蒂芬·哈珀为历届政府在管理住宿学校上的错误行径道歉。[④] 2015 年 6 月，

[①] 丁见民：《二战后加拿大的土著民族自治政策及存在问题》，《山东师范大学学报》（人文社会科学版）2007 年第 6 期。

[②] "About the Truth and Reconciliation Commission", https：//www.rcaanc-cirnac.gc.ca/eng/1450124405592/1529106060525.

[③] "Indian, Church Leaders Launch Multi-city Tour to Highlight Commission", CBC., March 2, 2008.

[④] Aboriginal Affairs and Northern Development Canada, "Statement of Apology to Former Students of Indian Residential Schools", Ottawa：Government of Canada, June 11, 2008, https：//www.rcaanc-cirnac.gc.ca/eng/1100100015644/1571589171655

· 263 ·

在加拿大真相与和解委员会调查闭幕会上，加拿大真相与和解委员会提出了94项"行动呼吁"，呼吁原住民和联邦达成和解。① "行动呼吁"要求加拿大政府调查原住民语言危机的情况、寄宿学校废除后学生的安置情况，通过建设博物馆、追踪失踪儿童和丧葬信息、进行相关纪念活动等来推进加拿大的和解进程。2016年1月15日至2月8日，环境研究所联合加拿大治理研究院、真相与和解委员会等组织，对2001名18岁以上的非原住民进行抽样调查，绝大多数支持政府与原住民达成和解，支持联邦在教育、土地赔偿、生活条件改善等方面向原住民提供支持。②

为促进原住民和加拿大政府的和解，2017年，遗产部部长乔美兰宣布，政府将与第一民族大会、因纽特团结组织和梅蒂人全国委员会合作制定《土著语言法案》，以保护和促进土著、梅蒂人和因纽特人文化中的语言。③ 2015年联邦选举刚结束，当选的贾斯汀·特鲁多政府宣布对失踪和被谋杀的土著妇女和女童进行全国调查。2017年，贾斯汀·特鲁多对那些寄宿学校的受害者道歉。在原住民一方，也表现了积极寻求政治和解的倾向。2012年9月，寄宿学校系统的幸存者罗伯特·约瑟夫，与印第安寄宿学校幸存者协会和非营利机构加拿大潮汐倡议协会合作，创建了一个名为"加拿大和解"的非营利民间组织，企图通过对话恢复原住民与所有加拿大人之间的关系。该组织宣布从2013年6月21日至2014年6月20日为"和解之年"。2013年9月22日，在温哥华市中心，约7万人冒着大雨参加和解步行活动。2015年5月，约1万人参加了从加蒂诺到渥太华的和解步行活动，加拿大各地社区举办了40多场对话研讨会。原住民加拿大和解组织宣布："我们必须认识到我们共同的人性，认识到我们彼此之间以及我们所居住的地方之间的永久联系。我们的集体福祉取决于我们今天建立的关系。"④

当然，和解并不意味着所有问题迎刃而解。2016年年初环境研究所联合其他机构进行民调结果显示，大多数人认为，只要土著和其他加拿大人

---

① Truth and Reconciliation Commission of Canada, *Calls to Action*, Ottawa: Truth and Reconciliation Commission of Canada, 2012.
② Environics Institute for Survey Research, *Canadian Public Opinion on Aboriginal Peoples Final Report*, June 2016, p. 36.
③ Michelle Pucci, "A Core Part of our Identity': Indigenous language Law Targeted for 2018", *CBC News*, June 19, 2017.
④ Reconciliation Canada, "Our Story", https://reconciliationcanada.ca/about/history-and-background/our-story/.

之间的社会和经济差距继续存在,就不可能实现和解。公众承认土著人和其他加拿大人在生活水平上存在很大差距,大多数人认为这是和解的主要障碍。但不管怎样,在寄宿学校问题上加拿大政府和原住民之间的相互靠近和妥协,为双方确立了一个解决相关历史问题的框架,在原则上为增进对加拿大认同状况提供了可能。①

2. 经济援助对原住民与联邦政府关系的促进

为促进原住民与联邦政府关系的发展,加拿大政府还从财政补偿方面进行了系统努力。在经济方面,2006 年《基洛纳协议》签订和 2008 年《实施基洛纳协议法案》成为法律以来,加拿大原住民的财政条件有所改善,但并未从根本上改变其经济上发展落后的境况。比如,2008 年原住民的失业率为 10.4%,次年增至 13.9%,而非原住民失业率则相对较低,分别为 6% 和 8.1%。② 正如加拿大总理贾斯廷·特鲁多所说:"是时候与原住民建立一种新的财政关系了,为他们的社区提供充足、可预测和持续的资金。"2018 年 2 月,加拿大政府颁布的《加拿大政府关于本政府与土著人民关系的原则性声明》也指出,"加拿大政府认识到,和解和自治需要与土著民族合作发展新的财政关系,促进经济伙伴关系和资源开发的相互支持的氛围。"③ 2018 年 3 月,加拿大联邦政府、第一民族大会和第一民族财务管理委员会共同制定了《新途径:加拿大与第一民族新财政关系的共同发展》,提出了"十年赠款计划"。④ 在 2019 年的预算中,联邦政府表示将主要在以下方面致力于原住民区域的发展。第一,清洁的饮用水。自 2015 年以来,政府已投资近 20 亿加元在原住民社区建设、维护和升级新的公共供水系统。2019 年预算规定,在 5 年内追加 7.39 亿加元,

---

① Environics Institute for Survey Research, 2016 *Canadian Public Opinion on Aboriginal Peoples Final Report*, June 2016, p. 39, https://carleton.ca/indigenousresearchethics/wp-content/uploads/Canadian_Public_Opinion_on_Aboriginal_Peoples_2016_-_FINAL_REPORT.pdf.

② Statistics Canada, "Aboriginal Peoples", http://www.statcan.gc.ca/pub/11-402-x/2011000/chap/ap-pa/ap-pa-eng.htm

③ The Government of Canada and the Assembly of First Nations, "A New Approach: Co-development of a New Fiscal Relationship Between Canada and First Nations", p. 7, https://www.sac-isc.gc.ca/DAM/DAM-ISC-SAC/DAM-FISREL/STAGING/texte-text/reconciliation_new_fiscal_rel_approach_1512565483826_eng.pdf.

④ The Government of Canada and the Assembly of First Nations, "10-Year Grant", https://fn-fmb.com/en/services/10-year-grant/.

继续提升原住民用水健康。第二，在3年内投资12亿加元，继续帮助第一民族儿童获得重要的保健和社会服务，包括语言治疗、教育支助、医疗设备和精神健康服务。在5年内提供2.2亿加元，帮助因纽特儿童就近获得基本保健和社会服务。第三，保护、促进和振兴土著语言。在未来5年投资3.337亿加元，用于支持土著语言复兴项目。第四，建设健康、安全和有复原力的土著社区。在5年内投入10余亿加元，用于改善保留地服务，如清洁饮用水、消防、应急响应和对残疾或慢性病居民的支持。第五，在5年内投入3.275亿加元，帮助原住民学生更好地接受高等教育。第六，在5年内提供4000万加元，帮助原住民研究和推动对他们的特定索赔问题。第七，设立1亿加元的原住民增长基金，资助原住民金融机构和企业。① 此外，截至2015年1月，联邦政府在联邦主义的前提下解决了原住民的26项土地要求，签署了3份自治协议。2014年7月生效的《苏河谷达科他民族治理协议》使苏河谷达科他印第安人成为加拿大第34个自治的土著群体，联邦政府与之达成了较好的妥协，在某种程度上实现了双赢及相关印第安人加拿大认同的提升。②

3. 原住民在政治上对联邦选举的普遍认同

原住民获得无条件的完全联邦选举权是在1960年。1962年，原住民第一次被允许不放弃原住民身份也可参加联邦选举。总体来看，除了长期被压制后第一次参与联邦投票意愿的"爆发"，之后虽然不同省区原住民在联邦选举中的投票率差异较大，但是从1962年到20世纪90年代，投票率呈现明显下降的趋势。在新不伦瑞克省，第一民族参与联邦选举的投票率在1962年时约为90%，1968年时约为70%，1980年时约为50%。1962—1991年，新斯科舍省保留地原住民在联邦的投票率从1962年时的70%降到1988年的20%。③ 1967—1993年，阿尔伯塔四族、佩干、血族在联邦选举（1965—1979）中的投票率分别约为30%、40%和25%，在

---

① "Advancing Reconciliation With Indigenous Peoples", https://www.budget.gc.ca/2019/docs/nrc/indigenous-autochtones-en.html.
② John Leonard Taylor and Gretchen Albers, "Indigenous Peoples and Government Policy in Canada", https://www.thecanadianencyclopedia.ca/en/article/aboriginal-people-government-policy.
③ David Bedford, "Aboriginal Voter Participation in Nova Scotia and New Brunswick", *Electoral Insight*, 2003, pp. 16–20. Kiera L. Ladner and Michael McCrossan, *The Electoral Participation of Aboriginal People*, Ottawa: Chief Electoral Officer of Canada, 2007, p. 15.

第四章 跨文化主义模式下加拿大国家认同的重塑（1995—今）

省级（1967—1993）投票中的投票率为10%—20%。① 原住民投票不积极，与原住民生活的流动性以及投票站在保留地的不便利有一定关系，但对加拿大的不认同也在其中起了重要作用。"作为土著民族的公民，我们应该在定居者选举中投票吗？——每当联邦选举临近，许多土著居民都要面对这个问题。"②

进入21世纪，原住民在联邦大选中的投票率出现较为明显的回升。在2000年选举中，第一民族296个投票站的平均投票率约为47.4%，其中爱德华王子岛省（66.9%）、萨斯喀彻温省（55%）、努纳武特省（54.3%）、阿尔伯塔省（53.9%）、不列颠哥伦比亚省（51.3%）的投票率超过了半数。③ 据加拿大选举署统计，2004—2011年保留地原住民在4次联邦大选中的平均投票率约为44%，尽管仍然比全国平均水平低17.4%，但却基本高于20世纪90年代初的投票率。④ 2015年，全国保留地上约有61.5%的选民参加了投票，高于2011年的47.4%。⑤ 2019年，保留地的平均投票率约为51.8%（加拿大各省区的平均投票率约为67%）。在所有省区中，爱德华王子岛省、新斯科舍省、新不伦瑞克省、萨斯喀彻温省、不列颠哥伦比亚省投票率较高，在2015年和2019年大选中，基本维持在60%以上。⑥ 具体情况参见表4.1。根据加拿大选举署年度的抽样调查，2015年、2019年和2021年分别约有56%、64%和59%的原住民对加拿大的民

---

① Russel Lawrence Barsh, et al., "The Prairie Indian Vote in Canadian Politics 1965 - 1993: A Critical Case Study From Alberta", *Great Plains Research*, Vol. 7, No. 1, 1997, pp. 16 - 20; Kiera L. Ladner and Michael McCrossan, *The Electoral Participation of Aboriginal People*, Ottawa: Chief Electoral Officer of Canada, 2007, p. 16.

② Ashley Courchene, "Election 2019: Moving beyond 'To Vote Or Not to Vote'", Sep. 3, 2019, https://www.policyalternatives.ca/publications/monitor/election - 2019 - moving-beyond-%E2%80%9C-vote-or-not-vote%E2%80%9D.

③ Daniel Guérin, "Aboriginal Participation in Canadian Federal Elections", 2003, Electoral Insight, p. 13; Kiera L. Ladner and Michael McCrossan, *The Electoral Participation of Aboriginal People*, Ottawa: Chief Electoral Officer of Canada, 2007, p. 18.

④ Jean-Sébastien Bargiel, "Federal Voter Turnout in First Nations Reserves (2004 - 2011)", p. 2, http://www.elections.ca/res/rec/part/fvt/fvt_en.pdf.

⑤ Stephanie Dubois, "First Nations Vote Unlikely to Hit Levels Seen in 2015 Election, Say Experts", *CBC News*, Oct. 7, 2019, https://www.cbc.ca/news/canada/edmonton/on-reserve-votes-federal-election - 1.5308087.

⑥ "On-Reserve Voter Turnout - 43rd General Election", https://www.elections.ca/content.aspx?section=res&dir=rec/eval/pes2019/orvt&document=index&lang=e.

· 267 ·

主方式表示满意，超过了半数。①

进入21世纪以来原住民维持相对较高的投票率的原因多样。从大环境角度看，与20世纪90年代以后原住民权益意识的增强、原住民与联邦政府关系的缓和有较为密切的关系。此外，原住民城市化和生活条件的改善也对他们接受主流的民主政治形式起到了促进作用。根据2016年的人口普查结果，大约56%（2006年为50%）的土著居民生活在城市地区。致力于全球气候运动的克莱顿·托马斯-穆勒注意到了城市化对原住民参政的影响。他表示："我们的高中和大专毕业生比以往任何时候都多。这些年轻人是房主和专业人士。他们购买房产，纳税……他们理应在殖民州政府中有代表。"根据加拿大统计局的数据，2011—2015年，保留地选民的投票率大约提高了14%。在2015年的联邦选举中，原住民的投票人数超过49万。② 这些变化反映了2000年以来原住民对加拿大政治制度认可度的回升，一定程度上是原住民群体与联邦政府有所和解的产物。

表4.1　　2015年、2019年保留地原住民在联邦选举中的投票率

省区	2019年投票率（%）	2015年投票率（%）
纽芬兰和拉布拉多	35.0	41.4
爱德华王子岛	64.8	73.6
新斯科舍	62.4	66.9
新不伦瑞克	52.2	62.8
魁北克	26.1	41.1
安大略	47.3	63.1
曼尼托巴	40.6	57.5
萨斯喀彻温	56.9	67.1
阿尔伯塔	41.2	58.6

① "Indigenous Electors", https：//www.elections.ca/content.aspx?section=res&dir=rec/part/abo&document=index&lang=e.
② Election 2019: Moving beyond "To Vote or Not to Vote", Ashley Courchene, https：//www.policyalternatives.ca/publications/monitor/election-2019-moving-beyond-%E2%80%9C-vote-or-not-vote%E2%80%9D.

第四章 跨文化主义模式下加拿大国家认同的重塑（1995—今）

续表

省区	2019年投票率（%）	2015年投票率（%）
不列颠哥伦比亚	63.4	67.0
育空	N/A	59.0
西北区	40.4	55.0
平均	51.8	61.5
加拿大	67.0	66.0

资料来源：Elections Canada, "On-Reserve Voter Turnout – 43rd General Election", https://www.elections.ca/content.aspx?section=res&dir=rec/eval/pes2019/orvt&document=index&lang=e.

二 魁北克省法裔分离主义趋于低落

1. 法裔分离主义政党在名义上依然坚持独立党纲

1995年独立公投受挫后，主张魁北克省独立的法裔政党并未放弃独立纲领，实现魁北克省的最终独立仍然是魁北克人党、魁北克党团等政党的政治目标。1999年，魁北克人党成员、魁北克省副总理伯纳德·兰德里表示，无论渥太华采取何种措施，该省的下一次公投将按照政府过去遵循的规则进行。① 2000年6月，加拿大参众两院通过限制魁北克省独立公投的《明晰法》后，魁北克省独立主义政党对法案表现出了较大的反感。2001年2月，伯纳德·兰德里（Bernard Landry）作为魁北克人党党首当选魁北克省新一任总理（2001—2003），他在谈及魁北克省未来走向时表示，魁北克人党没有放弃独立主张，准备在2005年以前再次进行全民公决，并力争于2005年11月在美洲国家首脑会议召开时已经实现独立。"主权运动是我们永远的追求，永不放弃"。② 2003年，该党再次严肃地发表宣言："魁北克总有一天会发起一个魁北克宪法行动，这并不是个空想，然后会对'你是否赞同魁北克作为一个独立主权国家'的条文做出清晰而肯定的回答。魁北克会加入世界上最富裕和最民主国家的大合唱。"③ 2003年4

---

① "Quebec to Ignore Ottawa's Referendum Rules", December 9, 1999, https://www.cbc.ca/news/canada/quebec-to-ignore-ottawa-s-referendum-rules-1.172595.

② "Landry admits Quebeckers weary of referendums", http://www.globeandmail.ca/20011123/.

③ Siobhan Harty, and Michael Nurphy, *In Defence off Multinational Citizenship*, Vancouver: UBC Press, 2005, p.113.

月，魁北克省举行新一届大选，魁北克人党败给自由党，在125席议会席位中获得45席，沦为反对党。2007年9月仅获得36席，沦为第3党。面对选举失利，魁北克人党党首说："我将搁置有关公投的讨论，但不会搁置对主权事业的追求。"[①] 10月，魁北克人党向魁北克省国民大会提交了《195号法案》即《魁北克认同法案》，该法案建议，由国民大会选出魁北克宪法委员会，该委员会由议员和民间代表各16人构成，并由其制定新的《魁北克宪法》以适应新的形势需要。"本法案的目的在于使得魁北克民族能够表达自身的认同：（1）制定宪法；（2）创立魁北克公民身份；（3）在充分考虑魁北克民族的历史遗产和基本价值的情况下解释和适用基本权利和自由，特别是确保法语占主导地位、保护和促进魁北克文化、保障男女平等的重要性，维护公共机构的世俗性；（4）通过立法规定，确保法语作为魁北克工作、经济活动和教育语言的优势；（5）通过立法规定，确保魁北克书面和口语法语的品质；（6）通过立法规定，促进了解魁北克的民族历史，掌握法语和欣赏魁北克文化；（7）通过立法帮助外国人融入魁北克社会。"该法案提高了对公民身份"法语化"程度的要求。根据该法案，在该法生效前已在魁北克省居住的加拿大公民及其子女自动拥有魁北克省公民身份，但该法生效后，除了身为加拿大公民身份已经满3个月者，来自他省区或其他国的移民必须在满足住满3年、法语考试通过并有魁北克省价值观认同的证明才能得到该省公民资格。否则无权享受公民权利，比如参加省市选举、校董委员会委员竞选、政治捐款或向国民议会申诉等。该议案还规定，成为魁北克公民，必须参加像成为加拿大公民那样的宣誓仪式。要作如下宣誓："我发誓我将忠于魁北克人民。我将切实遵守法律，我将忠实地履行《魁北克宪法》规定的公民义务。"[②]

魁北克人党党首波利娜·马洛伊斯针对以上法案在记者会上否认了魁北克是主权国家，声称魁北克公民身份是以加拿大公民身份为前提的。她辩解说，法案的提出重在提升魁北克的文化认同，因为在该省每年新接收的移民中，能熟练掌握法语者仅占60%左右，不足以巩固魁北克独特的身

[①] "PQ leader to Put Sovereignty on Backburner", http：//www.cbc.ca/news/canada/ottawa/story/2007/09/25/pq-leadership.htm.

[②] "Quebec Citizen Act", http：//www.assnat.qc.ca/en/travaux-parlementaires/projets-loi/projet-loi-195-38-1.html.

份认同。① 然而，法案颁布后，魁北克人党刻意强调魁北克公民身份的立场还是引发了争议，加拿大其他省份批评声浪不断。在魁北克省内，据莱格市场调研公司的调查，魁北克省法语人口中约有52%持支持态度，反对者和中间立场分别约占38%和10%，但非法语人口的反对率高达79%，持赞同和中立立场的分别约为13%和7%。② 作为执政党的自由党对法案持批评态度，认为魁北克人党有意将移民区分为两类，事实是为了制造分裂，最后该法案在国民议会被否决。尽管如此，2008年10月，魁北克人党发表《主权宣言》，再次强调："我们将完成前辈追求了40年的目标——将魁北克建成一个主权国家。"③ 12月，该党在魁北克省大选时主打独立牌，反复宣扬走向独立对魁北克人的种种益处，魁北克党首甚至声称："我认为，魁北克获得主权后会更好地应对危机，因为我们可以控制自己的经济生活、控制我们的税收，而不必再请示渥太华。"④ 2009年，经加拿大高等法院裁定，魁北克省《104号法—法语宪章修正案》禁止英语居民和新移民上英语学校违反了宪法。魁人党则回应："一个外族任命的法庭踩躏了魁北克神圣的语言法律。"⑤

2. 反独立的中间道路成为法裔民族主义的主流选择

尽管魁北克人党坚持独立党纲，但实际上随着加拿大对魁北克限制和安抚两手政策的实施，魁北克独立运动从群众基础上看无可避免地走向了低潮，主张独立的党纲在实际上处于搁置或冻结状态。2001年的民调结果显示，从整体上来看魁北克人对独立的追求显著下降。半数以上（约62%）的受访者对再次进行独立公投持反对的态度，持赞同态度的比重（约38%）降到1980年第一次公投后的最低水平。而且大多数魁北克人对自己既是魁北克人又是加拿大人的双重身份表示认同，只认同自身魁北克人身份者仅仅约为15%。2002年，加拿大情报研究中心指出，支持魁北

---

① 《魁北克公民问题新提案掀起政坛波澜》，《蒙城华裔报》2007年11月3日。
② "PQ Bill Supported by Francophones, Condemned by Anglophones", http://www.canada.com/nationalpost/story.html?id=e37f0027-75cb-41c4-81a2-31b43f5c6360.
③ "Quebec Opposition Parties Push Sovereignty Issue", October 27, 2008, http://www.cbc.ca/news/quebecvotes2008/story/2008/10/27/mtl-politics1027.html.
④ "Opposition Leaders Blast Snap Election, Sell Their Parties as Best to Govern Quebec", http://www.cbc.ca/news/quebecvotes2008/story/2008/11/05/qv-electioncall1105.html.
⑤ Graeme Hamilton, "Judges' Ruling Rekindless Quebec Language Wars", *National Post*, October 23, 2009.

克独立的人也不主张完全抛弃与加拿大的联系,而是主张在坚持与加拿大保持密切联系基础上实现魁北克省的独立。① 虽然魁北克分离主义政党并未放弃其独立党纲,但已经失去了相当大的吸引力,尤其是对年轻人而言。在个人认同方面,据加拿大情报研究中心的民调数据,18—30 岁的魁北克人在个人认同中,认为语言认同、省区认同、族裔或种族认同和宗教认同"非常重要或者重要"的比重已经明显低于魁北克省的平均水平。②

2003 年,魁北克省举行大选,坚持联邦主义的自由党战胜了之前在省内长期占优势的魁北克人党,魁北克省法裔分离主义在此后开始转向低落。除 2012—2014 年魁北克人党以少数党政府地位执政外,2003—2012 年、2014—2018 年均为自由党执政。2016 年,在时任党首让 - 弗朗索瓦·利塞领导下,魁北克人党搁置了再次举行独立公投的想法。根据加拿大最大的市场调研和分析公司——莱格公司在 2020 年 10 月公布的一项民调结果,约有 36% 的魁北克人仍然支持独立运动,但持反对态度者约占 54%。莱格公司的调查显示,假若在 2020 年举行独立公投,年龄在 18—24 岁的成年人中大约只有 26% 会投赞成票,而 1995 年,该年龄组中同意态度者约为 70%。对此,加拿大康科迪亚大学管理系教授里姆·布洛斯评论道:"现在,这个运动处于休眠状态……今天的青年是世界公民。他们不只是魁北克人。"康科迪亚大学的政治学系学生会主席帕特里克·奎因也表示,年轻人关心的其他现实问题超过了对主权的关注。"环保运动、就业机会,这些都是我想到的这一代人所面临的问题。"与魁北克人对独立的淡漠态度相呼应,在 2018 年魁北克省大选中,魁北克人党只获得了大约 17% 的普选选票,魁北克团结党获得了大约 16% 的选票。而且,投票给独立政党者并非都是独立主张的赞同者,如奎因说:"人们去魁北克团结党的原因不是主权问题。我想说,部分原因是环境和负担能力方面的问题。"③

在魁北克人党遭遇冷遇的同时,在独立和不独立之间主张折中主义的政

---

① [美]马丁·N·麦格:《族群社会学》(第 6 版),祖力亚提·司马义译,华夏出版社 2007 年版,第 441 页。
② Andrew Parkin and Matthew Mendelsohn, *a new Canada*: *an Identity shaped by diversity*, Centre for Research and Information on Canada, *The CRIC Papers*, Montreal: Centre for Research and Information on Canada, October, 2003, p. 14.
③ Tina Tenneriello and Kelsey Patterson, "How would Quebec's Separatist Movement Fare in a Referendum Today?", *City News*, https://montreal.citynews.ca/2020/10/28/how-would-quebecs-separatist-movement-fare-in-a-referendum-today/.

第四章　跨文化主义模式下加拿大国家认同的重塑（1995—今）

党逐渐在魁北克省占据主流地位。2011年2月，加拿大越洋航空公司的创始人之一、曾在魁北克人党政府担任部长的弗朗索瓦·莱戈特和加拿大商业巨头环球电讯首席执行官查尔斯·西罗伊斯，出于对魁北克人党党纲的不满，携手成立了一个新的政党——魁北克未来联盟。魁北克未来联盟属于民族主义政党，但不赞同独立，而且认为近半个世纪以来围绕主权的争论严重阻碍了魁北克省的经济与政治发展。弗朗索瓦·莱戈特主张修改加拿大宪法，承认法语是魁北克唯一的官方语言，他将魁北克称为一个"Nation"，但并不宣称它是一个独立的国家。[1] 2014年4月10日，弗朗索瓦·莱戈特就一旦魁北克未来联盟胜选是否举行独立公投发表谈话，他指出："在未来联盟政府的生命中，即使10年或20年以后，也永远不会举行独立公投。"[2] 他还补充道："一旦确定了魁北克未来联盟不会举行公投，不想公投的英语人士和非英法语人士就不得不明白，我们提供了可以取代自由党的选择。"[3] 该政党反对将民族主义和联邦主义对立起来，而是认为魁北克省的特性在于"其历史遗产、法语、民主理想和国家世俗性的原则，以及男女平等"，主张在联邦的框架下为魁北克省争取更大的权利和优待。为维护法语文化的支配地位，魁北克未来联盟对多元文化主义持拒绝态度，反对在魁北克省实施多元文化主义政策。[4] 该党同时提议，禁止包括教师在内的人员佩戴宗教标志，支持以跨文化主义以"融合新来者"并严格以法语标准来限制和甄选移民，甚至提出将移民接纳人数减少20%。[5] 可以说，魁北克未来联盟的成立突破了魁北克省左翼政党与右翼政党的对立，在两者之间找到了一条中间道路。

事实证明，魁北克未来联盟的主张获得了魁北克省大多数民众的支

---

[1] "Quebec Nationalism Push Poses Election Challenge Canada PM Trudeau", https://www.reuters.com/world/americas/quebec-nationalism-push-poses-election-challenge-canada-pm-trudeau-.
[2] CTV News, "Francois Legault Says CAQ Would 'Never' Hold A Referendum", https://montreal.ctvnews.ca/francois-legault-says-caq-would-never-hold-a-referendum-1.1770999.
[3] Kevin Dougherty, "There Will Never Be a Referendum With CAQ, Legault Says", *Montreal Gazette*, April 10, 2014, http://www.montrealgazette.com/life/There+will+never+referendum+with+Legault+says/9725210/story.html.
[4] Coalition pour l'avenir du Québec, *Taking Action for the Future: Action Plan*, Montreal: CAQ, November, 2011.
[5] "Jonathan Montpetit, What We've Learned so Far about the Incoming CAQ Government", Oct. 6, 2018, https://www.cbc.ca/news/canada/montreal/what-we-ve-learned-so-far-about-the-incoming-caq-government-1.4850937.

持。2018年10月，魁北克省举行大选，魁北克未来联盟在弗朗索瓦·莱戈特的领导下，获得了压倒性的胜利，在125个国民会议席位中赢得了74席，成为多数政府，结束了魁北克省基本由魁北克人党和自由党轮流执政的历史。除了魁北克人党，近些年来其他主张魁北克独立的党派也在走向低落。这些党派包括：第二次公投时成立的魁北克自由民族运动、2006年成立的魁北克团结党、2007年成立的独立党和魁北克抵抗团、2011年成立的民族抉择党（2018年与魁北克团结党合并）。这些党派虽然普遍坚持独立，但作为小党在魁北克省及加拿大的影响很有限。在联邦层面，主张独立的魁北克党团的影响力也在下降。在1993—2008年的联邦选举中，该党曾是众议院中分割魁北克省选票的第一大党，但在2011—2019年的选举中，该党的得票率降到第4位。

3. 魁北克省对加拿大的认同度明显提升

1995年魁北克省第二次独立公投之后，对加拿大的疏远感在魁北克省内长期挥之不去。比如，2012年加拿大环境研究所的民调报告显示，在"与认同省区相比，更认同加拿大"问题上，魁北克人更认同加拿大的比重约为37%，低于不列颠哥伦比亚省（约56%）、阿尔伯塔省（约62%）、萨斯喀彻温省（约51%）、曼尼托巴省（约56%）、安大略省（约71%）、大西洋省（约46%）。[①]

伴随着魁北克省未来联盟力量的崛起和分离主义政党搁置独立公投，魁北克省分离主义的严峻形势在2020年以来总体上趋于缓和，对加拿大联邦主义所造成的压力明显减弱。2016年9月6—12日，安格斯·里德研究所与加拿大广播公司合作开展的一项民调报告显示，约93%的加拿大人表示依恋加拿大，其中约有62%的加拿大人表示"对加拿大有很深的情感依恋，我爱这个国家和她所代表的东西"（即"深度依恋"），约31%的加拿大人表示"只要能提供给我好的生活，我就依恋加拿大"（即"有条件依恋"）。[②] 与之

[①] Environics Institute, "Canadian Identity and Symbols", https://www.environicsinstitute.org/docs/default-source/project-documents/focus-canada-2012/canadian-identity-and-symbols.pdf?sfvrsn=46403bca_2.

[②] 其他省份感到"深度依恋"和"依恋"的比重分别为：不列颠哥伦比亚省（70%、25%）、阿尔伯塔省（67%、25%）、萨斯喀彻温省（67%、27%）、曼尼托巴省（75%、23%）、安大略省（71%、27%）、魁北克省（37%、46%）、大西洋省（75%、23%），参见https://angusreid.org/canada-values/。

第四章　跨文化主义模式下加拿大国家认同的重塑（1995—今）

相比，魁北克省表示依恋加拿大的比重略低，但也达到了83%左右，其中约36%表示"深度依恋"，约29%表示"有条件依恋"，而在1991年对加拿大"深度依恋"者和"有条件依恋"者所占比重仅约为36%和29%，合计大约只有65%。与此同时，1991—2016年，魁北克人主张"我对加拿大没有感情，更喜欢它分裂为两个或多个更多的小国家"者，从约27%下降到了约14%。在魁北克省是否该留在联邦内的问题上，除魁北克省以外的加拿大人约有84%认为"魁北克省终归应该留在加拿大"，约有69%认为"魁北克的主权问题被解决了，魁北克会留在加拿大"。与之相比，魁北克省大约有82%的受访者同意"魁北克省终归应该留在加拿大"这一说法，其中按语言群体划分，约73%的法语受访者表示魁北克应该留在加拿大。此外，受访的法语魁北克省人中约有64%同意"魁北克主权问题已经解决，魁北克将留在加拿大"的说法。[①] 此外，约有79%的加拿大人以身为加拿大人而感到"非常自豪"（约52%）和"自豪"（约27%），约有62%的魁北克省人以身为加拿大人而感到"非常自豪"（约31%）和"自豪"（约31%）。[②]

2018年，魁北克未来联盟在省选中获胜后，魁北克省对加拿大的认同有所加强。2018年9月，加拿大《赫芬顿邮报》根据莱格民调公司的数据发布了一篇题为《许多魁北克法语居民不再首先认同自身为魁北克人》的报道。报道指出，过去十年里，魁北克省的独立问题已经被搁置一边，分离主义已经不再是个巨大的威胁。根据该民调结果，约有55%的魁北克省法语居民（认同完全为加拿大人者约占23%，既认同自己是加拿大人又认同自己为魁北克人者约占33%）。而在2011年，有67%—69%的魁北克省法语居民首先认定自己是魁北克人。[③] 2020年1月13日—2月20日，加拿大环境调查研究所联合加拿大西部基金会、宪政分析中心、公共政策研究所和布赖恩·马尔罗尼政府研究所，通过网络和电话对5152名18岁及以上的加拿大人进行抽样问卷调查，对他们的国家认同进

---

① "What Makes us Canadian? a Study of Values, Beliefs, Priorities and Identity", https://angus-reid.org/canada-values/.
② CBC News, "Majority of Quebecers Believe Question of Independence is Settled: Poll", https://www.cbc.ca/news/canada/montreal/quebec-angus-reid-canada-indepdence-1.3788110.
③ "Exclusive Leger Poll: Many Quebec Francophones no Longer Identify as Quebecers First", https://www.huffingtonpost.ca/2018/09/25/exclusive-leger-poll-many-quebec-francophones-no-longer-identify-as-quebecers-first_a_23541339/.

行调研。① 问卷的结果显示，被访者认同自身加拿大身份者约占89%，既认同自身加拿大人身份又认同自身省区省份者约占74%。"只认同加拿大""同时认同加拿大和魁北克"以及"首先认同魁北克，然后认同加拿大"者在魁北克省合计占了76%左右，超过了2018莱格民调公司得出数据，反映了魁北克人的加拿大认同的进一步提升（见表4.2）。

表4.2　　　　　2020年加拿大人身份认同抽样调查　　　（单位：%）

	只认同加拿大	首先是加拿大人，然后是本省区人	同等认同加拿大和本省区	先是本省区人，然后是加拿大人	只认同本省区人	未表态
加拿大	15	24	30	20	8	2
加拿大（不含魁北克）	18	28	33	13	5	2
魁北克法语者	3	10	18	45	22	1
移民	18	25	36	11	5	6

资料来源：Environics Institute for Survey Research, "2020 Survey of Canadians Report 3: Identity, Values and Language, Part 1", p.4, https://cwf.ca/wp-content/uploads/2020/11/2020-10-5-confed-survey3part1-final.pdf.

此外，在官方语言方面，2019年、2020年加拿大环境调查研究所的民调显示，尽管魁北克省仍有约70%的法语者认为法语的地位受到了威胁，但更多的法语者对第二外语持包容的态度，对双语政策普遍较为支持，表现了魁北克人重新审视独立问题后，对语言持更为现实的态度（见表4.3）。

表4.3　　　　2019年、2020年魁北克省、加拿大其他地区
　　　　　　　　对官方语言的态度的调查　　　　　（单位：%）

2019年	魁北克省		加拿大其他地区		
	说法语者	说英语者	说法语者	说英语者	其他
强烈支持双语政策	69	67	81	35	30

---

① Environics Institute for Survey Research, 2020 Survey of Canadians REPORT 3: IDENTITY, VALUES and LANGUAGE, p.2, https://www.environicsinstitute.org/docs/default-source/default-document-library/confed-survey-2020-3-1-finalaa0c343e66484e41b30e6f91bd5b2446.pdf?sfvrsn=a3447a39_0.

第四章 跨文化主义模式下加拿大国家认同的重塑（1995—今）

续表

2020年	魁北克省 说法语者	魁北克省 说英语者	加拿大其他地区 说法语者	加拿大其他地区 说英语者	加拿大其他地区 其他
强烈或比较支持双语政策	89	88	92	73	78
孩子学习第二语言非常重要	69	71	81	27	50
孩子学习第二语言非常或比较重要	93	90	89	63	88
语言对认同非常重要	66	50	69	44	40
语言对认同非常或比较重要	93	84	89	80	86
法语在魁北克省受到威胁	70	13	—	—	—
法语在魁北克省受到威胁	68	20	34	9	12
法语在魁北克省外受到威胁	77	33	71	24	24

资料来源：Environics Institute for Survey Research，"2020 Survey of Canadians Report 3：Identity，Values and Language，Part Ⅲ，p. 7，https：//cwf. ca/wp-content/uploads/2020/11/2020 – 11 – 24 – confed-survey – 2020 – 3 – part3 – final. pdf.

三 少数族裔融入主流文化的态度趋于积极

毫无疑问，多元文化主义是有其积极价值的，然而如果缺失共同规范和制度的背景，其往往会造成认同的裂化。"多样性的价值只能在确定的、共同的规范和制度背景下才会行之有效。"[①] 20世纪90年代初以来，针对多元文化主义"以异求和"模式显现的种种弊端，加拿大着力对多元文化主义进行限制和再规范，从法律、文化、教育等层面加大整合力度，推动少数族裔加拿大认同从分裂走向聚合。

1. 少数族裔移民对加拿大选举政治的积极参与

对于移民而言，以平等公民身份参与政治是融入加拿大的集中体现之一。以选举政治为例，进入21世纪后少数族裔参与加拿大选举政治的积极性增强。2002年，加拿大统计局以"族裔多元化研究"（Ethnic Diversity Study）为主题对2000年联邦大选的投票情况做了问卷调查。调查对象被分为两个类别：一类是加拿大裔、英裔和法裔，另一类是非加拿大裔、非

---

① Will Kymlica，*Finding Our Way，Rethinking Ethnocultural Relations in Canada*，New York：Oxford University Press，1998，p. 16.

英裔、非法裔（即少数族裔）。在 41666 人的抽样数中，后一类占了三分之二以上（27028 人），具有相当的代表性。[①] 以上研究结果显示，少数族裔的投票态度比较积极，非有色少数族裔、日裔、南亚裔、菲律宾裔、阿拉伯裔及华裔的投票率都超过了全国投票率（约为 64.1%[②]），参见表 4.4 和表 4.5。

表 4.4　　　　　2000 年联邦大选部分少数族裔投票率
（按出生地统计）　　　　　　　（单位：人，%）

出生地	投票	未投票	合格选民样本	投票率
加拿大出生	21290	5738	27028	78.8
欧洲出生	3067	519	3586	87.6
非洲出生	267	69	336	79.4
美国出生	305	86	391	78.0
加勒比与中南美洲、百慕大群岛	607	220	827	73.3
亚洲、中东	1713	722	2435	70.4

资料来源：Ethnic Diversity Survey, Statistics Canada and Department of Canadian Heritage, 2002, in Jack Jedwab, "The 'Roots' of Immigrant and Ethnic Voter Participation in Canada", pp. 4 – 6, https://www.elections.ca/content.aspx? section = res&dir = eim/issue19&document = p2&lang = e#ftn6.

表 4.5　　　　2000 年联邦大选中部分少数族裔投票率
（按族裔身份，出生于加拿大境内外都包括在内）　　（单位：%）

	非有色少数	日本裔	南亚裔	菲律宾裔	阿拉伯裔	华裔	非洲裔
投票率	81.8	75.8	70.9	69.7	65.5	64.9	61.8

资料来源：Ethnic Diversity Survey, Statistics Canada and Department of Canadian Heritage, 2002, in Jack Jedwab, "The 'Roots' of Immigrant and Ethnic Voter Participation in Canada", pp. 4 – 6, https://www.elections.ca/content.aspx? section = res&dir = eim/issue19&document = p2&lang = e#ftn6.

---

① Livianna Tossutti, *The Electoral Participation of Ethnocultural Communities*, Ottawa: Elections Canada, 2007, p. 17, https://elections.ca/res/rec/part/paper/ethnocultural/ethnocultural_e.pdf.
② "Voter Turnout at Federal Elections and Referendums", https://www.elections.ca/content.aspx? section = ele&dir = turn&document = index&lang = e#ftn5.

第四章 跨文化主义模式下加拿大国家认同的重塑（1995—今）

2000年联邦大选后，加拿大接连举行了2004年和2006年联邦选举。根据加拿大选举署与统计局数据，在这两次大选中，加拿大移民人数最多的16个选区中，移民的平均投票率分别约为54.26%和59.2%，与全国投票率（60.9%和64.7%）[1]接近。在2006年大选中，在16个移民人数最多的选区中，有11个选区的移民投票率超过了移民占选区人口的比重。[2] 2007年，加拿大选举署发布的《族裔文化社区的选举参与》报告显示，非有色少数族裔在最近一次参加的联邦选举中，无论是在加拿大出生的，还是直接从境外移民而来的，投票率都达到80%左右，华裔、南亚裔及非洲裔等有色少数族裔的投票率也大部分超过了60%（见表4.6）。

表4.6　　加拿大省邦选举中少数族裔投票率（2007年统计）　　（单位：%）

	参与选举级别	在加拿大出生	移民（于加拿大境外出生）
非有色少数族裔	最近一次联邦选举	79.8	84.7
	最近一次省级选举	78.9	82.6
华裔	最近一次联邦选举	64.3	67
	最近一次省级选举	57.3	64
南亚裔	最近一次联邦选举	61.2	77.1
	最近一次省级选举	56.1	72
非洲裔	最近一次联邦选举	47.2	77.6
	最近一次省级选举	41.6	68.8

资料来源：Livianna Tossutti, *The Electoral Participation of Ethnocultural Communities*, Ottawa: Elections Canada, 2007, p.36, https://elections.ca/res/rec/part/paper/ethnocultural/ethnocultural_e.pdf.

2010年后，移民在联邦选举中继续保持较为积极的投票态度。在2011年和2015年联邦大选中，老移民（在加拿大定居至少10年的移民）呈现比新移民更积极的投票倾向，老移民的投票率比新移民的投票率分别

---

[1] "Voter Turnout at Federal Elections and Referendums", https://www.elections.ca/content.aspx?section=ele&dir=turn&document=index&lang=e#ftn5.

[2] Jack Jedwab, "The 'Roots' of Immigrant and Ethnic Voter Participation in Canada", p.4, https://www.elections.ca/content.aspx?section=res&dir=eim/issue19&document=p2&lang=e#ftn6.

高出了15%和5.8%。同时,从2011年大选到2015年大选,新移民的投票率大约增长了14.4%,老移民的投票率大约增长了5.2%。中西亚、中东地区新移民以及非洲新移民的投票率增长了20%以上,东南亚、南亚及拉美等新移民的投票率增长了10%以上(见表4.7)。2020年,加拿大统计局的抽样数据显示,有色少数族裔在最近一次联邦大选中,平均投票率达到80%左右,远高于近几年的全国投票率(见表4.8)。

表4.7　　2011年与2015年加拿大联邦选举中新老移民投票率[①]　　(单位:%)

	新移民			老移民		
	2011	2015	增长	2011	2015	增长
所有移民	55.7	70.1	14.4	70.7	75.9	5.2
美国、英国、爱尔兰、澳大利亚、新西兰移民				78.9	84.5	5.6
加勒比、中南美洲	59.2	73.6	14.4	66.1	72.3	6.2
西欧(不含英国、爱尔兰)、北欧				79.5	83.7	4.2
东欧	51.8	66.5	14.7	69.7	70.2	0.5
南亚	63.9	77.1	13.2	75.1	81.8	6.7
东南亚	53.5	68.9	15.4	66.6	76.2	9.6
东亚	52.2	53.7	1.5	61.2	65.9	4.7
中西亚、中东	42.6	64.2	21.6	61.2	76.5	15.3
非洲	51.4	76.8	25.4	73.5	79.0	5.5

资料来源:Statistics Canada, Labour Force Survey, 2011 and 2015, in Sharanjit Uppal and Sébastien LaRochelle-Côté, "Insights on Canadian Society: Understanding the Increase In Voting Rates Between The 2011 And 2015 Federal Elections, October 12, 2016", https://www150.statcan.gc.ca/n1/pub/75-006-x/2016001/article/14669-eng.htm#a9.

① 2011年加拿大的全国投票率约为61.1%,2015年约为68.3%,参见"Voter Turnout at Federal Elections and Referendums", https://www.elections.ca/content.aspx?section=ele&dir=turn&document=index&lang=e#ftn5.

第四章 跨文化主义模式下加拿大国家认同的重塑（1995—今）

表4.8　　　加拿大有色少数族裔投票率（2020年统计）　　（单位:%）

	在最近一次联邦选举中的投票率	在最近一次省级选举中的投票率	在最近一次市级选举中的投票率
有色少数族裔总投票率	82.3	79.0	65.6
南亚裔	89.8	88.9	76.4
华裔	81.0	76.6	62.8
非洲裔	81.1	70.9	57.6
菲律宾裔	77.6	76.3	67.7
阿拉伯裔	85.5	80.2	68.3
拉美裔	84.6	82.0	68.3
东南亚裔	76.9	81.0	59.3

资料来源：Statistics Canada, "Vote in the Last Federal, Provincial and Municipal Elections, by Groups Designated as Visible Minorities and Selected Sociodemographic Characteristics, 2020", https://www150.statcan.gc.ca/t1/tbl1/en/tv.action?pid=4310006601.

2. 少数族裔移民的加拿大国家认同的提高

进入21世纪后，移民对加拿大的认同呈现相对乐观的态势。2002年，加拿大统计局对各族群做了个抽样民调统计。结果显示，在"是否认同自身为加拿大人"问题上，约64.3%的第一代白人给出了肯定的回答，约33.6%的有色少数、40.5%的华裔、30.5%的南亚裔和29%的黑人表示认同自身的加拿大人身份（见表4.9）。第二代移民的加拿大认同则有显著的提高，第二代移民中的白人的认同比重约为78.2%，有色少数的认同比重约为56.6%，南亚和黑人的认同比重分别约为53.6%和49.6%。[1] 2003年，加拿大情报研究中心的抽样调研数据也显示，有色少数移民及其后代对加拿大认同普遍超过了80%、新移民对加拿大的认同略低，但也达到了75%（见表4.10）。

---

[1] Jeffry G. Reitz and Pupa Banerjee, "Racial Inequality, Social Cohesion and Policy Issues in Canada", Keith Banting, Thomas Courchene and F. Lesile Seidle, *Belonging, Diversity, Recognition and Shared Citizenship in Canada*, Montreal: Institute for Research on Public Policy, 2007, p.508, p.528.

表4.9　　　　　2002年少数族裔的加拿大认同情况统计　　　（单位:%）

	白人	有色少数	华裔	南亚裔	黑人
认同自身为加拿大人	64.3	33.6	40.5	30.5	29.0
对生活满意	47.2	41.7	30.8	48.4	43.5

资料来源: Ethnic Diversity Survey 2002, Ottawa: Sttistics Canada, 2003, see Jeffry G. Reitz and Pupa Banerjee, "Racial Inequality, Social Cohesion and Policy Issues in Canada", Keith Banting, Thomas Courchene and F. Lesile Seidle, Belonging, Diversity, Recognition and Shared Citizenship in Canada, 2007, p.508, p.528。

表4.10　　　　　　2003年加拿大认同情况统计　　　　　（单位:%）

认同对象	加拿大	本省区	本族裔或种族
所有人（不分族群平均）	85	70	59
有色少数	85	69	75
出生于加拿大（父母都生在加拿大）	87	73	58
新移民（1990—2003年来加拿大）	75	53	71

资料来源: Andrew Parkin and Matthew Mendelsohn, "A New Canada: an Identity Shaped by Diversity", Centre for Research And Information on Canada, October, 2003, p.13。

2005年，多伦多大学社会学教授杰佛瑞·赖茨主持的项目组对加拿大的族群多样性和凝聚力进行了研究，研究证明，随着移民在加拿大生活时间和融入时间的增加，他们对加拿大认同的程度就越发增强。根据2005年的统计数据，在第一代移民中，白人老移民对加拿大的认同率约为53.8%，而二代移民的认同率则达到78.2%。与白人相比，有色少数第二代移民的认同率达56.6%（见表4.11）。2007年7月，加拿大统计局关于族群多元化的调研显示，随着加拿大移民和他们的孩子年龄的增长，移民对加拿大的依恋加深了。在65岁及以上的受访者中，约有74.5%的人表示对加拿大有"非常强烈"的归属感，第二代加拿大人（白人、黑人、南亚人和中国人等）的这种情绪越来越强烈。[①] 对于二代移民来说，尽管他们在族群文化上受到父母的影响，但因为从小生活在加拿大，他们更倾向

[①] "Study Shows Immigrants Sense of Belonging to Canada Deepens with Age", http://www.canadavisa.com/study-shows-immigrants-sense-of-belonging-to-canada-deepens-with-age-070705.html。

于认同加拿大的生活方式。对此,《赫芬顿邮报》加拿大版的"出生与成长"专栏,分享过加拿大第二代人的一些经历。该系列的原编辑阿蒂·帕特尔说,一些二代移民拒绝甚至憎恨他们父母的文化,他们拥抱"加拿大性",希望得到接纳。比如一些非英语移民的孩子会因为"尴尬"而拒绝说父母的母语。①

表4.11　　　　　　2005年少数族裔的加拿大认同情况统计

移民类别	老移民	二代移民
白人移民	53.8%	78.2%
有色少数	34.4%	56.6%
华裔	42.0%	59.5%
南亚裔	32.7%	53.6%
黑人	27.2%	49.6%
其他少数族裔	32.8%	60.6%

资料来源:"Diversity, Inequality, and the Cohesion of Canadian Society Research Findings and Policy Implications", p.61. http://www.utoronto.ca/ethnicstudies/IRPP2005.pdf。

2010年后,移民的加拿大认同的程度有了更大的提升。2013年,加拿大统计局对来自100多个国家的7003名移民的加拿大认同情况进行了全国性抽样调查研究。根据统计,约93%的移民对加拿大抱有归属感,其中约69%的移民对加拿大和母国都有强烈的归属感。抽样数据还表明,移民如果来自社会经济环境较差、公民自由度低的国家,则他们对加拿大的归属感会更强烈。②

2020年,加拿大环境调查研究所等机构的联合调研显示,移民对身为加拿大人的认同达到90%。在感到自身是加拿大人的场合上,移民表现了较突出的"加拿大人意识",在"加拿大日""在他国旅行时""听到国

---

① Marcus Medford, "The Immigration Identity Crisis: Too Ethnic or not Ethnic Enough?", June 25, 2020, https://newcanadianmedia.ca/the-immigration-identity-crisis-too-ethnic-or-not-ethnic-enough/.
② Feng Hou, Grant Schellenberg, Social Analysis and Modelling Division, Statistics Canada and John Berry, Queen's University, "Patterns and Determinants of Immigrants' Sense of Belonging to Canada and their Source Country", https://www150.statcan.gc.ca/n1/pub/11f0019m/11f0019m2016383-eng.htm.

歌""想到加拿大的自然资源""公费医疗""读到《权利与自由宪章》"等场合，移民总体上表现了比非移民更浓厚的"加拿大人"意识（见表4.12）。

表 4.12　　　　　　　2020 年移民对加拿大认同情况　　　　（单位:%）

	只认同加拿大	首先是加拿大人，然后是省区人	同等认同加拿大和本省区	先是省区人，然后是加拿大人	只认同本省区人	未表态
加拿大人	15	24	30	20	8	2
移民	18	25	36	11	5	6

下列哪些场合让你想到你是加拿大人？

	看到老兵被尊重	奥运会等场合看到加拿大运动员	加拿大日	在他国旅行	听到国歌	想到加拿大的自然资源
移民	64	70	71	66	68	58
非移民	67	65	61	60	58	47
	公费医疗	冬天	读到《权利与自由宪章》	在社区看到多族群多文化	听到新难民	通道别人说官方语言
移民	56	48	56	44	42	25
非移民	44	46	44	34	31	25

资料来源：Environics Institute for Survey Research, "2020 Survey of Canadians Report 3: Identity, Values and Language", Part Ⅲ, p. 4, p. 12, https://cwf.ca/wp-content/uploads/2020/11/2020-11-24-confed-survey-2020-3-part3-final.pdf.

四　多族群国家共同体意识趋于增强

1. "加拿大人"作为族群身份的出现

如前所述，随着加拿大以跨文化主义对多元文化主义模式进行改革，加拿大多族群国家认同呈现较为积极的态势。自 1981 年人口普查以来，加拿大人已能够在人口普查中选择或自填其祖先本身的所有种族和文化群体渊源，包括父系和母系两方。1991 年，调查问卷上列出了 15 个最常见的族群来源，还提供了两个空格，供他们写下可能适用的任何回答。1996 年，加拿大人口普查第一次设置"加拿大人"类别，自认拥有"加拿大血统"的约有 530 万人，约占加拿大总人口的 18.7%，另外约有350万人（约占总人口的12.2%）表示既有加拿大人血统又有其他国家血统。合计共有30.9%的加拿大人全部或部分认同自身的"加拿大"血统，而在"加拿大人"一词没有被正式列入族群血统选项的1991年，大约只有3%的人报告自身为加拿大血统，还有大约1%的人报告自身为加拿大与一种或多种其他血统来源的混合。[1] 同时，大约有84%的加拿大人以英语或法语作为自身的母语，加拿大人的官方语言化较高。[2] 在2001年加拿大人口普查中，约23.7%的人（约670万人）仅认同加拿大人背景。[3] 约有1168.3万加拿大人（约占总人口的39%）称加拿大是他们的民族出身或者是他们族群认同的一部分，比1996年的31%有所增加。[4]

在2006年人口普查中，约1006.7万加拿大人认同自身为"加拿大血统"，约占加拿大全部人口的三分之一，约有574.87万加拿大人（约占全部人口的24.3%）认为"加拿大血统"是自己的唯一血统。[5] 2016年，在加拿大人口普查中，以25%的加拿大人口为样本对加拿大的族群组成进行了计算。结果显示，在允许受访者选择多个族裔血统的前提下，英格兰血统（约630万）、苏格兰血统（约480万）、法国血统（约470万）和爱尔兰血统（约460万）仍然是加拿大人口报告的最常见的血统，约32.5%的人自认有英裔血统（英伦三岛），约13.6%的人认为有法裔血统，约32.3%的人自认属于"加拿大人"。[6]

"加拿大人"作为族群身份的出现，是魁北克省1996年独立公投后，加拿大政府有意在人口普查中引导国民的加拿大意识的产物。部分学者所

---

[1] "1996 Census: Ethnic Origin, Visible Minorities", https://www150.statcan.gc.ca/n1/daily-quotidien/980217/dq980217-eng.htm.

[2] Rhoda E. Howard-Hassmann, "Canadian" as an Ethnic Category: Implications for Multiculturalism and National Unity, Canadian Public Policy/Analyse de Politiques, Vol. 25, No. 4, December, 1999, p. 524.

[3] Vic Satzewich, Nicolaos Liodakis, *Race and Ethnicity in Canada, a Critical Introduction*, Toronto: Oxford University Press, 2007, pp. 152-153.

[4] "Census 2001 Highlights: Factsheet 6: Visible Minorities and Ethnicity in Ontario", https://www.fin.gov.on.ca/en/economy/demographics/census/cenhi6.html.

[5] Vic Satzewich, Nicolaos Liodakis, *Race and Ethnicity in Canada, A Critical Introduction*, Toronto: Oxford University Press, 2007, pp. 152-153.

[6] "Ethnic and cultural origins of Canadians: Portrait of A Rich Heritage", https://www12.statcan.gc.ca/census-recensement/2016/as-sa/98-200-x/2016016/98-200-x2016016-eng.cfm.

主张的一个跨族群的、非传统的族裔群体"加拿大人"初显。比如，在劳里埃大学的罗达·霍华德·哈斯曼教授看来："一个说英语的加拿大人可能拥有不同的族裔种族背景，他们父母一代的地域归属感也许是在乌克兰和加纳，但说英语的加拿大人的归属感则来自他当下生活的环境，他非常了解的学校、商店、办公室、亲戚和朋友等生活圈。……他个人就在加拿大生活，而不是在海外。虽然他吃的东西与其他加拿大人不同，他可能在清真寺或佛寺参拜而不是在教堂礼拜，但他（和别的加拿大人一样）上一样的学校，学一样的加拿大史、地理，在家庭教育和性教育中上一样的课程。"[1]

当然，也有学者对"加拿大人"作为"泛加拿大族"的身份认同不以为然，一些学者仍然认为加拿大国家认同薄弱。[2] 例如，社会学教授博伊德·莫妮卡和加拿大环境民调公司研究员董·诺瑞斯认为，"加拿大族裔血统"认同只是一些无新鲜感的旧货而已，实际上只有英裔和法裔更倾向这样的认同，只有约2%的有色少数将其视为族群血统之一。[3] 加拿大研究学会行政总监杰克·杰德沃博指出，不同的对象对"加拿大人"的含义有不同的理解。[4] 尽管如此，加拿大作为一个单独族群类别在加拿大人口普查中出现，具有划时代的象征和引导意义，是加拿大族群结构的里程碑，说明加拿大多族群共同体建构取得了重大进展。

2. 多族群对加拿大的向心力的加强

随着跨文化主义模式对加拿大多元文化主义的改革，各族群对加拿大的认同在21世纪初有了更为明显的提升。2013年，加拿大智库综合社会调查首次就国家象征标识、共同价值观、国家自豪感等进行了系统的抽样调查，调查结果表明，近些年加拿大以爱国主义为导向建构国家认同的努力取得了积极成效。

---

[1] Rhoda Howard-hassmann, "Canadians" as an Ethnic Category: Implications for Multiculturalism and National Unity", *Canadian Public Policy*, 1999, 25 (4), p. 531.

[2] Bourhis Richard, "Measuring Ethocultural Diversity Using the Canadian Census", *Canadian Ethic Studies*, 35 (1), 2003, pp. 9 – 32; Jack Jedwab, "Coming to Our Census: the Need for Continuing Inquiry into Canadians' Ethnic Origins", *Canadian Ethnic Studies*, 35 (1), 2000, pp. 33 – 50.

[3] Byod Monica and Dong Norris, "Who are the Canadians? Changing Census Responses 1986 – 1996", *Canadian Ethnic Studies*, 33 (1), 2001, pp. 1 – 24.

[4] Jack Jedwab, "Coming to Our Census: The Need for Continuing Inquiry into Canadians' Ethnic Origins", *Candian Ethnic Studies*, 35 (1), 2000, pp. 33 – 50.

第四章 跨文化主义模式下加拿大国家认同的重塑（1995—今）

在国家象征标识方面，约90%的加拿大人认为《权利与自由宪章》（约93%）和国旗（约91%）对国家认同很重要。其次是国歌（约88%）、皇家骑警（约87%）和曲棍球（约77%）。① 45—60岁的社会中坚力量、受过高等教育者、移民和有色族群、原住民，更为认同以上象征。比如，约62%的原住民说皇家骑警是一个"非常重要"的象征，比非原住民高了约8%。② 在共同价值观方面，对人权、尊重法律、性别平等、族群和文化多样性、双语政策、尊重原住民文化做了统计。约92%的加拿大人在"很大程度上"或"相当程度上"认为加拿大人重视人权、尊重法律。加拿大人在男女平等（约91%）和族群和文化多样性（85%）问题上也持相近程度的立场。约68%的人在"很大程度上"或"一定程度上"认同原住民文化应该受到尊重。约73%的人在"很大程度上"或"相当程度上"认同双语主义应被重视。③ 在所有受访者中，移民群体对加拿大共同价值观尤其看重，有大约60%的受访者相信上述价值观为加拿大人所分享。④

在对加拿大的自豪感方面，加拿大全国平均87%的受访者，包括约91%不列颠哥伦比亚省人、约94%的爱德华王子岛省人、约70%的魁北克省人，声称以身为加拿大人而感到"自豪"或"非常自豪"。⑤ 在所列举的12项国家成就中，⑥ 超过半数加拿大人对加拿大历史（约70%）、加

---

① Maire Sinha, "Canadian Identity 2013, Spotlight on Canadians: Results from the General Social Survey", p. 4, https://www150.statcan.gc.ca/n1/en/pub/89-652-x/89-652-x2015005-eng.pdf?st=oyQM6Kl9.

② Maire Sinha, "Canadian Identity 2013, Spotlight on Canadians: Results from the General Social Survey", pp. 6-8, https://www150.statcan.gc.ca/n1/en/pub/89-652-x/89-652-x2015005-eng.pdf?st=oyQM6Kl9.

③ Maire Sinha, "Canadian Identity 2013, Spotlight on Canadians: Results from the General Social Survey", p. 9, p. 3, https://www150.statcan.gc.ca/n1/en/pub/89-652-x/89-652-x2015005-eng.pdf?st=oyQM6Kl9.

④ Maire Sinha, "Canadian Identity 2013, Spotlight on Canadians: Results from the General Social Survey", p. 9, p. 12, https://www150.statcan.gc.ca/n1/en/pub/89-652-x/89-652-x2015005-eng.pdf?st=oyQM6Kl9.

⑤ Maire Sinha, "Canadian Identity 2013, Spotlight on Canadians: Results from the General Social Survey", p. 13, https://www150.statcan.gc.ca/n1/en/pub/89-652-x/89-652-x2015005-eng.pdf?st=oyQM6Kl9.

⑥ 12项分别为：加拿大历史、加拿大军队、医保体系、加拿大宪法、加拿大民主形式、科技成就、体育成就、社会安全制度、对待社会中各群体的方式、经济成就、文学艺术成就、对世界的影响力。

拿大武装部队（约64%）、医疗保健系统（约64%）、加拿大宪法（约63%）感到"非常自豪"或"自豪"。例如，魁北克省人中约有58%对加拿大的历史感到"自豪"或"非常自豪"，约54%和约51%的人分别对加拿大体育和科技成就感到"非常自豪"或"自豪"，① 约49%的原住民和约59%的非原住民为加拿大民主自豪。② 2014年，民调机构易普索-雷德的类似调查显示，约86%的加拿大人强烈或有些认同自身加拿大人身份，约83%的加拿大人认同他们首先是加拿大人，然后才是来自他们的省份或地区的人；约66%的加拿大人强烈或有些赞同加拿大现在比20年前更适合居住了。③

2016年10月，加拿大安格斯·里德研究所联合加拿大广播公司对加拿大人对加拿大生活满意度进行了调查。数据显示，约64%的加拿大人表示他们对当前在加拿大的生活状况感到满意。在国家自豪感方面，平均79%的加拿大人对自己是加拿大人感到"非常自豪"和"自豪"。具体到各省区，"非常自豪"和"自豪"的比重合计依次分别为：曼尼托巴省（89%）、萨斯喀彻温省（87%）、大西洋沿岸省（85%）、安大略省（84%）、阿尔伯塔省（83%）、不列颠哥伦比亚省（81%）、魁北克省（63%）。对于自身、所在省区、加拿大及下一代的未来，多数加拿大人表达了乐观的态度，反映了对加拿大这个国家的肯定（见表4.13）。此外，2016年的民调结果显示，当前的加拿大人更支持移民接受共同的价值体系。大约有68%的加拿大人认为，少数民族应该更多地融入主流社会，而不是保持自己的习俗和语言，大约67%的加拿大人对新移民能融入社区的程度感到"满意"④，这反映了加拿大社会已经形成较强的价值观共识，族群认同与国家认同的背离态势得到了有效遏制。

---

① Maire Sinha, "Canadian Identity 2013, Spotlight on Canadians: Results from the General Social Survey", p. 15.
② Maire Sinha, "Canadian Identity 2013, Spotlight on Canadians: Results from the General Social Survey", p. 17.
③ Ipsos Reid, "On the Verge of Canada Day, Four in Five (81%) Canadians Believe Compatriots Should Show More Patriotism", p. 2, https://www.historicacanada.ca/sites/default/files/PDF/polls/Historica%20Canada%20Day%20Factum%20%20Final%20-%20release%20June%2030. pdf.
④ "What Makes us Canadian? a Study of Values, Beliefs, Priorities and Identity", https://angusreid.org/canada-values/.

第四章　跨文化主义模式下加拿大国家认同的重塑（1995—今）

表4.13　　　　　　　　　　乐观态度统计　　　　　　　　　（单位：%）

	加拿大	不列颠哥伦比亚省	阿尔伯塔省	萨斯喀彻温省	曼尼托巴省	安大略省	魁北克省	大西洋沿岸省
你自己的未来	76	79	77	78	75	74	78	88
你所在省的未来	50	62	41	63	62	46	55	39
加拿大的未来	63	68	57	51	73	61	69	71
下一代的未来	44	45	40	37	56	42	50	42

资料来源：https://angusreid.org/canada-values/。

在加拿大的国家意识持续增长的同时，和原宗主国历史性联系也越发薄弱。2015年，自由党领袖贾斯汀·特鲁多当上总理后，第一件事就是移走了悬挂在渥太华"全球事务"办公室的女王画像，改为法裔加拿大画家阿尔弗雷德·佩兰的作品。甚至在学校里，"英国核心历史的大部分被省略了……在120本被批准作为历史教科书的书中，像'不列颠''不列颠的''英格兰'这样的名字明显没有出现……在我们与英国的历史渊源中，没有任何自豪感可言。只有几百名大学生听说过《大宪章》或《亚伯拉罕平原》，知道英国普通法的起源或我们政治制度的起源。"[1] 根据一项调查，在哈里王子和梅根·马克尔于2020年1月决定搬到温哥华后，舆观收集的最新数据显示，大约有44%的加拿大人强烈或部分支持废除加拿大君主制。35—44岁的加拿大人比其他年龄段的人更支持这一观点。[2] 2月，益普索民调机构的最新调查显示，约53%的加拿大受访者对英国女王伊丽莎白二世去世后王室的英加关系表示怀疑。约70%的魁北克省人和约63%萨斯喀彻温省和曼尼托巴省的居民、约49%的大西洋沿岸省人、约46%的安大略省人和不列颠哥伦比亚省人及约42%的阿尔伯塔省人赞同后女王时代英王对加拿大的统治应该结束。[3] 虽然以上态度只是局部抽样的结果，但它反映

---

[1] Peter Salemi, "The Dominion of Canada, its Origins and Future", http://www.british-israel.ca/dominion_of_canada1.htm.

[2] Graeme Bruce, "Many Canadians think it's Time to Abolish the Monarchy", https://today.yougov.com/topics/politics/articles-reports/2020/02/05/many-canadians-think-its-time-abolish-monarchy.

[3] Emerald Bensadoun, "53% of Canadians Skeptical of the Monarchy's Future Beyond the Queen's Reign: Ipsos poll", *Global News*, Feb, 2020, https://globalnews.ca/news/6496234/ipsos-poll-canada-monarchy/.

了加拿大人国家意识的进一步强化，是加拿大国家认同深化的表现。

五　加拿大国家认同整合的现实挑战

在跨文化主义导向下，加拿大各族群的加拿大认同程度出现了相对明显好转，族群认同对国家认同的挤压减小，但这并不意味着加拿大国家认同问题已经得到解决。在加拿大认同提升的同时，21世纪初以来族群认同对加拿大认同的潜在威胁并未完全消失。早在2002年，加拿大著名法裔小说家杨·马特尔在谈到加拿大认同时，就曾将加拿大称为"加拿大酒店"："加拿大是地球上最大的酒店，人们在方便的时候就来住一下，申请公民身份就像拿酒店钥匙。"[1] 2007年，加拿大历史、政治和外交问题研究专家、记者安德鲁·科恩在其代表作《未完成的加拿大人：我们所属的民族》一书中曾这样描述加拿大认同的模糊不定："加拿大认同正如北美野人和奥肯纳根湖的水怪那样难以被定义，让政治家、历史学家、作家、艺术家、哲学家和国家电影局感到兴奋和沮丧。"[2] 加拿大著名史学家杰克·格拉纳茨坦在其著作《谁杀死了加拿大历史》中表示："加拿大人对自己的过去知之甚少，每一个调查，每一个研究，都展现了这一点。多数省的高中没有必修加拿大历史课程。有的只是在社会科学之中藏着关于加拿大过去的零星片段，但所教授的加拿大史，我确信它们着重论述的是包容和多元文化主义。"[3]

近些年来以跨文化主义为导向的国家认同的建构效果是积极的，但也存在着一些难以克服的局限。英裔文化依然是加拿大社会的主流文化，以英裔为主体的白人族群对原住民、法裔、有色少数移民的文化强势依然存在。加拿大社会作为多达450个族群组成的多元文化社会，其文化具有巨大的复杂性。然而，从根本上说，盎格鲁－撒克逊文化是加拿大社会的主体文化。尽管加拿大政府对原住民、法裔及少数族裔移民族群文化给予了不同程度的保护，但社会主导的法则和价值观依然是盎格鲁－撒克逊式的。这种族群文化的强弱对比意味着，原住民、法裔和有色少数融入加拿

---

[1] Joseph Brean, "The Changing Meaning of Citizenship in Canada", *National Post*, March 16, 2012.
[2] Andrew Cohen, *The Unfinished Canadian：The People We Are*, Toronto：McClelland & Stewart, 2007, p. 3.
[3] Jack Granatstein, *Who Killed Canadian History*, Toronto：Phyllis Bruce Books Perennial, 2007, p. 158.

第四章　跨文化主义模式下加拿大国家认同的重塑（1995—今）

大主流文化，在很大程度上意味着融入盎格鲁－撒克逊文化，非英裔族群在加拿大的相对弱势地位以及文化认同上的迷惘与困境依然存在。

在政治上，非英裔族群政治地位的弱势依然存在。以有色少数族群为例，2011年，有色少数族群大约占了多伦多地区人口的45.45%，但从多伦多选区当选的市、安大略省及联邦议会议员中有色少数族群所占比重分别大约只有7%、26%和17%。① 2021年加拿大的人口普查显示，26.3%左右的加拿大人是"有色少数族裔"，但众议院所有的少数族裔议员合计才53名，仅约占众议员总数的15.7%，少数族群的代表性明显不足。② 在经济上，少数族群的收入整体上落后于英裔。例如，2015年，安大略省人均GDP为55322加元，而魁北克省为46126加元。③ 尤其是在文化上，以跨文化主义为导向的族群治理模式试图打造各族群都认同的共同文化，然而，在实际上英裔文化近乎被等同于加拿大的主流文化，包括在局部区域占主体的文化（如魁北克省），不同程度地被归并到非主流文化之中，甚至被视为文化上的"他者"。例如，在英裔文化为"正统"的情况下，原住民文化仍然被社会主流视为落后的和偏远的。曾担任西北领地总理的斯蒂芬·卡弗韦说："十几年来，我一直在特伦特大学为一年级新生上课，很多来到这里的人都是带着一种老式的眼光看待土著人民的。……他们上课之前对当代土著的状况及其历史了解很少。很多同学不知道该如何称呼我们的加拿大原住民——叫他们第一民族、印第安人、土著人、梅蒂人、爱斯基摩人还是土人？"④ 同时，种族主义现象也时有发生。2020年8月4—24日，加拿大统计局围绕歧视、信任、归属感和获得卫生保健服务的感知体验等问题做了一项3.5万人参与的民调，结果显示约有25%的人遭到了基于族裔和文化的歧视。⑤ 正像加拿大全国有色族群促进协会主席朱

---

① 加拿大Omins电视台新闻报道，2012年2月2日18—19点。
② Kenny William Ie, "Minority Representation in the House Won't Improve Without Better Data", March 14, 2023, https://policyoptions.irpp.org/magazines/march-2023/minority-representation-house-of-commons/.
③ "Canadian Provinces and Territories by per Capita GDP", https://www.worldatlas.com/articles/canadian-provinces-and-territories-by-per-capita-gdp.html.
④ ［加］迪克·加尔诺:《印第安人——加拿大第一民族的历史、现状与自治之路》，李鹏飞、杜发春编译，民族出版社2008年版，第466—467页。
⑤ Statistics Canada, "Experiences of Discrimination During the COVID-19 Pandemic", https://www150.statcan.gc.ca/n1/daily-quotidien/200917/dq200917a-eng.htm.

利安·邦德曾说过的,以英裔为主的白人文化被视为"加拿大的、规范的"文化,导致"加拿大仍然是白人至上的……白人认为比其他族群优越"①。族群文化之间的分层、错位乃至冲突以及种族主义增加了族群整合的难度。

有的非英裔族群与盎格鲁-撒克逊文化在某些情况下具有难以兼容的一面。以少数族裔移民为例,移民被寄望于融合于加拿大主流文化中,但尽管加拿大一再强调文化的融合,都会"有族裔群体成员根本不想去吸收加拿大习俗模式,他们在多元文化主义政策下享有加拿大经验,却过于积极地保持他们的母国文化"②。诸如"小印度""小意大利""唐人街"等族群局部聚居的现象延续不断,有的族裔甚至在文化上与加拿大主流价值观存在冲突。

在这种情况下,如何加强不同族群对加拿大的向心力仍然是加拿大国家认同的挑战。正如安德鲁·科恩所形容的:"很多移民都各过各的。他们生活在一起,说着他们的母语,践行着他们的习俗。有些人从来不学习英语或法语,更不用说拥抱公民生活了……对于宣扬'化众为一'的美国人,加拿大人说的是'化众为众'。"科恩引用小说家杨·马特尔的话:"每个人都住在一个房间或一层楼里,忠诚感薄弱。这意味着我们都是客人,无论新老加拿大人,都不愿对国家做出无条件的承诺。"③"本土出生的加拿大人把公民身份视为理所当然的事情,每年大概只有一两次,在加拿大日或者是在投票时,才意识到自己的加拿大公民身份。……加拿大人要对加拿大持有高度的忠诚和认知。加拿大需要有高度的社会凝聚力、强烈的义务感和公民责任意识。……每一个加拿大人都应该理解这个国家的价值、象征和制度。"④

也正是鉴于多族群加拿大认同建构上存在的隐忧,加强加拿大认同仍

---

① Augie Fleras and Jean Leonard, *Unequal Relations: an Introduction to Race and Ethnic Dynamics in Canada*, Toronto: Prentice Hall, 2002, p. 75.
② John Berry, "Multicultural Policy in Canada: a Social Psychological Analysis", *Canadian Journal of Behavioral Science*, 1984 (16), pp. 360 – 366.
③ Andrew Cohen, "Immigrants and Canadians, Maintaining Both Identities", https://www.nytimes.com/roomfordebate/2012/11/15/how-immigrants-come-to-be-seen-as-americans/immigrants-and-canadians-maintaining-both-identities.
④ 公民身份和移民部部长约翰逊·肯尼 2012 年语,参见 Joseph Brean, "The Changing Meaning of Citizenship in Canada", *National Post*, Mar 16, 2012.

第四章　跨文化主义模式下加拿大国家认同的重塑（1995—今）

然任重而道远。2017年1月，多伦多大学和麦吉尔加拿大研究所与益普索民调公司合作，询问了1522名加拿大人对移民政策的看法，有超过65%的人认为移民有责任"表现得更像加拿大人"，近20%的人希望终止所有移民。该研究的主持者、多伦多大学政治学教授迈克尔·唐纳利认为："这些结果表明，一场严肃的反移民运动并非不可能。"[1] 2018年9月，美国《国家评论》杂志刊登了加拿大右翼政治活动家、自由党白人民族主义者劳伦·撒森一篇名为《多元化真的是我们的优势吗》的文章。在文中，她表达了自己坚持反对多元文化主义的立场："说同一种语言和共享同一种文化的社区比由多种不同文化组成的社会更强大。同质国家以共同的身份联系在一起——它们不会像异质国家那样分崩离析……输入加拿大的新文化有着与我们核心意识形态不同的原则；他们的一些主要原则也与加拿大的基本价值观相违背，比如法治和男女平等……加拿大的真正力量不是多样性，而是我们的自由文化，我们实际上要接受那些想要拥抱或遵循它的人。"[2] 2018年9月，主张完全取消多元文化主义的政党加拿大人民党在魁北克省加蒂诺市成立。该党强调，加拿大必须建立给予加拿大价值观和文化的归属感："只有当这些情绪被广泛分享时，我们才能建立起信任和共识，这是我们的社会和机构运作所必需的。……如果我们想让我们的国家保持团结，确保社会凝聚力，我们必须关注团结我们加拿大人的东西，而不是分裂我们的东西。"[3] 2019年8月，加拿大爱德华王子岛自由撰稿人斯蒂芬·加维在谈及"什么是加拿大认同"时也指出："居住在加拿大的3500万人代表了世界各地的各种文化和种族。虽然加拿大人庆祝他们的祖先和遗产，为了让我们的国家保持至关重要的自由和繁荣，我们都要共享一个国家认同。这意味着，那些到这里的移民必须有一个合理的期望，要下定决心与我们同在并融入加拿大社会。"[4]

---

[1] Emma Paling, "Study Finds Canadians aren't as Tolerant of Immigrants as we Like to Think, Twenty Per cent Support Ending Immigration Altogether", *The Huffington Post Canada*, 02/07/2017.

[2] Lauren Southern, "Is Diversity Really Our Strength?", https：//www.nationalreview.com/2018/09/american-diversity-requires-common-creed/, 也可参见 http：//www.british-israel.ca/dominion_of_canada1.htm。

[3] "Canadian Identity: Ending Official Multiculturalism and Preserving Canadian Values and Culture", https：//www.peoplespartyofcanada.ca/canadian-identity.

[4] Stephen Garvey, "What is Canadian Identity", August 2, 2019, https：//blog.nationalcitizensalliance.ca/what-is-canadian-identity/.

总而言之，跨文化主义导向下，加拿大多族群国家认同的重塑在本质上，是力图在多元文化主义与自由主义模式之间找到一条中间道路。一方面，加拿大并未放弃多元文化主义模式所确立的基本原则，对原住民"加权公民"身份、魁北克省准国家地位与少数族裔移民的既有文化权利的认可与保护依然存在。另一方面，加拿大官方希望以多族群既有权利为基础，"异中求同"，通过对以上权利的再规范，来培育更具有向心力的加拿大意识、价值观、联邦主义，以图将各族群纳入共同的"加拿大文化"，造就加拿大人的爱国主义。从根本上讲，以上两方面在加拿大具有难以调和的内在矛盾。在现实中，共同的加拿大文化在很大程度上表现为占据主导地位的英裔文化，英裔依然是加拿大社会具有相当支配地位的主体民族。非英裔族群与英裔之间在政治、经济等各方面的利益冲突与地位差距也依然存在，这决定了调和加拿大跨文化主义导向、平衡自由主义与多元文化主义模式的难度，加拿大多族群的融合及国家认同建构目标的实现还需要相当长的时间。

小　结

20世纪90年代初以来加拿大以跨文化主义为导向对多元文化主义进行了深层和系统的改革。跨文化主义导向之下，族群认同对国家认同的挤压和削弱被有效遏制。原住民自治与联邦主权及普通公民身份之间的关系、界限明晰，原住民自治在安抚与规范两手政策之下，基本上被置于了西式民主的根本原则下。同时，魁北克省对自身建国民族地位的诉求得到了尽可能的尊重，但法裔对自身族群认同的追求被置于联邦统一的前提之下，联邦对魁北克省软硬兼施的策略起到了较好的效果，魁北克省独立倾向趋于低落。此外，少数族裔融入加拿大主流社会的趋势比较积极，其国家认同的分化、虚化、淡化大为减轻。在加拿大2016年人口普查的族群统计中，"加拿大人"成为一个被约三分之一国民认可的身份选择。民调数据显示，近些年来各族群对加拿大持较高程度的归属感和自豪感。可以说，以跨文化主义为导向的族群治理重新规范了非英裔族群的群体权利诉求，契合了加拿大族群认同与国家认同纠葛、冲突的现实需要，最大限度地削弱了多元文化主义模式对国家认同的碎化。

　　无可否认,加拿大作为一个多元文化国家,带着殖民地、种族主义、自治领的历史痕迹,共同的加拿大认同先天不足,在后天形成强大的国家凝聚力和向心力并非轻而易举。截至 2024 年,加拿大在多族群国家认同方面并没有严峻的冲突和矛盾,但这并不代表所有相关隐患被清除。根据加拿大统计局的相关数据,2018 年,加拿大大约有 23.6% 的人口是在外国出生的,[①] 2022 年 9 月,加拿大统计局发布的公报《2041 年的加拿大:人口更多,更多样化,地区之间的差异更大》指出:"2041 年加拿大人口将达到 4770 万人,其中 2500 万人将是移民或在加拿大出生的移民子女,约占总人口的 52.4%。2016 年,这一类人口为 1440 万,约占加拿大总人口的 40.0%。……到 2041 年,大约五分之二的加拿大人将成为种族化群体(有色少数族群)的一部分。"[②] 可以预见,族群之间的疏离、族群认同对加拿大认同的侵蚀,不可能在短时间内消逝。而且跨文化主义导向下的族群治理存在着某些局限和不足,不可能完全化解加拿大族群身份与公民身份之间的错位与矛盾。在未来,加拿大社会族群结构随着移民的不断涌入,会越发呈现英裔、法裔以及包含原住民与非英法裔移民的少数族群三者并立的局面,如何维系公民认同、族群认同与国家认同的平衡,将会是加拿大长期面临的挑战。

---

① "Diversity in Canada", November 8, 2020, https://diversity.social/canadian-diversity/.
② "Canada in 2041: a larger, More Diverse Population with Greater Differences between Region", https://www150.statcan.gc.ca/n1/daily-quotidien/220908/dq220908a-eng.htm

结　语

作为多元文化国家，建构一个多族群共同强烈依恋的加拿大是"二战"后加拿大族群治理模式变革的根本目的。正如德国著名社会学家、历史学家尤尔根·哈贝马斯所言，公民身份在多族群国家具有公民权利确定的身份和文化民族决定的归属感。[①]"二战"结束后，加拿大多族群国家的建构模式，经历了从自由主义保障公民权利到多元文化主义保护族群权利，再到以跨文化主义来整合公民与族群对加拿大共同认同的过程，值得其他多族群国家借鉴。

资产阶级革命以来，公民成为西方国家建构的基本组成元素之一。然而，和大多数欧美多族群国家一样，加拿大作为英国自治领，其公民国家与公民社会的建构充满浓厚的种族主义色彩。在"二战"结束以前，加拿大族群权利呈现明显的族群金字塔结构，公民权利在很大程度上依据与英裔种族及文化远近分为不同层级，企图以英裔为中心构建各族群对英帝国的共同效忠。如前文所述，这种以强迫同化和歧视性排斥为特色的国家建构模式侵犯了非英裔族群的尊严、自由及平等，其内在的英裔移民对母国认同的牢固性、英法裔双族对立的分裂性以及英裔种族主义的压迫性，注定了作为英属自治领的加拿大在国家认同上的虚化和孱弱。

随着两次世界大战对不列颠的削弱和加拿大独立意识的不断成熟以及"二战"后反种族主义的兴起，从1946年加拿大首部《公民身份法》到1971年多元文化主义出台之前，加拿大逐步在法律上否定了种族主义，改以公民不分族群差别、权利一律平等的原则构筑公民身份。从本质上看，自由主义模式的逻辑是通过公民"人人平等"，打破种族主义，进而实现

[①] [美]基思·福克斯：《公民身份》，郭忠华译，吉林出版集团有限责任公司2003年版，第133页。

结　语

"族族平等",即公民"人人平等",族群属性成为与公民身份无关的个人私事。自由主义模式对加拿大国家认同的建构有着巨大的意义,相对于"二战"结束之前加拿大种族主义公然横行的局面,自由主义是加拿大族群治理的巨大进步,它保证了公民享有普遍权利的平等性,为大多数的少数族群成员个体平等参与加拿大政治、经济及社会提供了基本的条件,各族群对加拿大的国家认同也正是在这一时期得以奠基。不过,在加拿大为独特的多族群国家而非单一民族国家的背景下,自由主义本身有着难以克服的局限性。自由主义主张公民个体至上的特点以及公民身份对族群因素的剥离注定了其对少数族群的忽视。在自由主义原则下,个人权利本位、一人一票、少数服从多数的规则注定了少数族群的弱势地位,平等公民权利的授予固然可以否定种族主义,却无法取代和解构族群权利和认同的客观存在。自由主义强调的是公民个体人人平等,无差别地享受国家赋予的公民权利。族群身份在根本上是一个社会概念,反映的是一个人的文化属性,饱含族群成员对自身种族血统和群体文化的认可和依恋;公民身份的统一性无法解决族群利益的多样性和彼此间的矛盾性;自由主义原则在各地区族群分立被宪法保护的加拿大并不具备美国那样"化众为一"的先天历史条件,原住民、法裔和英裔间无可避免地存在利益纠葛,而少数族裔移民又彼此聚居各处,加拿大形成了马赛克的局面。

在现代社会中,国家由公民个体组成,公民有了国家的存在,有国家的保护才得以成为公民,公民有义务对所属的国家效忠。公民作为族群的一员,无法脱离与生俱来的族群属性。"在文化多元的社会中,需要不同的公民权来保证文化共同体免受不必要的解体。"[①] 由此,在坚守自由主义原则的前提下,20世纪70年代初到90年代初,以多元文化主义承认和保护少数族群集体权利成为建构加拿大国家认同的必然之举。在这种模式之下,族群被视为公民个体之外构成加拿大社会的另一基本单位。原住民自治权与历史土地权、魁北克省法裔作为建国民族的准国家的地位以及少数族裔传承、发展母国母族文化的权利得到了不同程度的认可与保护,不同程度地实现了非英裔族群的"加权化"。可以说,这种模式为加拿大提供了一个"族族平等"的社会环境,使得非英裔族群在自由主义共同体之

---

① [美]贝斯·J.辛格:《实用主义、权利和民主》,王守昌等译,上海译文出版社2001年版,第118页。

内，其存续获得了受到最大程度的接受和保护，其发展空间被英裔所挤压的局面得到一定程度的缓解。不过，维持公民身份与族群身份的平衡在现实中难以操作。族群加权地位的获得以及族群认同的强化在另一方面也对国家认同造成了掣肘。"拥抱多元化使构建共同国家认同的尝试变得复杂，因为文化上、宗教上和族群方面没有确定的国家认同作为依靠。"[①] 族群权利与公民权利的冲突、主体族群与少数族群地位的差异、族群文化与国家主流文化的摩擦都随着多元文化主义的强化而加剧。原住民自治权与联邦主义、主流价值观的冲突，魁北克省分离主义和两次全民公决，以及少数族裔的马赛克化，无不表现了多元化主义之下加拿大共同认同的模糊化与分散化。

鉴于多元文化主义的局限，20 世纪 90 年代初，尤其是 1995 年魁北克省第二次独立公投以后，加拿大政府认识到："只有在承认文化统一的前提下谈差别，才是真正意义上的多样性。"[②] 随后，加拿大多族群国家认同的建构更为成熟，开始以跨文化主义为导向，依据宪政原则和联邦主义原则对各族群的权利进行重塑。客观地说，在跨文化主义导向下，族群认同对加拿大国家认同的挤压得到了较为有效的遏制。原住民自治被牢牢地放到了联邦主义之下，与联邦主权和普通公民身份之间的关系、界限被澄清；魁北克省的特殊文化也被联邦法律认可，但分离主义的合法性和必要性却因被联邦坚决否决而趋于低落；少数族裔融合到主流文化之中，对加拿大的归属感也相对提升。从整体上看，加拿大多族群认同的分化、虚化、淡化相较以前大为减轻。

当然，作为一个历史上各族群共同国家认同严重不足的国家，跨文化主义导向的国家认同建构被证明并非万能钥匙。直至今日，加拿大社会中族群数量的庞杂、族群间的文化疏离、族群间现实地位的差异、族群间利益的摩擦以及种族主义顽疾的存在，都注定了加拿大各族群共同认同形成的艰难、族群认同对国家认同的侵蚀，以及国家认同对族群认同潜在的危害都将继续存在于加拿大社会。随着多元文化背景移民的不断涌入，如何维系公民认同、族群认同与国家认同的平衡将是加拿大社会长期面临的挑战。

[①] Gerald Kerman, *Multicultural Nationalism: Civilizing Difference, Constituting Community*, Vancouver: UBC Press, 2005, p. 17.
[②] 蓝仁哲：《加拿大文化论》，重庆出版社 2008 年版，第 123 页。

参考文献

中文文献

著作

王晅主编:《文化马赛克:加拿大移民史》,民族出版社2003年版。

徐丹:《联邦初期加拿大国家主义的构建研究》,外语教学与研究出版社2018年版。

严庆:《冲突与整合:民族政治关系模式研究》,社会科学文献出版社2011年版。

周少青:《民族政治学:加拿大的族裔问题及其治理研究》,中国社会科学出版社2017年版。

译著

[英]布赖恩·特纳:《公民身份与社会理论》,郭忠华、蒋红军译,吉林出版集团有限责任公司2007年版。

[美]本尼迪克特·安德森:《想象的共同体:民族主义的起源与散布》,吴叡人译,上海人民出版社2016年版。

[加]迪克·加尔诺:《印第安人——加拿大第一民族的历史、现状与自治之路》,李鹏飞、杜发春编译,民族出版社2008年版。

[英]德里克·希特:《何谓公民身份》,郭忠华译,吉林出版集团有限责任公司2007年版。

[英]C. W. 沃特森:《多元文化主义》,叶兴艺译,吉林人民出版社2005年版。

[美]塞缪尔·亨廷顿:《我们是谁:美国国家特性面临的挑战》,程克雄译,新华出版社2005年版。

[加]威尔·金利卡:《多元文化的公民身份———一种自由主义的少数群体

权利理论》，马莉、张昌耀译，中央民族大学出版社 2009 年版。

［加］威尔·金里卡：《少数的权利：民族主义、多元文化主义和公民》，邓红风译，上海译文出版社 2005 年版。

［加］威尔·金里卡：《自由主义、社群与文化》，应奇、葛水林译，上海译文出版社 2005 年版。

期刊、论文

陈志敏：《二元民族联邦制与对外关系：加拿大魁北克省的国际活动研究》，《太平洋学报》2000 年第 3 期。

丁见民：《二战后加拿大的土著民族自治政策及存在问题》，《山东师范大学学报》（人文社会科学版）2007 年第 6 期。

范微微：《多元文化社会中的国家认同：20 世纪 70 年代以来加拿大公民教育研究》，博士学位论文，东北师范大学，2011 年。

高鉴国：《加拿大多元文化主义政策评析》，《世界民族》1999 年第 4 期。

李薇：《加拿大华人中产阶层探析》，《辽宁师范大学学报》2001 年第 5 期。

潘迎春：《加拿大争取独立外交的早期努力》，《武汉大学学报》（人文科学版）2012 年第 3 期。

潘迎春：《第二次世界大战与加拿大独立外交的形成》，《世界历史》2009 年第 5 期。

王建波：《魁北克拒绝签署加拿大〈1982 年宪法法案〉的原因探析》，《历史教学》（下半月刊）2011 年第 8 期。

王建波、曹新群：《国家认同构建中的加拿大教训（1968—1984）——以魁北克问题为视角》，《河南社会科学》2012 年第 1 期。

杨令侠：《加拿大魁北克省分离运动的历史渊源》，《历史研究》1997 年第 2 期。

杨令侠、徐天：《20 世纪 70 年代以来加拿大印第安人土地权利建构——以尼斯加族为例》，《历史教学》（下半月刊）2017 年第 5 期。

朱毓朝：《魁北克分离主义的挑战与近年来加拿大联邦政府在法律和政策上的应对》，《世界民族》2007 年第 4 期。

周少青：《加拿大多民族国家构建中的国家认同问题》，《民族研究》2017 年第 2 期。

周少青：《加拿大印第安人政治身份的历史变迁及"加权公民"之困境》，

《民族研究》2016年第2期。

外文文献

官方资料

Barhe, Ulric ed., *Wilfrid Laurier on the Platform: Collection of the Principal Speeches*, 1871–1890, Montana USA: Kessinger Publishing, 2010.

Browne, G. P., *Documents on the Confederation of British North America*, Montreal and Kingston: McGill-Queen's University Press, 2009.

Department of Citizenship and Immigration, *Annual Report 1954–1955*, Ottawa: Queen's Printer, 1955.

Department of Indian Affairs Canada, *Annual Report of the Department of Indian Affairs for the Year Ended March 31*, 1918, Ottawa: King's Printer, 1919.

Department of Indian Affairs and Northern Development, *The White Paper, Statement of Government of Canada on Indian Policy*, Ottawa: Queen's Printer, 1969.

Department of Indian Affairs and North Development, *Basic Department Data*, Ottawa: Minster of Public Works and Government Services Canada, Feb., 2002.

Department of Canadian Indian Affairs, *Annual Reports*, 1864–1990, https://www.bac-lac.gc.ca/.

Department of Citizenship and Immigration, Indian Affairs Branch, *Annual Report*, 1957–1958, Ottawa: Queen's Printer, 1958.

Flournoy, Richard and Hudson Manley Ottmer, *A Collection of Nationality Laws of Various as Contained in Constitutions, Statutes and Treaties*, New York: Oxford University Press, 1929.

Freund, Alexander ed., *Being German Canadian: History, Memory, Generations*, Winnipeg: University of Manitoba Press, 2021.

Goverment of Canada, *House of Commons Debates*, Ottawa: Queen's Printer for Canada, 1958–1964, 1966, 1968, 1969, 1970.

Harry, Hawthorn ed., *A Survey of the Contemporary Indians of Canada: A Report on Economic, Political, Educational Needs and Policies*, Vol. 1, Ottawa: The Queen's Printer, 1966.

Henderson, Peter Boryce, *Report on the Indian Schools of Manitoba and the North-West Territories*, Ottawa: Government Printing Bureau, 1907.

Keith, D. Smith, *Strange Visitors: Documents in Indigenous-settler Relations in Canada from 1876*, University of Toronto Press, 2014.

Kordan, Bohdan and Lubomyr Luciuk, eds., *A Delicate and Difficult Question: Documents in the History of Ukrainians in Canada*, 1899 – 1962, Kingston: The Limestone Press 1986.

Levesque, Rene, *An Option for Quebec*, Toronto: McClelland & Stewart, 1968.

Lipsett, Edward, *Brief to the Special Joint Committee of the Senate and the House of Commons on the Constitution Submitted by Canadian Consultative Council on Multiculturalism*, Dec. 18, 1980.

Menzies, Robert, eds., *Contesting Canadian Citizenship: Historical Readings*, Toronto: University of Toronto Press, 2002.

Morris, Alexander, *The Treaties of Canada with the Indians of Manitoba and the North-West Territories, Including the Negotiations on Which They were Based and other Info Thereto*, Toronto: Willing and Williamson, 1880.

Parti Quebecois, *La Souveraineté*, Montreal: Services de Communications Du Parti Quebecois, 1990.

Privy Council of Canada, *Shared Values: The Canadian Identity*, Ottawa: Privy Council of Canada, 1991.

Royal Commission on Chinese and Japanese Immigration, *Report of the Royal Commission on Chinese and Japanese Immigration, Sessional Paper*, Ottawa: S. E. Dawson, King's Printer, 1902.

Royal Commission of Bilingualism and Biculturalism, *Book IV of the Bilingualism and Biculturalism Commission Report, Cultural Contribution of the Ethnic Groups*, Ottawa: Queen's Printer, 1967.

Royal Commission on Aboriginal Peoples, *Aboriginal Peoples in Urban Centers: Report of the National Round Table on Aboriginal Urban Issues*, Ottawa: Minister of Supply and Services Canada, 1993.

Royal Commission an Aboriginal Peoples, *Report of the Royal Commission on Aboriginal Peoples: Looking Forward, Looking Back*, Vol. 1, Ottawa: Supply and Services Canada, 1996.

Smith, Dereked, *Canadian Indians and the Law: Selected Documents*, 1663 – 1972, Toronto: McClelland & Stewart, 1975.

Spicer, K., *Citizen's Forum on Canada's Future: Report to the People and Government of Canada*, Ottawa: Supply and Services Canada, 1991.

Stacey, C. P., *Historical Documents of Canada*, Vol. 1, Vol. 2, Vol. 3, Vol. 4, Vol. 5, Vol. 6, from the Beginning to 1968, New: York: St. Martin's Press, 1972.

The Truth and Reconciliation Commission of Canada, *They Came for the Children Canada, Aboriginal Peoples, and The Residential Schools*, Ottawa, ON: Truth and Reconciliation Commission of Canada, 2012.

The Truth and Reconciliation Commission of Canada, *Canada's Residential Schools: the Final Report of the Truth and Reconciliation Commission of Canada*, Montreal Kingston London Chicago: Published for the Truth and Reconciliation Commission of Canada by McGill-Queen's University Press, 2015.

The National Identity Task Force, *Canadian Citizenship: the Acts and Policies of the Government of Canada: Parliament Speaks*, Ottawa: Secretary of State, Oct. 1991.

The Empire of Canada, *Addresses of The Empire of Canada*, 1969 – 1991, Toronto: the Empire Club Foundation, 1970, 1978, 1980, 1991.

The State of Minority-language Education in the Provinces and Territories of Canada, *A Report of the Council of Ministers of Education Canada*, January, 1983.

Government of Canada, *Official Report of the Debates of the House of Commons of the Dominion of Canada*, Ottawa: MacLean Roger, 1883 – 1950, http://eco. canadiana. ca/view/oocihm. 9_07186.

Government of Canada, *Official Report of The Debates of the House of Commons of the Dominion of Canada*, Ottawa: Canada Parliament, 1996 – 2016, http://www. parl. gc. ca/housechamberbusiness/chambersittings. aspx? Key = 1996&Language = E&Mode = 1&Parl = 35&Ses = 2&View = H. 1871 – 1921, Treaty 1 to Treaty 11, http://www. canadiana. ca/citm/specifique/numtreaty overview_e. html. http://www. trcm. ca/treaties/treaties-in-manitoba/treaty-no – 1/.

英文专著

Adelman, Howard and John Simpson, eds., *Multiculturalism-Jews and Identities in Canada*, Jerusalem: Magnes Press, 1996.

Adams, Micheal, *Unlikely Utopia, the Surprising Triumph of Canadian Pluralism*, Toronto: Penguin Canada, 2007.

Bell, V. J. David. ed., *The Roots of Disunity: A Study of Canadian Political Culture*, New York: Oxford University Press, 1992.

Bernard, Andrew, *What Does Quebec Want?* Toronto: James Lorimer, 1978.

Bissoondath, Neil, *Selling Illusions: The Cult of Multiculturalism in Canada*, Toronto: Penguin Group, 1994.

Beattie, Christopher, *Minority Men in a Majority Setting: Middle-Level Francophones in the Canadian Public Service*, Toronto: McClelland and Stewart, 1975.

Bloemraad, Irene, *Becoming a Citizen: Incorporating Immigrants and Refugees in the United States and Canada*, Berkeley: University of California Press, 2006.

Bethels, Michael, *Quebec Since 1945*, Toronto: Copy Clark Pitman, 1987.

Boldt, Menno and Anthony Long, eds., *The Quest for Justice: Aboriginal Peoples and Aboriginal Rights*, Toronto: University of Toronto Press, 1985.

Boldt, Menno and Anthony Long, eds., *Governments in Conflict: Provinces and Indian Nations in Canada*, Toronto: University of Toronto Press, 1988.

Boily, Robert. ed., *L'Année politique au Québec*, 1995-1996, Montreal: Fides, 1997.

Bolaria, Singh and Peter Li, *Racial Oppression in Canada*, Toronto: Garamond Press, 1988.

Bothwell, Robert, Ian Drummond and John English, *Canada since 1945: Power, Politics and Provincialism*, Toronto: University of Toronto Press, 1989.

Bouchard, Gérard, *Interculturalisme: Un point de vie québécois*, Montreal: Boréal, 2012; Gerard Bouchard (Author), Howard Scott (Translator), Charles Taylor (Foreword), *Interculturalism: A View from Quebec*, Toronto: University of Toronto Press, 2015.

Bowles, Richard, *The Indian: Assimilation, Integration and Separation*, Scarborough: Prentice-Hall, 1972.

Buckner, Philip, *Canada and the End of Empire*, Vancouver: University of British Columbia Press, 2000.

Buckner, Philip, *Canada and the British Empire*, Oxford: Oxford University Press, 2008.

Byle, Grey and Augus Reid, *Forum on Multiculturalism in Municipalities*, Vancouver: Vancouver Publishing House, 1996.

Cairns, Alan, *Citizens Plus: Aboriginal Peoples and the Canadian State*, Vancouver: UBC Press, 2000.

Cairns, Alan, *Citizenship, Diversity, and Pluralism: Canadian and Comparative Perspectives*, Montreal: McGill-Queen's University Press, 1999.

Cairns, Alan and Williams E., Douglas, *Reconfiguration: Canadian Citizenship and Constitutional Change: Selected Essays*, Toronto: McClelland & Stewart, 1995.

Cannon, Margaret, *The Invisible Empire: Racism in Canada*, Toronto: Random House of Canada, 1995.

Carens, H. Joseph, *Culture, Citizenship, and Community: A Contextual and Exploration of Justice as Evenhandedness*, New York: Oxford University Press, 2000.

Cardinal, Harold, *The Unjust Society-The Tragedy of Canada's Indians*, Edmonton: Hurtig, 1969.

Carl, E. James and Adrienne Shadd, *Talking about Difference: Encounters in Culture, Language and Identity*, Toronto: Between The Lines, 1994.

Carl, E. James, *Ethnicity and Cultural Identity and Belonging*, *Rethinking Race and Ethnicity in Canadian Society*, Toronto: Canadian Scholars' Press, 2006.

Cassidy, Frank, *Aboriginal Self-Determination*, Lantzville Oolichan Press, 1991.

Chang, Ng Wing, *The Chinese in Vancouver, 1945 – 1980, The Pursuit of Identity and Power*, Vancouver: University of British Columbia Press, 2000.

Cohen, Andrew, *The Unfinished Canadian: The People We Are*, Toronto: McClelland & Stewart, 2007.

Desbarats, Peter, *The State of Quebec, a Journalist's View of Quiet Revolution*, Toronto and Montreal: McClelland and Stewart Limited, 1965.

Dosman, J. Edgar, *Indians: The Urban Dilemma*, Toronto: McClelland and Stewart Limited, 1972.

Driedger, Leo, *Race and Ethnicity, Finding Identities and Equalities*, Donmills Toronto: Oxford Press, 2003.

Erisksen, Thomas, *Ethnicity and Nationalism*, London: Pluto Press, 2002.

Falardeau, C. Jean, *Roots and Values in Canadian Lives*, Toronto: University of Toronto Press, 1961.

Flanagan, Tom, *First Nations-Second Thoughts*, Montreal: McGill-Queen's University Press, 2000.

Fleras, Augie and Jean Leonard, *Unequal Relations: An Introduction to Race and Ethnic Dynamics in Canada*, Toronto: Prentice Hall, 2002.

Fleras, Augie and Jean Edward Elliott, *The Nations Within: Aboriginal-State Relations in Canada*, Toronto: Oxford University Press, 1992.

Fournier, Pierre, *A Meech Lake Post-Mortem: Is Quebec Sovereignty Inevitable?* Kingston & Montreal: McGill-Queen's University Press, 1991.

Frances, Henry, *Forgotten Canadians: The Blacks of Nova Scotia*, Toronto: Longman Canada, 1973.

Fraser, Graham, *René Lévesque and the Parti Québécois in Power*, Montreal: McGill-Queen's Press, 2001.

Freund, Alexander, ed., *Being German Canadian: History, Memory, Generations*, Winnipeg: University of Manitoba Press, 2021.

Friesen, John W., *When Cultures Clash, Case Studies in Multiculturalism*, Calgary: Detselig Enterprises Limited, 1985.

Frideres, James and René R. Gadacz, *Aboriginal Peoples in Canada: Contemporary Conflicts*, New York: Rutledge, 2001.

Frideres, James, *Native People in Canada: Contemporary Conflicts*, Scarborough, Ontario: Prentice-Hall Canada Inc., 1983.

Gagnon, Alain and Rafaela Iacovino, *Federalism, Citizenship, and Quebec, Debating Multi-nationalism*, Toronto: University of Toronto Press, 2007.

Gibbson, John Murray, *Canadian Mosaic*, Toronto: McClelland & Stewart, 1938.

Granatstein, Jack, *Who Killed Canadian History*, Toronto: Phyllis Bruce Books

Perennial, 1998, 2007.

Granatstein, Jack, and M., J., Hitsman, *Broken Promises: A History of Conscription in Canada*, Toronto: Oxford University Press, 1977.

Gregor, Leigh, *The New Canadian Patriotism*, Quebec: Baoal Renault Publisher, 1898.

Gwyn, Richard, *Nationalism Without Walls: The Unbearable Lightness of Being Canadian*, Toronto: McClelland & Stewart, 1995.

Gwyn, Richard, *John A., The Man Who Made Us What We Are*, Calgary: Vintage Canada, 2008.

Harry, Hiller, *Canadian Society: a Sociological Analysis*, Toronto: National Urban League, 1976.

Hawkins, Freda, *Canada and Immigration: Public Policy and Public Concern*, Montreal and Kinston: McGill-Queen's University Press, 1972 and 1978.

Hostetler, J. A. and G. E Huntington, *The Hutterites in North America*, Toronto: Holt, Rinehart and Winston, 1967.

Hughes, Everett, *French Canada in Transition*, Chicago: University of Chicago Press, 1943.

Igartua, José E., *The Other Quiet Revolution: National Identities in English Canada*, 1945–1971, Vancouver: UBC Press 2006

Jackson, J. Robert and Jackson, Doreen, *Stand Up for Canada: Leadership and Canadian Political Crisis*, Scarborough: Prentice-Hall, 1992.

Jackson J. Robert and Doreen. Jackson, *Politics in Canada: Culture, Institutions, Behavior and Public Policy*, Toronto: Pearson Education Canada, 1994.

Jacobs, Jane, *The Question of Separatism: Quebec and the Struggle over Sovereignty*, Vintage: Vintage Books, 2016.

Janoski, Thomas, *Citizenship and Civil Society*, Cambridge: Cambridge University Press, 1998.

Jenness, Diamond, *Eskimo Administration, Canada*, Montreal: Arctic Institute of North America, 1964.

Kaplan, William, *Belonging: The Meaning and Future of Canadian Citizenship*, Montréal & Kingston: McGill-Queen's University Press, 1993.

Kaur, Pitamber, *Federalism and Political Separatism: A Case Study of Quebec in Canada*, New Delhi: South Asian Publishers, 2000.

Kernerman, Gerald, *Multicultural Nationalism: Civilizing Difference, Constituting Community*, Vancouver: UBC Press, 2005.

Knowles, Valerie, *Strangers at Our Gates: Canadian Immigration and Immigration Policy*, 1540 – 2006, Toronto: Dundurn, 2007.

Korberg, Allan et al., eds., *Political Support in Canada: the Crisis Years*, Durham: Duke University Press, 1983.

Krauter, Joseph and Morris Davis, *Minority Canadian: Ethnic Groups*, Toronto: Carswell Company Limited, 1978.

Krauter, Morris and Joseph F. Davis, *The Other Canadians, Profiles of Six Minorities*, Toronto: Methuen, 1971.

Kymlica, Will, *Finding Our Way, Rethinking Ethnocultural Relations in Canada*, New York: Oxford University Press, 1998.

Kymilica, Will, *Liberalism, Community, and Culture*, Oxford: Clarendon Press, 1989.

Laponce, Jean and William Safran, *Ethnicity and Citizenship, the Canadian Case*, London: Loutledge, 1996.

Leslie, John and Ron Macguire, eds., *The Historical Development of the Indian Act*, Ottawa: Treaties and Historical Centre, Research Branch, Corporate Policy, Department of Indian and Northern affairs, 1979.

Leibbrandt, Gottlieb, *Little Paradise: the Saga of the German Canadians of Waterloo County, Ontario, 1800 – 1975*, Kitchener, Ont.: Allprint Co, 1980.

Li, Peter, *The Chinese in Canada* (2nd Edition), Toronto: Oxford University Press, 1998.

Li, Peter and Singh B, Bolarla eds., *Racial Minorities in Multicultural Canada*, Toronto: Garamond, Press, 1983.

Luciuk, Lubomyr, *Without Just Cause: Canada's First National Internment Operations and the Ukrainian Canadians*, 1914 – 1920, Kingston: Kashtan Press, 2006.

MacGregor, Roy, *Canadians: A Portrait of a Country and Its People*, Winnipeg: Winnipeg Free Press, 2007.

Magnet, Joseph Elliot, *Official Languages of Canada: Perspectives from Law*,

Policy and the Future, Cowansville, Québec, Les Editions Yvon Blais, 1995.

Mair, Charles, *Tecumseh, a Drama and Canadian Poems*, Toronto: the Radisson Society of Canada, 1886.

Matheson, John Ross, *Canada's Flag: A Search for a Country*, Belleville Ontario: Mika Publishing Company, 1986.

Martin, Lipset Seymour, *Continental Divide: the Values and Institutions of the United States and Canada*, New York: Routledge, 1991.

Maurice, Pinard, *Study of the Movement for Independence of Quebec*, Montreal: McGill University, Department of Sociology, 1970.

McInnis, Edgar, *Canada: A Political and Social History*, Toronto: Holt, Rinahart and Winston of Canada, 1982.

McRoberts, Kenneth, *Misconceiving Canada: the Struggle for National Unity*, Toronto: Oxford University Press, 1997.

McRoberts, Kenneth, *Quebec: Social Change and Political Crisis*, Toronto: McClelland and Stewart, 1988.

Metcalfe, William, *Understanding Canada, A Multidisplinary Introduction to Canadian Studies*, New York and London: New York University, 1982.

Milloy, J. S. A National Crime: The Canadian Government And the Residential School System, 1879 to 1986, Winnipeg, MB: University of Manitoba Press, 1999.

Miller, James Rodger, *Skyscrapers Hide the Sky: A History of Indian-White Relations in Canada*, Toronto: University of Toronto Press, 2000.

Morton, Lewis William, *The Canadian Identity* (Second Edition), Toronto: University of Toronto Press, 1972.

Nurse, Andrew, *Raymond Blake, Beyond National Dreams: Essays on Canadian Citizenship and Nationalism*, Markham: Fitzhenry & Whiteside, 2009.

Otter, William, *Internment Operations*, 1914–1920, Ottawa: King's Printer, 1921.

Parizeau, Jacques, Translated by Robin Philpo, An Independent Quebec: The Past, the Present and the Future (English Edition), Montreal: Baraka Books, 2010.

Parkin, Andrew and Matthew Mendelssohn, *A New Canada: An Identity, Shaped* by Diversity, Montreal: Centre for Research and Information Canada, 2003.

Porter, John, The Vertical Mosaic: An Analysis of Social Class and Power in Canada, Toronto: University of Toronto Press, 1965.

Prymak, Thomas, Maple Leaf and Trident: the Ukrainian Canadians during the Second World War, Ottawa: Multicultural Hist Society of Ontario, 1988.

Ramsay, Cook, Watching Quebec, Selected Essays, Montreal, Kinstoon London and Ithaca: McGill-Queen's University Press, 2005.

Ramsay, Cook, French Canadian Nationalism: An Anthology, Toronto: Macmillan, 1969.

Ramirez, Bruno, The Italians in Canada, Canadian Historical Association with the Support of Multiculturalism Program of Canadian Government, Saint John, N. B. : Keystone Printing & Lithographing, 1989.

Resnick, Phili, The European Roots of Canadian Identity, Peterborough: Broadview Press, 2005.

Riesenberg, Peter, Citizenship in the Western Tradition, Chapel Hill, North Carolina: the University of North Carolina Press, 1992.

Robinson, Eric and H. B. Quinney, The Infested Blanket: Canada's Constitution-Genocide of Indian Nations, Winnipeg: Queen House, 1985.

Rosenberg, Louis and Weinfeld Morton, Canada's Jews: A Social and Economic Study of Jews in Canada in the 1930s, Montreal, Buffalo: McGill-Queen's University Press, 1993.

Sandwell, Ruth, To the Past: History Education, Public Memory, and Citizenship in Canada, Toronto: University of Toronto Press, 2006.

Safran, William, ed., Ethnicity and Citizenship, the Canadian Case, London: Frank Cass Publishers, 1996.

Satzewich, Vic, Racism in Canada, Oxford: Oxford University, 2011.

Satzewich, Vic and Liodakis Nicolaos, Race and Ethnicity in Canada, a Critical Introduction, Toronto: Oxford University Press, 2007.

Saywell, John, Canada: Pathways to the Present, revised edition, Toronto: Stoddart, 1999.

Scowen, Reed, Time to Say Goodbye: The Case for Getting Quebec Out of Canada, Toronto: McClellan & Stewart, 1999.

Shewell, E. Q. Hugh, *"Enough to Keep Them Alive"*: *Indian Welfare in Canada*, 1873 – 1965, Toronto: University of Toronto Press, Scholarly Publishing Division, 2004.

Shiva, S. Halli, and Leo Driedgereds, *Immigrant Canada, Demographic, Economic, and Social Challenges*, 1999.

Smith, Melvin, *Our Home or Native land?*: *What Governments' Aboriginal Policy is Doing to Canada?* Toronto: Stoddart Publishing Co. Limited, 1995.

Stanley, George F. G., *The Story of Canada's Flag*, Toronto: Ryerson Press, 1965

Stewart, W. Wallace, *The Growth of Canadian National Feeling*, Toronto: the Macmillan Company of Canada Limited, 1927.

Stewart, W. Wallace ed., *the Encyclopedia of Canada*, Vol. II, Toronto: University Associates in Canada, 1948.

Subhas, Ramcharan, *Racism: Non-Whites in Canada*, Toronto: Butterworths, 1982.

Swyripa, Frances and John Herd Thompson, *Loyalties in Conflict, Ukrainians in Canada During the Great War*, Edmonton: Canadian Institute of Ukrainian Studies, University of Albert, 1983.

Tan, Jin and Patricia E. Roy, The Chinese in Canada, Ottawa: Canadian Historical Association, 1985, p 8.

Taylor, Charles, *Multiculturalism and the Politics of Recognition*, Princeton: Princeton University Press, 1992.

Taylor, Carol, and Henry Francis, *Multicultural Education: Translating Policy into Practice*, Ottawa: Department of Multiculturalism and Citizenship, 1991.

Thompson, Herd John, *Ethnic Minorities during Two World Wars*, Ottawa: Canadian Historical Association, 1991.

Titley, Brian, *A Narrow Vision: Duncan Campbell Scott and the Administration of Indian Affairs in Canada*, Vancouver: UBC Press, 1986.

Tremblay, Manon, *Quebec Women and Legislative Representation*, Vancouver: University Press of British Colombia, 2010.

Wade, Mason, *The French Canadians*, 1760 – 1945, Vol. 2, Toronto: The Macmillan Company of Canada, 1955.

Ward, Peter, *White Canada Forever, Popular Attitude and Policy toward Orientals in British Columbia*, Montreal Kingston: McGill-Queen University Press, 1978.

Weaver, Sally, *Making Canadian Indian Policy: The Hidden Agenda 1968 – 1970*, Toronto: University of Toronto Press, 1981.

Wells, Don, *Canadian Citizenship*, Calgary: Weigl Educational Publishers Limited, 2005.

Winegard, Timothy, *For King and Kanata: Canadian Indians and the First World War*, Winnipeg: University of Manitoba Press, 2012.

Winks, W. Robin, *The Blacks in Canada: A History*, Montreal: McGill-Queen's University Press, 1971.

Yasmeen, Abu-Laban and Christina Gabriel, *Selling Diversity: Immigration, Multiculturalism, Employment Equity and Globalization*, Peterborough ON: Broadview Press, 2002.

Yee, Paul, *Chinatown*, Toronto: James Lorimer & Company LTD., 2005.

Yee, Paul, *Struggle and Hope—the Story of Chinese Canadians*, Toronto: Umbrella Press, 1996.

Young, Iris Marin, *Justice and Politics of Difference*, Princeton: Princeton University Press, 1990.

法文专著

Béatrice Richard, La Grande Guerre de Paul Caron, Chroniques d'un Légionnaire Canadien-français, 1914 – 1917, Québec: Les Presses de l'Université Laval, 2014.

Graham Fraser, René Lévesque and the Parti Québécois in Power, Montreal: McGill-Queen's Press, 2001.

Jocelyn Letourneau, La production Historienne, Paris: L'Harmattan, 1997.

Marcel Chaput, Pourquoi je suis séparatiste, Montréal: Bibliothèque québécoise, 2007.

Robert Boily, ed., L'Année politique au Québec, 1995 – 1996, Montreal: Fides, 1997.

英文论文

Brown, Jennifer, "Our Native Peoples, the Illegitimacy of Canadian Citizenship and the Canadian Federation for the Aboriginal Peoples", Ottawa: Carleton University, 1999.

Berry, John, "Multicultural Policy in Canada: A Social Psychological Analysis", *Canadian Journal of Behavior al Science*, 1984 (16).

Berry, John and Rudolf Kalin, "Multicultural and Ethnic Attitudes in Canada: An Overview of the 1991 National Survey", *Canadian Journal of Behavioral Science*, 1995 (27).

Black, Conrad, "Canada's Continuing Identity Crisis," *Foreign Affairs*, Vol. 74, No. 2, March/April 1995.

Bliss, Michael, "Has Canada Failed?" *Literary Review of Canada*, 14 (2), 2006.

Boldt, Menno and Anthony Long, "Tribal Philosophies and the Canadian Charter of Rights and Freedoms", *Ethnic and Racial Studies*, Vol. 74, Iss. 4, 1984.

Bourhis, Richard, "Measuring Ethocultural Diversity Using the Canadian Census", *Canadian Ethnic Studies*, 35 (1), 2003.

Boyd, Monica and Dong Norris, "Who are the Canadians? Changing Census Responses 1986 – 1996", *Canadian Ethnic Studies*, 33 (1), 2001.

Careless, Maurice and James Stockford, "Limited Identities in Canada," *Canadian Historical Review*, Vol. 50, No. 1, March 1969.

Coates, M. Colin and James Sturgis, "Imperial Canada, 1867 – 1917", *The English Historical Review*, Vol. 114, No. 456, Apr., 1999.

Claude, Denis, "Aboriginal Rights in/and Canadian Society: A Syewen Case Study", *International Journal of Canadian Studies*, 14, Fall 1996.

Derwing, Tracey, Jamieson, Kama and Munro, Murray, "Citizenship Education for Adult Immigrants: Changes Over the Last Ten Years", *The Alberta Journal of Educational Research*, Vol. 44, No. 4, Winter 1998.

Gabriel, L., Christina, "Recasting Citizenship: The Politics of Multiculturalism Policy in Canada", York University, 1997.

Indian Chiefs of Alberta, "*Citizens Plus*", *Aboriginal Policy Studies*, Vol. 1, No. 2, 2011.

Jacques, Parizeau, "The Case for a Sovereign Quebec", *Foreign Policy*, No. 99,

Summer 1995.

Jedwab, Jack, "Coming to Our Census: the Need for Continuing Inquiry into Canadians' Ethnic Origins", *Canadian Ethnic Studies*, 35 (1), 2000.

Kendall, Joan, "Circles of Disadvantages: Aboriginal Poverty and Underdevelopment in Canada", *American Review of Canadian Studies*, Summer, 2001.

Kobayashi, Audrey, "The Japanese-Canadian Redress Settlement and Its Implications for 'Race Relations'", *Canadian Ethnic Studies*, Vol. 24, Iss. 1: 1 – 18.

Leslie, Green, "Aboriginal Peoples, International Law and the Canadian Charter of Rights and Freedoms", *Canadian Bar Review*, Vol. 61, 1983.

Lanphier, C. Michael, "Canada's Response to Refugees", *International Migration Review*, Vol. 15, No. 1/2, Spring-Summer, 1981.

Malcolm, Montgomery, "The Six Nations Indians and the Macdonald Franchise," *Ontario History*, Vol. 57, No. 1, March 1965.

Maxwell, Judy, "A Cause Worth Fighting For: Chinese Canadians Debate Their Participation in the Second War", Master Thesis University of British Columbia, 2002.

Meer, N. and T. Modood, "How Does Interculturalism Contrast With Multiculturalism?", Journal of Intercultural Studies, 33 (2), 2011.

Michigan, Ann Arbor, "Canadian National Identity as Seen Through Public Opinion Polls: 1941 – 1963", Albert University, 1965.

Milan, Anne and Kelly Tran, "Blacks in Canada: A Long History", *Canadian Social Trends*, spring 2004.

Morton, P. Desmond, "Sir William Otter and Internment Operations in Canada during the First World War", *Canadian Historical Review*, Vol. 55, Iss. 1, 1974.

Nash, R. A., "The Discourse of Canadian Multiculturalism", University of Waterloo, 2003.

Osborne, Ken, "Education is the Best National Insurance: Citizenship Education in Canadian Schools, Past and Present", *Canadian and International Education*, 25 (2), 1996.

Patricia, Roy, "The Soldiers Canada Didn't Want: Her Chinese and Japanese

Citizens", *Canadian Historical Review*, Vol. 59, No. 3, 1978.

Powless, Richard, "Native People And Employment: A National Tragedy", *Currents*, 1985 (2).

Quirt, Christine Margaret, "Citizenship Identity in the History and Literature of English-Speaking Canada", 1947 – 1967, Peterborough, ON: Trent University, 2010.

Ramsay, Cook, "Canadian Centennial Celebrations", *Canadian Historical Review*, 1967.

Rhoda, Howard-Hassmann, "Canadians as an Ethnic Category: Implications for Multiculturalism and National Unity", *Canadian Public Policy*, 1999, 25 (4).

Sccot, Mark, "Aboriginals' Quest For Recognition: Assimilation and Differentiated Citizenship", The University of Western Ontario, 1998.

Sears, Alan, "Social Studies as Citizenship Education in English Canada: A Review of Research", *Theory and Research in Social Education*, winter 1994, Vol. 22, No. 1.

Sears, Alan Murray, "Scarcely Yet a People: State Policy in Citizenship Education, 1947 – 1982", University of British Columbia, 1996.

Sigurdsson, Richard, "First Peoples, New Peoples and Citizenship", *Canada International Journal of Canadian Studies*, 1996.

Sugiman, Pamela, "Life is Sweet: Vulnerability and Composure in the Wartime Narratives of Japanese Canadians", *Journals of Canadian Studies*, Winter, 2009.

Tobias, John, "Protection, Civilization, Assimilation: An Outline of Canada's Indian Policy", *The Western Canadian Journal of Anthropology*, Vol. 6, No. 2, 1976.

Bouchard, Gérard, "What is Interculturalism?", *McGill Law Journal*, 56 (2), 2011.

Verkuyten, Maykel and Kumar Yogeeswaran, "Interculturalism: A New Diversity Ideology with Interrelated Components of Dialogue, Unity, and Identity Flexibility", *European Journal of Social Psychology*, Vol. 50, Iss. 3, Apr, 2020.

Vipond, C. Robert, "Citizenship and the Charters of rights: the Two Sides of Pierre Trudeau", Citizenship and Rights Special Issue, *International Journal of Canadian Studies*, Fall 1996.

Wieviorka, Michel, "Is Multiculturalism the Solution?", *Ethnic and Racial Studies*, Vol. 21, No. 5, Sep. 1998.

Yasmeen, Abu-Laban and Daiva Stasiulis, "Ethnic Pluralism under Siege: Popular and Partisan Opposition to Multiculturalism", *Canadian Public Policy*, Vol. 18, No. 4, 1992.

索 引

A

爱国主义 12—16，41，43，59，73，80，136，286，294

D

第一民族 1，5—8，61，166，167，179—182，204，206，214，249，264—267，291

多元文化主义 2，3，14，18—24，26—34，102，113，129，163，164，168，170，173，174，176，189—199，203，204，206—210，212，216，218—221，223—230，232，236—243，246，255，256，258—261，273，277，284，286，290，292—298

《多元文化主义法》 191，192

F

法裔分离主义 2，14，21，150，185，232，234，244，269，272

法裔加拿大人 8，11，40，70—75，77—81，107，131，148，150，153，156，187，215，216，233，242

法语加拿大 16，70，73

G

国家共同体 3，13，102，161，284

国家认同 1—3，10—23，28，30，32，35，36，39，40，73，77，100—103，128，129，139，148，159，163，176，190，193，199，200，203，218，219，221，223，226—230，233，237，239—241，243，258—260，262，275，281，284，286—288，290，292—298

H

《华人移民法》 82，83，96，97，111

《皇室公告》 9，45，66

J

寄宿学校 24，49—51，59—62，110，182，249，263—265

寂静革命 17，150，151，153，154，170

"加拿大第一" 38—40，72，100，103

"加拿大公民" 37，102，103，105，106，129，130

《加拿大公民身份法》 106，107，113，224

"加拿大人" 22，132，215，216，221—

223，227，284—286，294

加拿大认同　2，3，17，22，39，100，107，132，139，147，148，189，200，215，218，219，221—223，228，230，232，237，238，243，244，256—260，263，265，266，276，277，281—283，290，292，293，295

加拿大日　130，131，283，292

加拿大省　9，35，36，46，48，53，66—68，88，179，183，216，246

"加拿大文化"　3，294

加拿大自治领　9，18，35，36，38—40，43，45，63，68，80—82，96，100，103，116，129，130，137，151，152，161，176

加拿大族群　2，9，28，35，159，160，200，219，286，294—297

加权公民　3，19，20，22，144，145，169，176，196，204，229，239，243，294

建国民族　1，8，21，38，148，158，168，193，207—209，212，294，297

K

跨文化主义　2，3，24，29—33，208，210，228，229，242，243，262，273，284，286，290，291，294—296，298

魁北克党团　173，213，217，233，251，252，269，274

《魁北克法》　66，68，80

魁北克公民身份　270，271

《魁北克官方语言法》　184—186

魁北克民族主义　151，152，172，209

魁北克人党　152，153，170—173，185，186，188，193，209，211—213，217，232，234，269—274

魁北克认同　78，148，210，270

魁北克未来联盟　273—275

M

马赛克　17，27，160，161，193，218，219，223，237，240，260，297，298

麦克唐纳　38，40，41，51，68，72，82，87，224，232

麦肯齐·金　84，104—106，108，112，133

梅蒂人　1，5，7，8，39，46，47，57，72，120，123，140，164，165，167，176，178，179，181，195，202，204—206，214，247，264，291

《米奇湖协议》　188，204，213—215，235

《明晰法》　254，256，269

《1791年宪法》　9，66，80

《1982年宪法》　5，188，200—203，212，214，231，246，247，252

N

努纳武特　9，167，182，243—245

P

皮埃尔·特鲁多　141，148，176，191

Q

权利与自由宪章　186，200，211，212，231，284，287

S

上加拿大　9，38，66，67，88，100，

索 引

104，224，265

少数族裔　1—3，9，10，16，17，21，25，27，29，35，81，82，84，85，88—90，94，96，100，101，103，110，111，114—117，121，122，140，153，156—160，173，174，176，189，190，193，194，197，198，200，203，204，207，218—222，225—227，229，236—239，241，242，256，277—281，290—292，294，297，298

身份印第安人　6，50，56，110，123—125，141，164—167，169，205，230

双语和双文化　153，158，173—175，189

T

条约印第安人　6，8，46，50，123，145，183，205，230

W

完全公民身份　108，142，147

X

下加拿大　9，53，66，67，88，90，198，207，232，298

《夏洛特顿协议》　188，189，214，217

新法兰西　8，9，35，36，49，57，65，66，68，71，77

Y

因纽特人　1，5—8，11，35，47，109，123，164，167，177—179，195，204—206，214，236，243，244，255，264

《印第安法》　6，8，45，46，49，53，65，109，110，122，123，141，142，145，147，164，246

印第安事务部　46—48，50，54，55，59，60，206

英帝国　14，15，37—45，56，63，71，74，75，100，103，105，129，133，137，161，296

英国臣民　36—38，41，42，80，102，105，107，125

英国认同　2，15—17，23，90，96，100，103，107，129，132，135

英联邦　14，43，56，81，104，105，114，130，134，135，138，210

《英属北美法》　9，35，46，47，65，68，69，80，104，185，210，247

有色少数　10，81，84，88，96，99，122，125，160，191，197，281，282，286，290，291，295

原住民皇家委员会　205，206，249

Z

种族隔离　25，118，119，161

种族歧视　2，19，25，30，35，97，108，110，111，117—120，164，208

种族主义　2，16，22—25，30，35，53，81，82，84，85，87，88，92，96—103，108，111，113，119—122，129，139，157，159，161—163，165，168，196，208，253，291，292，295—298

《主权宣言》　188，213，271

自由主义　2，17—19，23，25—28，31，102，103，108，113，123，129，139—141，146—148，156，159—164，168—170，173，176，196，199，200，226，

239，294，296，297
自治领日 130，131
族群认同 2，3，10，11，13，14，16，19，21，22，139，147，159—163，176，199，200，221，222，226—229，242，243，285，288，290，294，295，298
族裔加拿大人 219，223，237

致　谢

该书稿是在我博士学位论文的基础上修改而成的。在此，首先要感谢敬爱的恩师——南开大学历史学院、加拿大研究中心杨令侠教授。师恩之大，犹如山海。杨老师的悉心培养和殷切关怀让我的南开时光充满温馨。杨老师是国内加拿大史研究的权威，她循循善诱的育人之道、深厚宽广的学术造诣、缜密细腻的研究思维使我进步良多。她正直谦和、优雅豁达、坦率淡泊的为人给我树立了修身的榜样。在南开时，在杨老师的指导下，我选择了加拿大多族群社会的建构作为了自己的博士论文研究方向。在写作中，无论是选题重点、框架构建，还是观点锤炼、语言斟酌，无不浸润着她的智慧与心血。没有杨老师的辛苦指导，不会有我顺利的毕业和学业上的进步。虽已毕业多年，但杨老师的教诲就像文化基因一样，一直在我的血液中流淌，指导我前行，让我受益绵长。

在南开期间，有幸得到了赵学功老师、付成双老师和丁见民老师等诸多院内老师的指点与帮助。在毕业后，他们在我需要的时候总是给予我很多宝贵的帮助，他们为我所做的一切都铭记于我心。此外，特别感谢山东师范大学王玮老师、中国社会科学院徐再荣老师和孟庆龙老师等老师的指正和鼓励，他们的点评为论文的完善提供了颇有价值的见解。同时，读博及工作以来，我得到了诸多老师、好友的指点与帮助，他（她）们的关怀让我倍感温馨。

感恩于我的另一位恩师——福建师范大学王晓德教授。硕士阶段和博士后阶段有幸投入先生门下是我人生之大幸。我人生中最关键的思想启蒙阶段是在先生的指导下度过的。生我者父母，予我灵魂者先生也。在过去的岁月里，先生和师母侯老师对我的教诲和关心一直陪伴我左右，每每回想，感动之情充盈于心。王老师厚重高深的学术造诣、宽厚坦荡的道德修养、淡泊谦逊的高尚品格、严谨专注的为学之道是我一生仰望的高山。

受加拿大外交与国际贸易部资助，我在读博期间有幸获得了前往加拿大约克大学留学一年的机会，这使我不仅获得了论文的研究资料，而且作为"少数者"，在亲身游历中更多地感悟了真实的加拿大，获得了许多实证性的启发。为此，感谢我在约克大学的导师、政治学教授 Bernie Frolic 先生的盛情相邀和指导，是他的慷慨相助成就了我当初去加拿大的学习梦；感谢王新颖老师对我的热情帮助，她的指点给了我不少启发；感谢陈新锦博士和林晓萍教授对我的关心，在多伦多时，他们的博学和睿智给了我许多启迪。为顺利完成后续研究，2017 年时我曾在美国科罗拉多大学历史系访学半年。非常感谢导师 Paul Harvey 教授为我的访学提供的种种便利，是他的帮助让我的课题研究得以顺利进行。非常感谢我的美国朋友 Kelly Kempf-Mobley 一家、Colleen Bunkers 一家和 Ken Baldridge 一家给予我的慷慨帮助。时至今日，仍然非常怀念与他们一起的时光，他们让我对美国人的生活有了更直观的认知和理解。

本书有幸入选了中国社会科学院与全国博士后管理委员会共同设立的《中国社会科学博士后文库》，非常感谢中国社会科学院与全国博士后管理委员会对本书的收录和出版资助。特别感谢中国社会科学出版社的朱亚琪编辑，她耐心、细致的工作让本书的出版更加顺利。

于福建师大旗山校区领先楼
2024 年元旦

第十一批《中国社会科学博士后文库》专家推荐表1

《中国社会科学博士后文库》由中国社会科学院与全国博士后管理委员会共同设立，旨在集中推出选题立意高、成果质量高、真正反映当前我国哲学社会科学领域博士后研究最高学术水准的创新成果，充分发挥哲学社会科学优秀博士后科研成果和优秀博士后人才的引领示范作用，让《文库》著作真正成为时代的符号、学术的示范。

推荐专家姓名	杨令侠	电话	
专业技术职务	教授、博导	研究专长	加拿大史
工作单位	南开大学历史学院加拿大研究中心	行政职务	无
推荐成果名称	多族群视域下加拿大国家认同建构研究		
成果作者姓名	贺建涛		

（对书稿的学术创新、理论价值、现实意义、政治理论倾向及是否具有出版价值等方面做出全面评价，并指出其不足之处）

作为一个由殖民地发展而来的多族群移民国家，加拿大在历史上长期面临国家认同虚弱与裂化的问题。贺建涛博士的书稿以扎实的档案文献为基础，对1867年自治领成立以来加拿大建构多族群国家认同的理念与实践进行了系统研究，史料充实、结构合理、论证有力，是近几年来加拿大史领域难得的优秀之作。

该书稿突破国内相关研究往往囿于多元文化主义政策阐述的瓶颈，对加拿大多族群国家认同建中的一系列重要问题作出了富有说服力的回答，在如下几个方面尤其具有创新价值：第一，从新的理论角度概括了加拿大多族群治理模式的嬗变。作者创造性地将加拿大对国家认同的建构划分为种族主义、自由主义、多元文化主义及跨文化主义四个时期，对每个时期加拿大国家认同建构的意识形态、政策内容及多重影响给予了比较阐释，对加拿大多族群社会发展道路进行了恰当总结。第二，生动呈现非英裔族群加拿大国家认同态势的变化。作者重点关注了原住民、法裔加拿大人与非英法裔移民这三类族群，揭示了国家认同不同建构模式作用下以上族群加拿大认同的起伏及深层次原因，富有学术深度。第三，深入阐释了加拿大人公民身份与族群身份的纠葛与矛盾。作者从权利层面阐述了加拿大联邦平衡族群权利、公民权利与国家权力关系的成效与困境，展现了加拿大族群认同与国家认同的博弈态势，对加拿大建构国家认同经验教训的总结尤其具有启发价值。

  作为一本着眼长时段历史的宏观研究成果,该书稿对某些具体问题的阐释还有言不尽意之处。

  该书稿不涉及政治敏感问题,不存在有违马克思主义基本原理或有违党的方针政策的内容。

  该书稿学术与现实意义突出,本人推荐该书稿入选《中国社会科学博士后文库》。

签字:杨令侠

2022 年 3 月 17 日

说明:该推荐表须由具有正高级专业技术职务的同行专家填写,并由推荐人亲自签字,一旦推荐,须承担个人信誉责任。如推荐书稿入选《文库》,推荐专家姓名及推荐意见将印入著作。

第十一批《中国社会科学博士后文库》专家推荐表2

《中国社会科学博士后文库》由中国社会科学院与全国博士后管理委员会共同设立，旨在集中推出选题立意高、成果质量高、真正反映当前我国哲学社会科学领域博士后研究最高学术水准的创新成果，充分发挥哲学社会科学优秀博士后科研成果和优秀博士后人才的引领示范作用，让《文库》著作真正成为时代的符号、学术的示范。

推荐专家姓名	王晓德	电 话	
专业技术职务	教授、博导	研究专长	美洲史
工作单位	福建师范大学社会历史学院	行政职务	无
推荐成果名称	多族群视域下加拿大国家认同建构研究		
成果作者姓名	贺建涛		

（对书稿的学术创新、理论价值、现实意义、政治理论倾向及是否具有出版价值等方面做出全面评价，并指出其不足之处）

加拿大是世界上典型的多族群国家，如何整合各族群形成强大的国家向心力，是加拿大国家建构中长期面临的挑战。贺建涛博士以1867年以来加拿大多族群国家认同建构模式的嬗变为研究对象，展现加拿大建构多族群国家认同的曲折历程及对策，具有重要的学术价值和现实意义。该书稿观点深刻，论述有力，行文规范，值得推荐入选《中国社会科学博士后文库》。

该书稿创造性地提出了加拿大多族群国家建构"四阶段"的新理论。作者借鉴公民身份理论与民族学等理论，将加拿大多族群国家认同的建构划分为种族主义、自由主义、多元文化主义以及跨文化主义四个阶段颇具新意，契合了加拿大历史演变发展的史实，也厘清了长期以来国内学界对加拿大从英国自治领到独立国家发展历程的模糊认知。

同时，作者从文化冲突的角度解释了加拿大国家认同整合的成效与困境。作者对加拿大国家认同四种建构模式下原住民、法裔、非英法裔移民文化与英裔文化的冲突做了阐述，揭示了"某族群人""某族群加拿大人"与"加拿大人"三种文化认同之间的交融与矛盾，展现了非英裔加拿大人族群身份与公民身份相互依存又相互背离的关系，对加拿大社会的独特性论述得当，引人深思。

受篇幅与研究主题所限，该书稿有些方面论述得还稍欠全面，还有进一步加强的余地。

作者严格遵守了国家相关法律法规的要求，所论没有任何政治倾向问题。

签字：王晓德

2022年3月16日

说明：该推荐表须由具有正高级专业技术职务的同行专家填写，并由推荐人亲自签字，一旦推荐，须承担个人信誉责任。如推荐书稿入选《文库》，推荐专家姓名及推荐意见将印入著作。